宁波大学哲学社会科学著作出版资助

中国公众史学丛书

钱茂伟 著

当代中国家谱编修理论与技术研究 下

中国社会科学出版社

目 录

(下册)

第十章　通谱编修历程及基本问题 / 469
第一节　近30年统谱编纂活动史考察 / 470
　　一　20世纪90年代通谱编纂兴起 / 471
　　二　21世纪前十年的通谱编纂活动 / 480
　　三　21世纪后十年的统谱编纂活动 / 501

第二节　通谱编纂基本问题新探 / 521
　　一　通谱定义与体例 / 521
　　二　通谱产生的条件 / 526
　　三　通谱编修的意义 / 532

第三节　通谱编撰的实操技术 / 540
　　一　编撰的前期工作 / 541
　　二　要重视队伍建设 / 542
　　三　资金匡算与筹集 / 545
　　四　基本模式及原则 / 546
　　五　各部分操作细则 / 550
　　六　后期编辑与成谱 / 556
　　七　编撰软件的选用 / 556

第十一章　家谱编修网络技术化考察 / 560
第一节　互联网与家谱的结合 / 560
　　一　家谱网站溯源 / 561

当代中国家谱编修理论与技术研究

  二　家谱网站历程 / 566
  三　家谱的数字化 / 576
 第二节　近30年家谱与网络结合之路 / 584
  一　修谱与电脑网络结合 / 585
  二　大族谱与谱海的理想 / 596
 第三节　"互联网+"下的家谱App / 601
  一　家谱App产生的时间 / 602
  二　家谱App产生的背景 / 603
  三　各式家谱App的利弊 / 607
  四　家谱App的改进措施 / 610
  五　网络协调修谱的走向 / 611

第十二章　家谱编修长效机制研究 / 617
 第一节　加强政府对家谱编修工作的引导 / 617
  一　将家谱编修纳入政府管理的呼吁回顾 / 618
  二　近30年政府对家谱管理忽视的反思 / 624
  三　进一步加强政府对家谱编修管理设想 / 629
 第二节　当代民间私修家谱内生动力 / 636
  一　修谱主力群体 / 637
  二　修谱直接缘由 / 639
  三　修谱直接动机 / 646
 第三节　家谱编修队伍的专业训练与评级 / 654
  一　谱师的由来及现状 / 655
  二　谱师的培养与评级 / 661
  三　家谱主编队伍建设 / 666
 第四节　家谱编修经费筹集机制 / 668

第十三章　家谱编修质量保障与评论研究 / 670
 第一节　家谱行业的标准制订、价值与意义 / 670

一　既是行业也是产业　／　670
　　二　家谱编修要有标准　／　671
　　三　家谱标准制订现状　／　675
　　四　行业标准价值意义　／　681
第二节　当代家谱编修与制作标准　／　682
　　一　标准总则　／　682
　　二　修谱原则　／　683
　　三　编修流程　／　685
　　四　宗谱体例　／　687
　　五　姓氏通谱　／　692
　　六　公众家谱　／　693
　　七　百姓联谱　／　695
　　八　影像家史　／　696
　　九　行文规范　／　697
　　十　审校印制　／　697
　　十一　传播教育　／　700
　　十二　附则　标准的执行与监督　／　701
第三节　家谱优劣的评判标准　／　702
　　一　宁波优秀家谱评比标准　／　702
　　二　中华好家谱的评判标准　／　703
　　三　学术上好家谱评判标准　／　709
　　四　各地优秀家谱评比模式　／　710
第四节　新谱评论与研究的多样化　／　713
　　一　新谱评论　／　714
　　二　新谱研究　／　716

第十四章　家谱行业组织及管理建设　／　720
第一节　中国谱牒学研究会与山西家谱资料中心　／　721
　　一　中国谱牒学研究会　／　721

当代中国家谱编修理论与技术研究

　　二　家谱资料中心成绩 / 722
第二节　省域姓氏与谱牒研究会 / 725
　　一　省级姓氏研究会 / 725
　　二　省级谱牒研究会 / 734
　　附录　全国或省级二级家谱学会 / 739
第三节　地市域家谱学会 / 741
　　一　常州谱牒与祠堂文化研究会 / 742
　　二　绍兴家谱协会 / 743
　　三　鞍山市谱牒文化研究会 / 744
　　四　青岛市谱牒文化研究会 / 745
第四节　县区域家谱研究会 / 746
第五节　各地家谱馆、数据库 / 749
　　一　线上线下同步 / 749
　　二　线下家谱收藏 / 755
第六节　谱牒、家谱研究中心 / 760
　　一　图书馆、博物馆家谱研究中心 / 760
　　二　谱社与大学合办家谱研究中心 / 761
　　三　由学会主办家谱研究中心 / 763
　　四　政协办家谱收藏研究中心 / 764
第七节　谱会谱馆进一步发展设想 / 764
　　一　谱会谱馆现状特点 / 764
　　二　谱会谱馆未来道路 / 766

第十五章　当代中国新谱总目信息管理 / 772
第一节　新谱总目著录学术梳理 / 773
　　一　当代新谱编修现状 / 773
　　二　当代家谱进入研究 / 776
　　三　家谱目录编纂现状 / 777
　　四　电子家谱风的兴起 / 779

· 4 ·

第二节　总体评述与发展空间 / 781
一　研究基础与发展 / 781
二　存在问题与不足 / 782
三　拓展与突破空间 / 784

第三节　选题价值和社会意义 / 787
一　学术价值 / 787
二　应用价值 / 789
三　社会意义 / 790

第四节　总体框架和预期目标 / 792
一　研究对象和总体问题 / 792
二　研究框架和主要内容 / 796
三　总目研究的预期目标 / 807

第五节　研究思路和研究方法 / 809
一　总体思路 / 809
二　研究方法 / 815

第六节　重点难点和创新之处 / 820
一　拟解决的关键性问题和重点难点问题 / 820
二　本课题研究的突破、创新或推进之处 / 822

第十六章　家谱文化推广的路径与策略 / 827
第一节　让家谱进入百姓家 / 828
第二节　家族记录要常态化 / 830
第三节　家谱推广要社团化 / 832
第四节　姓氏家谱要进高校 / 834
一　要建立姓氏文化教育体系 / 834
二　姓氏文化进高校的尝试 / 835
三　家谱教育要从中小学开始 / 837

第五节　建立姓氏文化园镇 / 839
第六节　扩大姓氏志的编修 / 844

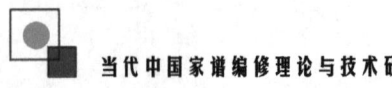

全国哲社规划办专家组鉴定意见 / 849

征引文献 / 850

后　记 / 893

第十章

通谱编修历程及基本问题

通谱编修是一个值得深度研究的家谱类专题。

为什么要研究通谱编修？一则通谱编修成为热门活动。当代的通谱编修始于20世纪90年代中叶。"如今，在中华大地上，大型谱局如雨后春笋一般涌现出来，甚至千万人以上的大姓氏也吹响了统修'统谱''总谱'的号角。"[1] 这种通谱编修现象，有人支持；也有人反对，感觉意思不大。说没意思的人，多偏重通谱编修背后的宗亲会活动。此类宗亲活动，同姓人热闹，外姓人感觉意思不大。不过，架不住有大批热心族人持之以恒的努力，一部部通谱编纂出来，更多的各姓通谱在编纂之中。凡文本总是有价值有意义的，不以个人意志为转移。做通谱编纂本身是一项超人化的历史文化建构活动，不是常人能理解能做到的事，这说明怀疑者是可以不用理睬的。二则通谱编修是一个全新的方向，标志着新中国家谱编修制度的成熟。经过近三十年的探索，各姓通谱编修积累起一整套成功经验，有必要加以研究，制定一个《全国姓氏总谱（通、联、统谱）编纂标准规范》，编纂一本《中华姓氏总谱实用大全》，"补齐或填补在总谱（通谱、统谱）的研究、应用方面存在的短板和弱项，这是一项打基础、管长远的系统工程，是家谱编修实践中亟待解决的重大课题，是家谱业发展的时代呼唤，是广大修谱者的迫切需要。这项工程的实施与完成，在家谱编修史上具有里程碑意义"[2]。既然达到了制订通谱编纂标准、操作实用大全的程度，自然也就不可等闲视之，公众史学界应有所行动。

---

[1] 何中兵：《〈中华何氏总谱〉编修问题初探》，何氏网2013年8月1日。
[2] 魏育林：《全国姓氏总谱（通谱统谱）编纂方法和情况介绍》，家谱网2020年12月9日。

当代中国家谱编修理论与技术研究

通谱研究分宏观与微观两大层面。"通谱是中国谱牒发展过程中出现的一个特殊谱种，目前还属于谱牒学研究中的弱项。学术界对此尚未有完整的总结和研究，尚有许多基础性工作需要完成。"① 目前来说，微观层面成果多，各姓的通谱理论性思考文章不少，但宏观层面思考少，通谱编修史没有人来梳理过，通谱编修理论归纳思考不多。现在要做的是宏观层面思考，根据微观层面材料进行再思考。林学勤《中国家谱的编纂》属通谱宏观与微观相结合的专著。傅传松《家谱编纂概论》也设专章讨论了通谱编修。本章拟对此做详尽的梳理，力图再现近三十年通谱编纂发展历程，进而思考通谱编纂的理论与技术。什么是通谱？分为几种类型？为什么要修？有何价值与意义？如何修？有哪些类型？具体的类目如何修？全流程是什么？这些问题，正是我们应该去尝试回答的。

第一节 近30年统谱编纂活动史考察

历史上就有通谱。据研究，唐后期就有"通谱"概念了。② 不过，明确的"通谱"编修活动，则始于明中叶，那时通谱是区域性的通谱。全国性通谱出现是20世纪以后的事情。民国时期的通谱编纂有不少，如吴氏、傅氏。1946年春，无锡县成立吴氏宗族委员会，筹备编修吴氏大统宗谱，吴伟勋（1920—2016）是当时最年轻的委员，年仅27岁。各省热烈响应，有10多个省纷纷寄来宝贵的世系资料，共有300余支。后因战乱而中止编纂。1947年到1948年，湖北仙桃人傅之鹏等发起，编纂全国傅氏通谱，召开两次全国性会议，发表了宣言，成立了全国傅氏编纂委员会，选举傅作义为主任。会后直接投入工作，汇编成《傅氏源流世系汇集甲集》，取得了阶段性的成果。③ 台湾沿袭了传统，较早地编修了类似的大族谱。如1984年，台湾的谢允全主编《谢氏大族谱》，这是较早完成的通谱。大陆直到20世纪90年代以后，才出现统谱编修。为什么近三十年会有统谱编纂现象的出现？全国性一姓建设、全省性一姓建构、全县性一姓建设，是现代社会才有的现象，古代是难以实现的。这是空间单位的扩大，

---

① 刘富强：《通谱编修的现状和痛点》，家谱国际研究院2018年10月24日。
② 钱杭：《论通谱》，《史林》2000年第1期。
③ 傅传松：《家谱编纂概论》，长江文艺出版社2016年版，第212页。

· 470 ·

与网络发展有关。以前的宗谱编纂，虽然也会涉及迁移另外的族人，但不是重点。采访困难诸多因素，难以实现这样的要求。现在在大一统中国格局下，在现代信息联络体制下，各地联合同姓，有可能实现这样的联谱活动。本质上，统谱现象的出现，正是当下中国强大的表现，是中国进入公众社会的表现。人人出力，家家出力，建构各族的共同的千年历史，这是一种好现象。它是更大规模、更高水平的建构。宗谱编纂可以超越政治利益，是一种有益的补充。公众史与国家史互为补充，不是对立的。

研究就是重新整理，就是将散乱的信息按一定的逻辑整合成一个整体。文本的整体建构，可以让人对生活世界散乱的信息有一个整体的了解。能达到这样的功效，就有学术贡献。把近 30 年的统谱编修历程说清楚，把相关的问题与好的经验梳理清楚。只有对全国各个地方各个姓氏的统谱编纂有所了解，并且对各个姓氏的资料都收集齐全了，然后才能够进行分类梳理与分析。这样的工作没人做过，我们还是第一次做。人的再认识是建立在完全的资料搜集基础上的，再次整理会让人有不同的认识。史家的任务之一是将零星的材料整合起来，构成一个整体文本，让更多的人方便理解。每一个家族统谱的信息在网上发布了，我们的任务是把不同统谱的相关资料整合起来。这种事情现在就开始做，以后不断要有人来做。局部的生活实践转化成局部的文本世界，它会面临进一步整体化建构任务，整体的知识谱系就是这么一代代地累积起来的。也就是说，历史学家要做两种历史学家，一种是局部文本化，另一种是整体文本化。前者可称为史官或记录者功能，后者可称为史家或整体建构功能。文本的建构要经历多次建构，一是要经历由初建构而再建构的嬗变，二是要经历由局部建构而整体建构的嬗变。

一　20 世纪 90 年代通谱编纂兴起

通谱是中国谱牒发展过程中出现的一个特殊谱种。从相关资料来看，宗谱编纂的复兴始于 20 世纪 80 年代初，而通谱的编纂始于 20 世纪 90 年代。通谱的出现有一个由支谱而局部通谱而全国通谱的发展过程。

《新编苏氏大族谱》，由颜中其等主编，1994 年东北师范大学出版社出版。苏汝谦是香港苏氏宗亲会理事长、实业家，在长春投资数亿建设商城。他也是"世苏总会"的创始人，《新编苏氏大族谱》的倡议者、资助人和主编。具体编

当代中国家谱编修理论与技术研究

纂工作，由长春苏颂学术研究会会长、东北师范大学颜中其教授（1926—2000）、管成学教授主持。1991年8月，苏汝谦参加在长春召开的第二届苏颂国际学术研讨会，认为编写新的苏氏大族谱对广大苏姓宗亲具有巨大的凝聚力，是传给子孙后代的千古不朽的文化遗产。他就向颜中其、管成学教授咨询编写族谱事宜。10月，管成学将能查找到的国内外苏氏族谱目录邮寄给他。1992年8月，第三届苏颂国际学术研讨会在长春市召开。苏汝谦把8万美金交给管成学和颜中其教授，作为《新编苏氏大族谱》的启动费用。管成学和颜中其教授分别到北京、上海、广州、南京等图书馆复印了十几部国内的《苏氏族谱》。1993年夏天，苏汝谦提出请管成学、颜中其教授赴日本和美国收集《苏氏族谱》，把流失国外的《苏氏族谱》引回国内。1993年8月2日至16日，管成学与颜中其赴日本东京大学、京都大学和国会图书馆，引回了流失日本的《苏氏族谱》。[①] 由此可知，这是一部由华侨出资、由专家承担的大族谱编修，开创了当代中国大族谱编修的新篇章。此书聘请专家学者广泛收集海内外所存旧时苏氏族谱，第一次对苏氏族史进行系统梳理。此谱仅收集了23部苏氏分支族谱，其覆盖面较窄。它是由1965年台湾刘炎编撰的《苏周连氏族谱》扩展而来，正可见通谱编修的早期发展过程特点。

《马佳氏宗谱文献汇编》，马熙运编著，中国档案出版社1995年出版。马熙运是满族书法家、篆刻家。作者定居北京，退休以后以花甲古稀之年，七次回东北，凡是有马佳氏族人居住的京津辽之间的都会、县邑、乡镇、村庄，皆一一去之，历时十余年编著成功。[②] 全书分甲乙两篇，甲篇为马佳氏宗谱，乙篇为马佳氏族志。乙篇包含十卷，分别为族源、居地、恩荣、传记、谱牒、祠墓、碑刻、纪事、艺文和附录，试图将与宗族有关的历史文献汇总起来。这是一部典型的通谱之作。

《申氏创修通谱》，1995年，河南安阳龙安区申家岗村申培根、申端生主修、申振夏主编的《申氏创修通谱》印行，七册。或作《邵阳申氏创修通谱》，不过从书封面来看，当作《申氏创修通谱》。据申培根序称："是一部在新的历史时期具有新的内涵的家乘，也是一部跨越新中国成立前后两个历史阶段，时间约

---

① 管成学：《苏汝谦宗长对苏姓文化的伟大奉献》，上海苏氏联谊会的博客2010年11月18日。
② 金启琮：《马佳氏宗谱文献汇编序》，见马熙运《马佳氏宗谱文献汇编》，中国档案出版社1995年版。

· 472 ·

第十章 通谱编修历程及基本问题

七十年。经三年艰辛劳动，终于大功告成。"也就是说，1992年开始修谱。这应是一部局部区域通谱，不是典型的全国通谱。

《中华刘氏通谱》，刘为良主编，刘为良为江西泰和人，事迹不详。该谱1995年印行，记载了一种在江西等地区流传比较广泛的刘姓远古世系。① 这部通谱，虽名为"中华刘氏通谱"，实际上仍是局部区域通谱。

连敏主编的《中华连氏通谱》（参考资料），连敏是广东惠州龙门县永汉中学老师。1982年，经两年努力，成《连氏族谱》（龙川龙门合订本）。此后近15年来，依据龙川、龙江的旧谱和各地兄弟提供的线索等，先后写了千余封信，与各地族人联系。至1994年，完成《上党连氏族谱集锦》，收编了广东、福建、江西、山东、陕西等地的家谱。1997年，又出续集一册。查询相关图书目录，均作《上党连氏族谱集锦》，但从孔夫子旧书网看到的图书照片，称为《中华连氏通谱》（参考资料），不知何故？连氏族谱立谱于1996年，被收入总谱的有4省20县，这也是一部局部性总谱。

《中华全国贺氏通谱》，贺氏宗族理事委员会1996年刊刻。由于时代过早，此书作者的介绍十分稀少。幸从《中华全国贺氏通谱》第91页《贺氏源渊50—81世祖齿录》找到贺宾、贺璟兄弟简介。贺宾（1928—2011），号民谦，从事部队师团政治工作36年。贺璟（1932—　），号民证，为职教办主任，湖南邵阳人。20世纪90年代初退休后回邵阳，与胞弟贺璟从事族谱纂修。1994年，贺民谦主修的《湖南邵陵贺氏五修族谱》，由儒宗堂铅印。又进一步倡修《中华全国贺氏通谱》。1995年，成立中华全国贺氏通谱委员会总会，贺璟为总会会长，贺璟为编辑部总编。1994—2014年，逐步搜集到全国21个省1208个支派的贺姓家谱资料。随着资料的发现，研究的深入，分别出了九个版本的通谱。1996年，贺民谦主修《中华全国贺氏通谱·湘赣粤部分》，儒宗堂印本。1998年，刊《中华全国贺氏通谱·湘赣粤部分》续集。2002年，刊第四集《贺氏祖世源流汇总专辑》（首卷）。2005年，刊第五集《中华全国贺氏通谱》。2008年，第四集再版。2012年，《中华全国贺氏通谱·垫江支族续谱》。2018年，第九集《中华全国贺氏通谱》刊刻。此间有《回顾修通谱24年间的11桩往事（1994—2018）》，有更详细的介绍。湖南贺璟兄弟主编的《中华全国贺氏通谱》（简称

---

① 佚名：《刘姓的开派得姓大始祖》，百姓通谱网2014年3月18日。

当代中国家谱编修理论与技术研究

《通谱》），历时近二十年，前后出版了五部专著。它是族中贤达智慧和汗水的结晶，为了解全国贺氏源流及分布发挥了重要的参考作用，最早唤醒了贺氏支派和宗祠对其文化的传承与关注。编辑《通谱》工程浩繁艰辛，又受限于当时通信、交通等诸多条件，所以不足之处在所难免。例如"三统一"（统一祖宗、统一代数、统一班辈字）就不现实。①

《黄姓通史》，1996年，黄景峒编，铅印本。

《范阳郡卢氏族谱》，1996年，铅印。

《兰陵萧氏谱》，1998年，萧卓权等，铅印本。

《庾氏志》（赣粤湘桂卷），1999年，庾裕良纂修，铅印。1980年10月，居住在韩国汉城的庾氏宗亲结成了庾氏联谊会，并开始主编出版韩国《庾氏志》。1999年3月，广东、广西、湖南、江西四省庾氏出版了《庾氏志》（第一卷），是谱汇录了赣粤湘桂四省共计十族宗谱。

《中国夏氏通谱》。关于此书的出版时间，一直有不同的说法。孔夫子旧书网的《中国夏氏通谱》图片显示是1995年出版，但相关报道称系1999年。"1994年至1998年湖北夏理斋、夏树高、夏海珊、夏卫兵（湖北人，在江西德安县工作）、夏树林等于1998年编辑成涉及十一个省、三百多个村的《中国夏氏通谱第一集》。"② 笔者查阅国家图书馆书目，明确标明是1999年。相关报道"1999年版《〈中国夏氏通谱〉的特色》"也表明，1999年12月27日，曾于黄梅县举办《中国夏氏通谱》出版座谈会。关于此书的编修，与80年代后期的宗谱编纂有关。1986年，台北夏氏宗亲会成立。1988年，唐代武宁县令夏光庭公支下崇武公后裔湖北省通山、崇阳、大冶及江西修水县宗亲第八次重修《夏氏宗谱》，主编为江西修水县的夏青云。由此表明，1994年修通谱之前，已有相关分支编纂活动。1994年至1999年，编修《中国夏氏通谱》。"湖北夏理斋、夏树高、夏海珊、夏卫兵、夏树林等在台北夏国安先生的支持下，于1998年编辑成涉及十一个省、三百多个村的《中国夏氏通谱第一集》。（1994—1998年实际情况为：主编夏理斋，副主编夏海珊、夏卫兵；1998—1999年代理主编夏树高，

---

① 贺先麒：《贺姓第五集：三百多年的愿望实现了》，麻辣 2015 年 1 月 12 日。
② 夏国初：《中华夏氏从事文史研究等活动大事记略》，夏氏宗亲网 2018 年 12 月 26 日。

第十章 通谱编修历程及基本问题

印谱主要垫资人为编委夏树林、树立兄弟。）"① 可见，夏理斋（　—2015）是主要主编，而夏树高是代理主编。从其他资料可知，夏卫兵是编委会主任。此间，"台北夏氏宗亲会夏荷生理事长派夏光卓（常务监事）、夏玉龙（总干事）前往武汉协助编谱工作"②，可见，台北夏氏宗亲会在此间起到了重要作用。从相关情况可推知，修《中国夏氏通谱》应是台湾夏氏宗亲会与大陆相关夏氏后裔共商的结果。"处于80年代的政治背景下，修谱续牒还是'犹抱琵琶半面'，悄悄地进行。《夏氏通谱》的编纂是前无古人的创举。海峡两岸的夏氏精英们白手起家，克服了机构的组建，人员的选用，资料的收集、整理、编选，经费的筹措等困难，辗转无数个办公场地，在短短三年的时间里，把脉络清晰、涵盖面广、贯古通今的《夏氏通谱》编纂完成，填补了夏氏无全国谱牒的空白，这是一项功在当代，惠及子孙的无量功德。此时，资金告罄，难以付梓，而且大部分编辑人员离开，面对如此的困局，夏树林老先生挺身而出，以身家担保贷款促成了《通谱》的出版发行，而他却负债累累，至今仍有五万元的债务缠身。"③ 由此可见，这部《中国夏氏通谱》用了三年时间，至1998年定稿。后续出版，全靠夏树林贷款而成。可见，在1994—1999年编修、出版《中国夏氏通谱》是多么困难之事。当然，也有宗族不满意，称"1999年发布的《中国夏氏通谱》，自认全国夏氏大多数都是光庭公后裔，随意裁断其他夏氏宗系世系，强制嫁接到光庭公后面，引起全国夏氏公愤"。这是由统分引起的争议。

《中华尹氏通志》。此书的编纂，离不开尹荣山、尹培、尹斌庸三人的大力推动。

1992年8月，成立固始尹氏宗亲会，尹荣山（1933—2010）为会长。尹培（1932—2008）是广东省东莞市人，香港尹氏宗亲会主席。1992年9月，香港尹氏宗亲会主席尹培、副主席尹庆常应固始尹氏宗亲会邀请，率团36人来固始寻根问祖，寻亲联谊，调研考察，得到固始县委县政府和固始尹氏宗亲会的热情接待。后来，香港尹氏宗亲四次来固始投资办厂，投资总额1000多万元人民币。尹荣山会长在搞经济建设的同时，积极开展尹氏族史研究工作。1993年，在尹

---

① 夏国初：《在大禹后裔宗亲总会联络处成立暨2009大禹文化国际学术研讨会上的发言》，都昌在线2009年10月5日。
② 夏国初：《中华夏氏从事文史研究等活动大事记略》，夏氏宗亲网2018年12月26日。
③ 夏日阳光：《鄂东之行，行走在宗祠与宗亲之间》，夏日阳光的博客2013年10月27日。

荣山会长的安排部署下,在尹君石的精心设计、校对下,年底发行了《尹氏续修通谱》。①之后,尹斌庸的倡导下,于1996年1月1日成立了尹氏族史研究所。从此,拉开了波澜壮阔的编纂《中华尹氏通志》大幕。1997年10月11日至13日,全国尹氏第一次族史研究会议在固始召开。香港尹氏宗亲会就在广东(主要是东莞),筹集到200多万元人民币的宗亲捐款,给《中华尹氏通志》出版提供了可靠的经济保证。②尹氏族史研究所是《中华尹氏通志》编纂的执行机构。尹培会长担任尹氏族史研究所所长、《中华尹氏通志》编辑委员会主任。具体工作,由副所长尹斌庸担任总编。尹斌庸(1930—2003)是四川荣县人,原中国社科院语言研究所副研究员,《文字改革》杂志编辑,是中华尹氏最早筹划编辑《中华尹氏通志》的学者,被族人誉为"中华尹氏族史研究的一代宗师",《中华尹氏通志》的总设计师和奠基人。1996—2005年,走访、收集各地支系信息材料。初始,尹斌庸在北京自己家中办公。2001年,经办公室主任尹西林联系,得到北京老舍茶馆老板尹盛喜的支持,提供办公场地。从此,移居老舍茶馆办公五年。最后三册,均是在此完成的。2002年,又成立了中华尹氏宗亲总会,尹培为首任主席,尹盛喜等为副主席。其间2003年,总编病故。副所长尹荣山接续重任。复经二年,2005年完成全书的编纂,2006年印行。如此,经10年努力,组织全国近2000位研究员和顾问,成功出版了一套五本800多万字的《中华尹氏通志》。第一分册族史文献,1998年印;第二分册世系志,2004年印;第三分册人物志,第四分册地理志,第五分册综合志,2006年印。同时出版了七十二期超过三十五万字的《尹氏研究通讯》;拟定了族歌族徽等,并推动全国二十四个省建立族氏研究小组。这是当时全国各地百家姓中独一无二的创举。回顾以上事实,可见尹荣山是一个穿针引线的人,尹培是组织体制与财政支撑提供者,而尹斌庸是专业编修的主持人。通过尹氏族史研究所来主持通志的编纂,也是十分创新的活动。后来的统谱编修,鲜见类似的族史研究机构。分册印刷,成熟一册出一册,这种机制也是值得肯定的。

《中华罗氏通谱》成稿。罗河胜为羊城塑料公司总经理,人称"中国塑料大王",先后成功研制、开发了100多项高新技术产品,编著有《塑料材料手册》

---

① 初心:《固始尹氏印象一》,美篇2020年10月2日。
② 尹西林:《北京老舍茶馆尹盛喜拍板定夺,茶馆安家修史》,家文化2017年9月15日。

第十章 通谱编修历程及基本问题

等九部塑料技术书。他关注罗氏家族文化，1993年有编纂《中华罗氏通谱》想法，1995年开始筹备。1996年11月8日，广州市政协文史委主任罗进、政协委员罗河胜正式发起"关于编纂《中华罗氏族谱》倡议书"，意图通过寻根问祖、弘扬祖德，以谱为纲，以史为据，上溯轩辕黄帝，下逮村庄基祖。1997年6月，在广州正式成立以罗进、罗苏、罗德雄为主任、罗河胜为主编的《中华罗氏通谱》编纂委员会。1997—1999年，搜集史料、寻根问祖于粤、赣、湘、闽、桂、黔、皖等地，数万里程，征得谱籍文献2000多册，6000多公斤。1998年6月26—29日在广州中山大学召开了有8省40多位宗亲参加的《中华罗氏通谱》第一次编委扩大会议。会议由罗进、罗河胜主持，大会一致通过了"《中华罗氏通谱》编纂大纲"和"编纂《中华罗氏通谱》公告"。1999年12月《中华罗氏通谱》初稿告竣。

此外，邹氏、胡氏、庄氏与孔氏皆动手修通谱。

《中华邹氏统谱》是第二早着手的通谱。邹氏修通谱经历了一个编修单位空间不断扩大的探索过程。1992年清明节，原国棉六厂医院院长邹木生返黄冈但店邹湾扫墓祭祖，遇到村中编修邹氏支谱，让他担任主修，遂对修谱产生了兴趣。在做的过程中，邹木生想扩大范围。同年11月，《邹氏族谱》出版发行庆典，邀请了湖北、江西四县五个支系邹姓代表18位宗亲参会，开会讨论，提议合修《邹氏族谱》。各支系负责人表示赞同，回去后各自开展工作。1994年，拟鄂东邹氏合修家谱。1995年，确定邹谱名称《邹氏史志》，计划分上中下三册。范围鄂赣两省，因为湖北各支都是江西迁入，根在江西。那时形势还没有完全开放，还是把族谱看成封建宗派抬头的行为。地方志是政府倡导的编写活动，所以以志之名，行谱之实。那时各宗支基本没有宗族机构，联宗的认识也不足，只好再三耐心地进行拜访宣传。要厘清邹氏源流就必须找到老谱，然而民间有"谱不示人"的传统。为了得到持谱人的信任，邹木生经常守在田间地头帮村民干农活，一干就是一整天。至2001年3月，在极其艰难的条件下，已收集到200余部《邹氏宗谱》。为了提升档次，他们邀请湖北大学邹茂仁副教授任主编。邹茂仁系高校精英出身，习惯于个人奋斗，忽视通谱编纂的民间性与集体性。他提出实行主编责任制，撤销理事会，大学以上文化才能进入编辑部，要求将《邹氏史志》改为《邹氏宗谱总卷》。他这些意见，实际上否定了前期与修老人的工作成绩，将普通老人排挤出修通谱行列，自然引起与会老人们的反对。最后调和意见，由邹茂仁负责《邹氏宗谱总卷》，《邹氏史志》的走访联系、组稿编辑仍按原计划进行。1996年，《邹氏史志》上册出版。

《中华方氏全族统谱》进入修谱期。方为民是湖北孝感市孝南区农业局高级农艺师。方为民和堂兄方祥明发起修纂孝感方集《方氏宗谱》。接着扩大范围，想编《方氏联宗统谱》，得到广大宗亲的支持。从1995年起，历经两年，统谱范围从湖北扩大到湖南、安徽、江西、河南、广西等八省52个支系20多万人。1997年，简装的《方氏联宗统谱》出版。1998年春，他权衡利弊，发起史无前例的编纂《中华方氏全族统谱》盛举。

《全国胡氏大通考》，编修者为胡海（1927— ），是中科院广州分院微生物所的专家。退休后，他成为族谱的爱好者。1991年到1992年，胡海开始了他的研究历程，在广东各地民间找寻散落族谱，但没有太多头绪。胡海说，真正开始全国性的胡氏族谱考证，是在1993年去了江西之后。在湖南、江西等地农村，族谱的地位都被看得很神圣，许多地方规定只有直系子孙才能看，更别提抄写和复印。幸运的是，看过胡海的介绍信后，有地方会允许他抄族谱，他就夜以继日地抄写，日后成为《全国胡氏大通考》。

《孔子世家谱》动手。孔德墉先生是第77代衍圣公孔德成的堂弟，1980年迁居香港并开始从商。1987年，孔子基金会召开国际儒学研讨会时，孔德墉拜晤时任孔子基金会名誉会长谷牧和匡亚明会长，两位老先生就建议孔德墉续修家谱。匡亚明说，孔子世家谱在各时代不断续修，修谱不能简单看作封建残余，很大程度上关系到中国文化的传承。那时候的孔德墉仍然心存顾虑，没敢动手。他一是担心认为孔子家谱是封建宗族旧文化的社会风气尚存，二是历朝历代修谱之事均由"衍圣公"主持，"末代衍圣公"是孔德墉的哥哥孔德成。1990年前后，曲阜市领导及曲阜孔氏族人多次与孔德墉联系，希望他能发起孔子家谱续修事宜。又过了十年，到1996年，距民国修谱已是60年，家谱面临失续危机，孔德墉答应组织续修家谱。① "时代环境不同了。人们的思想越来越开放，社会上掀起传统文化热，以及人们的怀旧寻根意识，都为续修工作提供了宽松的环境。"② 1996年10月2日，孔德墉前往台湾，拜会了阔别

---

① 常会学、吴琼玲：《〈孔子世家谱〉续修13年 总费用1300多万元》，《中国文化报》2010年9月13日。
② 刘成友：《历时十年新增130万人 新〈孔子世家谱〉"谱"成》，新华网2009年10月9日。

第十章 通谱编修历程及基本问题

近半个世纪的从堂兄、七十七代衍圣公孔德成，商讨续谱事宜，就续修家谱一事征得了他的同意。原来按照祖制，只有衍圣公才有权力主持此事。1997年10月20日，孔德墉来到曲阜召集22名近支德字辈兄弟商议修谱事宜。1998年3月，孔子世家谱续修工作协会在香港成立，孔德墉任会长，孔德宏、孔德威则分别担任办公室主任与编辑部主任，负责具体工作。1998年6月，协会发表告族人书，正式开展了《孔子世家谱》第五次修订调查登记工作。从前孔府有衍圣公，一声令下，各个地方修支谱，把支谱接上，就修好了。经过几十年的战乱，现在找谁去？他看了看民国谱，那时候有108个支，哪些地方人多，就从哪个地方开始。像河南，人很多，他先派代表去了解情况。最后发通知，把河南省各村各县的代表五十多人请到济南来，吃喝住行全负责。开完会后，大家都行动起来了。① 后来，协会在国内外建立了500多个分支机构，成为世界孔子后裔联谊总会。

《中国梁氏通书》，1997年10月18日，在南宁召开了第一次有10多个省、市、区梁氏宗亲代表参加的代表大会，正式成立《中国梁氏通书》编委会，开始了编写工作。由广西民族大学教授梁其彦（1921—2004）主编。

编纂通谱，从理念的提出，筹划至动手，最后编成、出版，是一个漫长的过程。由上可知，在90年代末前，只有苏氏、申氏、刘氏、连氏、贺氏、夏氏、尹氏最早出版了通谱，罗氏完成了初稿，而庄、胡、方、孔才进入编纂期。其中，庄、罗二氏1995年就动手了，孔氏是1998年进入实质编纂期的。从主持人群体来看，主要是退休士大夫与企业老板两大群体。前者如申氏、刘氏、连氏、贺氏、庄氏、方氏、胡氏，后者如罗氏、孔氏。七比二，最能说明问题。从修谱单位扩大来说，申氏、刘氏、连氏、贺氏、庄氏、方氏，经过了由单支编修而区域通谱，进而全国通谱的过程，说明有一个空间逐步扩大过程，不是一步到位的。只有苏氏、夏氏、尹氏、罗氏、孔氏直接进入全国通谱。孔氏比较特殊，有着中国最完整的家谱编修传统，早已统一，所以不用通字。从发源地来说，主要是中部与沿海。方为民说："湖北已成为不少姓氏修全球统谱的发起地，即办公总部，如中华邹氏，中华方氏，中华谢氏，中华胡氏。"② 其实，应

---

① 孔德墉：《慎终追远，千年梦想》，华声在线2018年7月20日。
② 肖丽琼：《民间兴起寻根"修谱热" 巨资修谱构筑关系网》，《楚天金报》2012年3月9日。

当代中国家谱编修理论与技术研究

加上湖南、广东。从兴起背景来看，有几大因素：1978 年以来，族谱编修进行了十多年了，有较大的基础积累。姓氏文化研究，也多少促进了这项活动。华侨捐资，是一个重要因素，最为典型是苏氏。华侨熟悉家谱，热衷家谱通谱编修。它起点高，直接由一个学会的专家组织编修工作，而且公开出版。20 世纪 90 年代初，江西人民出版社策划的《中华姓氏史话系列丛书》，影响也非常大。姓氏源流，也成为当时热点。如卢美松《中华卢氏源流》，厦门大学出版社 1996 年版。这些姓氏史话与通谱编修，共同促进了姓氏史研究。修谱单位空间的扩大，应与城中退休士大夫、企业老板的参与有关，他们的视野肯定比农村人宽。退休士大夫、企业老板的主体参与，也证明修通谱与赚钱无关，只与献身家族历史文化事业有关。修谱是历史文化编修活动，不是普通人能理解也会做的活。另一个因素，80 年代初兴起的地方志编修活动，多少也有一些影响。通谱研究介于族谱与地方志之间，本质上是姓氏文化研究的产物。20 世纪 80—90 年代的家谱编修是在非常困难的情况下成长起来的。当时出现了一种很怪异的题材，叫谱志或史志。为什么会出现这样的现象呢？因为当时不敢修家谱，而修地方志是合法的，于是用地方志来做家族史，就有了谱志。1994 年，是通谱编修的一个起点，贺氏、夏氏、庄氏均是这一年开始修谱。粗一点说，是 20 世纪 90 年代中叶。也许与邓小平的南方谈话有关，中国逐步进入再开放时期。

二　21 世纪前十年的通谱编纂活动

进入 21 世纪前十年，通谱编修逐步增加。据笔者不完全的统计，凡 69 种。

表 10-1　　　　　　　　　21 世纪前十年的通谱编纂

顺序	名称	卷册	作者	出版社	启动时间	出版时间
1	许氏通书	5 卷	许秀南			2001—2008
2	中国吴氏通书		吴健琴	广西人民出版社		2002
3	中华吕姓		吕心惠	中州古籍出版社		2003—2011
4	中华邹氏族谱		邹木生等			
5	中华方氏全族统谱		方为民			2007
6	中华罗氏通谱		罗河进			2007
7	孔子世家谱		孔德墉			2009

第十章 通谱编修历程及基本问题

续表

顺序	名称	卷册	作者	出版社	启动时间	出版时间
8	全国胡氏族谱大通考		胡海			
9	中华胡氏通谱					2007
10	中华胡氏宝典		胡春芳	香港天马图书公司		2002
11	中华朱氏通志	2册	朱亮		1997	2006
12	中华吴氏大统宗谱	卷首	吴仲奇 吴伟勋	香港天马图书公司	2000	2002
13	中华王氏通谱		王耿		1986	2005
14	郑氏族系大典	5册	郑自修			2004—2008
15	中华余氏总谱	1册	余昌让		2004	2009
16	中华庄氏族谱		庄佐京		2000	2005
17	中华丘氏大宗谱		邱家儒		2002	
18	中华熊氏通谱	5卷	熊朝富	四川师范大学出版社	2002	2007—2012
19	中华胡氏人物大典	2集	胡观文	香港天马图书公司	1983	2002—2004
20	中华王氏大典	1集	观文	香港天马图书公司		2004
21	中华黄氏大典	1—2集	观文	华夏翰林出版社		2004—2006
22	中华李氏大典	1—2集	观文	香港天马图书公司		2004—2006
23	中华张氏大典	1—2集	观文			2004—2006
24	中华陈氏大典	1集	观文			2005
25	中华刘氏大典	1集	观文	香港天马图书公司		2004—2006
26	中华吴氏大典	1集	观文			2006
27	中华徐氏大典	1集	观文			2006
28	中华周氏大典	1集	观文			2006
29	中华杨氏大典	1集	观文	华夏翰林出版社		2006
30	中华邓氏大典	1集	邓益民			2007
31	中华郭氏人物大典		观文			2006
32	中华郭氏大典	2册	郭世和	中国广播电视出版社		2004
33	中华朱氏大典	溯源卷	益民			2007
34	中华阎氏通谱	3卷	阎宝仲			2002—2006
35	中国龙氏宗书		龙魁			2006
36	中华徐氏统谱		徐鸿章 徐家福			2008
37	中华徐氏历史文化荟萃		徐高义		2004	2009
38	中华徐氏文史通鉴	4册	徐清义			2015

· 481 ·

续表

顺序	名称	卷册	作者	出版社	启动时间	出版时间
39	中华易氏通谱	3卷	易业夫		2004	
40	中华杨氏通谱		杨青	线装书局	2004	2007—2011
41	中华岳氏统谱	3卷	岳喜高	人民日报出版社	2004	2012
42	初氏通谱		初智强		2005	2013
43	中华裴氏通谱		裴新生等	中国文史出版社	2005	2017
44	中华昌氏统谱		昌庆旭		2005	2011
45	中华戴氏通谱		戴庆元		2005	
46	中华胡氏通谱	4卷	胡观文	作家出版社	2005	2007—2009
47	世界胡姓通谱	卷首	胡春芳胡海	作家出版社	2006	2010
48	中华孙氏通谱		孙学法		2007	2010
49	乐安孙氏大成谱	3册	孙家达		2007	2011
50	中华乐安孙氏总谱		孙桂林			2013
51	中华王氏大成总谱	7部39册	王听兰	京燕山出版社	2007	2018
52	中华谢氏总谱		谢五八		2008	
53	中华詹氏统宗谱		詹德兴		2002	
54	中华钟氏总谱		钟兴永		2008	2019
55	中华陈氏联宗族谱		陈晓			2016
56	颜氏通谱	10集	颜坚生		2001	2008
57	新编苏氏总族谱		苏用发管成学	东北师范大学出版社	2009	2012
58	中华袁氏族谱	8卷	袁荣程	中国文史出版社		2010—2016
59	中华袁氏通用世系		袁尚海	云南民族出版社	2007	2010
60	中华陈氏族谱	2卷	陈治钦	中国文献出版		2008
61	中华郑氏通书		郑盛畴	广西民族出版社		2008
62	中华陆氏通鉴	5册	陆遂		2006	2009
63	华夏田氏族谱	11册	田广传田传诚	紫荆堂		2008
64	廖氏大宗谱（族谱）					2007
65	中华蓝氏联合族谱	7册	编辑部			
66	中华周氏族史		周毅	三秦出版社	1990	2014
67	中华义门陈氏大成谱	总谱	陈峰	史志谱数码科技公司	2007	2008
68	中华龚氏通志		龚三堂	中国文史出版社		2007
69	鲜于氏总谱		鲜德伦			2010

第十章 通谱编修历程及基本问题

下面重点对其中一些通谱情况作一考察。

1.《中华邹氏族谱》，邹木生等主编

至2000年，双方通过多次交流沟通，《邹氏史志》编辑部让步，停止《史志》中卷出版，促成了联合编修邹氏宗谱。2001年3月中旬，经湖北、广东两地宗亲协商后，湖北、江西、福建、广东、广西五省宗亲代表在广东揭西县大洋旅游区由邹应龙文化研究会主持召开了首次邹氏历史研究会。这次会议与会代表对邹氏历史文化进行了认真的研讨，对邹氏历史渊源达成了初步共识。同年3月下旬在台湾台北市邹氏宗亲会理事长邹忠彬先生建议"在地处大陆中心的武汉市，召开一次十省以上、百人以内的邹氏宗亲代表大会，讨论合修邹氏族谱问题"并主动承担了会期全部费用。根据他的建议，经武汉市部分邹氏宗亲精心筹备后，于6月下旬在武昌成功地召开了十五省（市）和地区近百人的邹氏宗亲代表大会。从此，合修《中华邹氏族谱》工程进入了全面启动和稳步向前发展的重要阶段。他们走了合法化道路，向湖北省炎黄文化研究会申请。2001年7月25日、8月6日，湖北省炎黄文化研究会批复《中华邹氏族谱》编委会的申报，同意成立《中华邹氏族谱》编纂委员会，同意成立《中华邹氏族谱》编辑部及其组成人选。截至2004年2月，已有28个省（直辖市）和地区宗亲代表1300余人，分别代表1000多个支系共约千万人丁表示愿意合修《中华邹氏族谱》这一历史性文化工程。参加修族谱的有大专院校副教授以上资历的有20余人，退休的中级教师50余人，退休干部100余人，各地的协编人员1000余人。编辑部走访、调研了24个省、180多个县市、580多个乡镇，收集老谱460余册，形成了海内外邹氏族人联合起来共同编修族谱的动人局面。编修族谱的过程就成了海峡两岸和国外邹氏族人拉近距离、建立联系、增进血浓于水的向心力和凝聚力，其影响远远超出了编修族谱的范围。

最初资金都来自邹木生经营的一家小店，办公就在邹木生家中。后来有宗亲捐款和族人预订族谱，资金才稍微宽裕一些，但修谱者住的还是高低床，吃的也是粗茶淡饭。参修邹氏族谱的人均已年过七旬，有些来自福建、广东、四川的宗亲长年住在武汉。15平方米的昏暗小房间，就是国内首部正式出版的家谱《中华邹氏族谱》的诞生地。18年来，前后有13位年过七旬的老者蜗居在此，为修谱放弃了天伦之乐，甚至背井离乡。[①]

---

① 万旭明：《湖北七旬翁"蜗居"18年修〈中华邹氏族谱〉》，《长江日报》2011年8月20日。

2004年,湖北大学邹贤敏教授参与《中华邹氏族谱》,担任第一总主编,又承担第一卷主编。2006年底,《中华邹氏族谱》第一卷印刷出版。2007年元月20日《中华邹氏族谱》首卷出版发行会在武汉召开。同年,邹木生汇编相关文章,编成《谱牒学撷萃:姓氏文化探讨》。至2010年,《中华邹氏族谱》第一、第二卷早已出版发行,第三至七卷已编辑完成样本,有的送出版社校对。2011年11月16日《中华邹氏族谱》第一至八卷被湖北省炎黄文化研究会推荐参加了中华炎黄文化研究会二十周年大庆优秀成果暨书画展。

《中华邹氏族谱》时间编修跨度大,上溯古代,下至明末清初,部分为当代,全谱采用横排竖列,以人、文、图、表、录为主要表现形式,综合运用。全套族谱分为九卷,每卷设类、目、子目三级体系。第一卷以古代人文为主,设邹姓渊源、邹姓流衍、邹姓人物、邹姓艺文,设目若干。第二至七卷以历代图表为主,以琐、慎、植三大祖系为主脉,每系设世系图、世系纪要,宏观与微观相结合,第八卷是邹姓古今社会各个领域的名贤录,以及部分热心支持族谱编修的名贤,记述他们的简历、学历、职业等。第九卷是补遗的综合版,记述云南、贵州、山东、广东、福建、四川、吉林等部分遗漏邹氏世系,同时收录了部分邹氏名贤,刊登了修谱大事记和附录。史学家和谱牒学家给予《中华邹氏族谱》很高的评价,认为这套族谱搜罗宏富,审核精细;内容丰富,资料翔实;世系分明,源流清晰;略古详今、存真务实;为探索新的修谱体例,迈出了可喜的一步。[1]

2.《中华方氏全族统谱》,方为民主编

方为民发起编纂《中华方氏全族统谱》《方氏宗亲联谊手册》和制作《方氏历史五千年》光碟三项系统工程。先后担任中华方氏源流历史研究会会长、中华方氏全族统谱编纂委员会会长兼主编职责。一呼百应,海内外方氏各支系、团体出力出资,通力协作,数百人分头负责,数千人提供谱料,数十人编纂审校。方为民更是长途跋涉,实地考察;广泛联系,收集资料;寻访方姓老人,请教专家学者,修谱进入痴迷状态。2007年2月15日,正式批准成立中华方氏全族统谱编纂委员会(简称中华方氏总会),方为民任会长。至2007

---

[1] 邹盛祥:《鞠躬尽瘁,死而后已——〈中华邹氏族谱〉发起人邹木生》,邹氏天下2018年7月25日;邹盛祥:《为邹氏宗族事业无私奉献——邹克寅》,邹氏春秋2018年9月5日;邹善元:《编修〈中华邹氏族谱〉的历程》,邹氏文化传媒2017年7月7日。

年4月,历经十载心血的中华方氏全族三项系统工程告竣。《中华方氏全族统谱》由中国新闻出版社出版,18卷,共600万。全谱上下4700年,遍及全球方氏300万人口,把全世界方氏近300个支系进行归纳统一,填补了历史上方氏无全族统谱的空白。方为民被第一届中华大族谱国际会议授予"中华方氏全族统谱第一人"荣誉称号,《中华方氏全球统谱》获国际会议特等奖"统谱标杆奖"。①

据2021年12月26日主编方为民先生的介绍,从1995年春就发起了编纂方氏统谱,第一阶段:花了三年时间统了湖北方底支系;第二阶段从1998年春起,至2007年春,花了10年时间统一了全球方氏支系;由于支系只有312支,资料不全,出现不少错漏,还有很多支系因多种原因而未及时归统,造成统谱不全不善。当时考虑编谱班子人员还健在,要继续编下去是轻车熟路,以免留下骂名,造成遗憾,所以才来了个一不做二不休的做法,即从2009年春启动了《中华方氏全族统谱》(珍藏版)工程,这是第三阶段,至2021年底,又花了13年工夫,总归统518个支系(一套宗谱为单位)。

3.《中华罗氏通谱》,罗河进主编

2000年5月21—22日在江西省南昌市外贸招待所召开了有13个省、地区138位热爱谱系族人参加的《中华罗氏通谱》第二次编委扩大会议,大会审议《中华罗氏通谱》三稿清样暨征求意见。2001年3—10月,各省正、副主编、顾问、编委分别多次到广州编委会校对、补充《中华罗氏通谱》四稿。认真考证,汰伪存真,以谱为纲,以史为据,阙者补之,略者详之,断者续之,讹者正之,力求昭穆清晰,梳理世系,以充实《中华罗氏通谱》内容为己任。2001年11月15—16日,在广州市广东省公路局招待所召开第三次《中华罗氏通谱》编委会会议,认真审议《中华罗氏通谱》六校清样。2001年12月,《中华罗氏通谱》出版发行财务委员会履行大会决议,正式向东莞市宣传部新闻出版局申请出版《中华罗氏通谱》,并附三套《通谱》清样。2002年4月8日,领取了由市新闻出版局批准出版文件。由东莞市新华印刷厂印制,印数5000套,每套(上、中、下三册)成本(含印刷、精装、包装)177元。2002年10月18—19日,

---

① 方政军:《方为民:中华方氏全族统谱第一人》,新华网湖北频道2012年5月20日。

在广州市公路局招待所召开了隆重而庄严的《中华罗氏通谱》发行大会。① 此版本由罗河进主编，记载翔实，昭穆秩然，比较准确地记载了中华罗氏光辉灿烂的历史。由《中华罗氏族谱》而《中华罗氏通谱》，经历了由族谱而通谱的嬗变。2007年，由中国文史出版社出版《中华罗氏通谱》五册，主编是罗训政。2018年，该通谱再版。

4.《孔子世家谱》，孔德墉主编

他一开始在香港和内地之间来回跑，后来把生意交给女儿，专注于修谱。为了修孔家家谱，光调查和采访就用了七年时间，第八年才编纂定稿，前后共费时十年。凡是入谱的孔姓人都可以在家谱里找到自己的名字，而且可以续到孔夫子。山西有三个老头，说不清自己是"真孔"还是"假孔"。经过调查，把他们的谱系接上了，这三个老头跪在那里就哭起来了，终于找到家了，终于找到祖宗了。家谱修完以后，发现还有很多人没有入谱，就成立了孔子世家谱常态化续修协会。他提出，很多人反对女性入谱，其实有些女性比男性还孝顺。另外，如果一户人家只生女儿，不把女儿记入家谱，这家就绝户了。所以，一定要把女性写入家谱。这次修谱还收了15个少数民族的孔子后裔。过去家谱中没有收入过外籍华人，但确实是孔子后代的必须收进来。这是前所未有的事情。孔氏家族是一个大家族，家谱对每一位族人来说是不可或缺的人生坐标和亲情纽带。它告诉孔家每一个人在历史长河中的位置，也提醒每一个孔氏家族的人牢记"诗礼传家"的家风。我们不仅要知道自己往哪里去，还要知道自己从何而来，更要知道自己应该做什么。人生在世匆匆忙忙几十载，你之所以走得更远，是因为你始终有家可回。②

2008年12月31日，停止收集孔子后裔资料，历时10年的《孔子世家谱》第五次大修后裔资料收集工作全面完成。2009年9月24日，孔子诞辰2560年之际，《孔子世家谱》续修颁谱典礼在曲阜孔庙大成殿举行。《孔子世家谱》共搜集140多万孔子后裔资料，再合民国谱所录后裔，新谱总人数约计达200万，约计2500余万字。本次续修有三大创新：一是跨越性别、民族与地域，收入女性、少数民族、港澳台及海外孔子后裔；二是增加个人信息；三是建立数据库。作

---

① 罗刚：《编纂〈中华罗氏通谱〉历程》，品略图书馆2020年3月5日。
② 孔德墉：《慎终追远，千年梦想》，华声在线2018年7月20日。

为孔夫子家谱的《孔子世家谱》，对研究孔氏家族的人口、分布、变迁及孔氏家族在不同历史时期的社会地位有重要作用。全谱共分卷首和五集，初集为始祖孔子至分六十户；二集为四十三代孔仁玉之后外迁支派；三集为孔仁玉之前外迁支派；四集为待考支；五集为海外支，共80册，文化艺术出版社出版。①《孔子世家谱》在孔氏家族中又被称为"全国谱"，记载从孔子时代至今孔氏族人的传承脉络。孔氏一脉相传，世系清晰，所以世家谱即通谱。自2012年《孔子世家谱》常态化续修以来，家谱续修从几十年做一次的大事被分解为日常可做的小事，突破了传统的续修方式。2017年，又成电子数据库系统。电子化家谱系统实现了家谱编修常态化，家谱编修不再需要等待十年甚至几十年，只需通过电子家谱平台，即可随时录入家族成员的信息，包括新生成员以及其他成员的信息变动。2020年底，孔宪宁成《孔子家世——2009年〈孔子世家谱〉续修纪实》。2021年7月，又成立了《孔子世家谱》续修工作小组，曲阜至圣孔氏家谱研究中心为续修家谱的实际工作机构。

5.《全国胡氏族谱大通考》

胡海穿越18省，在14年调查、研究的基础上，于2004年编印了1000册《全国胡氏大通考》，免费寄送给全国胡姓宗亲。2012年，决定增订。2013年5月，《全国胡氏族谱大通考》增订本在广州正式出版发行。令人感动的是，本次增订本完全由胡海先生自费出版，印数一千册。②

6.《中华朱氏通志》，朱亮主编，上下册，2006年12月

朱亮（1930—　）是广东省紫金县柏埔镇人，先后任区、乡、公社党委书记，及紫金师范、紫金中学、紫金劳动大学、县委宣传部等单位领导职务。退休后，在柏埔镇牵头筹资，新建一座朱文公祠即朱熹纪念馆。1997年至2007年，朱政、朱亮、朱介天诸人发起、并编写了《中华朱氏通志》。朱亮任《中华朱氏通志》编委会常务副主任兼主编。

7.《中华吴氏大统宗谱》，吴仲奇、吴伟勋主编，2000年起，2002年卷首

1989年，台湾开放探亲，台中吴乾华、吴天二人到无锡寻祖，找到当时负责修谱的吴伟勋，要求纂修一部包括台湾在内的海内外吴氏宗亲的大统宗谱。

---

① 佚名：《吉尼斯世界纪录"世界最长家谱"：孔子世家谱》，孔夫子旧书网2017年6月21日。
② 杨传敏、廖智海：《穿18省寻根14载　七旬著名微生物学家编写族谱大通考》，《南方都市报》2005年8月17日；胡海：《全国胡氏族谱大通考增订本前言》。

当代中国家谱编修理论与技术研究

吴伟勋是中国大陆吴文化研究专家，也是改革开放后的中国大陆吴氏宗亲交流活动的先驱者。1993 年，在新形势、新环境下，吴伟勋又开始筹划修谱事宜。2000 年 2 月，成立《中华吴氏大统宗谱》编纂委员会，吴伟勋任编委会主任、大统谱主编，拉开了《中华吴氏大统宗谱》编纂工作的序幕。他为大统谱的编纂工作呕心沥血，组织当地退休教师等 20 多人征集编谱，受尽委屈与非议，但能以不变应万变，荣辱不惊，泰然处之。2002 年 4 月，《中华吴氏大统宗谱》第一卷在香港天马图书公司出版，可能是较早出版的统谱。以后陆续出版之中，至 2015 年，经十五年的艰辛努力，经全族热心人的合力，在中华吴氏大统宗谱编委会 50 多名常委以及全国 500 多名组稿人员的共同努力下，终于完成了《中华吴氏大统宗谱》编纂的浩大工程，由上海远东出版社出版（卷首及六卷，共八册）发行，400 多万字，为国内外数以千计的世系找到祖源。《统谱》出版后受到全国各地成千上万族人高度赞赏，山东和河南两位老人临终时都嘱咐家人把《统谱》作为陪葬品永远留在身边，真是世之珍品、束之高阁、藏之名山。至于其他分卷，尚在不断编辑出版之中。①

8.《中华王氏通谱》，王耿主编

自 1986 年起，王耿就开始千方百计打听有关王氏家谱的消息。2002 年之后，为了研究已经到手的各王氏支系族谱，并且重新编撰一部完整的王氏通谱，王耿将运营良好的公司关了，一门心思地在书房里开始纂修。经过三年多皓首穷经的编撰，2005 年 6 月，世界上最完整的王氏家谱终于完稿，进入校对阶段。他历时 20 年编撰的王氏族谱，共收录了 87 代、渊源近 2500 多年的王氏族人，其家谱更长达 14018 页，远远超过现存的孔氏族谱，且这部超级王氏族谱还在不断补充中。②

9.《郑氏族系大典》，郑自修主编

郑自修（1943—2011）是湖北武穴市委党校古典文学高级讲师。自 1984 年起致力郑姓研究，1985 年春出任《鄂东荥阳堂郑氏宗谱》总编，开始研究中国谱牒。他是一位擅长大型采风活动的学者。1989 年始，坚持《荆楚诗词大观》系列采编出版活动，历时十年，劳累奔波，采风行程五万余千米，被定为湖北

---

① 吴希民：《浩气长存天地间——沉痛悼念吴伟勋宗贤》，中华吴氏网 2019 年 8 月 12 日。
② 仲毅、朱波：《南京人编撰出 14018 页世界最长家谱》，《南京日报》2005 年 6 月 30 日。

省委文艺出版重点扶持项目。1996年以来，参与郑氏等姓氏文化研究。2000年，推出《世界郑氏通天总谱》，定名为《郑氏族系大典》。2001年6月16日，提出《郑氏族系大典》编纂出版大纲。9月份，在郑州成立《郑氏族系大典》总编纂工作室。2002年，被郑州市社联正式立项，从此一切工作进入专款专用、独立运作的有序轨道。郑自修三年来相继举行了八次《郑氏族系大典》万里采风活动，到过15个省、3个直辖市、800多个县（市）、2000多个村庄、600多个宗庙，行程10万余千米，历时共达275天。被人称为"中国民间采风第一人"，有人用万字报告文学全面地记述了郑自修之民间采风活动。收集新、老族谱4000余套本，各种人文资料近万件，整理进入电脑的文字已达1200余万。3999人组成《郑氏族系大典》编纂委员会。在全世界范围内，全面系统地挖掘、抢救、保护、继承、收集、整理郑氏历史文化遗产。《郑氏族系大典》是桥梁，是纽带，是一种资源。《郑氏族系大典》（《世界郑氏通天总谱》）全书共1600万字，八大部、十九卷、三十九章，全书刊发画像、图片、彩照等10000余张，重20公斤。2004年，中州古籍出版社出版第一卷。至2008年，出版了四部。2011年11月26日，郑自修病逝。剩下的四部，后来也陆续得以出版。《郑氏族系大典》是一部整理郑氏家族2800余年之传承历史，汇集古今中外郑文化精华之大成，使之成为郑氏家族的一部较为翔实的"正史"。其坚持以人为本，形成一条纵向主轴经线，以人文为辅形成横向纬线，纵横交错，图文相间，编织出一幅绚丽多彩的郑氏历史画卷。[①]

10. 《中华余氏总谱》，余昌让主编

余昌让（1929—2015）为江西修水县三都镇副书记。2004年，以余昌让宗亲为首的余氏宗亲在江西修水县发起编修《中华余氏总谱》，历经六年寒暑，发动全国各地十省余氏宗亲参与，终于在2009年编修完成《中华余氏总谱》，并举行了颁谱庆典大会。全谱计15卷，130余万字，近100余幅彩照图像。这是余氏有史以来最系统、完整、精确的一部家族宝典，内容丰富，源流清晰，故也称为《中华余氏首届大成总谱》。这部总谱不同于其他，仅一册。林学勤称"简约而不乏周全。其周全的表现，主要体现在篇章安排和表达之中。……作为

---

① 郑自修：《郑氏族系大典》，《寻根》2004年第3期。郑自修：《桓武后裔群雕世纪杰作〈郑氏族系大典〉》，郑氏族系大典博客2009年11月23日。

当代中国家谱编修理论与技术研究

以中华为地域的宗族总谱,以这样一种方式、规模和体例进行修撰,对财力、人力不是很充足的姓氏宗亲会来说,亦是一个较好的选项,值得学习和借鉴"①。全书涵盖了"妣姓余""姬姓余""铁改余"等几乎所有余姓宗支源流,为中华余氏宗亲的大团结作出了杰出的贡献。不过,个别人对此不认同,称其内容不全。"虽然不能包含全国各地的余氏,但至少应该是大部分,但看这次的组成名单及参加人员及选录的内容,代表性明显不够。"②

11.《中华庄氏族谱》,庄佐京主编

庄佐京(1939—2010)是广东揭西上砂镇人,早年担任过小学校长、大队支部书记等。1984年,改革开放之初,他到深圳谋求发展。经过十多年的艰苦努力,事业有成。庄佐京勤奋好学,性格刚强,热心公益事业,积极参与组织各种大型宗亲联谊活动,筹备成立上砂庄氏旅深联谊会并任常务副会长兼秘书长一职。他垫资编著《上砂庄氏族谱》。为了收集资料,他走遍国内外各地,召开各种座谈会数百场,发动150多人搜集燃料,组织专家学者进行汇编。从2002年开始至2004年,历经三年的艰苦努力,终于使《天水堂广东揭西上砂庄氏族谱》编成。2000年起,庄佐京为维护祖宗事业,毅然自己出资,经历不少艰辛,克服种种困难,成《中华庄氏族谱》,2005年刊刻。据《中国家谱通论》,此书"分省、分地区和分国外编谱,共计十一卷"③。《中华庄氏族谱序》称:"欣闻庄佐京宗亲主编的《中华庄氏族谱》即将完成。我庄氏是中华众多姓氏中最古老的姓氏之一,虽然向来尊祖敬宗,注重修谱,但全国一体联宗共谱,恐怕还是首次"④。

12.《中华丘氏大宗谱》,邱家儒主编

邱家儒出生于广东海丰,后到河南新乡当兵10年,1980年转业进入河南省外贸纺织品进出口公司。1984年,派驻深圳经商。1990年下海经商,陆续成立了多家公司,担任深圳市鼎昌实业有限公司董事长,深圳市鼎昌房地产开发有限公司董事长。2001年,民间联宗修谱活动达到高潮,这触动了蕴藏在他内心深处的宗族情结。他广泛联络同姓热爱中华民族血缘姓氏文化的有识之士,12

---

① 林学勤:《中国家谱的编纂》,河北人民出版社2012年版,第162页。
② 余氏家族云平台:《余光中为"中华余氏家族云平台"题字"天下余氏一家亲"》,余氏家族网2015年9月14日。
③ 王鹤鸣:《中国家谱通论》,上海古籍出版社2010年版,第266页。
④ 世界庄氏宗亲会:《辉煌族谱记精神——庄佐京先生传略》,上砂网2010年11月8日。

· 490 ·

月在深圳创建了中华丘（邱）氏族谱研究总会。2002年9月，决定修《中华丘氏大宗谱》，希望编纂一部涵盖全世界丘（邱）氏源流世系、统一天下丘（邱）氏字辈序的《中华丘氏大宗谱》。会上，邱家儒凭着一片赤诚之心，首先认捐1000万元人民币，倡议成立了《中华邱氏大宗谱》编纂委员会和中华邱氏兴教育贤基金会，并从全国各地选拔编谱精英进驻深圳市莲花山庄的中华邱氏谱馆办公，宣告《中华邱氏大宗谱》正式开编。随后，联络发动宗亲参与研谱修谱的工作迅速展开，在广大宗亲的热情支持和积极响应下，国内一大批市县的丘（邱）氏族谱研究分会相继成立。截至2007年12月，中华邱氏宗亲联谊总会在全世界成立了415个分会、宗亲会、联谊会、联络处，踊跃参与编修《中华邱氏大宗谱》各县市区分谱。邱家儒主持制定了《中华丘氏大宗谱》编纂总方案和《中华丘氏大宗谱》各卷编纂方案，并设置了四级论证机制，先后聘请了数十位副教授以上的专家，按照坚持历史唯物主义，实事求是；尊重历史，厘清世系，各归所属；谱以最早为断，祖以知者为断；知者叙之，不知者宁缺勿错的指导思想和横排世系，纵贯时间的编谱方法进行严格把关。① 分总谱和各地分谱两大部分。总谱分首卷、各地历代谱序卷、新编各地世系卷、古今人物卷、各地开基祖及其后裔聚居地卷、祠墓文物卷、宗族文翰卷、各地旧谱世系卷、论文卷、附录卷等十个部分，共二十一册。分谱：国内以县市区为单位成立编委会，海外根据实际情况成立编委会，按中华丘氏大宗谱编委会制定的分谱体例、凡例统一编撰。至2015年，出版县市分谱400余部。2002年开始的邱家儒，被誉为"中国民间联宗修谱第一人"，此说并不当。通谱编修的上下联动，邱氏最为成功。从这角度来说，说邱家儒是联宗修谱第一人，是成立的。

13.《中华熊氏通谱》，2002—2013年，熊朝富主编

2002年，已经退休的熊朝富和侄儿辈、比他还大七岁的熊光前参与了涪陵熊氏族谱的编修，却发现涪陵20多支熊氏之间字辈合不上，彼此之间连长幼关系都搞不清。原先，叔侄俩打算修涪陵熊氏的族谱，后来，当他们看到了由涪陵夏氏主修的《中华夏氏通谱》后，改变了想法。② 全国共有来自10个省市的540支熊氏族人参加了《中华熊氏通谱》的编纂工作。经过五年的精心编撰和反

---

① 邱冠瑛：《传承民族文化的爱国慈善家——记中华丘（邱）氏宗亲联谊总会会长邱家儒》，《消费日报》2018年1月10日。

② 周芹等：《十地人合修一部通谱》，《重庆日报》2014年6月17日。

当代中国家谱编修理论与技术研究

复研讨修改，终于在 2007 年 3 月开始出版发行《中华熊氏通谱》第一卷，四川师范大学出版社出版。又经反复修改补充，陆续出版了第二卷、第三卷、第四卷、第五卷。这五卷《中华熊氏通谱》，是一部中华熊氏文化的生命史、发展史、家族史和宗族史。《中华熊氏通谱》有十四个板块栏目，一千五百多页，二百多万字。是中国历史上中华熊氏有史以来最全面、最浩瀚、最巨大、最真实的一部中华熊氏文化——即楚文化巨著；也是一部承先启后，弘扬楚文化精神，激励熊氏子孙奋发向上的精神书和传家宝。①

14.《中华胡氏人物大典》第一、二集。胡观文主编

胡观文（1943—2012）系湖南省常宁市人，军旅作家，曾任军报编辑、记者，长江公安报社主编，中国庐山文化交流中心主任，长江书社社长兼总编辑。1983 年，胡观文开始收集胡姓人物、业绩、地址。他成立了"长江书社"，有七八个工作人员，主要是编辑出版与姓氏文化有关的书籍资料。2002 年，《中华胡氏人物大典》上卷在香港天马图书有限公司出版。2004 年，下卷改称《中华胡氏大典》第二集，亦由香港天马图书公司出版。首发式上，成立中华胡氏联谊会。此后，出版过中华张、李、王、郭、黄、刘、扬、吴、徐、周等十七种姓氏大典。

15.《中华徐氏统谱》，1997 年至 2000 年，湖南华容县编修联谱

几乎同时，四川省大竹县退休干部徐鸿章，在成功编修川渝八县联谱的基础上，首先提出编修《华夏徐氏通谱》，得到国家图书馆考古学家徐自强的支持，几经周折，经徐自强任主编、徐鸿章任副主编的《中华徐氏通谱》纲目编成，拟编三卷，第一卷源流，第二卷人物，第三卷文献。2006 年《中华徐氏通谱》第一卷出版，内部发行。② 2008 年，徐鸿章、徐家福主编《中华徐氏统谱》成。江苏徐高义又成《中华徐氏历史文化荟萃》。2004 年，徐高义开始着手对徐氏家谱进行整理，分门别类，并附上图表等，经过两年多的时间，一本字数达百万的《中华徐氏通谱》终于成稿。2009 年出版，改名为《中华徐氏历史文化荟萃》。扬州徐清义主编《中华徐氏文史通鉴》四册成，2015 年印成。从事徐氏研究 20 年，徐高义曾走访浙江、湖南、四川、山东、安徽等 10 多个省份，翻

---

① 熊朝富：《中华熊氏通谱前言》，族谱网 2013 年 4 月 23 日。
② 徐芳田：《在安徽潜山徐氏宗祠落成庆典外地宗亲来宾座谈会上的发言》，皖西南徐氏宗亲联谊网 2013 年 1 月 25 日。

第十章 通谱编修历程及基本问题

阅过 200 多份徐氏家谱，堪称研究徐氏历史的"活字典"。

17. 《中华杨氏通谱》，杨青任主编，分古代卷、当代卷、台港澳卷

杨青是闽北"三杨"（杨荣、杨时、杨亿）文化研究会学术总监、世界杨氏联谊会常务副会长。2004 年起编修通谱。至 2007 年，出版古代卷。2011 年，出版当代卷。它由《中华杨氏通谱》编纂委员会编写，线装书局出版发行。《中华杨氏通谱》古代卷是反映中国杨姓族人自先秦至辛亥革命时期繁衍、播迁及生活、奋斗的一部族谱。《中华杨氏通谱》（当代卷）由杨青主编，全书约 150 万字，内设"谱系脉络""人物传录""祖德宗功""文化风采"四大栏目。编入中国内地 27 个省市中有代表性的房派 545 支。台港澳卷，目前正在编修中。

17. 《中华岳氏统谱》，岳喜高主编，2004—2012 年

由岳飞思想研究会历时八年编撰完成的《中华岳氏统谱》内容浩瀚，分上中下三卷，200 万字。《中华岳氏统谱》编纂工作，是在岳飞思想研究会的直接领导下，自 2004 年 5 月开始，经历八年的艰苦历程，终于在 2012 年 5 月由人民日报出版社出版。[1] 2014 年以后，又开始做续编工作。

18. 《初氏通谱》，初智强主编

初智强是辽宁大连人。2005 年 12 月，初智强等八位初姓族人成立了"中国初姓宗亲家谱研究委员会"。2007 年 3 月，在众多初氏族人的共同努力下，由初智强主编完成《初氏通谱》第二版。至 2012 年，初智强手中所掌握的初氏家谱已达 100 多份，并还在通过各种途径收集资料。2013 年 4 月《初氏通谱》第三版正式出版。《初氏通谱》第三版的出版可以说是开创了初氏历史上以史记形式编写的一部谱书巨著。初智强不辞辛苦，奔波千里，整理出版《初氏通谱》。通谱把整个初氏发展历程整理清晰，确定始祖，整理初氏堂号，天下无二初，全部是一家。[2]

19. 《中华裴氏通谱》，裴新生等主编

从 2005 年起，裴新生等提出并着手《中华裴氏宗谱》的统修工作。经过十多年的努力，在各地裴氏家族支脉和专家、学者的大力支持下，经过十多次修改，编撰了《中华裴氏宗谱》初稿。历经十三载，终成鸿篇巨制。该书共五大

---

[1] 佚名：《传世巨著〈中华岳氏统谱〉电子卷》，岳飞网 2019 年 7 月 3 日。
[2] 刘婧《天下初姓哪里来　寻觅到福山区才有"谱"》，《蓝色快报》2012 年 12 月 22 日；初嘉斌《〈初氏通谱〉第三版编写的背景和意义》，初嘉斌的博客 2018 年 12 月 11 日。

册，五千多页，800多万字，2017年，由中国文史出版社出版。

20.《中华昌氏统谱》，昌庆旭主编，八卷

编委会总部将全国范围划分为华北、华东、中、西南四片，共派出21人，分20次采访了全国22个省市的85个县市，收集族谱资料共91份。① 从2005年开始，率先开展了续修全国昌氏通谱的活动。从光绪二十八年续修的仙桃昌氏家谱上得知，当时始迁祖是从江西迁到湖北。按老谱上的记载，仙桃派出的寻根人员前往江西，费尽周折，终于寻访到吉安市青原区富田镇高车村，即谱上所记的吉安府庐陵县淳化乡德政里七十八都。年逾七旬的昌衍唐老人家中有一部百年前的老谱，其上收录了历代的老谱序，世系源流可考，迁徙沿革记载详细。这个老谱也成为后来编纂《中华昌氏通谱》的主干部分。到2011年，中华昌氏在湖北仙桃举行了通谱颁发仪式。②

21.《中华戴氏通谱》，戴庆元主编，2005—2014年第一卷

2005年提出设想，通过搜集到的一些星星点点资料，戴庆元主编了《中华戴氏通谱》第一册，2014年出版。2013年，成立中华戴氏总商会时，就把修编总族谱的工作写进了章程草案，计划2023年下半年基本完成《中华戴氏总族谱》第一部的整理、汇总、编纂、校对、审核工作，力争在2024年上半年印刷发行新谱。

22.《中华胡氏通谱》，胡观文主编

2004年，胡观文成立中华胡氏联谊会，自任会长。2005年，胡观文提出《中华胡氏通谱》编纂，并且注册了书名。胡观文是胡氏通谱研究专家，前期积累丰富，又有一个独立编辑班子，工作效率又高，很快就编纂出了胡氏通谱。2007年，《中华胡氏通谱》第1、2卷，由作家出版社出版。2009年8月，胡观文主编《中华胡氏通谱》的第3、4卷首发。③

23.《世界胡姓通谱》

2005年，成立"九江周边地区胡姓宗亲联谊会"，创始人是湖北黄梅人胡家煌、胡晏平。2006年6月3日在江西九江成立中华胡姓联谊会（俗称为"九江总会"），胡家煌为会长，胡晏平为秘书长。中华胡姓联谊会没有专家，主动上

---

① 肖丽琼：《民间兴起寻根"修谱热" 巨资修谱构筑关系网》，《楚天金报》2012年3月9日。
② 徐楚云：《"寻根者"昌庆旭：回到六百年前的山乡和祠堂》，《长江商报》2013年9月25日。
③ 王田夫：《胡观文向中国族谱博物馆赠送家谱》，《溧阳时报》2010年8月11日第一版。

门联系胡观文，拟合作修胡氏通谱。不久，彼此观念差异较大，无法协调，最后不欢而散，甚至成为敌对方。2006 年 7 月，召开常务理事会，胡耀邦侄子胡德谦成为会长，胡云兴成为常务副会长，胡家煌等为副会长。11 月，决定编修《中华胡姓通谱》，"胡姓"与"胡氏"，与仅一字之差，胡增顺为编委会主任。2008 年 3 月，召开首卷定稿专家会议。年底，收到胡耀邦儿子胡德平副部长题写的书名，称为"世界胡氏通谱"，这实际上提出了更高的要求。于是，2009 年，再次改名为《世界胡氏通谱》编委会，请武汉大学胡春芳教授及广东的胡海研究员主编。2010 年 11 月，首卷最后改名《世界胡姓通谱》，由作家出版社正式出版。首卷共分谱论、胡氏源流、历代胡氏著名序、跋选编、部分世系字辈、族规家训、历史文献、文苑菁华、人物传记等九个篇章，从不同角度、不同层面集中反映了胡氏源流及发展风貌。由于存在不少问题，又行修订。经过多年的搁置，2017 年 12 月，《世界胡氏通谱》首卷修订本出版，胡佳题为主编，胡铁华为副主编。

24.《中华孙氏通谱》，孙学法主编，2007 年开始编修，2010 年出版

第一次全国孙氏家族的修谱会议于 1999 年 5 月在鄄成召开。2005 年，会上讨论了"全国孙氏通谱"的编修问题。2007 年，成立《中华孙氏通谱》编纂小组。2007 年 9 月 10 日，《中华孙氏通谱》（研讨稿）在鄄城印刷告竣。2010 年出版。《中华孙氏通谱》的优点是：①世系排列大家比较认可，②尊重各支系的意见，保持了各支谱的原貌。③改革了老式谱的风格，保持了老式谱的精华，改竖排繁体字为横排简化字，白话文浅显易懂，受到了年轻族亲的欢迎。④造价低族亲易接受。[①]

25.《乐安孙氏大成谱》，孙家达主编

孙家达是江苏人，为世界孙氏宗亲联谊总会副会长、江苏省孙氏研究会副会长。2007 年 9 月 12 日，在惠民召开《中华孙氏通谱》初稿研讨会。因意见分歧公开化，10 月以孙家达为首，重新组织了《乐安孙氏大成谱》（初名《乐安孙氏通谱》）。2011 年印行，三册。后来又出了修订版。

26.《中华乐安孙氏总谱》，孙桂林主编

他是天津老人。20 世纪 80 年代中期他第一次前往河北老家探亲时赶上修订

---

① 佚名：《中华孙氏通谱编纂的前后》，天泰网 2019 年 5 月 17 日。

家谱，亲友们都向他打听祖上渊源，一问三不知的羞愧，让孙桂林萌生修订族谱的念头。从此以后20多年间工作之余，走访全国各地寻根问源。2010年6月12—13日，全国孙氏族人代表在山东省鄄城县召开《中华乐安孙氏总谱》研讨会，各地孙氏宗亲就《中华乐安孙氏总谱》与《中华孙氏通谱》合修问题达成共识，一致通过了乐安孙氏以书公为始祖。不过，最后联合仍没能成功。原因有三：①世系不统一，乐安总谱又加一世祖"开"。②乐安总谱造价高。③与下边支系谱不联结，下边支系不同意。最后仍没有合并。2013年5月19日，《中华乐安孙氏总谱》发行。

27.《中华王氏大成总谱》，王听兰主编，2007—2018年

王听兰是湖州人，从事业单位退休后，因得堂兄家中珍藏的一套《尚儒王氏宗谱》，开始从事王氏文化研究。2003年，在湖州成立了中华王氏文化研究中心。2004年，召开首届王氏家谱研究会。目前在全国各地创建了30个工作站，3000多名会员已覆盖全国28个省市，先后建立王氏文化研究三个平台：推出会刊《中华王氏文化研究通讯》，建立中华王氏网，创办家谱与世系图表陈列室。2007年，在第四届中华王氏文化研讨会上，决定开始启动这项宏大文化工程，着手编撰《中华王氏大成总谱》，建立70多人参与的总谱编委会。2008年，与武汉大族谱数字科技有限公司签订战略合作协议，修建网络版《中华王氏大成总谱》。经过九年的努力，2000多万字的总谱编辑基本完成，总谱分为7部38册。① 至2015年4月交付浙江江山鑫华印刷厂为止，建立完备的编辑部班子。2018年，由北京燕山出版社出版。七部共39册，历时18年编纂完成。《中华王氏大成总谱》是一部多卷本、大容量、几乎无所不包的全国王氏通谱。从基本结构上看，主要包括总卷首、重要分支总谱和支谱三个部分。总卷首，也称《中华王氏大成总谱·卷首》，包括《世系卷》和《文化卷》两大卷。其中，《世系卷》既包括从黄帝到太子晋的干系阐述，也包括太子晋以外的其他王姓来源及其主要支派的阐述。《文化卷》则概述中华王氏的各种优秀文化，包括文化成就、家风族风、族规家训、字辈派语、家谱文化、年谱、名谱序跋、碑刻墓志、陵寝、墓葬、宗祠、掌故、名作等。重大分支总谱包括：①《太原王氏总谱》，是从太子晋到太原王氏祖王威以下的支派总谱。②《琅琊王氏总谱》，是

---

① 汤建驰：《〈中华王氏大成总谱〉在湖州颁谱 总谱共分为七部38册》，《湖州晚报》2016年5月17日。

从太子晋到琅琊王氏祖王元以下的支派总谱。③《三槐王氏总谱》，是以王言为始祖，王祐为开基祖的三槐王氏的支派总谱。④《开闽王氏总谱》，是以王潮、王审邽、王审知的开闽三王与王彦复为始祖的支派总谱。⑤《和派王氏总谱》，是除太子晋子孙以外的其他王氏总谱。⑥《寻源王氏总谱》，是暂时无法归入上述总谱的各支派王氏总谱。支谱，是在上述六大王氏支派总谱之下的支谱，包括一村或多村支谱、一乡或多乡支谱、一县或多县支谱、一省或多省支谱、一国或多国支谱等，由各地王氏根据总谱自行编修，所编支谱也是本谱的组成部分。①《中华王氏大成总谱》是中华王氏文化研究会、中华王氏大成总谱局依靠3000多名会员的支持和40多名编委团队的集体努力，经济上得到全国王氏热心人士和企业家的资助而成的。可想而知，《中华王氏大成总谱》在拥有资料的丰富、考证和严密、审查校对的力度等方面要比《王氏通谱》好得多。因此，在总谱的规模、内容范围、技术的先进性等方面要高得多、大得多。

28.《中华谢氏总谱》，2008年

2008年5月1日至2日，在祖源地河南南阳召开了中华谢氏大宗祠建设暨中华谢氏总谱编纂工作会议，会议推选组成了两个委员会，即中华谢氏大宗祠建设委员会、中华谢氏总谱编纂委员会。2008年，总谱编委会委托总谱编委副主任谢五八起草了"中华谢氏总谱"编纂大纲，拟通过严谨的规划，认真的梳理，弄清各地谢氏来龙去脉，真正使《中华谢氏总谱》做到一脉相承，联汇贯通。以尊重历史为准则，上溯本源，求大同存小异，理顺脉络，实事求是地叙事评人，完成一部较为准确的《中华谢氏总谱》。选定精干人员、收集整理资料、征集支系家谱、建立信息化网络化的数据库。总谱分为两大板块：总卷与分卷。总卷由序言、渊源、世系、迁徙与分布、人物、古迹与文物、文献、典故与轶事、氏族文化、荣贵录、家谱文献、政策法律会规、宗亲联谊团体、芳名录等十四个部分组成。分卷是大陆以省区市为单位、海外以国家和地区为单位设立的分册。2013年6月，《中华谢氏总谱》编纂工作启动。至2019年，初步完成谢氏总世系的整理（含部分支系开基祖与总世系的对接），及十多个省区市70多万宗亲的信息进入家谱总谱数据库，其他各分卷的编纂工作正有序进行。

---

① 王昕兰：《〈中华王氏大成总谱〉简介》，中华王氏网2019年2月8日。

29.《中华詹氏统宗谱》

2002年，台湾詹姓宗亲总会由詹昭榜创会，会长以寻根问祖的心愿出资在福建安溪启动编修《中华詹氏统宗谱》。2009年起决定修通谱，大家达成共识，《中华詹氏统宗谱》工程浩大，不可能很完整、很完善地一次性完成，需要有一个不断修整、补充内容、循序渐进的过程。2016年，第五届中华詹氏统宗谱编纂委员会第二次工作会议在詹天佑祖居纪念馆四楼会议室召开。会议通过了《〈中华詹氏统宗谱〉编纂出版工作方案》，编纂四种不同的版本：第一，正式出版"精华版"《中华詹氏统宗谱》；第二，内部印行"总汇版"《中华詹氏统宗谱》；第三，按需定制"光盘版"《中华詹氏统宗谱》；第四，为方便广大宗亲寻根问祖和查阅族谱，制作《中华詹氏族谱总汇》数据库，以"网络版"统宗谱之基础。在詹天佑祖居纪念馆四楼筹建"中华詹氏谱牒博物馆"。由专家组组长詹长智教授担任审校工作的总召集人，下设五个审校工作组，开展精华版的审校工作。《中华詹氏统宗谱精华版》由詹德兴统稿。到2018年，《中华詹氏统宗谱》编纂委员会搜集到近千册全国各地詹氏族谱资料，进入汇总阶段。

30.《中华钟氏总谱》，2008—2019年，钟兴永主编

2008年9月，中华钟氏宗亲总会第五次常务理事扩大会议在广东惠州主持召开，决定编纂《总谱》。在编修《总谱》的过程中，编辑部始终贯彻"统一世系、理顺源流、摸清分布、彰显文化"这一宗旨，使编修工作进展顺利。2018年，经10年努力，终于定稿，改名《中华钟氏总谱》。2019年，进入发行。《中华钟氏总谱》，是集钟氏启姓与溯源、迁徙与分布和人文与地理于一体的综合性谱牒，也是钟氏启姓以来修谱涉及范围广、支系多、情况复杂的首创，具有里程碑意义。

31.《中华陈氏联宗族谱》，陈晓主编，2016年

第二版文稿总共有846页（其中彩照100页），在第一版的基础上，新增了233页。本谱体例包含了《陈氏通谱》《陈氏宗谱》和《陈氏支谱》的三大谱例，分则各成体系，合则熔为一炉。此书只有PDF版，首次采用可与国际家谱标准接轨的数字化技术编纂，可智慧接续万宗宗支数字化宗谱。

32.《颜氏通谱》

由湖南颜子文化研究会名誉会长、湖南德天集团董事局名誉主席颜坚生主持，2001年提出纂修世界通谱的倡议，并捐资500万元用作项目经费。2002年

起编修，记录始祖颜友及颜子、颜之推、颜真卿等颜氏渊源历代卓有成就者及颜氏后裔，通过对颜氏家族源流进行考证，修撰成体系庞大的同宗共祖的血亲世系图籍，共计266册。至2008年，历时六年多，共编订了从圣祖至六十世图录二卷，古版《陋巷志》一卷，《复圣志》一卷，《颜氏家训》一卷，《历代贤哲闻达列传和近现代名人录》一卷等，共十集《颜氏通谱》，以及232册湖南族谱。

33. 《新编苏氏总族谱》，简称为《苏氏总谱》，2009年启动，主编苏用发，执行主编管成学

世界苏姓宗亲总会理事长、印度尼西亚苏钢总裁苏用发看到《新编苏氏大族谱》，感觉不太满意，于是找到管成学编撰《新编苏氏总族谱》。《总谱》分七篇：①追本溯源篇，②祖德政绩篇，③学术著作篇，④研究考证篇，⑤分支脉衍篇，⑥旧谱序跋篇（1949年以前为旧谱），⑦旧谱选录篇。它是《新编苏氏总族谱》的进一步扩充。2012年，仍由东北师范大学出版社出版，26册。

34. 《中华袁氏族谱》

袁荣程，江西省南康市人，1995年就着手进行袁氏研究，资格老。2006年，出版首卷《新编名人录》。2007年成立中华袁氏文史研究会，出任常务副会长兼秘书长。他们搜集到袁氏家谱一千多套。2008年，全相继成立23个分支会学术团体。2009年12月16日至18日在赣州客家文化城召开第一届二次常委暨辕涛涂总世系研讨会，会议原则上通过了《中华袁氏族谱》第一卷即一至四十八世总世系族清样等决议。袁荣程为袁氏统谱大业的完成，历尽艰辛，不屈不挠，卓有成就。2010年11月4日，召开中华袁氏文史研究会一届三次代表大会，决定出版发行《中华袁氏族谱》第一卷。这年，由中国文史出版社出版。2012年出版第二卷。至2016年，出版七八卷。

35. 《中华袁氏通谱》，袁尚海主持

袁尚海居湖北宜昌，武汉铁路局退休干部。2005年接触"袁氏家谱网"，开始关注袁氏家谱。2007年，筹办中华袁氏研究会，以袁氏家谱网为中心。2007年开始实地走访，这十多年里，他就干了三件事：读谱、走访、写作。他收集到的家谱160多套，其中纸质谱12套，翻拍的家谱25套，电子稿家谱110套。擅长学术研究，被人称为"当今袁氏家谱研究第一人"。袁尚海对袁氏祖宗们的历史年表以及袁姓人在二十四史等著作中的活动轨迹进行了认真梳理，结合各

大图书馆及民间《袁氏宗谱》的记载，2010年已经由云南民族出版社正式出版了《中华袁氏通用世系》。2015年起，袁尚海决定修《中华袁氏通谱》。在前人研究的基础上，既要理顺各宗支的纵向衔接，也要梳理各宗支间横向关联。以达到认袁涛涂为共祖，打通开姓祖与各始迁祖间世系连接。

36.《中华陆氏通鉴》，陆逵主编，2009年

陆逵等11人自2006年底开始编纂《中华陆氏通鉴》5册，第1册为《陆氏源流考》、第2册为《陆氏人物志》和《千古一相陆秀夫》、第3册为《陆氏大统谱》、第4、5册为《盐城陆秀夫世家谱》，并于2009年印刷。此书大量引用陆道龙《中华陆氏历代年谱》(1991)，打了几年官司，最终因无著作权而被驳回。

37.《中华周氏族史》，周毅是贵州作家，原为戒毒所教育干部

1990年，开始征集姓氏资料，编写《中华周氏族史》，成两千多万字。2006年，成立《中华周氏族史》编委会，任主编。2008年，又成立贵州周氏联谊会，任会长。周毅主编是靠编辑好周姓小报寄往全国各地各行各业周姓人，征集宗亲们资料来共同完成《中华周氏族史》编写工作的。第一集分上下两编，由于尚需补充史料，故推迟出版。先出版第二集，周毅主编，中国科学文化出版社，2010年。第二集主要收录江西、贵州部分及当代周族人物志，150多万字。2011年，又成立贵州大周文化发展有限公司。2014年，又由三秦出版社出版《中华周氏族史》精装简本，250万字。至此，前后历时26年。据其内容提要，集纪传体与编年体于一体，开家传血脉之先河。据《自序》，族史是继周朝《世本》以来的第二部全国性大型姓氏史书，是世界周氏族人的根源所在，是周氏家族的历史档案文库，更是留存给子孙后代的一大笔丰厚财富。目前正在编纂第四集。

38.《中华义门陈氏大成谱》（总谱），陈峰总编，中华义门陈氏大成谱总局，2008年

陈峰是中华义门陈联谊总会会长、义门陈文化研究会会长。2006年5月，陈峰从江西德安县民营经济局局长的岗位上退居二线后，组织当地宗亲和热心人士牵头垫资，揭开了义门陈文化开发的新一页。2007年春，陈峰等启动编修《中华义门陈氏大成谱》。经总编、宗亲及江西省谱牒专家王炯尧等人的努力，史志谱数码科技公司承接编制，2008年12月成书。

三 21 世纪后十年的统谱编纂活动

进入 21 世纪后十年来看，通谱编修之风更盛。据笔者初步的统计，有 109 种。

表 10-2　　　　　　　　　21 世纪后十年的统谱编纂

顺序	名称	卷册	作者	出版社	启动时间	出版时间
1	中华惠氏族谱		惠国中			2011
2	中华苑氏渊源		苑朋欣	吉林人民出版社		2011
3	中华万氏通谱		万安祥			2010—2015
4	中华羊氏聚居地通谱		羊文超			
5	中华傅氏统谱	10 卷	傅传松			2014
6	溧阳史氏大同谱		史美珩	中国文史出版社		2014
7	中华吕氏统谱	12	吕强	中华书局		2011—2016
8	华夏茹氏统谱		茹炳勤等	黄河水利出版社		2019
9	中华聂氏通谱				2011	
10	中华高姓大通谱		高路加	作家出版社	2009	2011
11	中华高姓总谱	9	高若敏		2011	2013—2018
12	中华乐氏通谱		乐志强		2012	2015
13	中华刘氏通谱		刘功生	作家出版社		2012
14	世界刘氏通鉴（中华卷）		刘隆桂			2013
15	中国兰陵萧氏		曹守勤等	黄河出版社		2014
16	中华蒋氏通谱		蒋远举			2013
17	中华唐氏通谱	3 册	唐为人等	中国文史出版社		
18	中华安氏通谱				2010	2014
19	中华班姓大族谱	5 省	王述民等	扶风堂		2014
20	中华雷氏统谱		雷剑义		2014	2018
21	吴世万氏族统谱					2005—2019
22	中华段氏通谱				2016	
23	中华靳氏统谱				2016	
24	中华郭氏统谱		郭德才		2018	
25	中华利氏统谱		利耀宜		2018	
26	中华乔氏统谱			中国文史出版社	2015	2018—2021
27	中华魏氏联谱志		魏成刚		2018	2020

续表

顺序	名称	卷册	作者	出版社	启动时间	出版时间
28	中华郑氏世系总谱	3册	郑耀宗			2020
29	中华胡氏大成谱		胡家钢			2014
30	中华邵氏通谱		邵恩成	中国华侨出版社		2016
31	中华汪氏通宗世谱	13卷	汪庆丰		2010	2013—2016
32	中华杜氏统谱世系纲要		杜鑫涛			2019
33	中华向氏通谱大系	3卷	向家舟		2019	2021—2023
34	中华梅氏通谱		梅邦华		2011	
35	中华蒲氏通谱				2019	
36	华夏滕姓通谱	6册	滕万鹏滕荣康			2016
37	中华龚氏通谱		龚纯振		2016	
38	中华郤氏通谱		郤公林			2019
39	中华谭氏族谱		谭富春			2016
40	中华钭氏统谱					2016
41	中华晏氏通谱		晏春林晏玖德		2010	2022
42	中华范氏大族谱				2011	
43	中华项氏总谱				2016	
44	中华查氏总谱	12卷	查焕康		2010	2015
45	中华周氏联谱		周寅宾	安徽师范大学出版社	2008	2018
46	华夏张氏统谱				2011	
47	中华罗氏大成谱	20卷	罗建平		2011	2020
48	中华訾氏通谱	2册	訾新宁訾鹏辉		2017	2019
49	世界叶氏总谱	10册	叶肇夫	中国文献出版社	2009	2014—2019
50	孟子世家谱	5集	孟淑勤		2010	2021
51	中华钟氏总谱	5册	钟子亮		2008	2019—2020
52	中华帅氏总谱	38卷				2010
53	中华欧阳氏大宗谱	源流卷	欧阳日鑫	团结出版社		2017
54	中国脱氏谱书		脱炳勋		2015	2016
55	中华萧氏总谱	4册	萧正滔	线装书局		2018
56	中华欧阳总谱		欧阳玉模欧阳包		2014	
57	中华欧氏总谱		欧继陶欧贤东		2014	
58	中华区氏总谱		区锦棠区家驹		2014	
59	中华戴氏总族谱				2018	
60	中华许氏通谱		许武云		2008	2019

续表

顺序	名称	卷册	作者	出版社	启动时间	出版时间
61	中华喻氏通谱	4部6册	喻贵祥		2004	2010—2018
62	中华曾氏族谱	7卷				2013
63	中华杨氏大典	典藏杨成武卷	杨功德	中华姓氏文化出版社		2014
64	中华况氏总谱					
65	中华邓氏联谱					
66	中华林氏总谱		林功明		2017	
67	中华申氏合谱				2017	
68	中华瞿氏通谱		瞿秀键		2014	
69	中华桑氏总谱				2016	
70	中华庹氏总谱		庹登泉		2021	
71	中华包氏统谱				2012	
72	中华由氏统谱				2016	
73	中华明姓总谱		明平灯		2002	2013
74	中华连氏通谱		连文成			2015
75	中华蓝氏总谱		蓝文君		2000	2010—2011
76	中华蓝氏联合族谱	14卷	蓝国林			2012—2014
77	中华曾氏总谱					
78	世界韩氏总谱		韩清涛			2016
79	世界吕氏总谱		吕勇	中国文史出版社		2018
80	世界侯氏总谱			中国国际文艺出版社	2014	2018
81	中国吴氏通用家谱		吴腾杨			2021
82	中华匡氏通谱	5册	匡义生	晋阳堂		2016
83	中华饶氏通谱		饶铁（玉华）			2012—2016
84	中华熊氏通谱	5卷	熊朝富	四川师范大学出版社	2002	2007—2012
85	中华覃氏志		覃发扬覃修斌	时代文献出版社	2014	2019
86	中华崔氏统谱		崔相臣		2010	
87	中华虞氏通志		虞铭			2017
88	中国梁氏通书		梁超然梁全进	广西人民出版社		2014—2019
89	中华任氏通书	4卷	任理德			2009
90	中国贾姓通史	5卷	贾慧升		2016	
91	管氏总族谱		管国全等		2015	
92	卢氏通谱		卢元义			2017
93	世界刘氏通志		刘天良			2018

· 503 ·

续表

顺序	名称	卷册	作者	出版社	启动时间	出版时间
94	中华边氏通谱		边道明			2019
95	世界韩氏通谱	卷首2册	韩春久	崇文书局		2019
96	程氏宗谱简编	第一辑 程氏谱录	程振朔			2018
97	中华斛律氏族谱		斛长青			2018
98	中华舒氏统谱		舒宏瑞			2015
99	中华巢氏大族谱		巢国权			2015
100	中华陈氏大典	4卷	陈美观等	中国文史出版社		2015—2018
101	中华苑氏渊源			吉林大学出版社		2011
102	世界钱氏总谱		姜德安	中国国际文艺出版社		2018
103	世界侯氏总谱			中国国际文艺出版社		2019
104	世界顾氏总谱		顾庆东	中国国际文艺出版社		2019
105	世界曹氏总谱			中国国际文艺出版社		2019
106	中华武氏通谱	3卷	武德恩			2020
107	永昌府黄氏祖谱		黄会元	谱海股份公司		2019
108	中华骞氏宗族谱		骞浩			2016
109	中华平氏总谱	5本8卷	平五卿		2018	2020

下面重点对其中一些通谱编修情况作一梳理。

1.《中华万氏通谱》，万安祥主编。万安祥（1945—2019）是陕西安康市汉滨区史志办常务副主编、党支部书记。退休后仍致力于公益事业。主编陕西安康万氏家谱，纂修姓氏谱志，研究姓氏文化。2009年11月于湖南衡阳倡导发起编纂《中华万氏统谱》，得到万氏宗亲积极响应，遂推向全面开展《中华万氏统谱》编纂工作。2010年10月30日，在中华万氏宗亲联谊总会暨《中华万氏统谱》编纂工作全国代表大会上被推选为"中华万氏宗亲联谊总会"执行会长、《中华万氏统谱》编纂委员会主任兼主编。万安祥主编的《中华万氏统谱剪影》一书，经过资料搜集、编辑总纂、族内外专家审议，最后编审定稿。经2015年6月28日中华万氏宗亲联谊暨统谱工作会议研究决定出版发行。《中华万氏统谱剪影》自万氏始姓，追溯了万氏源流，梳理了世系，选载了万氏趣闻逸事，汇采了万氏家训家规，集录了万氏古今贤人，编辑了"中华万氏宗亲联谊总会暨《中华万氏统谱》编纂工作全国代表大会"及其所开展的工作，剪辑了始祖、鼻祖影照及郡望、祠堂、族谱、墓志、庙会、大会图照,是始姓以来首部万氏宗族史书。

2.《中华羊氏聚居地通谱》,主编羊文超。羊文超（1931— ）,湖南省娄底地区国土局调研员兼地区农业区划办主任,高级经济师,中华羊氏文化研究会会长。2010年夏,羊文超到山东找到《羊姓史话》作者泰山学院周郢研究馆员,称他根据《羊姓史话》提供的线索,对各地羊氏宗亲做了广泛寻访,走遍了13个省市,找到了100多个羊氏聚居地。在此基础上,他有意组合各地宗亲,发起成立中华羊氏文化研究会,以使一脉血缘重凝,同根枝叶再联。9月,中华羊氏文化研究会在湖南娄底成立,有106个县的1200多名宗亲入会,宣布启动《中华羊氏聚居地通谱》的编修。这将是一部贯通古今、连缀源派、统合列域的大宗谱。有了通谱,从此"我们不孤单了,有了全国羊姓的大家庭"①。

3.《中华傅氏统谱》,傅传松主编。2011年起,2014年起出版。傅传松先生是湖北石首作家,1990年关注谱牒文化。1994年,主编《湖北石首绣林傅氏族谱》。2005年,傅文彬建议编纂《中华傅氏统谱》。2010年会议,决定修谱。2011年3月筹备,4月启动,9月开编。傅传松为主编。2012年,首卷《历史人物卷》编纂成功,2014年出版。2021年,历时16年,完成全书。分文献、源流、文化、人物四编,共10卷,8000余页,700余万字。

4.《溧阳史氏大同谱》,史美珩总主编。他主编的《溧阳史氏大同谱》于2014年由中国文史出版社出版。《溧阳史氏大同谱》总卷是整部大同谱的总述或总谱,另分为溧阳卷、四明卷、吴中卷或嘉兴卷、真定卷。史美珩又主编《溧阳史氏大同谱·四明卷》,2016年出版。《溧阳史氏大同谱·湘南支谱》,2016年出版。2016年4月21日,溧阳史氏历史文化研究会,决定修订《溧阳史氏大同谱》。由上可知,史美珩坚持用《溧阳史氏大同谱》。不过,史英豪主编、史庚吉副主编的《中华史氏大同谱·真定史氏世家卷·荫营街上族谱》,作"中华史氏大同谱"。2014年,《中华史氏大同谱·真定史氏世家卷·荫营街上族谱》出版,分为上下册,共499页,50万字。

5.《中华吕氏统谱》,2011—2016年。吕强是浙江哈尔斯工贸有限公司董事长,关注宗亲事务,早在2008年就建立吕氏文化中心。2011年,湖北黄石吕龙

---

① 周郢:《中华羊氏聚居地通谱序》,周郢读泰山的博客2017年3月28日。

章等提出《中华吕氏通谱》，得到吕强的全力支持，提供场地，承担全部费用。2011年3月，《中华吕氏通谱》在浙江永康中华吕氏文化中心开局，担任中华吕氏文化中心总会会长。8月，召开专家论证会，到会的专家们为《中华吕氏通谱》的编修构建了一个脉络分明的框架，并对吕氏文化研究提供了一个系统而又概观的历史认证。编纂工作牵动了全族人的心，引起了全体族人的关注，前往中华吕氏文化中心送谱、合谱及修谱的海内外宗亲达3000多人次。吕有强担任总编辑。经过三年奋斗，稿成。"不是亲，不挂心"，通谱的编修成功是全体宗亲十分"挂心"的结果，是集体智慧的结晶，是"天下吕氏一家亲"的真实写照。2014年，入选2014年度浙江省哲学社会科学规划立项课题，由中华书局出版发行。《中华吕氏通谱》共有综合篇、世系篇、人物篇、文献篇和祠墓篇五大部分，共计12大册，计1200多万字。除世系篇共有八卷外，其余四篇分四卷，都能独立成册。包括国内31个省（市、区）、港澳台地区及泰国、印度尼西亚、菲律宾、新加坡、柬埔寨、缅甸、澳大利亚、加拿大、英国等国吕氏宗亲1300多宗支。《中华吕氏通谱》是吕氏宗族有史以来的第一部统一全族世次、字派、堂号和体例等四大统一的吕氏大通宗谱。它记载了吕氏自夏商周以来四千多年的血缘史、奋斗史和繁荣史。[①] 设立谱局，负担经费，这是成功关键所在。

6.《华夏茹氏统谱》，2011—2019年。2011年，茹炳勤、茹安友发起编修《华夏茹氏通谱》，得到众多族人的积极响应。编辑人员深入各地采访、收集资料，足迹遍及长城内外、大江南北，取得了大量第一手资料。历经八年，尝尽千辛万苦，一部涵盖全球、贯通古今、内容丰富、图文并茂、体例完整的通谱终于问世。2019年，《华夏茹氏通谱》由黄河水利出版社出版，该书厘清了茹氏发展的脉络，追溯了姓氏的源流，记录了古今名人，确定了茹氏民族分布，收集了茹氏家训，统一了全国各地的辈分。[②]

7.《中华聂氏通谱》。2011年10月，中华聂族宗亲协会在江西抚州召开工作扩大会议，确定"编撰通谱"为中华聂族宗亲协会的基本职能之一，启动《中华聂氏通谱》工程。2012年11月30日至12月2日，中华聂氏通谱工程首

[①] 吕余钟：《〈中华吕氏通谱〉问世——圆吕氏族人千年奇梦》，清砚谱社的博客2016年7月7日。
[②] 苏瑜：《编纂茹氏家谱，传承优秀文化，〈华夏茹氏通谱〉发布》，《郑州晚报》2019年4月2日。

届谱牒交流研讨会在湖南长沙隆重举行，12 省宗亲代表共 191 人出席会议。交流研讨聂氏族谱，成立聂氏通谱工作机构，部署聂氏通谱工作，正式开启聂氏通谱编修航程。

8.《中华高姓大通谱》，高路加主编。高路加是广州大学教授，高志超是安溪三德兴开发有限公司总经理。2006 年，高志超在厦门成立了中华高姓宗亲联谊总会，亲任会长。高路加为副会长兼秘书长。2008 年 10 月 25 日，在黄山召开的中华高姓宗亲总会第一届第三次大会上，高路加提出《中华高姓大通谱编纂计划》，获大会通过。《中华高姓大通谱》包括《总谱》和各省《分谱》、各地各大家族《支谱》。2009 年 2 月 21 日至 22 日，在广州花都召开了《中华高姓大通谱》编委会第一次全体会议，标志着高姓纂修全国统谱的工程已经启动。会议宣布，大通谱《总谱》将于 2010 年完成。从 2011 年开始，陆续启动各地分谱编修工程。2010 年，《中华高姓大通谱·总谱》进入出版期，在编委会主任与出版社寻找上，双方产生重大分歧。最后彼此不让，关系破裂，高路加另筹经费，联系北京的作家出版社出版《中华高姓大通谱·总谱》。2011 年 8 月正式出版，上下卷，约 200 万字，对高姓历史脉络的记载和描述相当清晰。2013 年 8 月 4 日，《中华高姓大通谱·总谱》专家评审研讨会在北京召开，专家给予高度评价。2016 年 8 月，《中华高姓大通谱·总谱》修订本由齐鲁书社再版。[1]

9.《中华高姓总谱》，高若敏、高令印主编。高若敏（1945— ），天津市人，高级法官。中华高姓历史文化研究会（中华高姓宗亲联谊总会）第二届、第三届常务副会长兼秘书长。高令印是厦门大学哲学系教授。2010 年，中华高姓宗亲联谊总会换届，高志超继续为会长，高若敏为副会长兼秘书长。2011 年 3 月 27 日，中华高姓宗亲联谊总会决定另出一部内容不同的、能够体现谱志特点的《中华高姓总谱》。5 月 20 日，郑州会议，最后决定由高若敏主持起草《中华高姓总谱》大纲。历时两年半时间编辑，在 2013 年 10 月的第三届世界高姓宗亲恳亲大会河南郑州会议上，《总谱》1—6 卷成，向 1000 位参会宗亲颁发。2018 年 9 月 4 日，历时两年半时间编辑，《总谱》7—9 卷成功，在总会第三届第三次大会湖北武汉会议上，向 1500 位参会宗亲颁发。《总谱》1—9 卷的编辑工作共

---

[1] 高路加：《中华高姓大通谱：由来和内容》，高姓论坛 2015 年 5 月 23 日；《中华高姓大通谱》编委会：《〈中华高姓大通谱·总谱〉编修出版始末——兼答"中华高姓宗亲总会" 2011.11.2〈公告〉》，高氏家族 2011 年 11 月 24 日。

历时5年。中华炎黄文化研究会执行会长王大良教授在2017年10月15日"第三届中华家谱展评暨文创产品交流大会"上午大会上，发言对《中华高姓总谱》1—9卷的评价是：①体例新，有了1—6卷，又出了7—9卷，明年还要出第10卷，还可以再续。②内容全，有几大部分，有创新，有新意，有很多新意。③有突破，对历史有贡献。④民间谱，接地气，根深影响面大。2019年8月，《中华高姓总谱》第10、第11卷编辑完稿。《中华高姓总谱》体例有其特点，适合不断续修。①

10.《中华乐氏通谱》，乐志强总编，起于2012年，刊于2015年。乐志强是中山大学哲学系教授，为中华乐氏宗亲会常务副会长。《中华乐氏通谱》探寻了中华乐氏血脉延续的源头由来，疏通了乐氏历史发展的世代脉络，使我们认清了几千年来，乐氏生生不息、薪火相传的来龙去脉。在中华乐氏文化研究会号召下，全国乐氏宗亲有钱出钱、有力出力，各地都拿出了自己的地方族谱和历史资料，很多人为此付出了巨大的牺牲，倾力奉献、成就家族大业，硬是在短短三年时间里，拿出了一部传世的鸿篇巨制，创造了一个小姓办大事的惊人奇迹，圆了全国乐氏宗亲的千年之梦。

11.《中国兰陵萧氏》，曹守勤、赵宗远主编，崔维志执行主编，黄河出版社2014年。本书图文并茂，记叙了萧氏先人的功绩，探索了萧氏的起源、发展和变迁，以发掘兰陵萧氏文化为目的，全面展示了萧氏的历史贡献、名人传记、名人作品、文化遗址和重要事件，有助于全球萧氏族人的交流沟通。

12.《中华蒋氏通谱》，此前，自20世纪80年代起，四川老人蒋远举对自己的姓氏和家族渊源萌生了浓厚的兴趣。在众多蒋姓贤达的支持下，他走访湖南、江西、广西、湖北、陕西、南京、上海等十多个省市的30余县200余乡镇，1997年主编出版川渝十余县市《蒋氏族谱》，2005年主编出版《蒋氏通谱》首卷。2007年，筹划第二卷。2010年出版第二卷。2013年，中华蒋氏文化研究会牵头的《中华蒋氏通谱》编纂方案公布，《中华蒋氏总谱》草案框架是以蒋远举《蒋氏通谱》第一卷为蓝本，参考《蒋氏通谱》第二卷、江苏蒋广举的《蒋氏总谱》、福建的《福建蒋氏通谱》等为基础，强调要统筹各方力量，确保修成一部高水准的家谱。要求通谱必须具有文化价值。明确指出了通谱的范围。远古

---

① 高若敏：《中华高姓总谱编辑过程》，伪笑的爱2018年1月19日。

世系，1—48 世。2016 年，重组《中华蒋氏总谱》编委会。

13.《中华唐氏通谱》，2013 年出版，总卷共 3 册。历经众多前辈的多年呼吁和艰难尝试，承载着海内外广大宗亲的无私奉献与拳拳之心的《中华唐氏通谱·总卷》于 2013 年 11 月由中国文史出版社出版面世。唐成标任编委会主任，由唐为人、唐德绵、唐经棣、唐树科等主撰的《中华唐氏通谱·总卷》，经过五年的艰苦奋斗，终于脱稿了。该谱共三册，十编，近 300 万字。十编的题目分别是：源流郡望、世系简录、名人家族、古代人物、现代人物、迁衍分布、文献辑录、艺文荟萃、文物古迹、族事纪要。

14.《中华安氏通谱》，2010—2014 年成。《中华安氏通谱》是由世界华人安氏宗亲总会暨中华安氏宗亲理事会编。2010 年，做出了编辑出版《中华安氏通谱》的决议，迅速成立了以安琰石为主任的《中华安氏通谱》编辑委员会，由安琰石会长拟定了编辑大纲。在全国安氏宗亲的共同努力下，通谱初稿如期完成，于 2012 年 9 月 6 日在山东青岛召开《中华安氏通谱》审定会。2014 年 9 月由香港的中国教科文出版社正式出版，安志民主编。《中华安氏通谱》是由全中国安姓宗族间通过合作，认同共祖、连通世系、重排昭穆等，所编撰出来的谱牒。它有别于一般的《安氏家谱》："其特点是一'大'、二'实'、三'突出'、四'实用'。"[①] 历时五年，《中华安氏通谱》现已修改增补到第十六稿。该《通谱》共计 528 页，分上、中、下三篇，共 11 章、35 节，总计有 61.8 万余字。

15.《中华雷氏统谱》，2014—2018 年，雷剑义主编。2013 年 11 月，有人提出《中华雷氏族谱编修提纲》讨论稿。2014 年 12 月，雷德正提交《中华雷氏通谱》目录修订提纲。2015 年，成立中华雷氏文化研究会，通过《中华雷氏统谱》编修方案。2016 年 2 月，中华雷氏文化研究会召开联谱工作专题会。2016 年 8 月，中华雷氏文化研究会在湖南省常宁市举行《中华雷氏统谱》全国公开招标现场会，最终常宁厂一举中标。尔后，谱稿部便在该厂安营扎寨，抽调精干人员集中办公、编写。2017 年 2 月，中华雷氏文化研究会第九次全体会议在安徽省六安市隆重召开，集中精力，决战 2017 年，完成《统谱》草稿，要求 6 月底各省完成谱稿资料上交，9 月底完成拾遗补齐，年底初稿出炉。2018 年 3 月

---

① 中华安氏宗亲总会重庆分会：《〈中华安氏通谱〉简介》，中华安氏网 2019 年 10 月 9 日。

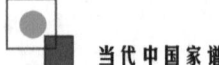

18日下午，中华雷氏文化研究会湖北省委员会在武汉召开《中华雷氏统谱》资料校对专题工作会。①

16.《吴世万氏族统谱》，2015—2019年。吴世万是元朝吴氏由贵州迁湖南的祖先。2005年出版了《吴世万氏族统谱》4000多本。2011年修订再版。2015年3月，第三次编纂《吴世万氏族统谱》。经全体编纂人员数度迎春送秋、寒来暑往、凝心聚力、不辞劳顿、潜心编纂、数易其稿，历时四载有余，于2019年6月《统谱》电子版全部截稿并汇总于祖地龙寨编委会总部，2019年国庆付梓成册。

17.《中华段氏通谱》。2016年，中华段氏文化研究会总会决定修谱。以适应目前各支谱系只能有共同先祖才能局部统一的实际情况。2017年，总会决定在山东济南的中华段氏商业联合会设置总会秘书处、统谱委办公场地，招聘人员。分卷按省、市、县、支系的音序编列，方便查找；支系谱原则上不再录入，不印刷或只根据需要适量印刷，以大幅减少工作量。

18.《中华郭氏统谱》，郭德才从2009年9月10日筹备《中华郭氏总谱》编纂委员会工作，一直没有停止过筹备工作。2018年9月6日第一次重新讨论筹备《中华郭氏总谱》编纂工作。2019年7月在山东青岛确定《中华郭氏总谱》编辑工作以来，总谱编辑委员会的全体编辑人员就进入了紧锣密鼓的编辑工作之中。2020年8月，《中华郭氏总谱》卷一和卷八编辑工作基本完成。

19.《中华乔氏统谱》，本谱由中华文化促进会乔氏历史文化研究会领导和组织。《中华乔氏通谱》编纂分九部八区。通谱由简介、序、世系图、世谱、附录和原谱影印六项内容构成。2015年2月，决定修通谱。2016年，成立中华乔氏创修通谱编委会和八个工作组。至2017年7月，完成全国网络建设，各省、市、区、县乔氏宗亲联络处建立完成，完成百分之八十族谱征集。至2018年12月完成中华乔氏数据库建立，协助全国六郡四十九堂续修或创修乔氏族谱。2018年8月，由中国文史出版社出版《中华乔氏统谱》总谱一册，常务副理事长乔耀强组织编修。《中华乔氏统谱·总谱》历时三年，八篇，共21章、129节，总计有66.8万余字。2019年1月至2020年3月，完成中华乔氏通谱样谱，完成六郡四十九堂乔氏族谱分类整理归档，初编辑中华乔氏通谱样谱并完成二

---

① 雷交汇：《中华雷氏文化研究会历程》，雷交汇2017年4月18日。

次校对。至 2021 年 3 月，正式编辑，完成审谱，印刷。清明，举行《中华乔氏通谱》首发。

20.《中华魏氏联谱志》。2018 年启动，魏成刚主编的《中华魏氏联谱志》第一卷，在入联支系各位主编、带头人、全体热爱并推动家族联谱事业的宗亲们的共同努力下，取得了前所未有的成果，从收到的 139 个提交资料的支系中，在编辑部的认真筛选下，已有 112 个从明朝迁徙来的支系顺利入联谱志，经编委会开会讨论决定，《中华魏氏联谱志》第一卷，将于 2020 年元月底交付印刷，并由出版社出版发行。

21.《中华郑氏世系总谱》，郑耀宗主编。郑耀宗是广东省紫金县人，小学高级教师，从事教学工作 28 年，其中 19 年先后在深圳福田区四所小学担任校长（兼党支部书记）、副校长等工作。郑耀宗先生 80 年代即来到了深圳，一直在教育系统从事教书育人的工作，直至从某公立学校的校长职位退休。十多年前，郑先生就开始了族谱文化的研究工作，潜心完成编辑《中华郑氏世系总谱》的宏愿。为此，郑耀宗走遍大江南北，祖国各地，甚至远赴海外四十多个国家，遍访各地的郑氏族亲，一方面收集族谱资料，另一方面义务为各地的郑氏族亲编纂族谱提供指导意见。近几年，在郑耀宗的主导之下，先后编制完成了 100 万字的《紫金郑氏族谱》，收集整理南宋丞相郑清之裔孙不同版本资料，为广东增城朱村郑氏制作并捐赠《增城朱村郑氏宝塔图》等大量族谱编修工作。郑耀宗主编的《中华郑氏世系总谱》是目前最完整的郑氏世系谱，全套共三册，2800 多页，200 多万字，2020 年出版。[①]

22.《中华胡氏大成谱》，2014 年刊刻。胡家钢先生是湖北黄石大冶人氏，长期从事胡氏文化研究，多次前往国内胡氏主要族居地区调查、收集族谱资料。曾担任《中华胡姓通谱》湖北卷的执行主编。《中华胡氏大成谱》一书是继胡春芳、胡观文、胡海等人之后，又一部由个人编撰发行的胡氏著作。《中华胡氏大成谱》共有二十三章，其中第十三章至第十六章为"中华胡氏世系总纲"和"中华胡氏支系表述"，共计 443 页，乃全书精华之所在。《中华胡氏大成谱》的出版发行，以它新颖的编排方式、独特的结构设计，以及书中许多令人耳目一

---

① 中华族谱：《〈中华郑氏世系总谱〉主编郑耀宗先生莅临中华族谱深圳公司》，集时汇 2019 年 6 月 4 日；郑名友：《〈中华郑氏世系总谱〉封稿排版印刷》，搜狐 2020 年 3 月 3 日。

新的观点，有可能引起国内外胡氏文化研究专家学者，以及广大胡氏宗亲网友的关注。对中华胡氏源流世系的研究，确有相当的深度。较之那些仅为资料汇总类型的胡氏书籍，此书以其深入的源流考辨，新颖的世系排列，也确有其不同凡响之处。①

23.《中华邵氏通谱》，邵泽源主修，邵恩成总编著，中国华侨出版社2016年出版。邵泽源（1945—2020）是山东枣庄市人，《中华邵氏统谱》纂修委员会原会长、邵氏宗祠建设工作委员会原会长。他关注修通谱，缘于2009年初主持枣庄地区六修邵氏族谱之时。他在走访周边邵氏族人和阅谱过程中，发现存在一个共同的问题，即各地各祖其祖，各宗其宗，辈字各异，代距悬殊，虽同姓相见，格外亲切，但难分嗣序，无法称呼。由此可见，纂修统谱的主要目的是给全国邵氏族人统一始祖，统一字辈，便分昭穆。他在纂修过程中，走访了26个省（市），180多个市（地），上千个县区，一千二百多个村庄。《中华邵氏统谱》第一卷为邵氏源流的考证等。卷二"世系卷"，是统谱的主体内容，依据全国各地邵氏族谱收藏目录，梳理世系脉络，将各地各支的邵氏族人进行辈字对接，统一辈字排行。卷三为从古至今邵氏名人传。卷四为宗祠、家庙、祖墓碑文和艺文选。总共四卷，五册，体例完善，内容丰富。《中华邵氏统谱》统一了邵氏谱名、邵氏总堂号、始祖，是以后邵氏宗支续修族谱必须遵循的范例。②

24.《中华汪氏通宗世谱》。汪庆丰，原是某管委会主任。2008年，成立黄山汪华文化研究会。2010年12月18日，研究会决定修《中华汪氏通宗世谱》。2013年，以中华汪氏通宗世谱工作室为名，《通宗卷首》印行。至2016年，印行13部。此前，有乾隆五十二年（1787）汪玑总修的《汪氏通宗世谱》一百四十卷，首二卷，是徽州区域性的通谱，收录有七百余宗支，覆盖面大概是全国的三分之一。

25.《中华杜氏通谱》。21世纪初，江西丰城杜素林、湖南石门杜次志，首倡编纂《杜氏通谱》。随后全国十四个省市和海外马来西亚等国杜氏宗亲积极响应，杜氏文化传承研究会及各地杜氏联谊会相继成立。经过十二次，《杜氏通谱》编纂大纲五易其稿而基本定型。但《通谱》一书，至2019年2月秘书长杜

---

① 胡南山：《胡家钢编撰〈中华胡氏大成谱〉正式发行》，胡氏宗亲网2019年2月27日。
② 安庆图书馆：《家谱入藏系列报道之〈中华邵氏统谱〉》，安庆图书馆2018年5月11日。

素林故世，仍未成稿。湖南邵阳杜鑫涛采用多种方法对收集到的上下三千年杜氏传承世系中各宗支接续关键点进行大胆辨伪考证，遵循"去伪存真，能通则通；断自可知，与时俱进"十六字编撰原则。以一人之力，综合各类相关谱牒数据，凭借其计算机操作优势，使用自己独创的"始迁祖生年代距接续法"，慎重录入全国杜氏各大宗支代表性世系人名与相关世系内容。几年如一日，最终形成古往今来中华杜氏第一部《中华杜氏统谱世系纲要》。[①] 2019 年成书。

26.《中华向氏通谱大系》。2019 年始，由全国向氏宗亲总会文化委员会组织的《中华向氏通谱大系》也在编纂之中。向家舟总编，他是长阳史志研究中心一名工作人员。通过编撰《中华向氏谱系》，研究一些历史疑点、难点问题，形成研究成果。通过全体族人的努力，最终用五年时间编撰出一本高质量的、全体宗亲认可的《中华向氏谱系》。2021 年 6 月初稿审定结束交付印刷，计划 2021 年 12 月底，出版《中华向氏通谱大系》上部，举行发谱仪式。2022 年底，出版《中华向氏通谱大系》中部并举行发谱仪式。2023 年 12 月底，出版《中华向氏通谱大系》下部并举行发谱仪式。[②]

27.《中华梅氏通谱》。2011 年 6 月南昌会议，启动《中华梅氏通谱》编纂工作，编纂的准备工作已经取得了阶段性的成果。主编梅邦华。建议采用"一谱两制"的方式：一谱指总谱；两制即在各地的分谱资料汇总后，统一厘清世系代数；各支系千百年来沿用的字辈派行、派语继续使用，不作变更。2016 年会议，力争用 5—10 年的时间全面完成《通谱》的编纂任务。由于编辑力量不得力，进展缓慢。

28.《华夏滕姓通谱》。滕万鹏、滕荣康主编，2016 年出版。滕万鹏（1931—2007）是广西南宁城区政协副主席。从 20 世纪末开始编纂，前后耗时 13 年，为搜集整理散布各地的滕氏资料，编委会走村串巷，足迹遍及全国各地。第一任总编滕万鹏还病逝于走访寻根途中。后来，金华兰溪人滕荣康接任，完成了全书的编修。全套包括总卷、分卷，六册，共 4600 多页。

29.《中华龚氏通谱》。龚纯振主编，2013 年。2000 年，江西龚氏文化研究中心动手编纂《中华龚氏通志》。2007 年，出版了《中华龚氏通志》，中国文史

---

① 杜开君：《中华杜氏统谱世系纲要前言》，杜氏文化传承研究会 2020 年 12 月 8 日。
② 向龙祥：《对编撰〈中华向氏谱系〉的认识和建议》，向氏宗亲网 2019 年 6 月 11 日。

出版社。2013年，成立中华龚氏宗亲联合会。2016年12月27日，中华龚氏宗亲联合会在湖南娄底市开会，决定编修《中华龚氏通谱》，成立中华龚氏历史文化研究院，承担修通谱工作。龚岳儒为常务副院长，他家住湖南长沙，是个年已古稀的长辈老人。为了编《中华龚氏通谱》和龚氏家族的联谊，他带领儿子驱车调研了全国85个地区和市县，搜集大量的族谱资料，制成资料库。他还把女儿和儿媳妇都发动起来，帮他修编通谱，输入电脑，整理资料。为了厘清宗支关系，他每天坚持在电脑上分析、整理、编辑。

30.《中华郅氏通谱》，2019年4月印成，郅公林主编。郅公林是中华郅氏文化研究会会长。1989年，他和郅笃军就着手整理家谱。至1991年9月，姓志与谱系已基本初具规模，召开郅氏姓志与家谱座谈会。2008年，《中华郅氏宗谱》印成。2011年中华郅氏宗亲文化研究会第一届理事会决定修订，拟定"基本继承，全面修订，放眼长远，技术说明"的族谱原则。2018年定稿。

31.《中华谭氏族谱》，谭氏族谱研究会组织。2010年7月，谭运苟在茶陵发出号召，牵头筹划编写《湖南省茶陵县谭氏十八宏首修通谱》。2012年7月14日，茶陵谭氏文化研究会成立，筹备编修《茶陵谭氏通志》。如此，出现通志与通谱两套班子之事。2014年10月11日至12日，世界谭氏宗亲总会第五届黄山年会，就茶陵谭氏谱、志问题当面进行协商和沟通，并基本达成谱志整合的共识，组织中华谭氏族谱编撰委员会，定名《中华谭氏族谱》。2016年，《中华谭氏族谱（总谱）》印行，谭富春主编。

32.《中华钭氏统谱》，2015年成，2016年印行。有七个特点：一、全面性。体现在三谱合一和一大批宗亲首次入谱。二、研究性。对姓氏源流、外纪、始祖、迁徙进行考证，并有明显效果。三、精神性。总结了钭氏精神，制订钭氏族训。四、真实性。正本清源，去伪存真，对有些支系真实历史进行还原。五、规范性。统一规范三个支系体例。六、通俗性。统一改繁体字为简化字，统一标点，统一横排。通俗易懂。七、典型性。刊登一批典型事迹、典型人物和一批优秀文章，读后感人至深，受益匪浅。①

33.《中华晏氏通谱》。2010年，在武汉晏春林多年来的不懈努力下，中华晏氏族谱编纂委员会在武汉正式注册成立。经过会长晏春林十几年的艰苦奋斗，

---

① 佚名：《钭氏统谱七个特点》，钭姓的博客2017年12月1日。

精心收集资料，一丝不苟的细心查对，为各地宗亲寻根追源，已将所收到的寻根资料完成了大部分。2019年5月，转由晏玖德接班完成尚未完成的任务，并主持日常修谱工作。6月，在武汉开会，审阅通谱初稿目录及具体内容，计划2021年8月出样书，2022年2月印刷，清明节圆谱。

34.《中华范氏大族谱》。2011年4月，在泰州召开的"世界范氏宗亲联谊会"，提出纂修《中华范氏大族谱》计划。2014年6月7日，范氏大族谱（续修）理事会在广州举行成立大会。2017年2月，拟编修《中华范氏源流志》，是编修《中华范氏大族谱》的重要组成部分。目前，均未完成。

35.《中华项氏总谱》。2016年6月5日至6日，"景德镇项氏文化研究会成立大会暨中华项氏第一次协商会"，确定编辑通谱。2016年11月19日至20日，"广东省项羽文化专业研究会成立大会"暨"修编中华项氏总谱第二次协商会议"在广东省深圳隆重召开。原则通过《关于编纂中华项氏总谱的实施意见》《编委会工作细则》。2017年，通过《中华项氏总谱编纂工作细则》。至今未成。

36.《中华查氏总谱》。查焕康总主编。2010年4月5日，召开了中华查氏宗亲联谊会一届二次理事会暨《中华查氏总谱》编纂委员会成立大会，宣布《中华查氏总谱》编纂委员会正式成立。2015年12月26日《中华查氏宗谱》告成大典颁发仪式暨第二届查氏宗亲联谊论坛在浙江省海宁市成功举办。花了六年时间，奔波全国二十几个省市区采访收集资料素材，总里程近百万公里。可谓历尽辛苦，终于使这部百万余字十二卷的族谱呈现于全国查氏宗亲的面前。2015年印行。

37.《中华周氏联谱》，主编周寅宾，系湖南师范大学教授。中华周氏联谱编纂委员会于2008年10月18日在陕西西安成立，主任周时选，总编周寅宾。全书共分五编。前二编记述周氏源流。第一编为受姓前编，第二编为受姓后编，第三编为迁徙编，第四编为历史人物编，第五编为艺文编。2015年成书。2018年，古代编由安徽师范大学出版社出版。

38.《华夏张氏统谱》。由世界张氏总会负责，由河北清河牵头编修的一部涵盖全球张氏的《华夏张氏统谱》。2011年5月28日召开"编修《华夏张氏统谱》第二次座谈会暨《华夏张氏统谱》编纂委员会成立大会"，原则通过《华夏张氏统谱·总谱》框架初步构想。2011年4月26日，著名谱牒专家张海瀛曾致信《统谱》编委办，"提议，新修《华夏张氏统谱》，应采用'文化认祖'与

'血缘认祖'相结合的修谱方法编修"。《华夏张氏统谱》共分七卷。2019年，搜集张氏族谱千余部，历代张氏墓志铭拓片200余篇，初步编修了《华夏张氏统谱》历代谱序卷、综合世系卷等征求意见本。

39.《中华罗氏大成谱》。主编罗建平，湖南人，中华罗氏宗亲联谊会会长。2011年，倡议修编《中华罗氏大成谱》。修编《中华罗氏大成谱》，是在《中华罗氏通谱》基础上补充和续编，凡《通谱》源流缺漏的，加以补充；断层的，加以接通；错乱的，加以理顺；错误的，加以纠正；不清楚、不明晰的，加以注明，意图一统中华大地暨海外罗氏源流世系。共分总论、源流、人物、文献四大部分，特别是其核心部分世系源流卷总系涵盖了全国百分之七十的族系三千余万人口，是罗氏家族一部难得百年经典收藏。《中华罗氏大成谱》2019年定稿，2020年正式出版发行，二十大卷，精装彩印，三千万字。

40.《中华訾氏通谱》。訾新宁、訾鹏辉主编。訾氏族谱立谱于1996年，被收入总谱的有4省20县宗亲。2017年5月16日召开全国訾氏代表大会，决定进行中华訾氏第二次续谱。这次汇修的中华訾氏通谱，共参与了12省，族谱呈现了空前的洋洋大观。工作历经三年有余，2019年2月印行，共2册。

41.《世界叶氏总谱》。香港著名爱国人士、慈善企业家叶肇夫担任主编。世界叶氏联谊总会成立于2000年，起初因为资金短缺、意见分歧等原因，编修工作搁置多年。2009年换届后，才决定由总会发动和监修《世界叶氏总谱》。在总会长叶肇夫亲自挂帅、带头捐款、苦心编纂下，经过四年半上下共同努力，已完成集资1200万元，编纂初稿十大册（1000万字）巨著，2012年召开评审会议。2014年，出版首册，由中国文献出版社出版。2017年，出版二至五册。2019年底，出版了后五册。前五册为上编即谱头，其中第一册为首卷，第二册为中国族谱学卷，第三册为中国姓名学卷、中国历史学卷、中国风俗学卷，第四册为叶姓源流卷、叶姓教育卷、叶姓艺文卷，第五册为叶姓人物卷、叶姓鸿名卷。后五册为下编叶姓世系卷，第六册至第十册占全书的一半，是全球各地《叶姓世系卷》（含各省、市、区和台、港、澳以及新、马、泰、菲等东南亚各国，凡有资料提供叶姓世系图的地区都上谱）。在人物卷、鸿名卷和世系卷中大约有5000人上谱。

42.《孟子世家谱》。在中华孟氏宗亲会的领导下，成立孟子世家谱续修工作协会和编委会，由孟淑勤主编。宗亲会各地分会也成立续修工作小组或办公室,由分会主要负责人牵头,选派得力人员做具体工作。2010年5月15日,全国《孟子世家谱》续修启动。第一部分是卷首,第二部分内容是分户支谱和流寓、外迁支谱,分为五集。2014年,孟庆勋主编项城支《孟子世家谱》印行。2019年,全书审稿。2021年,完成全部印刷。本次续修属于抢救性续修,也是孟氏家族有史以来真正意义上的全球性的家谱续修,将集各支派于大统,合全族于一本,是孟子思想的伟大传承。

43.《中华帅氏总谱》。帅氏宗亲联谊会组织,2010年印行,全套38卷,约1100万字,由来自6省25个分会58个县(市)的帅氏族人合修而成。在地域、内容以及版本、文字、格式上都有所突破,摒弃了重男轻女思想,确立了现代修谱是"文化寻根"的宗旨,以弘扬帅姓历史文化整体利益为目标,以自愿参加为原则,入谱人丁充分体现男女平等。

44.《中国脱氏谱书》,由邢台市新河县脱氏谱书编委会编纂,脱炳勋主编。《中国脱氏谱书》编纂工作启动于2015年,以保存600多年的原始家谱为宗旨,坚持以史为据、入谱男女平等原则,大力搜集各省脱姓入谱,经过多次反复修改完善后,于2016年12月定稿印制出版。该书共24.5万字,分19个部分,上谱脱姓29世,6000余人。在编纂过程中,做到了"五个结合",即同打造"脱氏文化园"、建设村史馆、开展家风教育、打造人文旅游项目和精神文明建设相结合,有力地促进了新河县经济社会发展及脱氏文化的传承和发扬。

45.《中华欧阳总谱》《中华欧氏总谱》《中华区氏总谱》,世界三欧宗亲联谊会组织,2014年7月启动编修《中华三欧总谱》。根据三欧源流特点和近几年来的学术争议,决定由三欧各姓分开编修《中华欧阳总谱》《中华欧氏总谱》和《中华区氏总谱》。各总谱自成体系体例,自主谋篇布局,自考血脉传承,又作前序后跋。三部总谱本着忠实于历史、反映现实情况的原则,只要认同三欧六姓的文化同宗同祖即可。

46.《中华戴氏总族谱》。2018年12月27日《中华戴氏总族谱》编纂委员会成立大会在广东省佛山市召开。由广东南海大同戴氏联谊会发起,经中华戴氏总商会文史研究院批准,正式成立课题组——《中华戴氏总族谱》编纂委员会来主办这次修谱工作。课题组将遵照中华戴氏总商会文史研究院"自选课题、自建团队、自筹资金"的指导方针,全面统筹好族谱资料收集、成员入谱登记、资料整理、编纂、审核、出版等工作,协调组织好各宗支之间的支系衔接、迁徙轨迹、繁衍发展等事项的论证和核实等各方面工作。一呼百应，旗下百邑大数据公司积极参与，运用互联网大数据技术建设《中华戴氏总族谱》系统，将大大加快总族谱工程建设效率，原本 10—15 年才可能完成的族谱录入和统计工作，有望 5—6 年即可实现。

47.《中华许氏通谱》，许武云主编。1978 年，许武云回到湖南平江南乡，由修《房谱》到整个支系的《许氏族谱》。后全县联族共建，成为《许氏通谱》。经历了二十四年的锤炼，2002 年首修告竣。总谱四卷，房谱十四卷，共发行一百七十八册。2008 年，决定扩编为《中华许氏通谱》。2019 年，成《中华许氏通谱》。

48.《中华喻氏通谱》，喻贵祥主编。喻贵祥是重庆荣华建筑（集团）有限公司董事长兼总经理。2003 年，喻贵祥在重庆荣昌设立"中华喻氏文史研究会"，任会长，开全球喻氏文化研究先河。次年，又召开全国性研究会。通谱的编纂人员历经了七年艰辛历程，走访全国 24 个省市，收集各地族谱 243 册，接待各地宗亲来访者无数，并经过 500 多个日夜的努力奋战，2010 年，由巴蜀书社出版第一部《中华喻氏通谱》，分为上、下两册，3200 页，120 万字，堪称喻氏宗族前无古人的族史杰作。2012 年，第二部三册出版。2014 年，出版第三部三册。2017 年 11 月 25 日第四部上册，2018 年，第四部下册出版。

49.《中华瞿氏通谱》，瞿秀键总编。2014 年伊始，《中华瞿氏通谱》第一次全国编辑工作会议在罗源县召开，由此开启了中华全国瞿氏大团结的全新历史，谋求走向"不乱辈，能统一"的崭新一页。

50.《中华包氏统谱》。2009 年提出编修计划，2012 年 9 月动手编修，将全国乃至全世界所有包氏宗人全部集合到一个大家庭中来。2013 年 5 月，首届中华包氏宗亲代表大会在扬州举行，来自全国 18 个省市、149 名包氏宗亲代表参加了会议。这次会议成立了《中华包氏统谱》编修委员会。包旭初为编委会主任。

51.《中华由氏统谱》。由胜日、由胜男等会长、副会长、秘书长组建了由家群，把分散各地的族人会集到一起，并自费奔走在各地寻亲问祖，搜集族谱资料，现已初见成效，汇集成近两千五百多页的初稿。2016 年开始，历时两年时间，2018 年，《中华由氏统谱》的核心部分——中华由氏世系表初稿编纂顺利完成，全国统谱将转入各支系校对、调整、补充完善和谱序综合篇的研究编纂阶段。

52.《中华明姓总谱》。明平灯发起并主持编纂《中华明姓总谱》，自2002年11月到2007年4月，历时六年，完成初稿。根据各地谱史资料，认定了十七大宗支。统一了堂号"日月堂"，统一了新派行，并统一启用了新派行，得到了十七大宗支的一致认可，全族人深感自豪，是一部可贵的珍藏家乘。2010年，最终成稿。2013年，《中华明姓总谱》颁谱，来自全国25个省市区的十七个代表团，近2000名明氏宗亲代表出席了大会。

53.《中华蓝氏总谱》。蓝文君主编，为报告文学作家、诗人。2000年启动修谱事宜。历时十年，最终于2010年10月完成，分成ABC三卷。2011年，又做了增补，加印二千套。2012年，蓝国林主编《中华蓝氏联合族谱》第一集七卷印行。蓝国林（1943—2019），毕业于暨南大学，晚年定居香港。蓝国林倾其一生精力，醉心于蓝氏宗族联谊及族谱编辑整理工作。2014年后又成第二集七卷，前后共十四卷。

54.《中华匡氏通谱》，五册，397万字。收录196支，分布于18省122县。

55.《中华饶氏通谱》，由中华饶氏总会文化研究中心组织。饶氏较早参与家谱编修活动，21世纪初编辑《饶氏宗谱研究动态》（2011年改名《中华饶氏》）杂志开始，又有中华饶氏网。以后，逐步积累家谱资料。《世系篇》，饶铁（玉华）主编，中华饶氏文化研究中心，2012年印行。2016年以后，《中华饶氏通谱·序跋篇》《中华饶氏通谱·人物篇》进入编撰阶段。

56.《中华熊氏通谱》，熊朝富主编，四川师范大学出版社，2012年，六册。从2002年5月开始筹备，查阅各省市县的熊氏族谱、通谱、通志。经过五年的精心编撰和反复研讨修改，终于2007年3月开始出版发行《中华熊氏通谱》第一卷，熊光前总编。又经反复修改补充，逐年又陆续出版了第二卷、第三卷、第四卷、第五卷。全国共有来自10个省市的540支熊氏族人参加了《中华熊氏通谱》的编纂工作。

57.《中华覃氏志》，覃发扬、覃修斌主编。覃发扬为中学高级教师，覃修斌为赤壁市谱牒研究会会长。2014年启动，2019年11月23日在张家界公开发行的一部反映全世界覃氏文化的覃氏专志。历时五载，收录各地覃氏族谱资料千余部，遍访宗亲，考证勘误，四易其稿。全书大16开本1074页近150万字，由时代文献出版社出版发行。全书甄选各种资料2亿字以上，涉及全国31个省市区、海外21个国家和地区的19个民族400万人口，囊括覃氏全部26个宗支和所有分支。全书遵循志书体例和要求，内容包括覃氏起源、大事记、科技、人文、教育、生活等各个方面，是一部覃氏文化研究的综合性权威性专志，也是一部覃氏文化的百科全书。

58.《中国梁氏通书》。历时十七年完成，2014年6月由广西人民出版社出版，上下两册，第二阶段，梁超然、梁全进、梁栋湖主编。此谱认真提炼和总结了各阶段、各时期梁氏文化研究的成果，集各地梁氏派衍家谱撰修之大成，编辑出版了涉及梁氏全族发展历程的著作。刊刻以后，意见较大，称原书错漏太多，2018年2月决定续修，由梁超然、梁全进等主编。再版续编工作的构想及其思路，简言之，即四字方针：改、补、增、炼，修正初版《通书》错误、补充初版《通书》的遗漏、在原来基础上增加经济名流篇、提炼不规范的文字及冗长的句子。2019年，完成续修。

59.《中华任氏通书》。湖南省社会科学院研究员任理德主编，多年来一直致力于任姓文化的研究，至2009年，编撰出《中华任氏通书》四卷，即《任姓史话》《任姓历史人物》《任姓当代人物》《任姓联谊名录》。前两卷分两册已经出版，后两卷合编为上下册。

60.《中国贾姓通史》，五卷本，贾慧升主编。他是河南贾姓委员会副会长、家谱研究中心主任，《贾姓文化》编辑部主任。自2016年起，以一人之力，完成此书的编修。

61.《中华边氏通谱》，前后三年，真可谓"人知通谱贵，字字皆辛苦"。

这个领域是一个动态的家族历史文化生产领域，随时会增加作品。

与此相近的是《中华族谱大典》，2018年成立编委会。冉义友常务主任兼秘书长，主持日常工作。选定以2014年中国文史出版社出版发行的《蒋氏西南联谱》为基础，经精炼、提升后，作为示范谱典。

小结

已出版了近二百种通谱或总谱，说明通谱已成谱牒门类，不再是某些人感觉的有意思与没意思问题了，而是值得深度研究的话题了。通过对近三十年通谱编修嬗变史的研究，可以得出几个结论：一是总量近二百种，就名称来说有通谱或总谱。至于世系到底通不通，就另当别论了。二是始发于20世纪90年代初。进入21世纪新时代，发展速度加快。三是就编修人来说，初由个人出面，后多由各类同姓中华宗亲会出面组织。不管哪种形态，参与者多为退休知识分子群体，这是一个不争的事实。甚至动员了各姓的文化精英如教授参与通谱编修。个别谱局也顺便主持了本族通谱的编修，如裴氏、饶氏。个人编修的较辛苦，宗亲会或以宗亲会出面的谱局出面会轻松一些。组织出面的通谱，有的效率高，有的效率低，多年也无法完成。因为宗亲会的出面，或企业家的介入，编修经费也得到保障。四是21世纪的通谱编修，不少是跟风，理论自觉稍差些。五是各家的规模与风格不完全相同。有的只有谱头部分，有的下面有分谱或支谱。六是通谱编修的大发展。历史上有通谱或总谱或大成谱，但多是区域性通谱，规模没有今日大，参与姓氏数量也没今日多。七是有别于过往的线装本，今日以精装横排出版为主。

第二节 通谱编纂基本问题新探

有关通谱的学术研究，始于钱杭《论通谱》[①]，但唯及唐以前。清、民国时期，有通谱个案研究文章两篇。[②] 关于当代通谱编修之作较多，有通论性讨论。[③] 林学勤《中国家谱的编纂》是目前专门讨论通谱编纂之作。[④] 相当多为某姓氏通谱编纂研究文章。[⑤] 从有关情况来看，通谱编纂的研究基础是比较雄厚的。[⑥] 通谱是什么，通谱产生的背景，如何修通谱，修通谱的意义，这些基本理论问题，经过各姓氏通谱的编纂实践与探索，逐步明朗化了。本节拟根据各家的探索，从中筛选出精辟的观点，并加以笔者的延伸思考。

一 通谱定义与体例

通谱，也被称为统谱、总谱。宛福成教授的定义："某一姓氏在最大理想范

---

① 钱杭：《论通谱》，《史林》2000年第1期。
② 孙春玲：《〈零陵孙氏通谱〉简述》，《晋图学刊》2018年第5期；雷久相《文化自信视域下族谱的当代价值研究——以东安〈雷氏通谱〉为例》，《湖北职业技术学院学报》2021年第1期。
③ 傅传松：《家谱编纂概论》第五章《通谱的编纂》，长江文艺出版社2016年版。
④ 林学勤：《中国家谱的编纂》，河北人民出版社2012年版。
⑤ 王鹤鸣：《中国家谱通论》一节涉及《特大型会通谱、统宗谱》，上海古籍出版社2010年版。
⑥ 当然多数是网络各姓通谱讨论文章，这是由民间各修谱特点决定的。通过网络确实可以搜集到各地修通谱的情况。只是网络文章易逝，不及时保存后续会找不到。本书所用材料多数是网络文章，这是习惯纸本文献的学者必须接受的现实。纸本没有天然的高级性，网络文章也没有天然的低级性。

围内，把本姓氏所有支派的谱文、谱图、谱系及与家族历史文化相关的文献和民间传说，汇集到一起，并引导出相互间的关系；同时，按设计方案对所有信息，进行加工整理，进而提炼出综述和概括，并努力在知识性和正向性方面做出符合社会主流认同的梳理和揭示。"① 这个定义是比较全面的，可以接受的。

姓氏总谱的谱名，前半部分为"中华（华夏、世界）"；后半部分，多数名为总谱、通谱、统谱，还有名为联谱、合谱、大成谱、大全、大家谱等。强调"中华"，是对"根"的重视。虽然朝代在不断更替，各姓后裔仍然是中华民族的子民，是炎黄的子孙。冠以"中华"，向前能照顾到历史，向后能流传千古，体现出了源远流长的特点，所以更为恰当，更为合理，更为科学。如果冠以"中国"，则只是体现了一种时代特征，一种国籍特征，一种政治特征，显然体现不出家谱的世系传承特点。② 至于"世界某氏通谱"，可能是不妥当的。中华，是一个民族概念，不是"国家"概念，所以不必再用"世界"了。也就是说，国家下面用省市县名，国家、世界层面，用"中华"。

何谓通谱，前人多喜欢从字面来解释其差异性。通谱之"通"，取决于对"通"程度的理解。通谱，顾名思义，它应是从始祖到当今能够相通的传承关系。如果不通，而只是把各支族人汇于一本，这样编纂的谱书，只能称为"总谱"，即汇总的意思。③ 如果将之极端化理解，简单地说成是通与不通，肯定无解。反之，如果作相对化理解，是多数支系通，少部分支系不通，支系能通则通，支系不通不强行通，就可成立。通谱是一种联谱活动，联谱是指联支系，把散居在全球各地某姓氏宗支并联汇编，并非把同姓所有先祖和现在所有人口合编在一起。④ "通谱"应保留其"多源多流"的文化现象，而血缘通则应由各宗支族群保留其传统即可。⑤ 通谱的特点"一定要通"，即收入本卷的各宗支要尽可能通，但不可能每个宗支都能通。也不是统，就是不能全省统一，也没法全省统一。所谓通，就是打通，让彼此有联系度。加强彼此的联系度，这才是关键。通谱，是指同姓宗族间通过合作（认同共祖、连通世系、重排昭穆等）

---

① 宛福成：《"总谱"编法》，陈氏源流与文化2021年6月1日。
② 王绪才：《关于〈中华王氏大成总谱〉与〈世界王氏大总谱〉谱名与编纂问题的探讨》，中华王氏网2015年2月1日。
③ 喻贵祥：《中华喻氏通谱的编修理论与实践》，中华喻氏网2019年10月5日。
④ 魏氏编委会：《魏氏联谱方案》，魏氏网2018年5月9日。
⑤ 傅正浩：《浅谈"通谱"的精气神》，寰球傅氏2020年10月29日。

第十章 通谱编修历程及基本问题

编修出来的大家认同的谱牒总纲。① "通谱"至少要实现"三通"(文化通、血脉通、精神通),这"三通"才是"通谱"的精、气、神。② 这样的态度,更实事求是。在中国,只有孔子世家谱、孟子世家谱,较早实现了统一,其他均是独立发展,只编支谱,没有通谱编纂的。在中间断裂太多情况下,今日想重新将各地支谱联起来,完全打通,是十分困难的。最后,肯定是强行相通,反而会出现乱联乱编现象,这种非历史态度是不可取的。

统谱"首先要将全国支系统一为一宗"③。统谱之统,有多种情形:①氏族始祖之下,某朝代一先祖裔支统修宗谱;②氏族始祖之下,多支系、多地域共认氏族始祖之下世系(世代)统修宗谱;③以省、市、县为界的合修宗谱;④跨区域多省、市多支系部分联修宗谱;⑤全氏族绝大多数统一修撰宗谱的均可叫统谱。前面四种"统谱"可认同统一始祖下的世系,也可以认定从哪一朝代哪一位先祖支下开始认同他们中、小范围的世系(世代),同样可称之为"统谱"。④ 在笔者来看,这些不同的名称内涵虽略有差异,但基本的特征是共通的。简单地说,原来各姓只是各地分支血缘家谱。现在,想按不同的行政空间重新将同姓不同支派整合成一体。从更大范围来说,宗谱仅是各地支谱,通谱是众谱之王,它是更大行政空间的同姓谱系建构。这种行政空间,有县域的,有省域的,有全国性,甚至"世界"都出现了。

通谱是文化谱,不是血缘谱。通谱是中国谱牒发展过程中出现的一种特殊宗谱。所谓特殊,指通谱源于宗谱,但又高于宗谱。傅传松将家谱分为"血缘谱"与"文化谱"。⑤ 通谱是典型的"文化谱"。常建华称此类宗族建构为"观念共同体","我们大家生活在各地,谁也不认识谁,但我们是一个姓氏,是一个得姓之祖的子孙,是共同体。观念共同体的重点是建构性,宗族的建构会对整个所谓的中华民族,对国族的建构产生联系性"⑥。这种以行政空间为单位的家谱建构方式,就是通谱。钱杭也说:"通谱不是简单的血缘性质的联结,而是有着明确的社会功利目的,同时体现了血缘和地缘关系的一种联结方式;通谱

---

① 魏育林:《全国姓氏总谱(通谱统谱)编纂方法和情况介绍》,家谱网2020年12月9日。
② 傅正浩:《浅谈"通谱"的精气神》,寰球傅氏2020年10月29日。
③ 祝浩新:《谈谈总谱编纂的一些问题》,小天使2016年9月17日。
④ 江信沐:《再论:什么叫"统谱"》,入围江家2019年3月22日。
⑤ 傅传松:《家谱编纂概论》,长江文艺出版社2016年版,第206页。
⑥ 梁枢等:《世系学(谱牒学):打开中国文化的独特性》,《光明日报》2019年3月16日。

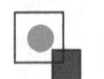

作为一种文本形式，是对同姓联结所获成果的正式确认。"① 可见，这是更大空间范围同姓建构，近于民间同姓联谊组织了。

　　重姓系、轻宗（世）系、不论直旁系，成为通谱的基本特征。在"重同姓"与"通谱系"二者之间，"重同姓"居于首要位置，但这并不意味着只要"重同姓"就必然会"通谱系"。这有两方面原因：一是虽然同姓但祖源不同，即得姓始祖不同。二是虽然是同宗共祖，但"通谱系"还需具备一些技术方面的条件。即"通谱"要待一般谱牒的编撰水平和范围达到一定程度后，才能水到渠成。② 这是理想状态的要求，事实上一时难以做到。大空间联合，这是一条原则，强调同姓原则。至于彼此血缘支脉，是否能联络上，并不重要。能联上是最好，联不上也不打紧。放在合适的可做的范围内做，与其他类型的宗谱不重复，不是兼并其他家谱，这是一条原则。不是汇编，而是提炼，是整体梳理。通谱应有自己的边界，应有自己的重点。这样的方式，更为实事求是。

　　那么如何判断达到"通谱"的标准呢？①入谱人数。按照姓氏人口总数来算，入谱人口应达到该姓氏人口总数的5%—20%以上，人口总数可以参照公安部按姓氏人口的统计数据。有的姓氏通谱只收录了数万人，也称为"某氏通谱"，这数万人不足该姓氏人口的百分之一甚至千分之一，显然是不符合通谱的标准。②资料的整体性。一个通谱应是一次编撰成功，可以多次再版或增加世系、增加人文资料。但第一次出版的资料一定要达到要求。今后增加的内容也要与第一版衔接，目录、世系、内文要有整体性。总编委会采取授权，统一格式、统一名称的方式，由各支脉各自自行编撰、印制，这种方式编撰的"通谱"，显然也是不符合要求的。③数据的可扩展、可检索性。现代化的数据库技术，给编撰通谱提供了可能性，利用数据库技术收集世系数据，汇编到数据库中，不但能提供数据检索、任意添加世系的功能，还能远程录入、浏览。因此，利用电子技术生成的家谱数据应能够随时扩展、添加、检索数据。采用Word等文字编撰软件完成不了数据量庞大的"通谱"，即使完成了，这"通谱"也是不能达到要求的。④资料的全面性。从家谱的体例来说，"通谱"是一个家族文化的"百科全书"，内容包罗万象。收集和汇编这些内容，工程浩大，需要各方面

---

① 钱杭：《论通谱》，《史林》2000年第1期。
② 钱杭：《论通谱》，《史林》2000年第1期。

第十章　通谱编修历程及基本问题

的专家、学者共同来参与，家族的各方宗亲提供资料，还要进行甄别、遴选、认证，甚至还要通过评选才能入谱，因此，资料能较为全面地反映一个家族重大的历史、文化人文情况。[1]

由此可知，与其将通谱理解为某氏总谱，不如理解为姓氏通史更为合适。按时空划分。《中华杨氏通谱》分古代卷、当代卷、海外卷。李吉称"此部《许氏通谱》堪称一部中华许氏通史"[2]，可见有人将姓氏通谱理解为姓氏通史。有一套"中华姓氏史话"，是姓氏通史的通俗版，大体可佐证。

通谱一般有两种形式：一种是把分布于各地的同族各支派编于一谱，这种通谱可称有直接血缘关系的同宗谱。另一种实际上是同一姓氏的联宗谱，收进这种通谱的同姓人，其先祖并不一定都有直系的血缘关系。[3]

例如：创修乔氏统谱，能更好地对中华乔氏祖源、发展、宗支、迁徙进行考证研究分析论证。创修乔氏统谱能理清宗支、郡名、堂名，统一字辈，促进尊祖敬宗、敦宗睦族。

《华夏张氏统谱》分为总谱和分谱，总谱和分谱统一以各地始迁祖（或开基祖）为衔接界限。总谱记载远古先祖至各地始迁祖（或开基祖）前的世系（一般是指明朝人口大迁徙之前的世系）及谱序、人物、祠墓等。分谱记载各自始迁祖（或开基祖）至现在的所有张氏族人的世系；一般以村镇小支系编修家谱为基础，以各县市编修分谱为主体；较大支脉也可跨县、跨市、跨省进行编修；力求实行五统一，即统一体例凡例、统一字派、统一版本、统一编号、统一装帧印刷。[4]

萧风关注到了三级谱框架模式的设计：①国谱：首卷（上中下）三册，世系一册，共四册。②省谱：首卷（上下两册），世系一册。③市谱（地级）：首卷一册，世系若干册。这样可以减少资料反复重录，节省人力、物力、财力。[5]由上可知，国级、省级、市级的内容设置大致相同，仅是规模大小不同而已。

---

[1] 蔡允中：《如何修姓氏通谱?》，公众史学 2019 年 7 月 8 日。
[2] 许武云：《32 年苦修成正果——即将诞生的〈中华许氏通谱〉作者谈编撰经历》，许氏宗亲交流网 2019 年 4 月 22 日。
[3] 刘富强：《通谱编修的现状和痛点》，家谱国际研究院 2018 年 10 月 24 日。
[4] 华夏张氏统谱编委会办公室：《〈华夏张氏统谱·总谱〉框架初步构想及说明》，中国张氏宗亲网 2011 年 5 月 28 日。
[5] 萧风：《编修族谱通世系的方法和三级谱的框架设想》，中国家谱网 2017 年 8 月 9 日。

据《中华唐氏通谱凡例》，拟分总卷、省级分卷、县级分卷三级，海外部分独立成卷。书名统一称谓如下：《中华唐氏通谱·总卷》《中华唐氏通谱·××省（市、自治区）分卷》《中华唐氏通谱·××县（区）分卷》《中华营氏通谱·海外分卷》。县级分卷编撰的条件是现有唐氏人口3000人（含）以上。3000人以下的县（区）域和其他未达条件的县（区）域合卷。各卷本如内容需要，可按上、中、下或一、二、三、四等再分。总卷、省级分卷及县级分卷原则上力争上下贯通，海外卷各支系力争能和国内衔接。《中华唐氏通谱》总卷及海外分卷、省级分卷主要由源流郡望、世系简录、名人家族、古代人物、现代人物、文献辑录、艺文荟萃、召胜古迹等篇章构成；县级分卷主要由世系图、世系录、墓葬、传略、艺文录等篇章组成。

二 通谱产生的条件

通谱的强化是当代中国家谱编修活动中的全新现象。这个新时代确实适合做通谱，大时空、大串联、大数据，高素质退休人员的大量增加为修通谱储备了大量人才。

通谱是"三史合一"的复合体，就建构空间单位来说似国史、方志，就内容来说又是宗谱。民间将通谱称作"国谱"。1978年以来，十多年的修族谱，奠定了基础。到了90年代，进一步扩大空间，开始换道修谱了。虽然历史上也有通谱，但后人并不了解。而且，各族情况不同，多数姓氏没有通谱。他们完全是在新的时代条件下摸索出来的。为什么会有通谱？要从修谱参与主体的不同、所处时代的不同入手。之所以产生通谱，显然与进入后宗法的、现代工商社会有关，与修谱人视野的扩大有关。

通谱的编修背后有一套观念支配，如水源树根理念。水有源头树有根，每一个人或者每一个家族并不是横空而来的，必须一代接一代，从古至今，世系相连才形成当下的我和我们的家族。如五百年前是一家，又如天下一家亲。水源树根理念，比较悠久，至少宋元时代就出现了。"五百年前是一家"与"天下一家亲"，应是当代中国产生的。这套理念是如何来的，何时出现的，不可详考。大体说来，是20世纪90年代初出现的，随着统谱编纂，这套理念也出现了。"五百年前是一家"与"天下一家亲"，有相当多的理想成分，无法用科学的眼光来论证。不过，理念会产生实际的编修动力，通谱的编修就是在这些理念支配下进行的文化生产活动。

通谱是新中国地域管理强化、宗法管理弱化的产物。族谱的编修，仅是复古与继承而已。通谱的出现才是新中国的宗谱编修的特色所在，应是地域化管理强化的产物。修通谱，首先突出的是地域性，其次才是血缘性。宗族人员的迁移，向来是区域性、全国性活动。在传统的宗族管理政策下，迁移到外地的族人可以统在祖源地。在新中国属地化户口政策管理下，迁移外地的族人已经属外地管理，在宗族管理上相通，但在行政户口管理上不相通。如此迁移地与祖源地族人成为不同地方的族人，必须编不同区域的分谱乃至全国性的通谱。以地域为单位编修宗谱，适应当下的地域化管理，更容易让不同区域的同姓人接受。

通谱是现代工商社会大空间建构思想的产物。当代中国"通谱"的兴起，也与现代交通的便利、现代媒体的发达息息相关。空间视野的打开，背后是大一统政治理念的民间文化折射。"纵观世间事物发展规律，分久必合，合久必分。"钟姓自立姓数千年以来一直处于分的状态，从未合过。按照事物分久必合的发展规律早该合了。从族间情况看，我们只有各分支宗谱，没有全族统一的宗谱。因此，我们要编修的宗谱，简言之，就是全族的统谱。"[①] 大一统是中国政治、文化中非常值得重视的思想遗产。在大一统中国格局下，在现代信息联络体制下，联合各地同姓有可能实现这样的编修活动。只有全国大视野的人才会想到做通谱，读书人更喜欢这样的大空间建构。这个社会是分工的，认识水平是不同的。有人愿意修通谱，就鼓励他们去做。郎革成先生说得好："天下事总要有些热心人做（肯吃亏人做）。倘若人人只顾自己生活舒服，公众事无人管，人人都不知木本水源！"

通谱是更大范围内寻根意识的结晶。《中华项氏全国总谱募捐倡议书》称："为上报祖德，下荫子孙，纂修全国总谱，廓清各派支系。"现代修谱是"文化寻根"，编修统谱的思想基础是国人意识中普遍存在的寻根情结。所谓寻根情结，就是深藏在每人心中对自己祖先信息和家族文化探究、追寻的强烈冲动，就是潜在而又强烈的追寻家族历史根源的意识。我从哪里来？我是谁？我要到哪里去？寻根问祖是每个人必然会碰到的问题，而在人的一生中，生命、死亡

---

① 钟蔚清：《编修发行〈中华钟氏总谱〉宣传提纲》，钟律闲谈 2018 年 8 月 1 日。

和永恒又是我们需要思考而又必须面对的问题,这些与家族生命史不无关联。[①] 中国人强烈的寻根意识,应与农耕民族的世代定居性有关。这种意识是中华民族的传统美德,在海外华人思想意识中尤为强烈和重要。寻根现成为一种国际性的活动。在社会飞速发展的今天,更有越来越多的人在回过头去追寻自己的出处,追寻自己的根源。[②] 人人生于某地某支,从小到大,只顾自己。到一定程度,它要逐步扩大空间,从大范围内寻根。先是从一县范围来寻根,后是从一省范围内寻根,后是从全国范围寻根。最后,从世界范围内寻根。如此,宗族视野越来越大。这种以地域为单位的宗谱编修,以前没有做过,对大家来说,都是有需求,可以扩大宗族视野。"由于历史的原因,我们的祖先一直没有做,至今我们已经错过了两千多年。如果再不去做,随着时间的流逝,社会人口变迁越来越复杂,难度会越来越大。"[③] 在更大范围内和更长的历史过程中寻根溯源,仅靠一部部互不联系的族谱,显然是不够的。"此时编修一部涵盖各个支系发展繁衍史的《统谱》,就尤为必要,也恰逢其时。"[④] 谈及为什么要编撰侍氏全球统谱?一是可以凝聚族众之心,通过宗族统谱这个桥梁纽带,在尊祖敬宗的同时,也便于族众间的联系与交往,相互学习促进,使我们族众之间和睦相处,增强团结,更好地报效国家。且若干年后我们自己也将成为子孙的祖宗。年代过久若不修谱,就会接不上世序,造成断代情况出现。如此往复,届时将受后人唾骂。二是编撰侍氏全球统谱,掌握全国各地和世界各地的侍氏族众信息;把因受地域、国界的局限,散落无谱记的支系,纳入族谱。[⑤] "商榷各地宗族始祖及源流,并仿效孔孟家族统一编派取名用字,改变互相见面分不清辈分的问题。"[⑥] 也就是说,全国性孔氏家谱成为后人修通谱的榜样力量。

通谱是全国性联宗运动的产物。实现全国大联谱,"联四海族人为一本,归宗支派别于一源"。编修姓氏通谱,是宗族建构空间不断扩大的产物。进入大空间传播时代,希望打通彼此的血缘关系,各地同族人员加强联系,这是通谱编

[①] 王结才:《关于〈中华王氏大成总谱〉与〈世界王氏大总谱〉谱名与编纂问题的探讨》,中华王氏网 2015年2月。
[②] 张梁森:《关于编修〈华夏张氏统谱〉的可行性报告》,中华张氏网 2015年6月26日。
[③] 戴庆元:《在〈中华戴氏总谱〉编纂委员会成立大会上的讲话》,戴氏商帮 2019年5月7日。
[④] 张梁森:《关于编修〈华夏张氏统谱〉的可行性报告》,中华张氏网 2015年6月26日。
[⑤] 快乐老头:《侍氏全球统谱的资料收集与编撰的若干问题》,快乐老头的博客 2011年2月11日。
[⑥] 快乐老头:《侍氏全球统谱的资料收集与编撰的若干问题》,快乐老头的博客 2011年2月11日。

纂活动的由来。联宗是以独立的同姓宗族为基础,"它是在这一基础上组成的同姓地缘联盟,所要实现的是社会功能"①。不断地扩大空间建构范围,这是宗谱编修的一大发展趋势。在农耕社会,只可实现村级宗族自我管理。不过,士大夫的视野比较宽,会突破这种限制,要求更大范围内的联宗与通谱。祖先早就有修通谱的梦想和实践,至少唐后期就出现通谱现象了。②明中后期后,通谱现象在增长之中,顾炎武已经注意到了。清代的联宗通谱更多,并建构了跨地域的宗族共同体。钱大昕称为"越认",日本学人多贺秋五郎认为此论的出现,"意味着超越血缘关系的确实性来认定同宗关系"③。可以说是典型的合同式宗族,是在文本世界建构的宗族共同体。我们纂修《通谱》,必须尽最大努力去"厘清杜族历史,理顺渊源与脉络",使中华杜氏这座世系宝塔更加准确完善。④她将预示着千百年来分散在全国各地乃至全世界的某氏宗亲,有机会寻根问祖、认祖归宗、合族团圆。

通谱也是现代学术建构思想的产物。通谱的编纂是一种家族史整体建构,它完全是文本世界的活动。在生活世界中,同姓宗人分属不同地方的不同分支,彼此没有太多联系。现在,因一个共同的姓氏族徽,得以建构一部姓氏通史,这是值得肯定之举。按一定单位加以研究与建构,这是现代学术的特点。在已有各地宗族群体活动事实基础上,进一步在文本世界建构成一个虚拟的同姓群体组织,这是允许的。确实也允许有人来研究,从而建构出更为复杂的姓氏通史。不过,当将之归入姓氏源流或姓氏历史,就可以找到理由了,它就是全国性家族通史建构。通谱是姓氏通史研究,属家谱再生产。大体要经过三个步骤:"走进历史,尊重历史;跳出历史,理解历史;借鉴历史,重构历史。"⑤通谱是长知识之举,可以了解某姓的全部过往通史。

统谱也是当下中国进入强大公众社会的产物。《邵阳申氏创修通谱》,乃空前盛世的产物。⑥富起来的喻贵祥常说:"要为全国族人办实事,为老祖宗尽

---

① 钱杭:《论通谱》,《史林》2000年第1期。
② 钱杭:《论通谱》,《史林》2000年第1期。
③ 见钱杭《论通谱》,《史林》2000年第1期。
④ 杜次志:《编修〈中华杜氏通谱〉中值得探讨的几个问题》,腾讯新闻2020年3月21日。
⑤ 戴绪山:《关于家族统谱的工作思路(一)》,简书2018年3月24日。
⑥ 申培根《邵阳申氏创修通谱序》,1995年印本。

孝。"① 人人出力，家家出力，建构各姓氏共同的千年历史，这是一种好现象。编修统宗谱的初衷和要旨，是完成一件传承姓氏悠久文明，为后代留下真实、准确信史的一件大事，是一件利国利家的好事。② 敦宗睦族，团结和谐；实事求是，秉笔直书；编出信史，修出精品；认真负责，协调一致。以上几点应成为编修通谱的指导思想。要对历史负责，对祖宗负责，对子孙后代负责，经得住实践检验，经得住历史检验，方能成为真谱、实谱、正谱。③ "尊宗睦族，弘扬祖德；抢救史料，振兴家族；追本溯源，理顺脉络；纠错补漏，完善统谱；启迪后昆，耀国荣族。"要弄清三个问题："发源地要弄准，世系要弄清，现状要弄明。"④ 始终贯彻"统一世系、理顺源流、摸清分布、彰显文化"⑤ 这一宗旨。

通谱也是深化汉民族各姓氏研究的产物。高路加教授研究姓氏，有其内在理路。他治民族史出身，他的观念突破是，民族史不是少数民族专史，也应包括汉民族史。汉族史如何治？他主张从不同姓氏出发，加强区域性研究。"90年代初提出，民族史学科也应该研究汉民族史；对数量庞大、来源复杂的汉民族，应该从纵横两个方向进行微观研究，即从姓氏源流和区域文化两个角度入手；以姓氏为单位，不失为汉民族研究深化的有效途径。"⑥ 于是，他主动选择高姓为自己的研究切入点。这提供了另一种全新的通谱理解思路，也可以证明这项研究是有学术价值的。

大量城市退休老人介入修谱也是通谱出现的因素。从城市中退休的老人群体，按传统的说法是士大夫群体，他们成为修谱主力军。这些老人经历了百年中国的嬗变，完全熟悉现代中国的情况，他们的视野相对宽广。后来出现的商人群体，关注面与交往面也比较宽。这两类群体主持宗谱编修，就会往往通谱方向走。时代背景与主持人因素，是首要的因素。他们都是为了一个家族的事业而贡献自己，属退休后为回报家族的文化行为。而且，修通谱是烧钱的行为，是一件耗时间、耗精力的事情，是君子的奉献。"他们都是古稀以上退休的老人，本可以在家含饴弄孙、尽享天伦之乐，他们受全国查氏宗亲之托，毅然承担起编纂重

---

① 喻刚伦：《简述喻贵祥会长事迹》，中华喻氏网2009年3月8日。
② 詹长智：《关于尽快完成统宗谱编修工作的几点建议》，詹氏网2016年5月15日。
③ 杨宗佑：《关于通谱的编修——在〈夏夏张氏统谱〉编修座谈会上的发言》，腾讯网2019年12月25日。
④ 方为民：《总结经验少走弯路》，中华大族谱协会2010年7月30日。
⑤ 钟蔚清：《编修发行〈中华钟氏总谱〉宣传提纲》，钟律闲谈2018年8月1日。
⑥ 高路加：《〈中华高姓大通谱〉：由来和内容》，人人修谱网2017年7月29日。

任，放弃了休闲生活，不要任何回报，花了六年时间，奔波全国二十几个省市区采访收集资料素材，总里程近百万公里。"① 也就是说，大家是义务参与通谱编修活动的。"现在想来，三十年重修家谱的过程中受的那些苦很值得，因为这是家族的根。"由此可知，参与修谱是要付出很多的。值得注意的是，通谱编修中，各姓编委会发动了全国各地同姓精英学者参与。

相关姓氏通书、通史丛书的推动。《中华姓氏通书》丛书，张新奇、何光岳主编，三环出版社1991年起出版。该丛书每大姓一册，小姓数姓合一册，每册约18万字，陆续出100册左右。每册内容详细介绍第一个姓氏起源、演变、分支、迁徙繁衍的历史，以及各家族独特的风俗礼仪、家族文化。这套书显然有直接的推动作用。此后，其他出版社跟风，出版了不同的姓氏丛书。《华夏姓氏丛书》，广西人民出版社，1993年推出第一批。《中华姓氏谱》丛书，李学勤主编，现代出版社、华艺出版社联合出版。该丛书系中国史学会重点研究课题"中国姓氏文化研究"成果，集合百余名专家学者撰写，共100卷，每姓一卷。2000年，推出首批10卷。1999年起，郑秀桂、谢钧祥主编《百家姓书系》，新蕾出版社出版。每姓一册，每册5万字左右，册数不详。叙述每一个姓氏的源流、人物、掌故和文化遗迹，是关于姓氏的历史普及读物。2000年，江西人民出版社推出《中国姓氏史话》丛书。2001年起，葛剑雄主编《中国人的姓·吾祖吾宗》丛书，上海文艺出版社出版。每姓一册，陆续出版。介绍每一个姓氏的起源、发展、播迁和主要人物，配有大量插图、照片、地图。2002年起，东方出版社出版插图本《中华姓氏通史》丛书，已出版第一辑13本，第二辑10本。

此外，区域性或全国性家谱总目的出现也方便了通谱编修。通谱编修活动，属全国同姓家谱再整理活动。它的前提，是知道全国各地有哪些支谱。在早期，它是十分不便的活动。我们可以看到，胡海寻找家谱时，都是通过一定的线索，亲自上门寻找。但到了21世纪，情况略有不同。此时，馆藏家谱总目如《上海图书馆馆藏家谱提要》（2000），区域性家谱总目如《浙江家谱总目提要》（2005），全国性家谱总目如《中国家谱目录》（1992）、《中国家谱综合目录》（1997）、《中国家谱总目》（2008）纷纷出版。这些目录的出版，方便了他们查询同姓家谱支谱情况及收藏地。另外，QQ群、微信群的先后出现，也方便了全

---

① 查继礽：《收到赠阅的〈中华查氏总谱〉有感》，查继礽的博客2016年1月20日。

国大时空同姓人联系，可以获知全国各地民间收藏的家谱情况。

上千年以来，与国史、方志的多样性相比，家谱的体裁、种类是比较单一的。现在，通谱的出现多少可以丰富家谱种类，由小空间宗姓族人建构进入大空间同姓宗人建构。这样，可推动全国各地修谱，建立起新时代的家谱编修体系与制度。

三 通谱编修的意义

支持者普遍的观点是：①凝聚宗亲力量，方便家文化的传承；②抱团取暖，共谋发展；③便于寻根问祖。反对者观点是：①费时费力费钱，各宗支的家谱编修就已经很困难，通谱简直是不可能完成的任务；②修通谱意味着要连通世系、重排昭穆等，牵扯到字辈的统一，这些都是复杂艰巨的任务。大家的意见很难统一，有可能导致派系林立甚至宗亲分裂；③为了修通谱，连接世系，有的人会冒认祖先；④虽然是同一个姓氏，但是不见得是同族，非要修成一家人（尤其是主修者强行同一字辈），这是人为造成传承上的混乱。[①] 钱杭认为：为现有已编之家谱搭建一个谱学要素互参互见的平台自无不可，倘若企图让各族在一个平台上继续编撰家谱，直至建成所谓"中华大族谱"，则是离"谱"万里的"别开生面"，与真正意义上的家谱关系就远了。[②] 这样的认知，可能是理解上有出入。通谱是历史发展的结果，历史上已经有，但不成气候，当代才将之做大。要做成这种大事相当不容易，因为涉及的空间太大，涉及的村落太多，联系不便。有时没有太多文献资料，须凭口传调查。不过既然做成了，也是有很大贡献的。

1. 体系化家谱编修制度的确立

通谱是一个系统工程，是一个文化大工程。在相当长时期内，笔者对通谱的理解，也主要局限于总谱。事实上，总谱仅是其中的谱头部分，它有完整的体系建构。按空间划分，通谱可分国谱、省谱、县谱三级。[③] 编修全族共享的谱，俗称"通谱"，即通县、通省、通全国、通天下的谱，也有称"会谱"的。《中华林氏通谱》总篇由概述篇、大事记、世系篇、文献篇、名人篇和附录等组

---

① 刘富强：《通谱编修的现状和痛点》，家谱国际研究院 2018 年 10 月 24 日。
② 钱杭：《家谱与地方文化序》，见朱炳国主编《家谱与地方文化》，中国文联出版社 2008 年版。
③ 萧风：《编纂族谱通世系的方法和三级谱的框架设想》，家谱网 2017 年 8 月 9 日。

成。《中华傅氏通谱》采用谱的名称、志的架构、史的方法编修通谱。他们把姓氏源流、姓氏文化、本姓人物事迹三部分作为重点来写。喻氏族谱体例，是新形势下编修族谱的产物，又是欧苏体式相距千年之后形成的，它是史、志、谱有机结合的一种新颖体例。① 有首卷、总谱与支谱之分。如《中华高姓大通谱》分为总谱、分谱、支谱。② 如《中华王氏大成总谱》，由总卷首、重要分支总谱和支谱三大部分组成。总卷首，包括《世系卷》和《文化卷》两大卷。重要分支总谱分为《太原王氏总谱》《三槐王氏总谱》《开闽王氏总谱》《和派王氏总谱》《寻源王氏总谱》五大块。支谱是总谱之下的支谱，包括一村或多村支谱、一乡或多乡支谱、一县或多县支谱、一省或多省支谱、一国或多国支谱等，由各地王氏根据总谱自行编修。通谱编修的上下联动，邱氏最为成功。凡有邱氏的县，都编纂了分谱。

通谱的出现正是宗谱向史体、志体靠拢的结果。它仿效国史、地方志的史局体制，建立了一套民间的家谱编修体系。国史、方志、家谱，原各有自己的主体，是一个个文本建构单位。在宗法体制下，修谱肯定以支谱为主，因为有特殊的同宗人员管理功能。进入后宗法时代，没有了宗法管理因素，会兼顾地域因素，于是有了通谱。通谱，可以理解为以行政地域为单位建构的宗谱，它更多承担的是家族历史记录功能。以地方或国家为单位编纂家谱，实际上空间往前两者靠拢了。三史融合编纂通谱，可以理解为是用国史、方志精神改革家谱。结合国史、地方志编纂理念，以行政区域为编修单位，整合相关同姓家族历史，这是一种进步。不管哪个姓氏，如果只续宗谱、不修全族统谱，那只是初级阶段。③ 它以全国及各地的宗亲联谊会（或可称为某姓历史文化研究会）为组织单位，编修各地的家谱，自筹资金、人才，自我编纂，也以同姓宗人服务为目标，这种制度建设是值得肯定的。人人参与，人人入谱，人人分享，这才是现代公众史学的特点。在宗法消失的时代，上下可联动，带动全国各地同姓的分谱与支谱编纂，这实际上探索出了一种全新的宗谱编修模式，体系更为完整。通谱的出现，改变了家谱编修点状的完全血缘编修模式，创建了一种全新的按国家与地方行政区划来编修家谱的模式。如此，全国一盘棋，地方一盘棋，

---

① 喻贵祥：《中华喻氏通谱的编修理论与实践》，中华喻氏网 2019 年 10 月 5 日。
② 高路加：《〈中华高姓大通谱〉分谱的说明》，高氏家族 2019 年 6 月 15 日。
③ 方为民：《总结经验少走弯路》，中华大族谱协会 2010 年 7 月 30 日。

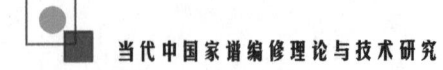

家谱编修更有整体规划性。

2. 各姓氏通志的首创

全族统谱，也称为"国谱"，可见定位之高。这样的梳理，历史上是首次。对各个姓氏来说，通谱活动都是第一次。"虽然我们前面会遇到很多难题，但这个工作继续放在那里，再过两千年，还是没人去动，终究还是放着。我们这一代人应该把这项工作真正推动起来，通过一系列努力，把这一家族大业拉开序幕，并推向一个新的里程"。① 这是一件继往开来、功在当代、泽被后世的盛举。

在全族编谱史上，树立了一方崭新的里程碑。由此可见，意义之大。全谱以总谱、分谱、支谱进行全面规划并形成完整体系，开了一个先河，对其他姓氏修谱也有导向性作用。通谱是世代追求的文化梦，通谱是全国宗亲智慧和汗水的结晶，是编委会不懈努力的成果。开其先河，本身就是最大的成功，最大的功德。

编纂通谱所带来的寻根问祖地域之广，搜集族谱之多，这是历史上不曾有的现象。通谱接通了源流世系，文化精品收录在册，是某氏修谱史上的首创。从全国性家族通史角度来说，通谱的编纂是值得肯定的。初姓，百家姓中没有记载，也未见到古今有关书籍介绍初姓的详细来源，各地初姓族谱等历史资料也都不知所终，初姓历史已近空白。"《初氏通谱》第三版的出版可以说是开创了初氏历史上以史记形式编写的一部谱书巨著。在初姓历史文化消失的已近空白的情况下，找回了消失已久的初姓历史，能做到这一点，不能不说是个奇迹。"②

《中华钟氏总谱》是集中华钟氏启姓与溯源、迁徙与分布以及人文与地理于一体的综合性谱牒。它覆盖范围广、支系多、情况复杂，是钟氏修谱史上的首创，具有里程碑意义。③《中华喻氏通谱》第一部正式出版发行，它是喻姓有史以来的第一部通谱，也是一部前无古人的族史杰作。以全国性某姓氏为单位，建构某姓氏通史，这是历史上首次。因为有这些编纂活动，全国各地的同姓宗人，得以团结起来。全国各地的同姓谱书，也得以汇集起来，进行再研究，再整理，最后编纂出一部通谱。这样的行为，本身就是意义的。如《中华高姓大

---

① 中华戴氏总商会秘书处：《中华戴氏总族谱编纂委员会在佛山成立》，戴氏网 2018 年 12 月 28 日。
② 初嘉斌：《〈初氏通谱〉第三版编写的背景和意义》，初嘉斌的博客 2018 年 12 月 11 日。
③ 钟蔚清：《编修发行〈中华钟氏总谱〉宣传提纲》，钟律闲谈 2018 年 8 月 1 日。

通谱·总谱》的内容非常丰富，是一部简明扼要的全族大通谱。用这样的名字命名一部家谱，不仅在高姓人有家谱以来第一次见到，而且在全国其他姓氏的家谱中也不多见，这部家谱完全有开创之功。[①]

从推动和继承发扬中国传统文化的目的来衡量这部作品，其内容、行文、编排、字数等也是值得称赞的。在今后推进姓氏文化的工作时，建议各姓氏文化团队和作者在编辑出版本姓"通谱"类作品时，把《中华高姓大通谱·总谱》作为首选参考书。[②]"通谱"将极力弘扬姓氏文化，补充国史之不足，发扬家史之光，增强族人之团结友好，促进族人之共同了解和发展。

由于代远年湮，世系星散，编纂《中华罗氏通谱》尚存在不少错漏和不足之处，或传闻失实，或世系混淆，或挂一漏万等。《新安程氏统宗补正图纂》载："修谱于一郡一邑年近而易稽者易，修谱于各省各郡世远而难考者难。"有很多罗氏基祖、派支尚未载入《通谱》谱册。在通政人和的今天，为了弥补《中华罗氏通谱》的缺点和不足，中华罗氏宗亲联谊会呼吁编纂《中华罗氏大成谱》，意图一统中华大地暨海外罗氏源流世系。这就是开创的好记录。有了开端，才会有人来接续，否则永远无人来开创。

3. 公众参与修谱

民间修通谱活动，本应是专家做的事，但专家没有充分意识到，所以多不做。民间各姓志士认为有必要做，自发组织起来做。不同姓氏的人有一个理想，希望看到一部属于本姓氏的通志之作。这样的思维，这样的建构，是专业史家不曾有的，或不多的。他们都是通谱编纂行业的外行，靠不断地学习，学中做，最终完成了大部头的通谱，也许质量尚有不太理想之处，但这种做事精神是值得肯定的，他们也因此成为公众史家，是一个层次稍低的民间领域的史家群体。全国性某姓的家族通志研究，学界并不关注。现在各姓有兴趣关注，且费力编纂，自然是值得肯定的事。学界乐观其成即可，不必自傲。

一般来说，编纂一部全国性的通谱至少需耗时5—10年，还需大量财力、物力、人力的支持，难度非同一般。[③]譬如全国共有来自10个省市的540支熊氏族人参加了《中华熊氏通谱》的编纂工作。修谱不但厘清了熊氏家族的历史，

---

① 高路加：《专家评审〈中华高姓大通谱·总谱〉》，天下高氏博客2014年8月21日。
② 高路加：《专家评审〈中华高姓大通谱·总谱〉》，天下高氏博客2014年8月21日。
③ 乐策：《追记：〈中国乐氏通谱〉编纂发布》，乐策的博客2016年1月2日。

也让他们之间的联系更加紧密。族人们有钱出钱、有力出力，共同提供了修谱和接待所需的费用。"这部通谱，不仅是一部家族史，更是全国熊氏家族共同的一片心。"① 他们是编纂通谱的主力军，他们遍布全国各省市村镇，大部分编委都是当地族谱的主编或族谱的倡导者，或罗氏族长，他们为编纂与出版《中华罗氏通谱》查史料、觅古谱、抄碑文、寻文献，鞠躬尽瘁。② 仅凭热衷姓氏文化，苦学三十多年。③ 这是普遍状况。譬如《中华裴氏宗谱》，主要是靠裴新生个人出资200多万，用十三年时间编成如此体量的五大卷本、800多万字的通谱，实在不易。编撰《华夏滕姓通谱》，广西滕万鹏先生倾注了大量的心血、时间和精力，收集、整理了许多基础资料，他本人也倒在了为《通谱》收集、考证资料的途中。通谱编修，开辟了公众参与本姓氏文化研究之风。

4. 通谱是各姓氏文化的积累

各地家谱得以汇总研究。如《中华罗氏通谱》"历时十载，收集民间珍贵族谱、文献、史料六吨之重，近3000册，为罗氏修谱之最"④。同姓谱姓得以汇集，通过比对，可以发现一些问题。精粹文献的汇总成册。无论是先贤像赞还是祠记碑铭，不论是前序后跋还是艺文学案，均收入了罗氏大量的珍宝文献，有古代的，也有当代的，都是罗氏的文化精品。从这个意义上说，《中华罗氏通谱》具有档案性，富有较高的收藏价值。称其为我罗氏传家之宝，当之无愧。⑤ 生命有限，族史永恒。编纂是一种聚散为整的活动。通过整理，散落的信息，得以汇集，建构成一座文化小屋。《中华喻氏通谱》最突出的特点是，世系多而全，全谱3200页，世系占2600余页。⑥《华夏滕姓通谱》全套包括总卷、分卷，共4600多页。⑦ 族谱，是家族发展、繁衍、迁徙、世系和活动而博大精深的记录文献。《中华罗氏通谱》内容广泛丰富，真实地、准确地、客观地记载罗氏家族来源的文书、村史、祠记、铭文、墓碑、家训、族规和世系等。⑧《中华熊氏

---

① 周芹等：《十地人合修一部通谱》，《重庆日报》2014年6月17日。
② 罗河胜：《〈中华罗氏通谱〉是如何编纂出来的?》，公众史学2020年6月9日。
③ 许武云：《32年苦修成正果——即将诞生的〈中华许氏通谱〉作者谈编撰经历》，许氏宗亲交流网2019年4月22日。
④ 罗河胜：《〈中华罗氏通谱〉是如何编纂出来的?》，公众史学2020年6月9日。
⑤ 罗河胜：《〈中华罗氏通谱〉是如何编纂出来的?》，公众史学2020年6月9日。
⑥ 喻贵祥：《中华喻氏通谱的编修理论与实践》，中华喻氏网2019年10月5日。
⑦ 九亲文化：《全国滕姓编撰通谱圆满》，九亲文化2017年1月19日。
⑧ 罗河胜：《〈中华罗氏通谱〉是如何编纂出来的?》，公众史学2020年6月9日。

通谱》，是一部中华熊氏文化的生命史、发展史、家族史和宗族史。它记录了中华熊氏和中华熊氏文化，诞生、生息、繁衍、发展、繁荣的全过程。

汇总的族谱有机会进入族史馆。因为修编《中华罗氏通谱》，广东南雄成立了"中华罗氏族史馆"，各地编委的孤本族谱得以很好地保存到今天，也为进一步编纂《中华罗氏大成谱》提供了方便。

实现宗谱资源整合、研究成果共享。方为民说："未修的谱，好比一个破烂不堪的鱼网，来一个支系补一个洞。如今《中华方氏全族统谱》出来，鱼网补得差不多了，但还有不完善地方，我们再加把劲，就成了一个新的鱼网。"①

家谱的本质仍是生命之链的接续。只有家谱，不仅是贵族，同样能够让平民得以在文献记载的历史中，留下曾经生存的印记。

5. 家族大数据建设的尝试

家谱数据将由纸本阅读进入大数据点击时代。彭堂华认为谱文化大数据时代已经到来，这个时代的四大基本特征是：记存家族、家庭历史的行为人（主体）将由一个个谱局的主编、谱师扩展到每个家庭以至家庭中每个会玩智能手机的成员，人人都是司马迁、人人都是谱师的时代正在来临；家谱信息的载体（客体）不再是由竹简转化而来的纸质载体谱书了，而是数据库存储移动互联网传播的云谱了。从家谱（即家族、家庭的历史）是用于学习的，而学习历史的方法已由我们这代人翻阅谱书的时代进入了点击查询家谱信息的时代。②

众多的通谱可以构成中华谱海。由于这些通谱的编纂背景不同，一个姓氏会出现多种互相矛盾的通谱。"中华谱海"需要帮助各姓氏建立权威版本的通谱。这些从神话故事中演化出来的文化，因编纂者的水平不同，资料来源不同，就形成了对中华民族历史的不同解读和表现。"中华谱海"的基础是各姓氏的通谱，没有通谱，"中华谱海"就不可能完成。"姓氏通谱"编纂的兴盛，将会出现许多的"华人总谱"，这将加大对中华民族五千年文明的不同解读，如果没有一个权威性的"华人总谱"，其后果甚至比没有"华人总谱"更为严重。这就是谱海项目出现的必要性和必然性。

谱海大数据工程是一个开放性的平台。除了与编纂通谱的编委会合作，还有

---

① 方政军：《方为民：中华方氏全族统谱第一人》，新华网湖北频道 2012 年 5 月 20 日。
② 彭堂华、方为民：《通谱编修要适应云谱时代：方为民与彭堂华往来讨论》，公众史学 2021 年 12 月 28 日。

家谱软件、宗亲网站平台、传统文化和公益机构、社团组织、海内外的华人组织等均可以合作。通过谱海平台、谱海项目的发展，通过大数据的形成，将衍生出更多的商机。这些商机不仅可以为经营者带来利润，也会给谱海及各位合作者带来发展的机遇。"中华谱海大数据工程"是一个只有开始没有结束的工程，也是一个世纪的工程，涉及上下五千年的历史，跨出中华人民共和国的国土，文字数量也将超过百亿。不过，这是一个过于庞大的计划，目前一时难以实现。

6. 便于寻根问祖

通谱编纂，功在当代，利在千秋，历史永存。就其内容而言，是中国五千年文明史中最具有平民特色的文献。接通了源流世系。《中华罗氏通谱》编纂人员在编纂过程中认真考证，甄别派衍，汰伪求真，为众多支系接通、理顺了世系。① 其实用性：《通谱》的编辑，应便于今人及后人寻根问祖和查阅。② 这些海量的族谱资料，就可以为我们寻根问祖提供一个十分有利条件，可以为一大部分找不到上源或支系失散的宗亲支系认祖归宗提供有用信息。《中华乐氏通谱》探寻了中华乐氏血脉延续的源头由来，疏通了乐氏历史发展的世代脉络，使我们认清了几千年来，乐氏生生不息、薪火相传的来龙去脉。证实了乐氏是一个历史源远流长，血脉经久不断的伟大姓氏。③《中华乐氏通谱》明确了历代乐氏族群迁徙游走、地域分布的空间结构，探索了在不同地域间乐氏聚散离合的空间发展关联，使我们认清了乐氏族人起源中原、分布全国，走天下，乐安居，是一个布局十分广泛的全国性姓氏。④《中华许氏通谱》"是一册易懂、易读、易记，受宗亲喜爱的宝书"。⑤ 通过对各地区族人的采访和素材收集，在老谱的基础上，加以整理补充，统一汇编入谱，建立历代族人及近现代族人户籍电子档案，使之成为族人一个永久的人口户籍数据库。当全国、全世界的资料集中在一起来，这是一个多么庞大的资料库，这是最实用的功能。

7. 全国、世界联谊性

修通谱可以加强同姓宗人的联系。"曾几何时，訾氏家族如一盘散沙，不知

---

① 罗河胜：《〈中华罗氏通谱〉是如何编纂出来的?》，公众史学 2020 年 6 月 9 日。
② 林伟功：《中华林氏通谱编纂的设想》，林氏源流网 2020 年 12 月 15 日。
③ 乐策：《追记：〈中国乐氏通谱〉编纂发布》，乐策的博客 2016 年 1 月 2 日。
④ 乐策：《追记：〈中国乐氏通谱〉编纂发布》，乐策的博客 2016 年 1 月 2 日。
⑤ 许武云：《32 年苦修成正果——即将诞生的〈中华许氏通谱〉作者谈编撰经历》，许氏宗亲交流网 2019 年 4 月 22 日。

第十章　通谱编修历程及基本问题

祖居何地，族居地者，比比皆是，一县之内互有族人确不知情，更别说一省全国。族人相见如同路人一般。在看今日，全国族人遍天下，团结一致振家声。"①

通谱的出现可使人养成全国甚至世界视野的宗人观。编修全国姓氏统谱既是一项凝聚正能量、寻求让全国本姓氏族人共同出彩机会的宗族大业，更是一项庞大而繁复的系统工程。② 修一次谱是一次大的融合过程，即文化的认同，只有修好了谱，说话才不离谱，才能达到敦伦睦族，启迪后昆之目的。③ 功在一族，利在九州。同祖同源，一脉相承，一谱同续，代代相传，此为之根本也。④ 有了通谱，就开启了寻根问祖、交流合作、互通有无、互相帮助、共谋发展的新局面。超越个体的大群体视野观，可以拓宽人的关注面。

通谱编修以敦宗睦族、团结和谐、存史资政、扬善育人为目的。⑤《中华戴氏通谱》首卷出版："通谱综合抢救和挖掘中华戴氏几千年的文化历史，有助戴氏宗亲全面地系统地了解和认识戴氏和戴氏先祖的功烈，历代繁衍发展以至现在；从戴氏的一个侧面来认识华夏民族源远流长、根固枝荣的文明历史；有助于增强中华民族的凝聚力，便于海外华人华侨和台湾、香港、澳门同胞及旅居外省、市、县宗亲寻根认祖，增进联谊，促进祖国和平统一大业，促进社会经济和文化的共同发展；有助于子孙后裔承前启后，继往开来，继承先贤的优良传统，发扬光大，创造更加光辉灿烂的新业绩。"⑥ 这几大方面，大体梳理出通谱的意义。

通过家谱与大数据的结合，将形成互联网思维与中华传统文化有机融合，必将助推中华传统文化实现技术革命与文化创新，是数千年来中华姓氏文化里程碑式的伟大创举。通过研究各个姓氏形成的社会因素和历史事件，研究各姓氏来源，探索姓氏形成的历史和原因，以数据化的表现形式，展现中华民族各姓氏源远流长的渊源和共同的血缘关系，中华民族同宗共祖的血缘关系，同为华夏子孙的荣誉感和向心力。两岸同胞通过"谱海"工程维系同祖同宗的同胞

---

① 佚名：《訾氏家族续编的族谱后记》，锦秋文谱2021年2月10日。
② 雷歌：《编修姓氏统谱八大注意事项》，雷歌的博客2017年4月24日。
③ 方为民：《总结经验少走弯路》，中华大族谱协会2010年7月30日。
④ 何沁学：《中华裴氏宗谱简介》，《〈中华裴氏宗谱〉是如何修成的（下）》，裴氏族谱数据库2018年11月20日。
⑤ 杨宗佑：《关于通谱的编修——在〈华夏张氏统谱〉编修座谈会上的发言》，腾讯网2019年12月25日。
⑥ 刘爱红：《构建世界联谊桥梁　传承戴氏宗亲文化〈中华戴氏通谱〉第一卷在莆问世》，2014年6月5日。

· 539 ·

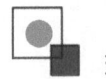

情怀,通过"谱海"的大数据工程进行寻根问祖,共同推进祖国和平统一早日实现,这是两岸民众的向往,也是国家的需要。通过"谱海"工程,传承姓氏文化,强化万姓同源的基本原则,淡化各姓氏的独立性,推进各姓氏融合,稳固中华民族各姓氏、各民族大团结,维护国家的长治久安。

小结

修通谱是一项前仆后继的姓氏文化事业建设活动。没有"前仆",便没有"后继"。所以,有人开创,这是第一重要的事。有比没有好,对各姓来说,都是第一次修通谱,所以允许有其局限与不足。"即使还存在些许遗憾,但那也只是发展中的瑕疵,前进中的坎坷,至少,在我们这一代解决了有没有的问题,至于好不好,那就看谁能拿出一部更好的宗谱了。"[1] 有了第一个版本通谱,未来才会有更高版本出来。不少家族编通谱以后,有了大成谱。如罗氏大成谱,就是不断完善的表现。把家庭资料、家族档案在前人的基础上,充实整理,编撰成为一本比较完善的宗谱,这就是集大成。在此基础上编撰的宗谱,就可以呼之为"大成谱"。[2] 可见,大成谱是通谱的更完善版本。

第三节　通谱编撰的实操技术

如何真正编撰成功一套通谱,并能发挥通谱的作用,给一个家族带来一个知识宝库,让通谱成为一个家族取之不尽的本家族历史的百科全书,这是值得研究的。通过各地通谱编纂实践,也逐步提炼出一些好的操作原则与方法。

如何才能顺利地修出一部通谱?全国总谱这样的大事业是前无古人的,要搞一个从来没有的全国总谱的大事业,尽管不少人心气很高,仍然逃不过客观规律的制约。通谱是人、财、物堆积且需精雕细琢的工程项目。不但需要一批懂家谱族史并对此有所研究的文墨才子,而且需要海内外广大宗亲的鼎力支持与资助,方能完成。

编修全国姓氏统谱既是一项凝聚正能量、寻求让全国本姓氏族人共同出彩机会、意义深远的宗族大业,更是一项庞大而繁复的系统工程;完成全国同一

---

[1] 裴知强:《中华裴氏有宗谱了——为〈中华裴氏宗谱〉点赞》,《〈中华裴氏宗谱〉是如何修成的(下)》,裴氏族谱数据库 2018 年 11 月 20 日。

[2] 罗会清:《编纂〈中华罗氏大成谱〉倡议与探讨》,江苏罗会清博客 2016 年 11 月 24 日。

姓氏族人合谱，仅仅依靠一部分甚至少数宗亲的力量，是不可想象的，更不可能一蹴而就。①

通谱编修是一个漫长的过程，需要几年的时间甚至更长时间才能完成。要尊重规律，实事求是，一方面要积极努力，艰苦奋斗，另一方面要根据条件，量力而行。在生活世界，某姓宗族不是实际的集体单位，既没有地方宗族管理机构，更没有全国性宗族管理机构。没有宗族管理主体，就没有人才，没有经费。在这种情况下，完全从文本世界着眼，要想建构地方性或全国性的姓氏群体史，难度可想而知。现在虽有宗亲会，但不是管理机构，经常是"非法的"民间社团而已。

编修通谱是一项耗时费力、浩大的文化工程，要完成这项工程我想必须具备四个条件：一、要有个坚强有力的领导班子和一支骨干力量。编修通谱必须有个有号召力和战斗力、无私奉献、能统筹协调、能办大事、办得了大事、能指挥和指导编修工作的领导班子以及各地具有同样素质的骨干力量。二、要有一批热心的编修人员。这些人员必须具备一定的编修谱牒专业知识，热心于编修家谱工作，有细心有耐心，吃苦耐劳，精力充沛，乐于奉献。三、要有充足的编修经费。编修通谱有大量的工作来做，其组织动员、编辑简报、梳理脉系、搜集资料、上下联络、具体编修、印刷校对、办公住宿等，都需要钱来支撑。四、要有清晰可寻的脉系。

一　编撰的前期工作

编撰通谱是一个家族重要的事件，计划和安排十分重要，与一个分支谱的编撰有共性又有很大的不同。据蔡允中研究，至少得关注以下六方面的工作：

1. 倡议及准备工作。一个通谱编撰工程的发起，需要族内德高望重、有热心、有威信、有能力、有凝聚力、有号召力的宗长发起倡议，并得到响应。通过召开专门的会议，成立编委会，建立和通过章程。建立通谱联络群，由委员会成员建立，群成员为各支系联络员，负责传递委员会指令（文件等）、接收支系谱等工作。组成各负其责的班子，制定章程、确定目标、编制预算、筹集资金。

---

① 雷锁甲：《编修姓氏通谱八大注意事项》，雷歌说家事 2018 年 8 月 12 日。

2. 通谱基本架构目录的确定。通谱的架构有一定的规范，可以参考其他姓氏已经成形的目录架构，根据本姓氏的情况加以调整。目录架构确定后，就可以根据目录内容及编委会班组成员情况，将不同的篇章分配给不同的编委来完成。

3. 确定使用的软件。编撰通谱一定需要软件，选择合适的软件可以事半功倍，甚至是好几倍。没有一个合适的软件，编撰通谱可能半途而废，或者达不到基本要求。

4. 家谱编撰技术培训。通谱的编撰需要各地宗亲配合，资料收集、填写格式、家谱的录入要求等，需要有一个统一的标准，这些需要通过培训得到宣传和贯彻。通谱的编撰需要使用家谱编撰软件，通过对录入和编撰家谱的工作人员的技术培训，可以提高效率、加快进度、提高质量、少走弯路，使通谱的编撰顺利完成。

5. 制定凡例。凡例是一部家谱的法，凡例一定要经过研讨，要能指导通谱编撰，不能出现凡例中的规定无法执行的情况。通谱的内容庞大，不能按照一般族谱的编撰模式，由主编动手完成所有的内容，应将不同的章节分配给不同的编辑，主编主要制定各章节的大纲，内容审定等统筹工作。

6. 基础资料录入。编撰通谱需要录入很多资料，在组建班子时要注意吸纳年轻人，要有懂电脑、会操作电脑的人。由主编初步建立一个大框架，根据大框架，录入老谱的各类资料、世系，也可以从互联网、图书馆收集资料。通谱的主编、责任主编根据各自的分工审核上传的资料，将不合适的资料剔除或修改、编辑。①

二 要重视队伍建设

宛福成称，事在人为，人的因素决定着总谱一切。修总谱，涉及方方面面，最主要的就是人脉。人脉的核心是人力资源整合能力，此能力主要表现在能够招贤纳士上，也就是团队的号召力和族人的响应力。这"二力"近乎决定结果。② 大总谱队伍建设要注意八条：第一，搭班子。第二，班子的定位，编好大

---

① 蔡允中：《如何修姓氏通谱？》，公众史学 2019 年 7 月 8 日。
② 宛福成：《"总谱"编法》，陈氏源流与文化 2021 年 6 月 1 日。

第十章 通谱编修历程及基本问题

总谱。第三，找人的原则，是任人唯贤。第四，哪些是贤人？主要有三类：①有辩证思维能力的文化人；②有经济实力的超俗企业家；③有基层宗亲人脉的识局人。第五，怎么当贤人？应不计前嫌，立足大局，心胸磊落，决不可消极对待。第六，有为就有位。为就是作为，干实事，干真事。第七，见贤思齐。大总谱的班子，是开放型的，而且不断地推陈出新。大总谱，家族大工程，万众合力，德行天下，善得人助，贤能通达，才用大局。第八，另开灶，不是上乘。总之，从编辑班子来说，大总谱，需要大肚量，需要大智慧，需要大好人，需要热情中的冷静，更需要冷静中的热情。[1]

由于此项工程的特殊性，所谓举全族之力，不可能是全族所有族亲，在同一时间、花同样的力气投入其中，而是由他们之中在特定环境、特定历史阶段造就的特殊知识群体来全力担当此任。实事求是地说，正是这个知识群体表达了全族众亲的意志，早就积极参与了此项工程的策划筹备工作。[2]

招募联络员。中华×氏通谱委员会制定《中华×氏通谱实施办法》《招募联络员倡议书》，通过×氏微信公众号、微信群发布公示。每个支系至少推举一名联络员，推举或报名缺位的支系可由委员会委任。

建立通谱审核群。成员为通谱委员会成员，负责接收联络群传递的支系谱；审核后传递给通谱系统管理员；对系统管理员传递回来的通谱进行校对审核；编辑通谱封面、序言、凡例、名人堂、功德录等族谱成员以外的内容；落实印刷厂打印并分发通谱；筹集、管理、使用通谱经费；建立健全中华×氏世系图框架，如有变动及时通知系统管理员进行修改等工作。[3]

不是按兵不动摸索和徘徊，要在运动中不断调整思路，去完成我们的使命合谱。[4] 这是思考与行动相结合的做事路径。

必须坚持"三要三不要"：一要从我做起，不要只说不做；二要经常反问自己：该做些什么、都做了些什么，不要一味要求他人应该做什么、怎么做。这是当前全国各姓氏统谱急需解决的重大认识问题，这一问题解决了，其他事情自然就会好办很多、更会顺畅很多；三要以身作则，言行一致，广泛宣传，亲

---

[1] 宛福成：《大总谱，咋修成?》，世界王氏网 2019 年 8 月 13 日。
[2] 聂猷轩：《关于〈中华聂氏通谱〉的若干思考》，长空万里的博客 2011 年 12 月 12 日。
[3] 蒲文斌：《中华蒲氏通谱编修方式之我见》，天下蒲氏一家亲 2019 年 11 月 14 日。
[4] 戢绪山：《关于家族统谱的思路工作（二）》，美篇 2017 年 11 月 20 日。

力亲为，尽可能发动、感化并吸引越来越多的本姓氏族人，把真正有想法、有特长、能办事的本姓氏族人凝聚起来，不断壮大统谱人才队伍，不要只顾自己埋头苦干，或者说一套做一套。①

要努力做到"三个不"：一是不要互相攻击；二是不要互相压制；三是不要强加于人。"三个多"：多沟通，多提供资料，多提合理化建议。② 不是作为看客、说客，视之与己无关乃至拒绝它。

重视每篇文章的责任担当。在每一篇文字之后，均加上诸如资料收集、综合、改写。一审及其一校、二审及其二校、复审终校定稿者的姓名，这个举动，就已经不仅仅是所谓的文责自负就能够概括和解释的了，而是一个将普通的编修家谱之举提升到一个历史的高度。因为此举不仅能够调动所有家谱编修参与者的工作自觉性和责任心，更能够使他们油然产生家族的荣誉感和使命感，因为这将是固定在家谱之上的，是在为家族和姓氏作贡献。在这种信念的驱使之下，更便于调动和发挥所有参与者的积极性、主动性和创造性，增加责任感。③

大家事既是大家的事，又不是大家的事，全凭认知和自愿。姓氏文化讲究认亲，口号是"天下一家亲"。这是一句充满善意的、理想化的口号，实际行不通。也就是说，得理性看待姓氏文化研究，大脑不能过热。由自愿参修的海内外族人、族群，自愿出资出力并提供谱牒素材编纂而成，因而实行资源共享、义务共担、权益共有。④ 提高宗亲买谱的积极性，真正做到"以谱养谱"。⑤ 这实际上是有一定难度的事。因为自古而来，宗谱不是商品。

一套高质量姓氏通谱的编撰是一项大型的系统文化建设工程，是一个姓氏的大事，它不仅需要大量的资金、时间、史料，还需要一大批专家、学者共同协作来完成。以姓氏为单位，展开系统的家族通史研究，这是历史学不重视的领域。特别宋元以前姓氏脉络多断档，所以要想厘清此前的问题也多，困难相当大。扬州徐高义先生孜孜以求徐氏文化史之盛德，徐建华称"上下数千年，往来千百里，皓首以穷徐姓一家之史"。也就是说，得有各种人才，有专门治一

---

① 雷歌：《编修姓氏统谱八大注意事项》，雷歌的博客 2017 年 4 月 24 日。
② 何石矍：《在中华何氏源流研讨会上的讲话》，何氏网 2011 年 9 月 25 日。
③ 高路加：《专家评审〈中华高姓大通谱·总谱〉》，天下高氏博客 2014 年 8 月 21 日。
④ 编委会：《中华谢氏总谱编修方案》，桂林谢氏宗亲联谊会博客，2012 年 4 月 30 日。
⑤ 吴朗：《打造经典之作 编修传世之宝——〈安徽吴氏统谱〉编纂工作回顾》，华夏吴氏网 2020 年 1 月 1 日。

姓之史者。目前，专业人才研究不多，于是有公众史学工作者参与进来。

三　资金匡算与筹集

姓氏文化是传统文化的组成部分，但在传统文化中的地位并不高。传承姓氏文化活动，基本都是处于民间行为阶段。家族文化不值钱，公众历史记录都有这个特征，这是难度最大之处。如此要想让此活动值钱，让更多的人、家族对此提供资金方面的支持，这是要长期努力的事。

资金的使用分为四部分：启动资金、编撰资金、印刷资金、成谱后的庆典费用等。在项目启动时就应该对整体资金进行匡算，以保证项目能正常进行。

启动资金。启动资金包括办公场所、员工工资、办公费用、动员、宣传、会议、培训、先期资料录入、软件使用费等。根据前期工作的时间及内容的安排不同，这部分资金从数万元至数十万元不等。前期工作开展的扎实，通谱项目的推动就会顺利很多。如果能在大型动员会议召开前，将一些基础工作完成，并有一定成效，则会增加族人的信心，后期的资金筹集也会顺利得多。

编撰录入排版资金。编撰录入的资金取决录入人口基数与录入的方式与条件。录入方式是否高效是很重要的，因为通谱的人口基数很大，采用高效的录入、能自动排版的软件，减少人工干预的时间成本。尽量使用现代化的沟通工具减少录入、数据采集费用。因采用录入方式和数据来源的不同，每人丁/条/数据录入费用最低为2元，最高10元至15元不等。

印刷费用。印刷费用是家谱编撰中的最大一笔开支，根据印刷数量及印刷的质量不同，如宣纸、全彩色、精装等，这些成本就较高。复本印量多，单价就低，但总价会增多。根据实际需要确定印量，以免造成浪费和估计不足重印增加成本。

庆典费用。庆典费用在数万元至数百万元，差距很大。应本着节约的原则设计简捷、大气、隆重、不奢华的圆谱庆典。

资金的筹集。俗话说，钱不是万能的，但没有钱是万万不能的。因此，通谱的编撰工作中最重要的一环是资金的筹集。应该说一部通谱的编撰是否缺钱，重点是通过什么人来筹集资金，通过什么方式来筹集资金。

筹集资金的班子。筹集资金的班子很重要，这个班子必须由一个热心公益、有公德心、有影响力、有号召力、有活动能力的宗贤来负责，制定目标、方向，制定资金筹集的方式，带领团队筹资开展工作。

筹集资金的方式。通谱投资巨大，需要举大众之力才能完成。一般情况下主要有以几个资金筹措渠道：

发起人出资。这部分主要用于通谱启动阶段的费用，一般需要数十万元。这部分资金的投入，除启动阶段的用度需要外，同时也是表示发起人的决心和诚心，也有带头示范的作用，对通谱的成功捐资起到一个很关键的作用。发起人如果是一个事业有成，同时又是一个热心人，在为启动资金出资时还应承诺一个适当的金额，为下一阶段的运作提供资金支持。

宗贤支持捐款。通谱编撰的主要资金来源应该是宗贤捐款，捐款工作成效如何，不仅体现了筹资部门的成果，更重要的是决定了通谱编撰运作资金是否充裕，甚至决定了通谱的编撰是否成功。将希望宗贤捐款转换为宗贤希望捐款，将被动的劝捐变为主动乐捐。虽然说捐款人不一定要求回报，但设计一个捐款回报的方式仍然很重要，回报方式可以为聘请任职、署名、宗贤宣传、企业宣传、赠送家谱、出席会议、书画作品宣传、祠堂宣传、个人照片、全家福等多种方式。不论哪一种方式，均应设计合理，捐款人易于接受，并且不能引起族人反感。

资金的使用。资金的使用是否公开、透明、合理、合规十分重要，关系到捐款人是否愿意捐款的重要因素。要有制度、有章程、有监督、有公布、有管理，让捐款人放心、舒心。①

通谱的编修是一个费钱的行为，少则数十万元，多则几千万元。修通谱时，经费的合理使用，是一个值得注意的事。据说，某姓氏收到七千多万元捐款，结果多数用于前期开会与编纂，最后印刷时，经费反而不够。这种前重后轻现象，是应该要注意避免的。

四 基本模式及原则

通谱与分谱哪个先哪个后？有不同的理解。有的主张先有总谱，再写分支谱，有的主张全国性的总谱应是在各县各省基础上纂修。其实，两种模式都是

---

① 以上见蔡允中《如何修姓氏通谱?》，公众史学 2019 年 7 月 8 日。

可以的。目前全国的通谱编修，主要有三种模式：一是《孔子世家谱》"从上而下"，建立 531 个分支搜集资料，13 年编纂出 80 册家谱；二是《中华丘氏大宗谱》"从下而上"民间修谱，在市县建立组织，拟编 500 部分谱，再编纂形成巨著。三是"上下结合，同步启动"，如《世界叶氏总谱》。林学勤称为"先分后总式""先总后分式""总分结合式"。①

总谱世系的编纂主要是从宏观上厘清和掌握家族各房派古往今来的迁徙繁衍的大势，为后代子孙建立正确无误的世系，为海内外各地族人寻根谒祖提供方便，重点说明始迁祖、开基祖姓名和何时自何处迁移至何地，以及人口数量、杰出代表等情况。②

兼顾统一性和全面性。统一性，是指天下某氏是一家。我们是同一个始祖，由同一条血脉传承下来，在世系上有派、户、支之分，而无所谓内外之别。全面性，则强调覆盖面。③ 通谱要纵贯不断线，横排不缺项。既要突出家族特色，又需反映时代特点，更要凸显文化价值。通谱支系要尽量全，时间、事实要非常准，编排要好，体例完备，篇目清晰，叙述科学严谨，文字通俗易懂。要处理好通谱与各支谱的关系，内容丰富翔实，注意详略得当，叙事精练得体。④

遵循详远略近的原则。⑤ 有关历史争议问题，譬如本族名人世系、出生地、墓葬、评价或有关重大历史事件，族人或学术界说法不一，存有争议。编委会可据实研讨，证据充分者，确认一说；证据不充分者，求同存异，诸说并存。不要在争议问题上花费太大精力。⑥ 在研究探讨过程中，应该遵循以下基本原则：百花齐放，百家争鸣；小心求证，融会贯通；实事求是，长期作战。切忌钻牛角尖，钻死胡同，更不要食古不化。⑦

通谱编纂，世系跨度大，纪事时间长，收录内容多，难免遇到这样或那样

---

① 林学勤：《中国家谱的编纂》，河北人民出版社 2012 年版，第 99—103 页。
② 中华谢氏总谱编委会：《中华谢氏总谱编修方案》（征求意见稿），桂林市谢氏宗亲联谊会博客 2012 年 4 月 30 日。
③ 戴庆元：《在〈中华戴氏总族谱〉编纂委员会成立大会上的讲话》，戴氏商帮 2019 年 5 月 7 日。
④ 杨宗佑：《关于通谱的编修——在〈华夏张氏统谱〉编修座谈会上的发言》，腾讯网 2019 年 12 月 25 日。
⑤ 许武云：《32 年苦修成正果——即将诞生的〈中华许氏通谱〉作者谈编撰经历》，许氏宗亲交流网 2019 年 4 月 22 日。
⑥ 杨宗佑：《关于通谱的编修——在〈华夏张氏统谱〉编修座谈会上的发言》，腾讯网 2019 年 12 月 25 日。
⑦ 何道深：《要高度重视中华何氏源流研究工作》，何氏网 2013 年 8 月 1 日。

的不同意见。"实事求是、求同存异、逐步推进",是统谱的基本原则。①《中华方氏全族统谱》的成功经验就是四句话:"以点带面,摸出经验;星星之火,定可燎原;支系对总部,方便又好管;一竿子到底,一定有惊喜。"②

修谱者应遵守两个原则,一是尊重历史,实事求是,上仰列宗,下对子孙,经得起历史考验;二是谱以早为断,祖以知为断。③家族史也如此,宋元以前有真实之史而无文本之史。后世编纂的宗谱,喜欢往上接,实际是接不上的,越接越乱。今日通谱编修的重点放在前代,其实不太梳理得清楚,这是难度所在。不过,有难度,仍得努力。

浩大的大通谱,统一规划,分头编修,陆续出版,总谱只是其中的一部分。因此,总谱只收录具有全国意义和影响、与全体某姓人共同有关的人、事、物。在此之外未收录的内容,要被分别编入以省市为单位的分谱或各大家族的支谱中。可见,该大通谱实际上是该姓人的一个收纳广泛、无所不包的编修出版大工程,充分体现了通谱大而通的性质。④通谱包括《总谱》和各省《分谱》、各地各大家族《支谱》。《总谱》只收具有全国意义、全国影响、全国地位的,全体该姓共同有关、共同感兴趣、共同引以为荣的人、事、物。例如人物传记只收各界足称楷模的一流、顶级人物,其他内容收在各地支谱和各省分谱里。这样以支系为线、省市为面,线、面结合,先修分谱,再修总谱,先易后难,先内部出版,成熟后再汇总正式出版,以这个思路进行下去。⑤比较理想的状态,先以县为单位联谱,中以省为单位联,最后全国联合起来。总《通谱》在世系上与省、市卷应是纲与目的关系,而不是重复省、县世系内容。⑥

通谱编纂过程中应坚持以下三原则:第一,广泛吸收现存各种某姓族谱、家谱版本和其他姓氏家谱优点,坚持以史为鉴、博采众长的原则。第二,坚持通谱与各分支谱互联互通,总谱头同分支始迁祖相连接,各分支谱自续自修的原则。第三,坚持传信不传疑、存真不存伪的原则。⑦要做到遵纪守法、贡献对

---

① 华明:《编修〈华氏京一郎裔统谱〉设想》,武陵华氏网 2015 年 10 月 8 日。
② 方为民:《总结经验少走弯路》,中华大族谱协会 2010 年 7 月 30 日。
③ 聂其兵:《关于中华聂氏通谱编纂问题的探究》,中华聂网 2017 年 9 月 29 日。
④ 高路加:《专家评审〈中华高姓大通谱·总谱〉》,天下高氏博客 2014 年 8 月 21 日。
⑤ 聂其兵:《关于〈中华聂氏通谱〉编纂问题的探究》,中华聂网 2017 年 9 月 29 日。
⑥ 徐承钦:《编修〈中华徐氏通谱〉的几点浅见》,族谱网 2016 年 7 月 1 日。
⑦ 佚名:《中华胡姓通谱(首次)高层论坛纪要》,胡氏宗亲网 2007 年 2 月 5 日。

等、实事求是、民主协商、观点和资料统一、有疑则考、详略得当。坚持"统一领导、统一规划；突出重点、兼顾全面；分期实施，层层落实；继承传统、与时俱进"的工作原则。《中华周氏联谱》坚持"详当其详，略当其略，缺当其缺，无据不撰，不求全求备，而求真求实"。编纂《中华方氏全族统谱》等三项系统工程，其成功的经验就是四句话："以点带面，摸出经验；星星之火，定可燎原；支系对总部，方便又好管；一竿子到底，一定有惊喜。"①

检验全族统谱的标准。统谱是否成功？可从以下18项进行检验：①一个姓氏统谱，全球只有一个中心，即一元化的主事机构，如是这样就有成功的基础。②是否各省成立分会？或分省修统谱，这样极易分道扬镳。③是否拿出了一个可行的《归统方案》及《归统样板》资料？方案要理得好，不得朝令夕改，这就成功了一半。④统谱好似一份交通地图，看是否纵横相通？支支纵向通，横向无矛盾。⑤统谱世系各时段是否与国史年代吻合？即是否采用了《中华世纪坛青铜甬道铭文》作为公元前后年代的尺子？⑥是否各支宗谱、各县市地方志、人名辞典和有关史书相互佐证？⑦世次是否控制在不低于25年、不高于30年一代人之间的浮动代距？（以支系为单位）。⑧全国各支系是否在统谱中有一个表述历史和现状的席位？（一个支系8—10份资料，图文并茂，由支系一至几位负责人注名签字认可）⑨每个支系的每个聚居的自然村庄是否在统谱上展现了？（指世系图和表格）⑩各支系古今名人是否反映上来了？⑪各支宗祠、祖墓是否有照片和文字说明？⑫各支系宗谱上历代有影响的谱序是否选录上来了？⑬全族统谱世次字派是否与各支字世次、字派有对照表？⑭各自然村庄、人口是否有地图来直观地反映？⑮各支世系图与全族世系图是否衔接好了？（一脉贯通）。⑯本族的姓氏来源是否有历代朝中的审定批文即钦定？（最少有1—2件）。⑰一姓多源是否都归入了全族统谱？⑱统谱世系图是否可上网络让全球族人查询？如果以上18项内容60%以上还达不到，显然就是一本糊涂账；再若不能上网络、无电子版、无电视版的就是落后的统谱。总之，以上两种情况都是劳民伤财的产物。②

通谱编修，时空广、难度大。"合天下而谱之，其地广，广而难全；其支涣，涣而难萃。"③通谱编修本身存在较大难度。"人口越少越容易；得姓越晚越

---

① 方为民：《总结经验少走弯路》，中华大族谱协会2010年7月30日。
② 方为民：《总结经验少走弯路》，中华大族谱协会2010年7月30日。
③ 秘书处：《中华喻氏通谱世系衍流图·综述》，中华喻氏网2010年3月25日。

容易;来历越单一越容易;字辈越统一越容易;地域范围越小越容易。"① 修通谱的痛点是:①各支系寻找、联络难度较大;②世代认同不一致;③各房系长幼次序有争议。② 有人称,通谱应称总谱,因为通不起来。通,肯定是相对的通,不可能是绝对化的通。"不要强求统一各地宗支的历史,特别是当不同的谱本说法不一致的时候,以存异为上策,否则就难免出现适得其反的结果。"③

五 各部分操作细则

姓氏源流。

姓氏源流部分主要包括姓氏来源、繁衍演变、支系简介、迁徙分布、共祖世系等。

修统谱一定要多源共修:我国是一个多民族的国家,一个家族也是多源的,在统谱中应设"多源篇",各叙各的来源及世,起到凝聚作用。否则,就是一个姓氏多个版本的全族统谱。④

姓氏文化。

姓氏文化,重点记载先祖传统、谱序礼赞、宗祠文物、先贤著述等。姓氏文化要选择其有正面意义和正能量者收入通谱。

人物筛选。

人物部分集中介绍历代族贤及当代人物的功勋成果,高风亮节,对社会、国家和族人的贡献。人物传记收录要统一,应坚持生不入传的原则。⑤ 通谱选录人物当以宗贤为名,重在一个贤字,将能够反映本姓氏文化精髓的人物及其精神传之后人,以为楷模。若完全以官位定界录入,则与方志无异;若以捐资多少写人物,则有御用之嫌。通谱应由各宗支族群举贤录入,以彰显其精神。⑥

谱系梳理。

总谱并非编纂到个人,而是到各个支派的始迁祖。

---

① 刘富强:《通谱编修的现状和痛点》,家谱国际研究院 2018 年 10 月 24 日。
② 刘富强:《通谱编修的现状和痛点》,家谱国际研究院 2018 年 10 月 24 日。
③ 梁洪生:《写好一族一姓的历史》,公众史学 2017 年 9 月 17 日。
④ 方为民:《总结经验少走弯路》,中华大族谱协会 2010 年 7 月 30 日。
⑤ 杨宗佑:《关于通谱的编修——在〈华夏张氏统谱〉编修座谈会上的发言》,腾讯网 2019 年 12 月 25 日。
⑥ 傅正浩:《浅谈"通谱"的精气神》,寰球傅氏 2020 年 10 月 29 日。

合修家族谱书，着力点应在厘清世系上。① 修通谱，必须把自古至今的世系传承搞清楚，并加以通排。② 在统谱中应设《多源篇》，各叙各的来源及世系，起到凝聚作用。否则，就是一个姓氏多个版本的全族统谱。③ 要编修全国通谱，首先各支系要顺着发派始祖往上寻根，一直找到树干，然后，将各人在支系的辈分换算成全国统一的辈分。对孔氏以外的家族来说，这是难度最大的事。"对这个问题，虽有人曾作过尝试，但漏洞百出经不起推敲。"④

中国的家谱经历了由家而族的嬗变过程。早期的家谱是一家之谱，是单线谱系建构，摒弃了旁系。所以，即使孔家的谱系建构，早期也是单线的。《史记》中谱系多是如此，单线发展下来。也就是说，早期的谱系建构相当残缺，表现为三方面，一是支系不全，二是只有直系没有旁支，三是只有贵族没有平民。宋以后的谱系建构，也经历了由小宗而大宗的过程。直到明以后，族谱才逐渐发展起来，出现旁支，出现平民，成为全族档案。第一种情况，某姓支系不全，始终存在。因为，多数地方的多数姓氏没有修谱传统，他们就成为文本世界"失踪之族""失踪之民"。"由于历史跨度长，族众繁衍迁徙广，史籍湮没损毁重，世系断续、接不上，时有发生。"⑤ 如汪氏，据粗略估计：清乾隆之前分迁的大宗支系应在两千余支以上，即在老通谱之外的支系约是老通谱之内支系的两倍之多。也就是说：老通谱的覆盖面大概只有三分之一，还有三分之二的外迁宗支的谱系需要收编进来，这其中有相当一部分宗支谱系存在不良状况。⑥ 这应是普遍现象。他们的祖脉世都需要进行严谨、认真的考证。

编纂的目标是，未来的同姓，世系相通，字辈统一。⑦ 通谱要求不仅要广，而重在这个"通"字；总谱只求做到广而已，对通与不通，不做过高的要求。⑧ 怎样才能判断达到通谱的标准呢？首先看入谱人数。按照姓氏人口总数来算，入谱人口小姓氏人口总数应达到5%，大姓氏人口总数为20%以上，人口总数可

---

① 戢绪山：《关于家族统谱的工作思路（一）》，简书2018年3月24日。
② 喻贵祥：《中华喻氏通谱的编修理论与实践》，中华喻氏网2019年10月5日。
③ 方为民：《总结经验少走弯路》，中华大族谱协会2010年7月30日。
④ 喻贵祥：《中华喻氏通谱的编修理论与实践》，中华喻氏网2019年10月5日。
⑤ 杨宗佑：《关于通谱的编修——在〈华夏张氏统谱〉编修座谈会上的发言》，腾讯网2019年12月25日。
⑥ 汪广成：《编纂中华汪氏通宗世谱，应注重分迁宗支的祖脉考证》，汪广成的博客2013年6月27日。
⑦ 戢绪山：《关于家族统谱的工作思路（一）》，简书2018年3月24日。
⑧ 喻贵祥：《中华喻氏通谱的编修理论与实践》，中华喻氏网2019年10月5日。

以按公安部姓氏人口的统计数据为参考。其次看资料的整体性。① 按人口数来计算，可能并不一定得当。

在方法上，有人提出了 13 条：传统史学考证法；史、志、谱综合考证；节点考证法；世系世代平均年率；世次排序计算方法；分段考证法；远近侧重法；源流比较排除法；坚持四个"认同"原则法；拓宽视野法；范字（字辈）对照法；"留同存疑"法；地区就近交流寻查联宗法。②

所谓四个认同，第一个是血缘世系传承认同，也就是从古至今有家谱产生以来的父系传承的血缘关系的认同。第二个是宗法传承认同，即过去的立嗣与出嗣制度、入赘、过继、领养和当今的男女平等等，都应给予认同。第三个是文化认同，对于一些支族的外纪世系出现较长时间的断代，确实无法认同属于有关主流支脉时，可由本支族人自愿选择认同某个主流支脉（也叫归顺），或者确认为寻源支系。第四个是家族认同，无论任何认同方案，都必须经过该支族人的认同，才能最后确定。③

有人制订出四条标准：①始祖，首先统一认同氏族始祖并血缘先祖。②范围，人口必须过半。③世系排序、各世系先祖名讳统一认定。④拟定从始祖至哪一世代即：100 世、105 世、110 世、115 世。制订统一标准后，修撰出的族谱，这就是真正意义上的统谱。④ 我们深知族人有四个希望：一是每个支系都入通谱；二是从始祖起，把历代以来的传承通排到现在；三是把无法衔接到主干线的支系接上；四是把错宗乱辈的归到正确位置。⑤ 四个希望，实际是四大标准。《中华许氏通谱》总世系只排演到各大支系，以供全国各许姓宗支衔接。⑥

萧风认为通世系有几种办法：30 年一代的检验标准；前往迁基祖迁出地核对；查找资料的依据，连接世系；比对字辈；用好数字化的自动合谱；用 DNA 比对方法，寻找上线；相似办法——靠谱。⑦

---

① 曹正刚：《论大数据时代编纂"家谱""通谱"的重要意义》，美篇 2020 年 11 月 2 日。
② 杜鑫涛：《关于杜氏全国统谱修纂中世系考证、对接、融合的要求及方法》，2019 年 9 月 17 日。
③ 杜鑫涛：《关于杜氏全国统谱修纂中世系考证、对接、融合的要求及方法》，2019 年 9 月 17 日。
④ 江信沐：《再论：什么叫"统谱"》，入围江家 2019 年 3 月 22 日。
⑤ 喻贵祥：《中华喻氏通谱的编修理论与实践》，中华喻氏网 2019 年 10 月 5 日。
⑥ 许武云：《32 年苦修成正果——即将诞生的〈中华许氏通谱〉作者谈编撰经历》，许氏宗亲交流网 2019 年 4 月 22 日。
⑦ 萧风：《编修族谱通世系的方法和三级谱的框架设想》，中国家谱网 2017 年 8 月 9 日。

早期祖先世系的接续，容易产生争论。《中华许氏通谱》将公开许氏祖源的调研报告，用摆事实、讲道理，还族史真面目，以统一思想认识。① 严谨科学地处理各宗支断代时期的世次关系：唐宋以后，分派较多，断代相当突出。如魏氏联谱方案，编辑部广泛收集唐、宋、元、明、清时期的古墓志，古文献资料，佐证各大宗支族谱的讹误。以南、北一些大宗支魏氏人口繁衍规律为基础，科学地推算断代期的世次，以达到与公共世次的衔接。② 各分支与通谱的世系衔接问题怎么解决？一是用代系数（25—28 年）测算世系坐标，得出较为合理的世次。因为人类生育繁衍能力 20—30 年为一代，代系数应属科学合理。二是参照同时代历史名人生卒年代，推算确定世次。三是尚无明确记载的某支谱始迁祖，如何与世系总表对接，可根据有关史料和传说，分析靠谱者留存。如果认定与某支同宗，但世系对接存疑，可先附谱中，待发现确凿证据后再补正。③

宗支如何界定问题：一是有源头，有族谱，有堂号的为宗支；二是源流清楚，字辈明确，世系清晰的为宗支；三是源流不明，世系不清，但聚居族众（如 500 人以上）可认定属于宗支；四是散居族人，较少族群，可按地域挂靠在其他宗支里入谱。④

家族世系是一个巨大的呈扇形的网络，有主、次和各级支、分、细脉的区别。主脉就是纲，纲举就能目张。主脉和一些大支脉起着支撑作用，小支脉和细脉依附于各级大支脉。统谱的过程，首先是大分支或主要分支的联谱，包括所有能够和这些分支先期统上谱的小分支，都是统谱中构建主框架过程中优先要处理的。其次才是所剩无法衔接的小分支和细分支，以始祖为代表，按照出生年代，参照总世序以及渊源或地域，向总世系上挂靠。不先构建或没有主框架，而是自最末辈排序往上靠，就如凭空织网，是没法成网的。⑤ 这段话概括

---

① 许武云：《32 年苦修成正果——即将诞生的〈中华许氏通谱〉作者谈编撰经历》，许氏宗亲交流网 2019 年 4 月 22 日。
② 魏氏编委会：《魏氏联谱方案》，魏氏网 2018 年 5 月 9 日。
③ 杨宗佑：《关于通谱的编修——在〈华夏张氏统谱〉编修座谈会上的发言》，腾讯网 2019 年 12 月 25 日。
④ 杨宗佑：《关于通谱的编修——在〈华夏张氏统谱〉编修座谈会上的发言》，腾讯网 2019 年 12 月 25 日。
⑤ 包旭初：《统谱是先统辈后联谱、还是先联谱后统辈？要不要修到户？》，个人图书馆 2016 年 4 月 29 日。

到位，修通谱就是织家族支系之网，将不同的支系织成一张互通的网。有了这种统一的网，后面可以建立新的辈分，从而将全国同姓排成一个共同辈分。

魏氏世次编排法原则是，所有魏氏不分大小宗支均以始迁祖为准。本人世次的确定为：公共世系代数+断代期世代数+始迁祖至本人之间的世代数＝本人世次。字辈排行的确定：原则上仍以各支系祖先所定原班行为准。不同支系宗亲见面时以世次论长幼，同支系的论排行字辈。如果重新排定字辈，废除各支原排行，一是各宗支难于统一，二是新排字辈可能与很多支系的先祖辈分犯忌。即便全国统一字辈，不应超过 20 字辈（约使用 500 年），且应允许各宗支对犯忌字辈自行变更。① 这样的处理原则，可能更为现实。只要推算计代是建立在自愿协商基础上就没有问题，这是一种文化认同。

如何厘清源流脉络？根据人物生平判定世系传承的正确性，根据世代平均年率评判世系传承的可能，根据他支他姓同期对比确定所传世次准确性，在世系综合评判中几个方面的优先选择性，对某些世系传承采取存疑、几说并存和佚名之法，不盲目定论。②

如何对接宗支世系？据先祖名讳找接点，据祖传字辈找接点，根据相关记载找接点，合谱联宗成大统。③ 所谓合谱联宗成大统，采取以主线世系清楚的那支为主体，与其合谱联宗成大统。具体办法是：首先在本地就近找准一个主体宗支，从古到今源流世系清晰，各代传承基本准确。在此基础上，相互认同对方的世系传承，相互认同对方的始祖和迁徙祖，并且相互之间世代和睦相处，关系融洽，愿意合谱联宗。最后三步操作到位，第一步比对一个时期内两支或多支先祖的出生年，明确双方的第几代是兄弟关系。第二步明确小宗支的居地祖是主干宗支始祖的多少代。第三步在此基础上订立共同的字辈，明确新字辈的第一个字分别接各宗支原字辈的哪一个字，原字辈全部废止，统一使用新字辈。④

世系录入及采访。

世系的录入是通谱的最大量的内容，是重中之重，关系到整个编撰通谱工

---

① 编委会：《编修〈魏氏通谱〉的联谱方案》，魏氏网 2018 年 5 月 9 日。
② 杜次志：《编修〈中华杜氏通谱〉中值得探讨的几个问题》，杜氏辉煌春秋 2020 年 3 月 21 日。
③ 杜次志：《编修〈中华杜氏通谱〉中值得探讨的几个问题》，杜氏辉煌春秋 2020 年 3 月 21 日。
④ 杜次志：《编修〈中华杜氏通谱〉中值得探讨的几个问题》，杜氏辉煌春秋 2020 年 3 月 21 日。

作的成败。①主脉世系的确定。每一个姓氏都可能有几个来源。因此确定一个主脉很重要。如果有平行的几个脉系，并且互相矛盾，需要通过研究达成一致，一时不能达成一致的，也需要研讨出一个解决的方法。如果不能确定主脉，也可以建立多个主脉，作为外纪，并且将本次研讨、编撰过程记录进通谱的专门篇章，留待后人进一步研究。②录入老谱世系。将老谱先行录入是必须完成的任务，这是费很大劳动量才能完成的工作，最好制定一个劳动定额，便于管理也能提高劳动效率。各个分支谱的录入也可以通过培训，由各支脉通过网络录入。③支谱的合并。合并分支谱时，首先要确定合并节点，合并时经常会遇到主世系不同的问题，需要通过协商、论证，达成一致后才能合并。④采集世系的录入。这项费用最大，也是最关键的项目。采用入户采集、登记的方法在人口集中、路途不远、交通方便的地方是可以进行的。将老谱先行录入后，打印出来，参考老谱记载的内容，添加新的人丁数据，增加、编辑更为方便。⑤路途远、交通不便的地方要尽量采用现代化的手段进行，如采用互联网录入、检索、添加、编辑等。有条件上网的地方，要组织当地懂电脑的宗亲，使用网络编辑、上传资料。⑥资料的收集与录入、校对要同步进行，这样可以及时发现问题，总结经验、减少差错、早出成果。不可认为要等资料收集齐全后才进行录入，这样发生问题再调整就很费事了。

关于文化认祖与血缘认祖相结合的原则，是指在编谱中处理世系衔接时，要从实际出发的一种方法，其主要内涵：文化认祖是指将中国历史上下传衍流失考，或者上溯与衍传均失考的某姓氏名人作为本姓氏的共同祖先，认定为该姓氏的文化先祖的方法。血缘认祖是指按照血缘关系溯明血缘始祖及其衍传世系的认祖方法。血缘认祖是姓氏谱法的核心内容和基本价值观，是中华各姓氏宗谱传承的核心和灵魂，是编修中华各姓氏宗谱的根本出发点和最终归宿，也是人们尊祖敬宗的基础和依据。①

应加强女性祖先的研究，这是加强姓氏横向联系的关键。这是宛氏通谱编修者宛福成教授提出的原则，他为此设立《老祖母篇》。就是比较有创意的设想。

---

① 华夏张氏统谱编委会办公室：《〈华夏张氏统谱·总谱〉框架初步构想及说明》，中国张氏宗亲网2011年5月28日。

六 后期编辑与成谱

经过前期的归集、整理、录入阶段,通谱已进入后期工作,这时需要各责任编辑进入审稿状态。

1. **整体框架目录审核**。由总编撰人根据录入的资料内容,进行整体的框架、目录设置调整,使之更完善,并从中剔除不符合要求的文章,添加调整栏目标题,统一排版格式。

2. **栏目编辑审核**。各责任编辑对自己负责的栏目、板块进行审阅、校对,剔除、编辑、替换不合适的文章。对栏目设置、版式编排进行修改,权限不足的可向主编提出修改意见。

3. **世系校对**。按各支脉打印出世系校对稿,或通知有条件上网的宗亲,上网校对并改正错误。在校对稿上添加、更改的要签字,以示负责。校对稿要保存、留底,以便查阅。

4. **贺词等资料的归集**。编撰过程中需要注意联系、收集贺词等资料。对通谱有贡献人士的资料可以专门列出一卷。

5. **打印清样**。进入本步骤时,可以说明通谱的编撰基本告成。有时也可以在有一定进展时,打印部分清样出来,打印清样可以使用软件打印,并装订成样书,用以鼓励编委人员和宗亲的士气,让参与者更有信心,让尚未参与者尽快加入,也可以从中发现问题,加以改进。

6. **成谱**。经过数次打印清样、校对、修改、补充后,通谱可以准备印刷。此时需要召开编委会全体会议,对通谱进行会审。[①]

七 编撰软件的选用

需要一个使用现代化技术设计的程序——家谱编撰操作平台,这个平台的设计非常重要。应能适应通谱编撰的需求,能大数据运行,又要适合不熟悉电脑操作技术的老一辈学者、专家的使用。这个平台还要能够多用户同时操作,具备能授权、编辑、检索、添加、排版、打印等多种功能,还要能与印刷系统无缝对接。通谱编撰软件的选用是一项很重要的工作。通谱的编撰成功与否,

---

① 以上见蔡允中:《如何修姓氏通谱?》,公众史学 2019 年 7 月 8 日。

与软件的选用直接相关。没有一个合适的软件,编撰通谱基本上是不可能完成的任务。①强大的运算能力。由于通谱收录的人丁数据可达数千万之多,排版和检索等需要强大的运算能力,因此要求软件能快速、高效地进行大数据量的运算,能顺利完成大数据量的处理。②满足通谱编撰的要求。通谱的编撰、排版过程中有很多的技术问题需要处理,软件应具备如数据录入、文字编辑、世系调整、分支拼接、权限分配、录入统计、编读沟通等多种必备的功能。③高效快捷的录入方式。通谱的世系录入量很大,而使用者中有较多的上年纪的老宗长,因此需要一个使用方便、高效快捷的录入系统。④多用户网络系统。通谱的编撰人员可能分布在世界各地,必须是多用户的网络运用系统,多用户能同时在网上编撰、上传资料,系统需要有一个完善的权限管理和分配系统,能精确地分配每个分支谱的任一个节点的权限。⑤灵活多样的排版系统。通谱最终需要形成纸质的产品,因此要求家谱编撰软件录入后能与家谱印刷无缝对接,最好是能达到全谱(人文资料及世系表)输出,不需要人工排版,并能输出多种排版方式。⑥软件最好能提供一些基础数据的服务,因家谱的编撰需要收集如年代对照、朝代年表、古代官职、地名对照等基础数据,这些基本每一个家谱或多或少都可以采用,甚至还可以提供本姓氏的其他资料,如果软件服务商能提供这些数据就更好了。⑦通谱编撰的跟踪服务。通谱的编撰不是简单的购买一套软件就能完成,需要全程跟踪服务。不仅提供软件的技术培训和服务,还要能够提供通谱编撰的知识培训、专家团队的咨询服务,才能使通谱的编撰顺利完成。⑧上机试用实践是王道。不要听软件服务商自己的介绍,自己上机试用,录入一些数据,提出一些问题,再根据要求打印出来几页家谱世系及资料,看看能否达到使用要求。⑨通谱的编撰不是简单的家谱编撰,它与一般族谱的编撰有着本质上的区别,不仅要适合大数据量的运算,整谱的生成与编撰组织能力直接影响通谱能否编撰成功。最重要的要求是软件提供商有通谱编撰的经验,有成功的案例可参考,否则就不是一个合格的软件提供商。[1]

2017年,云码宗谱提出了几条意见:"续修全国统谱,选技术服务公司,有几点很关键:第一,家谱输出版式要灵活多样,能满足各地支系自己喜爱的版式,用来续修家谱,就是满足传统修谱需要。若不能满足传统续谱需求,你说

---

[1] 蔡允中:《如何修姓氏通谱?》,公众史学2019年7月8日。

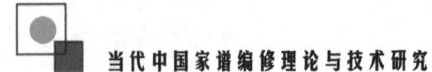

得不管怎么好，各地支系都不来参与。第二，软件使用起来方便，不管是否安装宽带，都可以使用软件。第三，软件要有云汇集、云编辑各地家谱世系功能。第四，软件要与时俱进，智能高效，而不失传统特色。"[①] 云码宗谱软件是单机版的，又有网络云功能，便于实现大数据。单机版摆脱了网络限制，排版的灵活性是网络版望尘莫及的。网络云编辑家谱的功能，让排出的家谱数据可以存放在本机与云服务器，多处保存，让人放心。

2021年5月，"曾氏通谱"App上线，这是一款专门用某于曾氏的软件，相信可以促进武城曾氏通谱的编纂，这是一种创新。

小结：如何看待通谱存在的问题？

要不要修通谱，各人的意见是不统一的。通谱修好以后仍会有不同意见，很多人提出内容上存在这样那样的问题。其实，这是两个不同层面的问题。要不要修通谱，是创修层面的问题；通谱内容上存在的问题，属于更上层楼的问题。如果没有修全国性通谱活动，就没有动力来关注全国各地的同姓家谱，它们会分散在全国各村中，没有人会想到做整合。现在把全国各个地方同姓家谱整合在一起，就是最大贡献所在。在整合过程中，还存在着内容上的一些问题，比如说谱系建构上的一些问题，这是十分正常的，不完全是研究或编修水平低带来的问题，而是宋元以后的谱系本身就没有文献记录。后来所见的宋元以前谱系建构，多是根据相关历史文献建构起来的，自然存在着人为建构痕迹，会存在不少矛盾。这些问题在未来是可以不断完善的，但难度也是十分大的。说修通谱有意思与没有意思，这是最低层面的思考。说通谱有种种难度，这是中层思考。最后，通过不同的努力，解决了问题，修出了通谱，这才是最高层面的回答。

任何宗亲会都是松散的民间组织，所能够号召的宗亲人数都十分有限。再好的蓝图也要有人施工，再美的愿景也要有人来实践，千难万苦也要有人来担当。通谱编修大多由半路出家的业余水平的公众历史工作者从事，专业学者参与很少，所以，我们对它的要求不要太高。

由修血缘谱而修文化谱，这肯定是一大提升。支谱，是微观层面的谱；通谱或总谱，才是宏观层面的谱。它代表了不同层面的人不同需求。普通人只要

---

① 云码宗谱：《谯氏全国统谱，为何选用云码宗谱排版管理系统》，云码宗谱2017年8月30日。

血缘谱即可，而文化谱则是文化人的更高需求。家族中的大人物需要整体上了解自己的姓氏通史，于是有了通谱。修谱，本身是一种有文化的表现。有了通谱，更有文化。全国一盘棋，全省一盘棋，全县一盘棋，这样的整体思维值得我们提倡。

第十一章

家谱编修网络技术化考察

进入网络时代的中国，家谱编修如何适应新的形势？从中国家谱编修史角度来说，编修家谱技术经历了三个时代，一是抄本时代，二是刻本时代，三是电子谱时代。近三十年来，家谱编修出现网络化现象，技术十分发达，这是一个突出的现象，有必要做一个专题的宏观梳理。张奇、程美宝诸人较早地关注到了家谱上网现象。[①] 本章以中国近二十年来网上修谱这样具有普遍的现实意义又独特的社会现象作为考察点。对网上修谱的起源、发展历程、过程中所遇到的问题、现状和趋势做一个全面的梳理，针对当代社会层面如何去看待网上修谱这样一件事情，从公众史学的角度去进行阐述和解读。

第一节 互联网与家谱的结合

家谱编修与网络结合是近三十年的事，有必要对此做一个系统的溯源。当代发生的往事尤其是民间的往事，往往无人来研究。笔者的态度，得及时研究，否则很多往事就不知道了。譬如家谱网络公司，楼起楼塌，兴衰过快，相关资料都难找。当代人的网络家谱创业活动史是可以被讲述、被研究的，为此采访了相关当事人。关注近几十年民间网络修谱往事，这是本选题的创新所在。

[①] 张奇：《中国家谱上网现状与思考》，《图书馆杂志》2000年第5期；程美宝《数字时代的历史事实建构——以电子族谱编撰为例》，《史学月刊》2001年第10期；程美宝《网上织网：当代亲属关系的建构》，《学术研究》2008年第9期；佀庆谭《族谱上网对于民族凝聚力影响分析》，《濮阳职业技术学院学报》2010年第5期。

第十一章 家谱编修网络技术化考察

一 家谱网站溯源

1. 家谱网站的定义、起源

对于每天上网的我们来说，网站搜索都不陌生。而近年来，国内外网站建设的发展更是迅速。家谱网站就是一种以家谱档案数字化为基础的网站。同时，笔者认为家谱网站也是一个以血缘和姓氏为基础，以共同的祖先作为一种家族身份认同聚合，并通过这种聚合产生的一种可信的社会网。

家谱网站的起源最早可以追溯到 1983 年美国的 Ancestry.com，如今该网站已经是全球最大的家谱网站。资料显示，截至目前，Ancestry.com 上线了大约 3000 个数据库和 25000 个主题，总计约 1100 万份历史文件，这些文件积累了官方或私人拥有的历史记录，包括人口普查、出生记录、婚姻状况、死亡、移民、入籍、法庭记录、遗嘱认证、土地所有权状况和军事档案以及各种名录和成员名单、历史地图、奴隶的叙述、地方史和报刊等。① 由此可见，Ancestry 网站公司正是利用了这种家族聚合关系给公众带来了一定的归属感与认同感，才使得它不断日益壮大起来。与此同时，谱网结合，也更符合我们现代人的思维方式。

2. 家谱网站的功能和分类

目前家谱网站有两个主要功能：一是提供家谱信息资源的检索。家谱网站通常聚合多个国家和全球家谱数据库，网站用户可以使用通用搜索引擎查找他们需要的家谱信息；二是提供家谱的建立和管理，即电子家谱。网站的注册用户通常可以通过家谱网站的家谱创建部分创建自己家庭的电子谱系。并且可以选择在家庭成员之间或外部进行分享，以实现联合创建和维护，简单高效。② 据不完全统计，目前中国有 200 多个家谱网站。③ 若将其归类，主要有三类：学术性的官网数据库、综合性的门户网站以及各个姓氏家族自办的家谱网站。

（1）学术性的官网数据库

这些家谱网站中，学术性的数据库有上海图书馆家谱数据库、陕西省图书馆家谱数据库、湖南省家谱收藏中心、安徽省图书馆谱牒资源等。④ 2018 年 6

---

① 加小双：《国外"寻根问祖"网站兴盛探讨——以 Ancestry.com 为例》，《寻根》2014 年第 1 期。
② 韦加佳：《美、英、澳、加四国家谱档案信息资源开发及启示》，《北京档案》2014 年第 10 期。
③ 刘家铭：《看国外如何"玩转"家谱网站》，《光明日报》2016 年 2 月 27 日。
④ 张建松：《网络家谱四通八达，不出家门就能寻根》，《新华每日电讯》2010 年 4 月 9 日。

月,华中师范大学建成中国家谱族谱数据库。[①] 官网数据库在线搜索、在线浏览,其优势在于馆藏量丰富、容易查找、权威性高、能提供专业服务等。

(2) 综合门户网站

除家谱官方网站数据库外,还有一些综合门户网站。比如冠以"中华"两字的中华寻根网和中华姓氏文化园,还有常见的家谱网、香火网、百姓缘、家族网、族谱录等网站。笔者在此介绍几个具有代表性的家谱网站:

中华寻根网(https：//ouroots.nlc.gov.cn/),是目前规模最大的中文家谱网站,是由澳门基金会出资,中国国家图书馆提供馆藏资源和内容建设的文化合作项目。该网站拥有五百多个姓氏的数据、多条家谱档案书目、家谱全文五百多种约五十万页。网站提供简体、繁体和英文三种语言。登录网站,可对五百多个姓氏进行查阅、寻根谒祖,不仅提供该姓氏详情,还提供家谱档案全文(图片格式)。提供的家谱内容时间涵盖了先秦时期到现在,多为清代和民国,地点覆盖多个省市,甚至包括宋代和清代的皇室玉牒。网站也提供家谱免费的在线自建工具和上传功能。

中国家谱网(http：//www.jiapu.best198.com/g/),中国家谱编印中心(河南省家谱研究会)主办。网站提供网上家谱收藏、老家谱影印复印、代编代修家谱等服务。网站收藏有多个姓氏、一万余种、近十六万册家谱,网站收藏的多为清代、民国时期木活字本和刊本家谱。使用者除了通过网站在线检索,还可以通过电话联系进行咨询。此外,网站还提供有空白家谱和家谱礼品的制作和销售,家谱知识和家谱编修指南等网站特色服务。

族谱网是宁波族谱网络科技有限公司旗下网站,定位打造人类族谱大数据,记录百姓家族历史,弘扬中华优秀传统文化的平台(老百姓的档案馆)。目前公司已经推出族谱网、族谱App、族谱软件、祭拜网等产品,分别获得相关发明专利及著作权,汇集超过十万册族谱及上千万页家族档案资料,是目前国内领先的族谱平台,同时也是基于族谱大数据的网上祭拜平台。公司将通过云计算存储族谱、家庭谱,VR/AR 技术建设网上陵园、宗祠,区块链打造遗嘱及生前契约,大数据寻根等服务。

凡快家谱网,是一家由湖南三维教育科技有限公司投资运营的大型互联网

[①] 明海英、高莹：《华中师大建成中国家谱族谱数据库》,中国社会科学网 2018 年 6 月 7 日。

谱牒文化企业。凡快家谱网成立于 2014 年，成立之初即确定以互联网家谱技术为发展根本。2014 年至今，凡快共计投入超 2000 万元进行互联网家谱技术的研发，目前已形成了以"凡快树"家谱查询系统为核心，凡快修谱系统、凡快微信宗谱、凡快家谱网站 CMS、凡快免费网络为有力补充的综合性互联网家谱技术体系。并已获得了国家新型发明专利两项、软件著作权十多个。自此，凡快家谱网成为中国家谱互联网的中坚力量。

香火网，帮助记录并以家庭和血缘为核心的实名制家庭社交网站，该网站通过网上家谱和家庭社交 FNS（Family Networking Services）联系沟通使用者和其家庭成员，分享生活经历，凝聚亲情，传承家族文化。其中包括家谱、家书、家事、家珍、遗嘱六个部分，提供家谱图、家族成员书信、家庭成员生活记录、相片、声音和视频等各种形式的服务。

家谱网，是美国的家谱网站 Ancestry.com 在中国的分支机构，是华人家谱在线数据量最大的网站，在英国、加拿大、澳大利亚、德国、意大利、法国以及瑞典也有网站。网站拥有家谱条目成千上万，时间覆盖了明代、清代、民国以及现当代时期，地点涵盖了国内的二十四个省市自治区。该网站与许多国内机构建立了伙伴关系，包括上海图书馆、湖南图书馆，山西省社科院的中国谱牒学研究会、台北万万斋藏书楼等收藏机构，对世界各地的大量华人家谱进行了数字化活动。网站提供中华家谱总库、家族树、亲戚圈等产品，拥有家族家谱、姓氏宗族、寻根溯源、新闻资讯、邀请亲友、网络家谱、提醒、游戏、收藏等九个板块，提供查找搜索数据库中家谱、自建网络家谱、寻找姓氏起源、失联的亲友和亲朋互动等功能。2012 年关闭过一段时间，后更名为"我家网"继续运营。

家族网，以个人关系为切入点，打造包含个人、家族和姓氏三个体系为基础的开放互动社区。用户可以通过形成基于个人的，以家庭为中心的亲属关系来在线互动。而且该网站目前提供在线建立家族树、家庭成员视频聊天、家族相册、居住和旅行的足迹、与家庭成员信息相连的通讯录、个性化日历和家族重要日程提醒等家庭应用。其中，值得一提的就是"家族树"，它有一个特殊的功能，只需要将材料编辑进去，就能够帮助用户生成一个数字家谱，无须付费。

此外，还有寻根问祖、根网、中华一家人、炎黄脉络、百姓家谱等综合性家谱网站。

(3) 自办的家谱网站

除去官网和综合性的门户网站,家谱网站中,更多的是各姓氏自主办的家谱网站,如中华丘氏网、世界叶氏宗谱、胡氏宗亲网、世界王氏寻根网、张氏家谱网等。① 这些自办的家谱网站又可分为三种:一是来寻根问祖,借助互联网的连接,让有需求的人能够在网站上查询线索,像华人寻根、朝歌寻根等网站;二是用于介绍家族的姓氏源流的网站,如中华程氏网、客家姓氏等;三是用来联络家族人情感,举办家族活动的网站,类似于耿氏宗亲会、关氏亲宗联谊网等网站。家族自办的家谱网,多是以一族的家族史掺杂一些其他家族的家族信息为主要内容,这些家谱网站良莠不齐且数量庞大。不过,这些网站所载信息的范围和权威性上不如综合性家谱网站,但这些家谱网站的专门性,在某一个姓氏或家族资料的查找上,使用者反而能找到更多的信息。②

另外,笔者查找并整理了一些访问量较大的某一姓氏的自建家谱网站,并将其制成了表 11-1:

表 11-1　　　　　　　　　　　　　　　家谱网站

网站名	网址
中华王氏网	http://www.chinawang.org/
中华刘氏族谱网	http://www.worldzhang.net/
杨氏中国网	http://www.yangcn.com/
赵氏宗亲网	http://www.zhaozu.net/
华夏吴氏宗亲网	http://www.worldwu.com/
李氏族谱网	http://www.glxf.com.cn/index.php
中华周氏信息网	http://www.dftell.com/ui/contral/index.aspx

综上所述,我们可以看出家谱网站的存在,让家谱可以借助互联网的力量来完成,还可以在家谱中加入声音、视频等适应现代化的个人信息,让越来越多的人成为家谱的编撰者和修订人,并且可以通过网络传播,查阅方便。

---

① 张建松:《网络家谱四通八达,不出家门就能寻根》,《新华每日电讯》2010 年 4 月 9 日。
② 龚菲:《家谱档案管理研究》,硕士学位论文,安徽大学,2014 年。

3. 家谱网站目前所存的问题

张奇较早地关注了家谱上网情况。到 2000 年时，从各类搜索引擎中，我们可查询到目前网上的中国家谱信息大致有三种类型：一是家谱目录，二是家谱全文，三是家谱动态、消息等的介绍。查询方法单一，只提供浏览，无检索功能，或者是资源的单一，仅局限于一种家谱，还没有出现一个真正的网上中国家谱目录数据库、网上中国家谱全文数据库。他通过对网上家谱目录站点及四个具有代表性的家谱全文网站做深入比较与分析，并结合实际提出中国家谱上网的设想，主张以馆藏家谱提要目录数据库上网为抓手，实现家谱扫描上网，进而建立全国家谱联合目录数据库和家谱人名数据库上网的构想。[1]

不过，笔者把上面所述这些网站一一打开点击进入仔细观察，发现目前家谱网站还是存在着一些问题的。一是就目前而言，中国的各类家谱网站规模不大，资源和内容均有限，进入网站你会发现它们大都是以目录为主，有些家谱见不到全文内容，而且缺少图版。有些家谱排版是图文混排，让人看完觉得凌乱。还有就是有些世系图的成品不够美观，有很多细节上的缺陷。二是在各类家谱网站中，比例占大多数的是姓氏类的公众家谱网站，这些小网站都存在着各自为政的现象，各个网站的家谱格式不一，而且喜欢在前冠上"中国""中华"这样的字眼。比如"中国家谱网""中华冯氏网""中华程氏网"等，不过，公众家谱网站也有公众家谱网站的优点，公众家谱网站有利于个人家谱史的写作，而个人家谱史可以向外扩散，可以用以汇聚某个姓氏小集体的凝聚力和向心力。但是，我们也要看到，公众家谱网站虽然有利于家族历史的书写，但就建设中国整体性的家谱网站而言，还是有所不足，需要不断地进行公众家谱网站资源的整合汇集。三是兼容性差。有些家谱网站不能够将一些图像和容量大的音频收入，容易造成网站系统崩溃。而且，在制作家族人员花名册的时候，如果忘记保存，一切又得重新开始。四是很多家谱网站都存在用户不活跃导致缺乏盈利、数据资料缺乏且更新缓慢因而用户访问体验感差等问题。亲情互动、记录传承是开设家谱网站的目的。[2] 但就目前而言，笔者认为一个真正面向公众、服务于公众的"寻根"家谱网站还尚未真正在我国建立起来。

---

[1] 张奇：《中国家谱上网现状与思考》，《图书馆杂志》2000 年第 5 期。
[2] 李婷：《网上寻根修家谱文火慢热》，《西部时报》2009 年 9 月 15 日。

小结

家谱网站就是一种以家谱档案数字化为基础的网站。同时，家谱网站也是一个以血缘和姓氏为基础，以共同的祖先作为一种家族身份认同聚合，并通过这种聚合产生的一种可信的社会网。家谱网站的起源最早可以追溯到1983年美国的Ancestry.com，利用家族聚合关系给公众带来了一定的归属感与认同感，使得它日益壮大起来。与此同时，谱网结合，也更符合我们现代人的思维方式。目前家谱网站的主要功能有两个：一是提供家谱信息资源的检索，二是提供"家谱"的建立和管理，即电子家谱。家谱网站大致分为三种类别：学术性的官网数据库、综合性的门户网站以及各个姓氏家族自办的家谱网站。目前的家谱网站虽然发展迅速，但也存在着不少问题。比如各类家谱网站规模不大，资源和内容均有限，且各自为政。网站兼容性差，存在许多细节的缺陷，以及数据资料缺乏且更新缓慢和用户访问体验感差等问题。可以说，一个真正面向公众、服务于公众的"寻根"家谱网站还尚未真正在我国建立起来。

二 家谱网站历程

1. 兴起：中国第一家家谱网站

电脑网络开始走入人们的日常生活还是在20世纪90年代，而当今互联网已经成为人们生活中不可或缺的一部分。1983年，美国的Ancestry.com家谱网站正式上线，成为当时全球建立的第一个家谱网站。[①] 那么，我们中国的家谱网站又是怎样发展起来的呢？

中国家谱网站的建立与发展，1989年，中国开始建设互联网。1994年，中国完成全国的联网工作。1995年，张树新创立首家互联网服务供应商——瀛海威。紧接着，依托互联网技术，一家家规模不同、影响力大大小小的家谱网开始应运而生。不过，2000年前的互联网十分不便，尚处于电话上网阶段。

那么中国的第一家家谱网站是谁创办的呢？家谱网站又经历了怎样的发展历程呢？笔者查阅了众多家谱网站资料后发现，中国第一家家谱网站诞生于1997年，一位叫吴卫东的人为了方便吴氏族人的交流互动，创办了"华夏吴氏网"。这是在互联网出现后创办的第一个家谱网站，一姓家谱网站。"华夏吴氏

---

① 加小双：《国外"寻根问祖"网站兴盛探讨——以Ancestry.com为例》，《寻根》2014年第1期。

网"创建之初以"搭建寻根平台,服务吴氏宗亲"为宗旨。登录其网站,会发现网站栏目设置包括首页、资讯、图库、社区、网建、书籍、文化、纪念馆。另外,网站版面设计上有资料检索和高级检索功能,还按照中国各省来划分检索。发展到今天,已成为目前在互联网同类网站访客流量较大、注册会员较多、较具影响力的吴氏网站。该网站将海内外各地的吴氏宗亲紧紧地联系在一起,网站目前已拥有注册会员数万之众,储存各地谱牒几千套之丰,寻根资讯近万份之多,是一个非常宏富的吴氏资料库。[1] 这是中国最早创办的第一个家谱网站,其性质属于非营利性的民间公益网站,并且难得的是,通过网站的栏目设置和版面设计可以看出该网站做到了将传播家族动态、理论学术、寻亲联谊融合为一体,它更多的是作为一个家族寻根的网站和吴氏谱牒资料库而存在。

作为国内第一家家谱网站来看,它还具有建设性的意义。因此,我们不妨思考一下,是什么原因导致了"华夏吴氏网"的诞生呢?探寻"华夏吴氏网"网站建设背后的原因,我们发现了两点:首先,"华夏吴氏网"的出现和互联网在中国的发展历程相关联。中国互联网的发展大致可分为三个阶段:从1987—1993年,是研究试验的第一阶段,1994年至1996年,为起步发展的第二阶段。截至1996年底,中国互联网用户已达20万,使用互联网的企业和应用数量逐渐增加。第三阶段,从1997年到现在,是中国互联网发展最快的阶段。自1997年以来,国内互联网用户数基本保持了每六个月翻一番的增长率。吴卫东是广东徐闻县人,中山大学中文系本科毕业,中学语文高级教师,是"华夏吴氏网"的创办人。他当时正是利用了Internet在中国的发展势头,在1997年10月,借助互联网这个新平台,创办了"华夏吴氏网"这个中国最早的单姓家谱网站。其次,"华夏吴氏网"的诞生还和世界吴氏宗亲们内心那份对祖源的追寻和认同分不开。可以说海内外吴氏宗亲对家族文化的热忱认同以及对族源根文化的继承是促成"华夏吴氏网"创建和不断发展的重要原因。为什么?"华夏吴氏网"是吴氏一姓宗亲们合伙自发创办的公益网站,其网建扩容的大部分资金来源于吴氏宗亲们的捐赠,让网站无经济之忧,一直运行至今。当然,同时还靠的是参与该网建设同人们的集体努力,共同维护网站的健康运转,靠的是众多观众对网站的关注、对网站信息量的投入,靠的是所有观众乐意向自己的熟人圈去

---

[1] 吴先辉:《吴氏的精神家园——纪念华夏吴氏网建网20周年》,华夏吴氏网2017年9月29日。

做讲解推荐，使网站名气越来越大。① 我们可以看到，就吴氏一姓而言，家谱网站林立，但只有"华夏吴氏网"从一至今，秉承"服务宗亲"的宗旨，除旧布新，与时俱进，不断完善网站的版面设计，及时更新动态内容，砥砺前行，成长为吴氏最大的网络交流平台，同时也成为吴氏的精神家园和吴氏家族和社会活动的反射镜。这样的行为是非常值得肯定的。

那么，除了最早的"华夏吴氏网"，其他单姓网站又有怎样的发展脉络和规律现象呢？笔者为此将所能找到的个姓网站都一一打开查询并选出一些阅读量大、具有代表性的网站，如表11-2所示：

表11-2　　　　　　　　　　　　姓氏网站

网站名称	设立时间	页面设置	数据库与检索	能否创建家谱
华夏田氏网	2007	田氏动态、渊源、文化、论坛、留言、寻根认亲	有家谱数据库可检索	不能
江西刘氏网	2007	源流研考、各地动态、谱书信息、历史名人、当代名人、宗亲留言	无家谱数据库不能检索	不能
中华冯氏网	2006	冯氏源流、冯网快报、各地族亲、寻根信息、冯氏论坛、冯氏视频、史学研究	有家谱数据库可检索	不能
隋氏族谱网	2006	隋氏起源、隋氏族谱、家谱资料、隋氏名人、家谱查询、在线留言、网上纪念堂、BBS论坛	无家谱数据库可检索	不能
赵氏家谱网	2009	赵氏首页、赵氏新闻、家谱源流、古代人物、当代人物、赵氏家谱、赵氏论坛	无家谱数据库可检索	不能
张氏家谱网	2012	张氏简介、家族资讯、寻根问祖、家族风采、族谱下载、家族名人、宗亲留言	有家谱数据库可检索	不能
威海戚氏族谱	2006	姓氏源流、迁徙分布、郡望堂号、戚姓典故、宗亲留言	无家谱数据库可检索	不能
邓氏族谱—邓姓之源网	2008	宗亲交流、世界邓姓、邓氏风采、族谱世系、艺术长廊、相册集锦、在线视频	无家谱数据库可检索	不能
李氏族谱网	2005	李氏博览、李氏研究、李氏名人、李氏文学、祭祖专区、宗亲风采	无家谱数据库可检索	不能
中华程氏网	2008	程氏源流、程氏新闻、程氏视频、程氏名人、程氏文化、电子族谱、网上祭拜	无家谱数据库可检索	可以
中华易氏网	2008	易氏新闻、易氏视频、易氏源流、易氏文化、网上祭拜	无家谱数据库可检索	可以
袁氏家谱网	不详	无法访问	不详	不详

---

① 吴先辉：《吴氏的精神家园——纪念华夏吴氏网建网20周年》，华夏吴氏网2017年9月29日。

当将个姓姓氏网站一一打开进入，首先会发现：单姓姓氏网站上的网页设置多是关于这个姓氏的姓氏起源、迁徙、动态、字辈、历史名人、宗亲留言和网上祭祖，往下拉到网页最底下还会有各地宗亲的友情链接。意味着大多数单姓网站都只有介绍和展示的功能。很多单姓网站都没有自己的家谱数据库，只有少数几家比较大的姓氏网站才有，还有些单姓网站因资金和服务器不稳定问题已经无法访问。大部分单姓姓氏网站只有简单的检索功能，而且有些需注册会员才能使用检索功能。相比于传统的家谱，单姓家谱网站的突出优势就在于网站的相册集锦、在线视频、寻根认亲、网上祭祖以及创建家谱的功能。但是，笔者也发现，大部分的单姓家谱网站都无法线上创建家谱。线上家谱创建功能直到 2008 年才开始有个姓家谱网站在用。笔者猜测这和电脑科技和互联网发展有关。因为直到 2005 年才开始有人创新可以进行线上家谱的创建。那么，这个创新的人是谁呢？

2. 兴盛：科技与归属感的结合

"中国家谱网"的由盛而衰。其实家谱网站的创新和发展要归功于一个人及其团队的探索，那就是"中国家谱网"（后更名"寻根网"）的创建人——江源。金华人江源和他的团队是国内最早探索将传统家谱和互联网信息技术相结合的那批人。他们发明创新了只要在家谱网上注册会员，就可以在线上自修家谱的编撰修谱方式。那究竟是什么样的契机促成了"中国家谱网"和线上修谱方式的出现呢？江源是浙江金华人，刚开始时只是做钱币收藏生意。1997 年下半年，一次偶然的机会，他看到市场上一批破烂的古籍书无人问津，直觉告诉他这很有市场空间。于是他果断以 500 元的价格将当地市场的古籍书全部买下来。两个多月后，一位上海客商来店里一看，爽快地以 2 万元全部买走，后来听说这位上海商人脱手又净赚十几万元。这件事对江源的经营思路影响很大，从此也对古籍书另眼相看，专门研究收藏古籍书。当时，金华没人关注这一市场，而他却独具慧眼，由此也慢慢地对家谱产生了浓厚的兴趣，继而专注于家谱文化的研究。因为对家谱中所包含的历史和文化价值产生浓厚的兴趣，所以经常将研究经验拿来与同行交流分享，许多同行都关注和认可他。渐渐地来自全国各地的来电有所增加，有的甚至赶到金华寻找江源帮助查询家谱数据和追根溯源。这时，江源认为圈内的资料分享有限，所以他想到了利用网络。[1] 20 世纪 90 年代末，江源创建

---

[1] 徐建平：《江源：圆全球华人寻根梦》，《联谊报》2007 年 11 月 27 日。

了中国收藏交易网。其后，随着家谱的续修以及海外华人的寻根热情，他尝试想把现代互联网科技和家谱编修合二为一。2000年，江源开始全面参与家谱网站的筹备工作。他从庞大的家谱古籍系列中挑选出所需材料，然后用普通话重新整理呈现出来。2001年12月，江源注册了"中国家谱网"（htttp：//www.jiapu.net），该网一开始就拥有3000多个家谱资料和5万多个家谱数据。但直到2005年，该网站才开始试运营，主要提供寻根服务和相关咨询。①"中国家谱网"和"华夏吴氏网"不同，它属于百姓家谱网，而非一姓。只需进入"中国家谱网"网站，就可以在主页上看到它的页面入口信息。其中，寻根板块可以搜索祖先及其故事，查询寻根信息资源，如家谱数据、历史图片、地方编年史和古代文献；家庭中心是一个个性化的家庭空间，成员可以回忆、记录和分享家庭故事；宗亲联谊板块则为国内外宗族组织之间的交流搭建桥梁。该网站还设立了一个论坛，人们在互联网上交换信息，发布追踪通知，更多的海外华人通过互联网寻根。有趣的是，江源还在网站上为人们提供了在线建立家谱的地方。② 这与彭堂华修谱团队的加入有关。只要注册会员就可以在网站线上修家谱，成为当时修家谱的一种创新方式，并为后来的其他网站所借鉴。

另一件大事是2005年美国华裔黄秉聪带来家谱编修网络化理念与技术。他的技术推广力度不大，但他的理念影响大。黄秉聪寻求上图的帮助，想要建立百姓数据库，但被上图拒绝。他找到了中国家谱网，准备合作建立中华大族谱。江源有热情，与黄秉聪联系，中国家谱网与黄秉聪合作以后，推广力度很大。从此，中国家谱网走上发展之路，他的网络事业达到高峰。中国家谱网，做了三项活动，一是收购老谱，二是老谱扫描，三是续修新谱。并马上成立北京寻根公司，租了办公室。2006年元旦，中国家谱网改版，成立北京寻根公司，柳哲为总策划兼副总经理。该网站首次推出寻根博客，在试运营期间就有数百位谱牒研究者和寻根爱好者申请了各自的寻根博客，发表文章近千篇。另外还与美籍华人黄秉聪先生合作共建中华大族谱，近日也将在该网站重点推出。③ 公司出资开了两个会，一是北京的会，二是金华的会。2006年4月，家谱与中国传统文化学术讨论会在北京师范大学召开，柳哲作为中国家谱文化论坛总策划。

---

① 徐建平：《江源：圆全球华人寻根梦》，《联谊报》2007年11月27日。
② 徐建平：《江源：圆全球华人寻根梦》，《联谊报》2007年11月27日。
③ 柳哲：《中国家谱网落户北京帮助华人网上寻根》，博客中国2006年1月1日。

2007年4月，义乌文博会，举办改名寻根网仪式。2007年7月6日，征集金华市华侨华人、港澳台同胞家乡新农村建设风貌资料系列活动，暨浙江师范大学学生暑期社会实践活动出征仪式在市回溪公园举行。8月，发布海峡两岸和大中华地区寻根文化交流会邀请函。11月，"华人华侨暨两岸三地寻根文化研讨会"在金华市举行。他们在婺文化研究会下面成立了家谱方志专业委员会，江源出任主任。江源主编《婺州家谱总汇》（中国戏剧出版社，2007），作为《婺文化丛书》之一。江源又主编了《中华姓氏始迁祖世系大典》（线装书局，2008），这在当时是了不起的大事。

不过，江源没有抓住发展机会。当时金华市府准备将姓氏文化产业做大，使之成为金华的一大强项。寻根艺术公司还筹建了"中华姓氏文化园筹备委员会"，筹备委员会做了大量前期工作，诸如发布可行性报告、图纸设计、进行专家认证、召开记者招待会等，最后因市领导出事，项目不了了之。另一个方面，江源发展步子过快，没有通过及时融资，让自己生存下来。或言与《中华姓氏始迁祖世系大典》项目的投资有关。这是一个大项目，有1000册，印了200套。原来台湾某商人愿意投资，结果台商失信。于是，江源投入了全部资金，最后只出售了40多套，成本难以收回，造成资金链断裂，公司难以维系。更为靠谱的说法是网络烧钱所致。据相关人士介绍，他古玩商出身，欲心过高。别人来收购，要价过高，导致谈判失败，融不到资。一看他企业经营不善，债主们纷纷上门催讨，他最后只得跑路躲债，公司倒闭。因中国家谱网的倒闭，金华失去了曾经的"谱都"位置。

2005年，美国Ancestry网站传入中国，这是一个以寻根为宗旨的网站。这在当时的中国社会上掀起了一股寻根热，寻根成为面向百姓的最好主题。Ancestry是一个族谱网站。前身为Generations Network，1983年成立于美国西部的犹他州，一直是家族史市场的领导者。1993年，Ancestry上网。1993年上网，这是符合网络发展历史的。2000年3月，上海图书馆还与新加坡寻根网合作开发寻根网站。这是较早的网站。严格说来，2000年上图的寻根网，才是第一个百姓网。不过，它主要是家谱目录索引。此事引发程美宝通过电子族谱编撰，思考数字时代的历史事实建构。近年来在网络世界出现的帮助用者查考及编撰族谱的网页，是探讨数码时代在万维网上衍生的历史叙述的建构过程。电子族谱在内容上虽然可以沿用既有的手抄和印刷族谱的素材，然而，电子族谱所衍

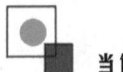

生的编撰传统绝对不能视作手抄和印刷族谱的延续。相反，电子时代的族谱编撰和文字时代的族谱编撰，分别见证着两种不同的社会事实建构的过程。进入数字时代，族谱的编撰很有可能从一种传统的、集体的、乡村社会的配套仪式，变成一种个人的、存在于城市和网络空间的孤立的仪式。① 程美宝提出，近十年来，互联网上兴起了不少协助人们寻根认祖和编纂电子族谱的网站，互联网特有的数据储存和超文本链接功能，使电子族谱的编纂过程与传统纸本族谱的编纂过程有一定的差异。我们应当利用这些网站提供的资料，辅以访问所得的事例，尝试理解族谱编纂者编纂族谱的动机、方法和标准；并探讨在交通发达、资讯流通的 21 世纪中，城市人建构宗族联系的活动与过去乡村社会同类活动的异同。②

2001 年，可以说是家谱网站发展的一个分水岭。为什么这么说？这和互联网的上网方式和家谱网站发展的阶段相关。我们先来看上网方式，互联网连接上网有三种方式，一是手工拨号上网，二是有线宽带上网，三是无线网宽带上网。在中国，2001 年前是手工拨号上网，此后则开始采用有线宽带上网。到 2015 年前后，开始使用无线上网。由于 2001 年前是手工拨号上网，那时候，虽然可通过专线上网，但租用电话线拨号上网是接入互联网的主要方式。但那时中国还有 33% 的广大农村没有通电话。③ 没有电话，怎么上网？且手工拨号上网网速比较慢，用起来不太方便，同时需要支付较高的上网费用。再加上上网需要掌握一定的网上基础知识和基本技能，而且还得会亲自操作，光看理论知识是很难学会的。因此，这些因素都导致了民间自发创办的家谱网站在初期发展比较缓慢，点击量、浏览量都不多，传播也不广。但同时，比较有意思的一点在于，民间人士自创家谱网站时为了壮大自己网站的声势，通常喜欢在网站前面冠以"中国""中华""华夏"这样的字眼，像"中国家谱网""华夏吴氏网""中华姓氏网"等。2002 年，笔者借"途途通"自动建站平台，首办"中国地方志网"。后感觉名称过大，改为"方志论坛"。自动建站软件的出现，使民间人士可以自由办网站。早期的家谱网站鱼龙混杂，良莠不齐，重复建设的网站中甚至重名的有很多。后期由于互联网发展迅速，政府开始逐步加以监管，于

---

① 程美宝：《数字时代的历史事实建构——以电子族谱编撰为例》，《史学月刊》2001 年第 10 期。
② 程美宝：《网上织网：当代亲属关系的建构》，《学术研究》2008 年第 9 期。
③ 陈扬乐：《中国 Internet 产业发展的制约因素与对策》，《经济师》2002 年第 11 期。

是民间家谱网站大都不再以"中国"冠名，纷纷开始改名。

当然，之所以说 2001 年是家谱网站建设的一个分水岭，除上网方式的原因外，还有就是 2001 年是家谱网站从民间大众私人创建到官方项目发展的转折点。此后，官方和民间共同努力，家谱网站逐渐如雨后春笋般增多起来。笔者查阅众多家谱网站的创建时间发现：从 1997 年第一家家谱网站的出现，直到 2000 年，家谱网站在建设的初期，更多的是民间力量在支持创建和发展着，政府一般不怎么涉及。直到 2000 年 4 月，我国上线官方第一个大型专业家谱网站数据库——上海图书馆家谱数据库，作为项目成果正式向读者开放使用。数据库检索系统采用 Web 界面，提供题名、著者、姓氏、居地、堂号、名人、丛书七个检索字段，同时在检索字段中选择"全部索引"可对这些字段进行合并检索。[①]上海图书馆家谱数据库是一个专业家谱书目检索系统网站。到 2002 年，国家图书馆开始启动了地方志家谱数字化项目，建立了可供检索和网络浏览的"地方志家谱书目数据库"。同年，台湾 11 家文献收藏机构也开始联合建设"台湾地区家谱联合目录"，该数据库已可提供检索服务。此外，浙江图书馆"《浙江家谱总目提要》数据库"、山东图书馆"山东家谱联合目录"、安徽图书馆"族谱查询"、福建图书馆"福建联合家谱"、广东省立中山图书馆"广东海南家谱联合目录"、四川图书馆"馆藏家谱族谱查询"等家谱目录数据库均已开发完成，为人们网上查询利用家谱资料提供了检索路径。但是，因揭示家谱内容的全文数据库建设难度大、数量多、任务重、缺经费等因素，进展较缓。[②] 由此可以看出，家谱网站的发展经历了从民间大众私人创建到官方项目发展这样一个阶段，而官方家谱网站数据库的建设则又经历了从家谱目录检索到家谱全文呈现这样一个发展过程。

笔者认为，中国家谱网发展到今天，除了科技的助力，其实还有很多的因素在推动着它往前走，最重要的一点就是身份的认知。在时代高速发展的社会，人们的过去和现在存在着很多的断层，很多子孙辈的几乎很少知道三代以上的老一辈的名字，更别提以往的那些家族故事了。身份认知的模糊给很多人带去的是认同感和归属感的缺失。因此，当美国 Ancestry 传入中国后，"寻根热"在

---

① 黄显功：《上海图书馆家谱数字化资源服务—古籍保护效果的一个实例》，《图书馆学刊》2008 年第 1 期。
② 黄显功：《上海图书馆家谱数字化资源服务—古籍保护效果的一个实例》，《图书馆学刊》2008 年第 1 期。

社会无限蔓延，许多人为了满足大家对于"我是谁""我从哪里来"的探索欲望，建成了许多的寻根网站、宗亲联合网站、跨区域的世界性联合家谱网站。可以说，家族历史最让人感觉浓烈的是一种心理上的诉求与满足，当你在泛黄的家谱上看到从未谋面的同辈宗亲，当你在异地找到跟你同姓的宗亲，那时候的心理感受是最强烈的。[①] 家谱网站的建立也是如此。当你去网站上寻根时，当你在家谱的联合网站上发现自己的家族趣事时，当你在家谱网站上建立家族论坛时，你的那种身份认同感和归属感就好像慢慢回到了自己的心里。以姓氏和血缘为中心的"根"作为一种身份的认知对每一个人来说都是永远不会变的。跨地域、跨国界的家谱网站的出现正好实现了人们的这种普遍认同。

比如 2011 年在国家图书馆开通的"中华寻根网"和 2012 年以"同心圆核心技术"问世的"百姓通谱网"。两个家谱网站都使用现代技术，实施寻根祖先、家谱编纂、家谱专题咨询、家谱在线评论、家谱目录和全球网络全文检索，满足人们内心需求的认同感和归属感。特别值得一提的是，在"中华寻根网"网站的"我的空间"频道中，有一个在线自建的谱系工具。可以直接在家谱中输入文本，此频道上还有一个网络相册，可用于存储家谱的扫描图片。上传数据的用户可以免费或仅为朋友或具有相同姓氏的人设置他们自己的家谱宣传。如果是学术机构或者馆藏机构要大量上传，还可联系通过服务器上传。据说日后还要开辟一个下载专区，资料下载使用会更方便快捷。

"百姓通谱网"则和以往的家谱网站都不同。不同在什么地方呢？互联网家谱网站上有很多零星的出现，其中大部分直接将纸质版本变成电子版，系统中没有任何创新。根据家庭的实际情况，"百姓通谱网"编制的家谱分为不同数量的同心圆。同一个圈子里的人是同一个家庭，辈分越高的人在最里面，辈分最低的在最外面。"同心圆"家谱利用互联网运用广的特点，采用计算机编程，详细介绍不同姓氏家庭之间的婚姻关系以及姓氏不同的家庭之间的代际关系，让各地零散的家谱形成有机联系。与以往的家谱网站相比，"同心圆"家谱检测具有方便，数据完整、携带方便、易于修改等诸多优点。此外，加入的个人可以在全球范围内搜索亲属关系，并随时随地在线与他们的亲人聊天。

据以上的考察，我们可以从中捋出一条中国家谱网站发展脉络的动态。

---

① 加小双：《国外"寻根问祖"网站兴盛探讨——以 Ancestry.com 为例》，《寻根》2014 年第 1 期。

1997年互联网在我国发展最为快速时，民间人士吴卫东自发创办中国第一家一姓姓氏家谱网站。2000年3月，"炎黄脉络"网，名义上是百家网，实际上主要是施氏家谱网。2001年，江源及其团队创建"中国家谱网"。2005年，开始出现百姓家谱网站并创新发展为只要注册会员就可以利用网站线上自修家谱。而2001年，是家谱网站发展的一个分水岭。原因有二，一是上网方式，2001年前还是手工拨号上网，家谱网站发展缓慢，点击量和阅读量都不高。二是2001年后家谱网站发展由民间私人创建开始正式转折为官方和民间共同努力。2001年之后，官方专业家谱数据库网站出现并逐渐增多，民间家谱网站也进入一个快速发展期。2005年，美国Ancestry传入中国，这时有些网站由于经营不善和技术限制倒闭了。但也有许多人为了满足大家对于"我是谁""我从哪里来"的探索欲望，打着"寻根问祖"的名由，利用现代科技力量，实现人们心中将姓氏和血缘作为"根"的一种身份认知，建立了跨地域、跨国界等世界性的寻根家谱网站。以上，就是中国家谱网站的一个动态发展历程。

小结

家谱网站的出现和发展是时代技术发展的必然产物。从1994年，中国完成全国的联网工作到1997年中国民间第一家家谱网站的出现，再到2001年官方家谱数据库的上线，2005年后开始注册登录可进行线上网站创建家谱，以及最后发展到跨国界家谱网站，着实让修家谱这件事变得不再受时空的限制，存储空间和修撰方式也相应地发生改变。特别是，在线修谱已经将一摞摞厚纸家谱变成了可以随时在线编修的活动。我们常说：历史记录、表现与传播从来都是人们在时间流变中不断去适应现实需求的活动。[1] 家谱网站的出现，让越来越多的公众开始借助计算机技术，采用相片、视频等可视化的方式，实现更高精度的表达方式。[2] 也让修家谱这件事情变得大众化和普及化。同时家谱网站的发展也依赖于网络技术的进步，而且其中涉及计算机学科，因此还需促进历史学和计算机学的跨领域交流，以此来获得双方更好的发展。可以这么说，网络信息技术正在改变史学研究的现状和未来。[3] 家谱网站信息技术需要不断地更新迭代，

---

[1] 陈新：《当代史学的处境与问题：公众史学作为一种选择》，《公众史学》第1辑，浙江大学出版社2018年版。
[2] 张杰：《数字史学成关注热点》，中国社会科学报2016年12月2日。
[3] 李伯重：《网络信息技术推动史学研究进入新时代》，《人民日报》2017年7月31日。

我们史学研究也要与时俱进。

三　家谱的数字化

家谱数字化，目前有二途：一是老谱的录入。如犹太家谱协会正在录入旧谱的数据。二是新谱的录入，如云谱、谱海等公司。从技术上说，图像化与数字化，这是两大工程。家谱数字化经历了两大阶段，一是家谱图像化，二是家谱数字化。目前，主要是家谱图像化阶段，家谱数字化尚处于发展之中。

1. 家谱数字化的定义与现状

那我们应怎样更好地对现有的家谱网站资源进行整合、开发和改进呢？

想要加快我国家谱网站的开发和利用，笔者认为首先要加快老家谱的数字化。所谓老家谱的数字化就是将家谱文献资料利用现代计算机技术和网络信息技术，将传统家谱文献中的文字和图形符号转化为能被计算机识别的数字符号，从而编制成家谱书目数据库或家谱全文数据库，通过计算机或网络揭示和传播家谱信息资源，从而达到保护和利用家谱文献资源的目的。① 简单点来说，就是将老家谱数字化以后用网站数据库的形式来传播和利用家谱资源。毕竟，传统老家谱以纸质为单一载体，在互联网发达的今天，在传播和利用上总是存在很大的局限性。而家谱数字化以后不仅能够弥补纸质家谱作为单一载体的不足，还能够拓展家谱内容呈现方式的多样化，以及加强和提升家谱作为某种信息的服务能力。

王昭认为，卷帙浩繁的家谱文献资料数量繁多，藏存分散，家谱数字化是一个庞大的系统工程，需要建立一个协调机构来进行家谱数字化工作的统一规划和系统管理，避免数字资源建设中的重复投入和资源浪费。同时，制订统一的数字化标准和可兼容的数据格式，为各机构家谱数字资源整合奠定基础，以便于实现资源共建共享。为了便于读者获取家谱文献、传递信息、提高家谱文献资源的利用效率，应该建立一个开放的资源获取平台，将各典藏机构所建的数据库进行全面整合，统一提供文献检索与浏览服务。②

一是目录的数字化检索。二是内容的图像化检索。中国对于家谱的数字化

---

① 毛建军：《中国家谱数字化资源的开发与建设》，《档案与建设》2007年第1期。
② 王昭：《家谱文献资源整理现状与思考》，《中国科技信息》2013年第3期。

工作始于20世纪90年代，其内容是建立家谱查询网站、家谱目录数据库建设和家谱全文数据库的开发与建设。① 2000年5月，谱牒文献数字化。上海会议虽提出了话题，但实际工作进展不大。各地图书馆如辽宁图书馆、国家图书馆，也介绍了各馆家谱数据化的经验。新谱的数字化，以福建省图书馆做得最为成功。目前福建数字图书馆上网的新谱为2168册，这为福建新谱的研究提供了方便。

就目前来说，我国家谱数字化建设与服务工作历经三十余年的发展，在家谱数据库建设、家谱网站建设、家谱软件应用等方面均取得了一定的成绩，基本上能够满足人们寻根问祖、开展学术研究的现实需求。②

萧禹认为，数字新家谱长期保存，包括长期保存技术与方法、长期保存机制的建立、中华家谱数据库建设研究三个小话题。数字资源长期保存已经有一整套理论和方法，如在线保存、近线保存、离线保存、远程保存等，目前基本不存在技术问题。数字新家谱要实现长期保存，主要是建立保存的机制，确定保存哪些数据、什么格式等，同时还要考虑数据尽可能与硬件和软件系统无关，降低数据迁移的风险。此外，还要考虑数据安全、版权、所有权、防止非法使用等。

笔者在考察家谱数字化现状时，也发现还存在一些需要解决的问题。比如首先是在公共资源中，除了国家图书馆的地方志家谱数字化项目、"台湾地区家谱联合目录"数据库以及上海图书馆能够大量提供数字化家谱，像浙江、安徽、福建、山东、四川图书馆和广东省立中山图书馆等大中型图书馆原本在资源开发上占据优势，但由于经费短缺、数量大，老家谱数字化进展仍旧缓慢，包含在线信息容量较大的图书馆家谱数据库网站不多，开发层次相较于国外也普遍较低。

其次是家谱数字化后的家谱内容的检索无法满足用户的需求。在网站上打开很多家谱数据库，确实可以找到很多的家谱信息，但是你会发现输入家族人物关系的关键词或者姓氏、地名等各种检索词和家谱数据时，结果总是不尽如人意，无法准确匹配信息且相关家族信息描述的随意又不规范，自己查找时，让人损耗大量精力也浪费了大量的时间。比如：拥有专业人才队伍、家谱数字

---

① 黄显功：《上海图书馆的家谱数字化资源服务——古籍保护效果的一个实例》，《图书馆学刊》2008年第1期。
② 张昕宇：《家谱数字化建设与服务趋势概述》，《河南图书馆学刊》2017年第6期。

化建设起步较早的上海图书馆主持编撰的家谱鸿篇巨制《中国家谱总目》，以及数据量巨大且不定期更新的家谱书目查询数据库，就存在概念不规范的问题，这给用户检索带来了难题。① 还有就是家谱数字化后存放于各家谱数据库中，但各家谱数据库之间互动和关联性不强。家谱数据库作为一个数字化的家谱服务平台，应该是动态发展且与用户互相之间可以连通的，即家谱数字化以后，作为可以生长的有机体存在而非静态一成不变的。在未来的家谱数字化服务过程中，若家谱数据库之间能够连接互通，对大众来说将是一种非常好的服务体验。

2. 老谱数字化的意义及影响

我国家谱档案资源丰富，但有许多丰富翔实的老家谱被收藏在各个档案馆里，甚至是私人手中，借阅查档很是不便。现代信息技术下的数字化保存和交流具有很强的安全性、时效性和便捷性，成为人们信息保存和交流的重要方式，利用现代信息技术实现家谱文献资料的数字化保存和网络交流也逐渐为相关人士所重视。② 其实，不管是传统纸质老家谱档案的存在，还是数字化后的家谱，其根本目的还是满足公众对家谱档案资源的查询需求。而档案馆家谱和私人家谱加快数字化以后，能够建立更多的家谱查询网站和家谱数据库，从而更好地满足现代社会公众对血缘、宗族文化和找寻家族历史的渴求，增强内部凝聚力。

其二，除却满足公众的社会关怀，加快老家谱的数字化，亦有利于学术性的研究。老家谱数字化能够为民俗学和历史学提供更多的研究资料，相当于多增加了研究窗口和平台。"比如你想要再写一份《宋濂传》，可正史早就研究得很透了。如果要挖出新料，就可以从家谱中另辟蹊径，翻看宋濂一生给所有人所做的序，能找出很多前人没有研究过的资料。而这样的学术研究，需要一个完善的数据库的支持，这也是家谱数字化的意义所在。"③ 老家谱保留了各个社会时代的记忆和细枝末节的史料，将其数字化后放在家谱网站中，就像是一面镜子，方便快捷地挖掘出更多不曾注意到的史料。

彭开富认为，21世纪现代家谱的编纂，应逐步趋向于数字化、网络化。数字化的发展，将给家谱的整理与利用带来巨大变化。家谱文献的数字化处理绝

---

① 黄显功：《上海图书馆的家谱数字化资源服务——古籍保护效果的一个实例》，《图书馆学刊》2008年第1期。

② 谢琳惠：《家谱文献资源数字化开发与利用》，《河南图书馆学刊》2012年第6期。

③ 蒋欣如：《家谱数据库十月上线》，《浙江日报》2016年7月26日。

不仅仅是将纸张载体变成电子形式的翻版，而是将其原有内容与先进的数字化手段完美结合，使之成为公众学习、研究的信息宝库和有效工具，它奉献给读者的是过去渴望而不可求的丰富、准确的知识与家谱资料。加快中文家谱数字化进度应该成为全社会的共识，需要全社会的共同投入。因此，相关人士应该改变观念，将目光由一个单位、一个家族、一个姓氏投射到全社会中去，以吸引全社会的关注，将社会中各种可利用的资源吸引到这项工作中来。而数据库建设是中文家谱数字化的基础和保障。这其中最重要、最基础的是全文数据库的建设。在当今资金、技术、人力等条件尚不成熟的情况下，可以先开发一批专题数据库，如人名数据库、目录数据库、文化与著述数据库、宗族数据库、图片数据库等；同时，加强各专题数据库之间的勾连，以最大限度地发挥各专题数据库的效用。在条件成熟时，再行开发全文数据库，建立和完善中文家谱数据库标准。选择和开发合适的软件，进行数据库规范化设计，使建立的家谱数据库具有易用性、可扩展性、关联性、翔实性等特征。①

3. 老谱数字化的不足与办法

就现阶段而言，老谱的数字化还有着明显的不足之处。首先是老谱资源没有统一的管理，重复建设现象比较普遍；其次是缺乏统一的标准和规范，出现老谱内容相同，但不同网站所提供的检索途径在数量上和种类上各不相同的现象；最后就是缺乏系统完整的目录控制体系，导致用户不清楚什么单位提供什么样的家谱数字化产品和服务，并且内容更新不及时。② 这些不足都极大地制约了老谱数字化的建设以及家谱网站的发展。

针对老谱数字化所存在的问题，笔者认为可以采取以下一些措施。家谱文献资源的数字化和网络化最终目的是向用户提供一个业务接口、一个交流平台，通过这个平台可以把信息资源及家谱文献的业务流程集成起来，从而提供一体化服务。③ 那么为了能够更好地让广大读者使用和喜爱，我们还是要回到读者本位，从而更多地为读者的需要考虑。

现代社会是一个互联共享的社会。因此，笔者建议可以由某一大型藏谱机构牵头，联合各省大中型图书馆构建一个互联共享的大型数字化家谱数据库网

---

① 彭开富：《当前我国家谱的研究现状与家谱的续修趋势》，彭开富的博客 2015 年 5 月 6 日。
② 谢琳惠：《家谱文献资源数字化开发与利用》，《河南图书馆学刊》2012 年第 6 期。
③ 成滨：《网络环境下的图书馆信息整合方法与服务平台建设》，《黑龙江教育学院学报》2008 年第 5 期。

站平台。把国家所有收藏家谱的机构链接起来，并制作一份藏谱目录网页。不管什么读者，不管在什么地方，只要进入这个网站里，就可以根据自己的需要检索自己所需的家谱。还可以在网页建成运行后，根据用户需要的变化和家谱工作发展的需要，及时清理已经失效的信息和超文本链接，对家谱栏目的结构进行适时的调整，追踪用户需求变化，及时开发多样化的信息产品，不断充实栏目内容。① 这样既解决了缺乏系统完整的家谱目录体系，又可减少重复建设问题，大范围、规模化、最大化地满足读者的需求，从而获得更多的社会公众支持。

另外应尽快制定出一套家谱文献资源数字化的标准规范，并从视频、音频、图片等多种形式完善更新家谱网页功能和检索服务。老家谱的数字化建设必须遵从当前通行或主流的标准和规范，为以后的资源共享、跨平台检索、异构数据库互操作、元数据复用打下良好的基础。这其中包括字符集的规范、描述语言的规范、元数据的规范、对象数据的规范等。② 并且数字化后录入的数据库网页还需界面简洁、容易查找、方便大众操作。

最后，没有经济基础就没有上层建筑。老谱的数字化还需从政府、民间、企业和个人等多渠道收集资金。老谱的数字化、网页化需要耗费大量的人力、财力，若没有一定的经济基础，是很难去做好家谱的数字化建设的。就目前来看，还是要分批次、分期来数字化并且不断地完善。而且以往大部分的老谱数字化因为只顾及地区性的服务，经济意识淡薄，缺乏长远的利益考量。多渠道收集资金，首先我们要争取政府的财政资金支持，并采用各种方式争取民间资金和企业资金的投入。③ 我们应鼓励更多的家谱馆和家谱研究资料中心走出去，多与社会和工商企业合作，开发新的家谱产品，了解社会公众对于家谱信息和产品的要求和建议，以便多层次地满足和研发，能够自己给自己造血。比如山西"中国家谱资料研究中心"提出"文化搭台、经贸唱戏"的想法，并应用"家谱中心"的家谱研究成果，为社会各界人士提供寻根服务，同时开发人文旅游资源，改善投资环境，吸引投资发展服务产业。④ 其次，可以说服一些有责任

---

① 谢琳惠：《家谱文献资源数字化开发与利用》，《河南图书馆学刊》2012年第6期。
② 林碧英：《浅论公共图书馆运用信息技术收集和整理家谱文献》，《现代情报》2007年第9期。
③ 李会敏：《浅谈家谱文献价值及其开发策略》，《边疆经济与文化》2015年第6期。
④ 王新利：《开发家谱资源，服务当今社会》，《河南图书馆学刊》2002年第4期。

感的企业和个人，搞一些捐赠活动，互惠互利做宣传，比如捐赠一些扫描仪、电脑设备等，多做对家谱数字化有益的事情。当然，最重要的还是争取发挥政府和民间的积极性和经费。

4. 新谱编修网络化的原因

信息网络的出世，迅速地更新了许多科技文化。特别是这几年来，大家都以新的观念、贴近新时代的语言、新的组织形式和编撰方式来编修新家谱。而如今，特别值得关注的就是新谱编修的网络化。新谱编修网络化后能为更多家谱网站的编辑、查询和传播提供更多的选择。现在，"80后""90后"和"00后"是当前阅读的主流人群，他们基本在漫画、电子书、手机和电脑的世界中长大。甚至可以说，到今天为止，网络对广大的年轻公众而言已经形成了一种包围圈。而利用网络修谱，不仅随时随地可以进行网络检索，还可以刻成光盘，永久保存。有趣的是，最近在对基于"80后"和"90后"的网络家庭的调查中，针对两个问题的选择形成了有意思的对比。面对"你知道你爷爷或奶奶的姓名吗"，42.1%的调查参与者说"不知道"。"你和你的家人有兴趣在网上建立一个家族史吗"，76%的人选择了"有兴趣"和"非常有兴趣"。很难想象如果他们连自己祖先的名字也不知道该如何写家谱。[1] 虽然我们看网络数据可能会存在一些失真，但这样的数据起码能够从侧面说明现代的年轻人对于编写网络家谱这件事情还是很感兴趣的，也体现了现代社会大众对血缘、亲族联系的重视程度依然存在。信息科技的网络化给更多的年轻人带去了在网上编修家谱的机会，让社会大众在传统修谱的方式之外有另一种选择去修谱，于修谱这件事来说也是技术的一种革新。新修家谱的网络化能有效地弥补传统修谱的不足，对于家谱综合开发研究、信息跨时空传播、多渠道检索利用等，具有文献价值和社会价值。[2] 与此同时，网络修谱能够增添许多个性化信息，以满足现代公众对图、像、声的各种需求，让修谱这件事更符合时代走向的大趋势，为更多的家谱网站编辑、传播信息提供便利。

还有就是馆藏家谱资源总是有限的，而网络家谱资源可以是无限的。[3] 新谱编修网络化以后可以增加网络家谱资源，而且参与网络编谱的人数越多，越能

---

[1] 王磊：《欲借网络重拾家族记忆》，《文汇报》2009年4月8日。
[2] 谢琳惠：《全媒体环境下的家谱信息传播》，《河南图书馆学刊》2016年第11期。
[3] 黄海明：《新时期应重视家谱的收集和利用》，《图书馆论坛》2001年第6期。

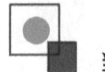

够弥补馆藏家谱资源的不足。对于这样的网络家谱资源，我们还可以对此分类和加以整理，为我们大众所用。

就目前而言，新谱网络化的形式大部分都是采用互联网编辑数字化的族谱资料或者利用计算机的输入功能和网站模板修撰家谱。内容的革新，表达方式多样，深入普通人的生活细节，因此深受现代人的认可。对于离开了传统乡村、长年在城市生活的人来说，族谱的仪式性和感情的意义，才是促使他们愿意花费大量精力、时间和资源去编纂和维护家谱的动力所在。① 也就是说，造成新谱网络化现状的原因，更多的是情之所系，而非利之所驱。特别是新修家谱的网络化让世界各地的人不用考虑地理条件的限制。即新谱的网络化让修家谱这件事从一个传统的仪式变成现代化的随时随地可以在互联网空间里运转。现在新修家谱编纂网络化已经涵盖全国30余个省市，包括浙江、湖南、江苏、安徽、江西、上海、福建、湖北、广东、河南、四川、山东、河北等省。② 尤其是美国犹他家谱学会，经过多年努力，已拥有当今全球最大、最完整的华人族谱缩微胶卷库，目前正在着手建立全世界华人家谱目录。③ 而中国新谱编修的网络化还面临着一些现实的矛盾。比如人们的思想观念问题、资金问题。很多上了年纪的老人觉得还是拿在手里翻阅的纸质家谱更有那份厚重感和仪式感，互联网修出来的家谱意义不大，甚至觉得不好。笔者认为在思想观念上，我们去讨论新谱编修网络化好还是不好，似乎没有那个必要。大部分专家学者都是肯定家谱编修的价值的，只是对于新谱编修的网络化大家解读不一。

5. 新谱编修网络化的问题与改进

对于新生事物的发展，笔者认为首先要肯定，新谱编修的网络化对于家谱网站的发展是有益处的，也让修家谱这件事变得更大众化，但就其本身而言，或多或少还是存在一些缺点的。首先，第一个问题就是网络家谱数据文本采集的流程和家谱网站的交流问题。可以说数据文本是家谱网站得以发挥优势的基础，只不过目前新谱编修网络化在家谱数据文本的采集、保存、运用和管理等一系列流程上尚有不完善的地方，以及如何去保证家谱的真实性，让家谱在编

---

① 程美宝：《网上织网：当代亲属关系的建构》，《学术研究》2008年第9期。
② 常建华：《中国族谱资料的整理、研究和数字化建设》，《安徽大学学报》（哲学社会科学版）2014年第1期。
③ 《美国犹他家谱学会欲建立全球华人家谱数据库》，《中国日报》2004年9月14日。

修过程中不被篡改，还需要开发一整套检查和安全机制。另外，在新谱编修过程中，由于缺少各方家谱网站数据交流机制，各方信息端口无法交流，有待于进一步打通，让各个类型的家谱编修网站的文本数据可以互通。第三个就是家谱数据文本的安全问题。互联网络信息鱼龙混杂，家谱数据文本的电子化处理也面临安全性与保密性的问题，倘若家谱数据文本外泄，自然会给各方主体的公众造成不必要的损害。这是特别需要改进的一点。

因此，我们必然要克服新谱编修中的不足之处，不断提高新谱编修的质量，引导新谱编修沿着健康轨道向前发展。[①] 故而笔者提出以下建议：建议政府整改一些不良家谱网站，并完善一套网络修谱的制度化法则，针对家谱数据文本的安全性和保密性建立起一道防护墙，以保障网络修谱公众的信息不被他用和外泄。还有应打通家谱网站各方信息端口，允许各个家谱网站之间信息互置，进行家谱数据文本的交流。另外，还应针对家谱数据文本制定出一系列的规范，对于家谱数据文本的采集、保存、运用、管理等这些流程都做好详细的说明，确保家谱信息数据文本的真实性。

家谱数字化的另一个趋势是建立物联网。所谓物联网，就是将生活世界一切转化为网络世界，在网络世界中可以找到一切相关人与物。实际上关联信息的串联化，方便联系。姓氏是顶级节点，所以称为"姓氏中国"。目前，万卷谱局在与中科院合作建设"姓氏中国"。

此外，可改革户籍系统，建立中国家族数据库，让家家有谱。户籍系统就是以小家庭为单位建构的，以家族为单位书写历史，这是最小的群体史。中国家族数据库与纸本家谱同步，这样的远景，是人类历史上的突破，真正体现人民中国。只要政府认可，完全可以做到。因为，当下有完备的户籍系统。只要稍加改造，按家族建构谱系，既包括生人，也包括故人，就可实现。具体地说，户籍系统导出，让各族做三件事，一是梳理彼此的血缘关系，二是补充故世先人，三是建构谱系图。这三者，是户籍系统不具备的。这样的系统，可以对中国家族信息，有一个完整的了解，这有利于办案，有利于家谱编修。家谱结构并不复杂，但信息搜集不易。目前的家谱编修所用的家族数据完全是建立在直接调查基础上，交通等调查成本十分高。如果有户籍系统做支撑，会十分容易。

---

① 王鹤鸣：《中国家谱研究的现状和应注意的问题》，《中华魂》2016年第7期。

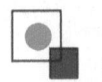

也可克服户籍系统重生人而忽故人之弊。长年累积而成的数据库,可以丰富历史资料,有利于未来的一切科学研究。一旦实现这样的目标,家谱编纂就进入数据时代,彻底告别了手工编修,这是一个巨大进步。更大的变革是阅读方式的改变,不再读书,而是点击家谱数据库。公安系统确实在推广家族世系表编修,这是为了破案,为了DNA。双方可以合作,彼此双赢。公安不用出钱,只要出政策即可,各村则出人来编。如此也可解决费用问题。又动员大学生年轻人参与进来,与老人组成团队,解决人员问题。可分别以省、市、县区为单位,全面推广,可以带动各村编修百姓联谱。公安提供人员资料,家谱编修成果可以提供家谱谱系图。如此,各得其所,合作肯定能成功。目前,听说是特定的村才要求编修家谱图。公安的户籍资料是个体性的,难以知道上下左右的血缘关系。完全靠公安靠不上,不过民间如果做了这么大的数据库,同样会引起国家的关注。

小结

其实无论是老谱的数字化还是新谱编修的网络化,都是公众对于家族历史、宗族文化观念上和精神上需求的一种体现。家谱网站修谱正是利用了这种家族聚合文化的需求并能够以互联网互动传承的方式给公众带去一定的归属感与认同感,开始逐渐获得赞赏,走入人们日常互联网生活中并逐步发展起来。我们可以看出,相比于传统家谱,家谱网站修谱这件事有家谱综合开发研究、信息跨时空传播、多渠道检索利用等文献价值和社会价值。但我们也要注意到,在可见的未来,互联网家谱是不可能完全取代传统家谱的。我们应该充分地认识家谱网站修谱目前所存在的一些问题以及能够采取怎样的改进方式来获求更好的前景。也要明白越来越多家谱网站的存在给更广大的公众带来的是自修家谱的契机,它对当代的影响是独一无二的,这亦是时代科技的发展对人类编撰历史方式的更新。故而笔者认为:传统家谱与家谱网站应相互补充、相互融合,以实现两者的有机统一。

第二节 近30年家谱与网络结合之路

当代中国的家谱编修电子化开发之路是怎么起步的,这是一个值得探讨的话题。家谱与网络的结合,又经历了三个阶段,第一阶段是家谱网站,第二阶段是数字化与网络化，第三阶段是 App 化。必须将内在发展理路梳理出来，要在中外互动的氛围中加以考察。必须把发展的规律、轨迹与内在理路梳理出来。进入互联网时代，就是国际的，不完全是国内的。所以，讨论家谱现代化，须从国际角度来思考。与各家公司与设计人沟通，这是做行业报告的关键所在。修谱人与相关修谱公司有实践经验，实践中遇到的问题，他们获得的体悟更为靠谱。得了解各家谱公司，必须亲自参与实践活动，与当事人对话，然后思考，才能做出前沿的当代中国家谱研究。

一　修谱与电脑网络结合

1. 家谱编修与电脑的结合

人类在相当长时期内处于手写时代。进入近代，欧洲较早地进入针打录入时代。不过，汉字是表意符号，键盘天生不兼容，故汉字迟迟难以进入针打输入时代。中国早在 1880 年就有《勇庐闲诘》一书油印本。1888 年，盖斯特泰纳用打字机代替铁笔，发明打字刻蜡纸法。钢板刻蜡纸，应该算是继活字印刷之后的第二次印刷史上的革命。复写纸、刻蜡纸、打蜡纸，是油印系列，可称为普及型技术，是各个单位或个人可以拥有的印刷技术，是普及型的。

第一台真正实现商业化生产的中文打字机完成于 1914 年 5 月，由周厚坤发明。1915 年 9 月，由山东留美学生祁暄发明的另一款中文打字机获专利。1919 年，商务印书馆的工程师舒震东成功制造出了中国第一台有实用价值的中文打字机——舒式打字机。这台中文打字机更像是检字机。1947 年，林语堂发明"明式打字机"。[①] 1949 年以后，天津红星工厂、上海打字机厂推出的打字机等，仍是"舒式打字机"的翻版。[②] 笔者在杭州大学读书时，知道教务处打字店购了几台打字机，找了一批小姑娘，从事打印工作。1987 年毕业的硕士学位论文，就是此类打字机打印的。比起中学时的钢板刻印，这是一大进步。当下所见 80 年代的家谱，不少是钢板刻写的油印本或为打印本，当下的年轻人都不识手写式油印本为何物。

1983 年，王永民发明"王码五笔字形输入法"，让汉字与标准英文键盘无缝

---

① [美] 墨磊宁：《中文打字机：一个世纪的汉字突围史》，张明亮译，广西师范大学出版社 2023 年版。
② 差评：《中国汉字有多难？在打字机时代，差点被废除》，知乎 2021 年 12 月 6 日。

接轨,将汉字带入信息时代。1986年,四通公司的MS—2400中文文字处理机量产,中国才进入电脑录入汉字时代。另一方面,微软的电脑,1983—1995年,尚处于DOS时代。1988年,金山公司发布了基于DOS系统的第一个WPS系统版本。此后几年,WPS一经推出,就凭实力占领了中国90%甚至更大的市场,成为电脑的代名词。不过,到1995年,微软Windows 95进入中国,从此进入中文电脑桌面系统大发展时代。Windows 95系统的出现,使写作成为电脑打字活动。经历针打机、四通机、WPS、Windows 95四个阶段的变迁,国人的汉字录入方式也经历了四个阶段变化。

家谱编修,最早是使用通用输入软件来修谱的。详细的家谱作品录入史,今日已不可详考。据丁红研究,1991年钼经堂出版的《兰溪龙池倪氏宗谱》,可称是迄今发现的第一部用计算机WPS系统排版的浙江家谱。这是就浙江家谱而言的,全国范围内,肯定有更早的案例。至于用WORD来录入家谱,应是1996年以后的事。1996年,南京工程师施家治较早地用电脑桌面排版技术,完成了《笠泽施氏家谱》续修。

随着电脑的发展,印刷行业的排版系统也在发展之中。1993年,肖建国发明了中国第一个国产方正彩色排版系统。2007年8月,飞腾创艺5.0上市,它极大地方便了修谱工作。譬如天下谱局、河南谱志公司一直用此排版系统修谱。此外,吴越谱局,用CORD、AD制作。

2001年,是中国网络发展的一个转折点,出现了PC宽带网络,用户上网方便了。

线上修谱大公司。湖北的家谱技术公司多,湖南的家谱编修公司多。另一条线,受家谱大数据的影响,百姓通谱网、族谱网纷纷出现。2003年,北京史志谱数码科技有限公司成立。2007年3月,成立金华志谱网络科技有限公司。

2010年,第一代家谱公司洗盘。初兴的家谱公司最终多数死掉了,家谱网站也大多死掉了,修谱软件也死掉了。能坚持下来的家谱公司不多。第一代家谱公司,多玩家谱网概念。因为家谱技术初兴,大家都不太懂,有点神秘。等家谱技术平民化、大众化,就不值钱了。这是饶玉华与笔者探讨时作出的判断。

2010年以后,第二代家谱公司兴起。借助修谱软件,让家谱登上网络平台也是大势所趋。2011年，有人介绍了15种家谱软件：弘网家谱软件免注册版（含完整框架文件）3.0、千秋家谱1.0中文绿色版、家谱先生4.1注册版、家谱发布、永恒族谱3.1、中华族谱6.3.0、赛娜多媒体电子家谱系统2008年奥运纪念版、盛世家谱软件、绿色家谱管理系统2008、启航宗谱（家谱）软件5.6、TreeDraw 3.2.4、Kith and Kin Pro 3.0.7、Genbox Family History 3.7.1、亚普家谱制作软件3.6、天下家谱软件6.1.11。2015年，又有人介绍了16种，除重复者外，还有12款：亲情谱软件、万乘谱牒（3.0）、KFA修谱平台、传承家谱软件、家谱族谱制作软件、网络电子族谱、谱易网络修谱平台、网络电子家谱软件（NEPS）、云家谱、中华姓氏家谱软件、怀恩网络家谱、族脉网络软件。

表11-3　　　　　　　　　　　家谱网络公司

顺序	公司名	法人代表	年份	城市	网络或软件
1	北京史志谱数码科技有限公司	彭堂华	2003	北京	
2	武汉大族谱数字科技有限公司	刘运河	2007	武汉	谱志通
3	天下谱局金华文化股份有限公司	饶玉华	2008	金华	
4	安徽省宿松启航宗谱制作有限公司	陈文龙	2008	宿松	弘脉
5	厦门谱盛网络工程有限公司	邱盛㮿	2009	厦门	KFA
6	北京九亲家谱公司	陈胜	2009	北京	九亲云谱
7	湖南百姓通谱网络科技有限公司	陈又正	2011	长沙	百姓通谱网
8	武汉谢氏宝树文化传播有限公司	谢贞超	2011	武汉	谱易
9	湖南怀恩网络科技有限公司	张黎萍	2012	衡阳	怀恩网
10	中华家脉有限公司	李伟汉	2012	北京	
11	湖南三维教育科技有限公司	杨三民	2014	长沙	凡快家谱网
12	江苏时光信息科技有限公司	刘雄	2014	常州	
13	湖北家国文化科技有限公司	曹咏	2014	武汉	云码
14	嘉兴旭礴信息技术有限公司	张铮	2015	嘉兴	
15	海南家谱网络科技有限公司	王都成	2015	海口	
16	家谱（北京）国际文化发展有限公司	余豹	2016	北京	
17	湖南族谱网络科技有限公司	杨巧	2016	长沙	族谱网

续表

顺序	公司名	法人代表	年份	城市	网络或软件
18	贵州华人家谱大数据科技有限公司	李文通	2016	贵阳	华人家谱
19	安徽润方文化发展有限公司	房江传	2016	合肥	
20	家谱云网络股份有限公司	熊宜中	2016	重庆	
21	江西省超帆族谱网络软件开发有限公司	陈贞超	2016	九江	
22	武汉聚脉网络科技有限公司	陈煜	2017	武汉	大谱师
23	河南谱志文化传播有限公司	郝文柱	2017	郑州	
24	广州市李氏家谱网络科技有限公司	李勇为	2017	广州	
25	宁波族谱网络科技有限公司	葛余明	2018	宁波	族谱网
26	湖南谱极家谱网络科技有限公司	陈洪	2020	长沙	
27	山东家谱网络科技有限公司	范思哲	2021	青岛	
28	广西李氏家谱网络科技有限公司	李高飞	2021	南宁	
29	湖北省郑氏家谱网络科技有限公司	郑立波	2022	武汉	
30	安徽一品谱局文化传播有限责任公司	周润方	2020	芜湖	

武汉是当代中国家谱软件开发中心，目前，曹咏与陈煜是两个代表。再加上常熟的刘雄，可称为目前三个家谱技术开发代表。

表11-4　　　　　　　家谱专利

顺序	名称	类型	专利人	年份
1	家谱人物的数据处理方法及装置、电子设备与流程		吴信东、钟凌峰、朱毅	2006
2	家谱建立系统	发明专利	余俊杰、林显圳	2008
3	用DNA推算姓氏家族分支和追溯家谱的方法	发明专利	孙朝辉、刘晓明、周军	2009
4	网络家谱的合并方法及系统的制作方法		强力、罗嘉宾、雷爱新	2011
5	一种家谱生成方法及系统		雷爱新	2012
6	"启航宗谱"软件	登记证书		2012
7	一种家谱树的生成方法	发明专利	徐波	2013
8	一种展示家谱数据与宗亲关系的方法	发明专利	陈又正	2014
9	一种族谱数据关系表的创建及查询方法		王学平	2014

第十一章 家谱编修网络技术化考察

续表

顺序	名称	类型	专利人	年份
10	一种族谱创建、展示方法以及装置	发明专利		
11	对象代理数据库系统		彭智勇	2015
12	以太极八卦的哲学思想构建而成的阴阳修谱法			
13	宗亲家谱构建系统	发明专利	陈根法	2017
14	一种家谱亲缘关系查询装置	实用新型	张介飞	2017
15	一种家谱管理系统	发明专利	蔡允中	2017
16	一种网络家谱体例的生成方法	发明专利	徐九庆	2017
17	一种带有历史年代标记的家谱与宗祠信息联动可视化方法	发明专利	陈崇成、王祥翔、刘先锋、方东	2017
18	一种基于大数据的家谱生成方法	发明专利	翟瑾、周凯、徐文惠	2018
19	一种基于众包的互联网编修家谱系统	发明专利	龚俊、陈新文等	2018
20	一种家谱生成方法及装置	发明专利	喻卓品	2018
21	一种家谱创建及管理方法	发明专利	袁都	2018
22	基于区块链的族谱记录方法、装置及电子设备	发明专利	魏平、刘政	2018
23	一种家族文化记录管理系统	发明专利	刘久光	2018
24	一种可视化家谱布局方法、终端设备及存储介质	发明专利	李密等	2019
25	一种基于人文大数据知识图谱的智慧寻根系统	发明专利	陈煜	2019
26	家谱人物的数据处理方法及装置、电子设备	发明专利	吴信东、钟凌峰、朱毅	2019
27	一种将家谱数据进行可视化呈现的方法及系统	发明专利	赵鑫炬	2019
28	一种基于分布式协作的家谱全内容一体化智能编纂系统	发明专利	陈煜	2019
29	家谱世系图书状信息化技术	发明专利	张黎萍	2019
30	家谱方志文献分层数据建模方法及数字化协同作业系统	发明专利	陈煜	2019
31	一种族谱展示、修订方法	发明专利	张建兵	2019
32	家谱打印方法及装置	发明专利	吴信东等	2019
33	基于深度学习的家谱识别方法及系统	发明专利	车群等	2019
34	一种基于区块链技术的智能共享家谱系统	发明专利	陈煜	2019
35	家谱树节点类坐标数据结构	发明专利	张黎萍	2019
36	家谱问卷的处理方法及装置		吴信东、钟凌峰、朱毅	2019
37	一种基于双曲树的家谱数据可视化方法	发明专利	周芳芳等	2020
38	一种基于云数据的智能编修家谱方法及系统	发明专利	杨锦超、杨锦亮等	2020
39	一种矢量化家谱书生成方法及系统	发明专利	彭智勇等	2020

目前有几家公司在做家谱数据化，如九亲网、族谱网、家谱国际、华人家谱。

中华家脉网（mychinaroots）是一家致力于为海外华人提供寻根与祖籍地探访帮助，并致力于中国传统文化遗产研究与保护的组织。其服务包括为海外华人提供寻根调查，寻找他们在国内的故乡和亲属。并把收集到的华人家族故事与中国当时的历史背景结合起来，通过书面报告、谷歌地球动态演示等多种形式呈现给海外华人。同时，也为海外华人设计定制化的旅行行程，带领他们探访祖籍地和历史上与华人移民相关的历史遗迹。从2012年开始，该网站帮助全球各地的华人在中国进行寻根调查。其愿景是增进人们对于自己文化根源的了解与重视，帮助人们与自己的根重新建立起链接，并且扩大不同文化之间的宽容与理解。

族谱网。2016年，族谱网初兴，是同类网络公司。共同的特点是，提供平台，与各家族合作，完成家谱编修。当然，情况不同，它得到了宁波三生集团融资。这是另外一种风格的族谱网络建设。族谱网鉴于百姓家谱网的教训，他们走的步子明显稳健多了，自己设点与加盟模式同步。以县级为单位设点，然后开展实在的家谱编修培训、指导工作，从而累积族谱大数据。各个点也不全是自己修谱，而是与相关家族修谱合作，引导他们修谱。据熟悉内情的人说，族谱网重点是社交，修谱仅是切口。因为它的业务仍在湖南，管理层也多是湖南人，所以公司人才已经搬回湖南，宁波仅存公司名。

江苏时光信息科技有限公司是近年最值得关注的家谱公司。他们关注的业务有四：一是有谱，专业修谱管理软件；二是祖源人文大数据，帮助国图、上图做家谱技术系统；三是基因祖源，与美国合作，做家谱数字化；四是亲情社交网络，做家族树App。此外也做平台，关注乡村文化建设。时光科技的计划是，与各地合作，建立网上修谱端口，加以培训。如此，提升修谱效率，数字化前置。这样，生产与使用两结合了。以前，只管修谱。修好就完成任务，至于如何用就不管了。现在，修与用同步考虑了。直接进入数据库，可以做更大规模的分析。

华人家谱，是按照国家文化科技融合示范项目打造的首款国家文化综合服务平台。以中华传统文化及家文化教育为核心，具有"家文化在线教育、家谱家文化录入保存、家庭档案管理个人云储存服务、亲情社交场景应用"等四大应用功能，开发运营互联网宗祠在线缅怀祭祀、传统文化大数据储存应用、场景电商等增值业务。目前，华人家谱已经申请了七项发明专利，五项实用新型专利，数十项软件著作权，其中五项独有的知识产权全球领先。①

此前有百姓统谱网。百姓通谱公司存在了五六年，用传销、加盟店模式，不断增加家谱数据，收了 3 亿元的代管费。因技术跟不上，招致挫折。2018 年以后，百姓统谱网不再更新，仅是下面人付费维持而已。所谓自创的同心圆理论，实际上袭自彭堂华。早在 2006 年，擅长太极理论研究的彭堂华提出同心圆理论。因为村民看不懂，不接受，没有继续推下去。后来，曾参与彭堂华家谱软件开发团队的陈希接过去，当作自己的家谱创新来推广。最终，也没有看见过用同心圆技术编纂出来的家谱实物。

黄秉聪的家谱大数据理念带进中国以后，出现了两个企业化先行探索者，前面是江源，后面是陈希，他们最终均以失败告终。二人的共同特点是，步子迈得过快，最终多少伤害了家谱行业名声。

2. 家谱编修的软件技术化

随着网络的发展，家谱编修也由使用通用软件修谱，进入专业家谱软件修谱阶段。家谱软件的开发，经历了单机版与联机版两个阶段。国人是如何走上专业修谱软件设计之路的？这是值得探索的。

单机版始于 2002 年。② 2002 年，国人较早地走上了家谱软件开发之路。家谱编修技术的专业化，是从广东深圳、福建厦门开始的，随后才是武汉。邱盛樑，是最早使用家谱软件的修谱者。邱盛樑 1982 年大学毕业，计算机专业出身。2002 年，因为代族兄到深圳参与邱氏大家谱编修会议，发现家谱编修技术落后，就想何不用自己的专业知识，开发一个家谱编修软件。于是，他当年开发了一种单机版家谱软件，用于《中华邱氏大宗谱福建尤溪卷》的编修。这样，他就成为第一个家谱软件设计者。2003 年，王连明的 Small 工作室推出"家谱先生"初级版本"迷你日历"。2005 年初，"家谱先生 2.0"发布。如此，邱盛樑、王连明成为第一代家谱软件设计者。

3. 2005 年 10 月以后，黄秉聪的中华大族谱网概念带进中国

联机版的开发，与美国华人黄秉聪的提倡有关。为了将黄氏族谱数据化，

---

① 华人家谱：《"家文化博物馆"呼之欲出 贵州华人家谱与中华善德网联手打造》，华人家谱 2019 年 4 月 24 日。

② 曹咏：《开发家谱软件有多难？》，知乎 2021 年 12 月 10 日。

黄秉聪开发出一个联机版的大族谱。他到中国寻找合作者。他先联系上了北京史志谱数码科技有限公司的彭堂华。2004年秋天，黄秉聪来到中国，到江西鹰潭找彭堂华聊了三天，彭堂华关注家谱数字化。2005年11月，黄秉聪再次回中国来推广。他先到北京，又到上海，最后到金华，寻找家谱编修合作单位。在北京，他先找到了国家图书馆等单位与个人。"只要轻轻一点，一个家族的脉络关系便可以了然于胸。我希望将这个家谱数据化平台提供给国家图书馆或是民间家谱研究机构，使家谱史料的检索更为方便，同时通过综合各个姓氏的繁衍历史，建成'中华大族谱'。"[1] 黄秉聪"中华大族谱"理念在北京吸引了众多的文化学者，但对于完成这样一个浩大的工程，国家图书馆望而却步，资金支持就将是一个大问题。来到上海，黄秉聪向上海图书馆家谱中心人热情推销"中华大族谱"。上海图书馆是国内藏有中国家谱最多的地方，家谱覆盖全国20多个省市，黄秉聪上海之行最大的心愿是能够让上海图书馆用他的系统。结果，上海图书馆家谱中心冯金牛副研究员认为，"中华大族谱"最终建成还有三大难点：首先，原始资料哪里来？其次，谁来提供大数额的资金支持？最后，固定的格式能吸引多少人？由于"中华大族谱"的最终意义是家谱信息的资源共享，他建议黄先生选择与网站合作，在修编的过程中就能提供检索功能，并从中积累一部分后续资金。[2] 于是，柳哲居中牵线，让黄秉聪与金华"中国家谱网"的江源认识。江源表示，愿意提供网站以往收集的家谱资料，并为"中华大族谱"投入资金。此后，江源在北京注册成立北京寻根公司，大概存在了三年。

4. 逐步走上国产家谱编修软件开发之路

单机版家谱软件又是如何成为联网版家谱软件的？

2006年7月，深圳的刘武斌设计出"永恒族谱"。他当时自己想修谱，就顺便开发了这个软件，当时这样的软件不多。

2006年下半年，湖北长江清淤疏浚工程有限公司驻武汉办事处主任、武汉沉湖绿色农业开发有限公司董事长刘运河想修谱，对家谱软件开发有兴趣。刘运河组织一批大学生开发家谱软件。2006年10月中华族谱协会在上海召开首次

---

[1] 谢飞君：《要建"中华大族谱"比较》，《新闻晚报》2005年11月29日。
[2] 谢飞君：《要建"中华大族谱"比较》，《新闻晚报》2005年11月29日。

学术研讨会。刘运河团队与会，21岁的武汉理工大学学生陈煜负责演示系统，称他们团队有家谱软件初级产品了。与会的彭堂华听后十分感兴趣。会后几天亲自到武汉，参与家谱软件开发顾问事宜。他立志要将这一传统文化与互联网相结合，开发出简单、便捷的实用软件。

邱盛樑也派员工参与上海的大族谱学术大会。彭堂华知道邱盛樑在开发软件，希望合作。2007年初，他邀请邱盛樑到武汉，商谈合作事宜。2007年2月，邱盛樑开发出第一个版本。此后，邱盛樑不断地跑各地宗亲会，推广此软件。结果，别人不理解，老人接受不了。不过，这个过程中，他了解到各地老人的要求，从而为他的设计提供了相关的实践性家谱专业知识。

2007年6月前后，彭堂华指导陈煜设计出了谱志通。经过半年多的努力，谱志通1.0版本出现。彭堂华称为是"五体"（欧式、苏式、新欧式、新苏式、欧苏体）模板设计。2007年10月，刘运河、彭堂华又成立武汉大族谱数字科技有限公司。谱志通家谱世系图编排系统，"应该是目前网上能找到资料的最早的能够真正用于家谱世系图自动排版的软件，该软件在2006—2010年曾被广泛使用，盛极一时，开创了国内家谱自动排版的先河"[1]。这种说法要打点折扣，实际上并不太成熟。谱志通前后版本不兼容，新版本无法兼容旧版本的数据，故推广并不太理想。目前，九亲公司用的就是谱志通软件。

2007年，河北邢台的崔少科发明的"万姓归宗法"，值得关注。2002年崔少科要修崔氏家谱，创办崔氏家园网站。家谱中最重要的内容就是"世系表"，它说明了一个家族成员的关系。现在家谱中最常用的有四种基本记述方式：欧式、苏式、宝塔式和牒记式，但每一种都有它的缺陷和不足。崔少科创立的"万姓归宗法"以公元2000年为基点，将整个人类发展史分为三个阶段。第一阶段为公元前4000—公元前1000年，第二阶段为公元前1001—公元2000年，第三阶段为公元2001—公元5000年。每阶段3000年，每25年为一代，共120代，每代辈分名称用天干、地支组合命名。"这种排列方法，确立了人类繁衍的世系大纲，统一了辈分名称，解决了社会历史断代和家族传承断代造成的困难，使修建整个中华民族大家谱的事情变得简单易行。"[2] 2016年，该排列方法取得

---

[1] 大谱师：《编修家谱族谱用什么软件？2019常见的家谱软件比较与盘点》，大谱师2019年12月31日。
[2] 晓影：《中华大族谱世系排列法在邢台问世》，《燕赵都市报》2008年2月29日。

计算机版权登记。

赛娜多媒体电子家谱系统2008年奥运纪念版，2007年青海的赛娜工作室发明。这是一家软件开发商，不是专门做家谱的。2007年2月，邱盛樑开发出电子版族谱软件V1.0。2009年，邱盛樑成立厦门谱盛网络工程有限公司。成功开发出KFA电子族谱软件，并进入国家图书馆。2009年，武汉成立中根源中心。2011年，开发出中根源族谱世系图数据生成系统软件。2012年获批准，成谱志通4.0版本。2013年底，彭堂华退休回到鹰潭，在龙虎山的香炉峰成立了根亲文化数字基地。

软件家谱大兴，当时是由技术人员主导的。对计算机工程师来说，技术开发十分容易，一个星期就可以做出一个框架。但后续的使用、改进，难度就大了。有平台管理功能的软件，相当强大，投入更大。因为利润回报不足，家谱软件改进的动力并不强。

2014年，家谱网络技术与家谱业务相结合。曹咏称："在2014年我们看到先行的两家很不错的家谱软件，被市场上有些商家所用，什么也没有做，就搞几个界面，居然喊出什么云家谱、家谱大数据，为高大上宣传所淹没。投入实际应用的几家先行者因当初选择的开发语言、数据库等原因，无法朝云家谱、大数据方向发展。虽然实现了家谱排版自动生成、智能查错、页码检索等家谱续修的传统应用。而这些仅是八九十年代计算机技术在传统家谱应用，2000年后，互联网技术、云技术还没有在家谱续修中应用。需要有商家将这些技术转为民用。"[①]

2015年，谱志通系统改版。谱志通世系图数据录入软件著作权，由武汉大族谱数字科技有限公司。武汉大学计算机学院副院长彭智勇主导研发的国产"对象代理数据库系统"具有管理海量复杂数据的能力。

2017年，陈煜再次回归，成立武汉聚脉网络科技有限公司。经2018年测试，2019年始使用大谱师。大谱师号称是全球领先的中文家谱智能编辑软件与数字出版平台。这是最新的版本。

5. 修谱、印刷兼修谱公司

2008年，启航宗谱管理系统发明，以单机版为主。启航宗谱是由安徽省宿松启航宗谱制作有限公司开发的一款专业的族谱排版软件。2008年10月，在詹

---

① 曹咏：《开发家谱软件有多难？》，知乎2021年12月10日。

宣武等人的协助下，陈文龙开发了启航宗谱系统。"启航宗谱"软件于 2012 年 6 月 7 日被正式授予《中华人民共和国国家版权局计算机软件著作权登记证书》。"启航宗谱管理系统"是启航电脑服务中心专为制作宗谱而设计的一款电脑自动化排谱软件，可适用于全国各个姓氏。"这款软件，是比较成功的'谱志通'模仿者，而且相关的功能较早期的'谱志通'更完善！应该得益于该软件的开发者。长期使用该软件，为各姓氏家族编修家谱，更容易获得来自一线的需求。缺点是，这款软件太过于复杂。"[①] 因为没有想到申请专利，被其他公司抢先注册。2019 年，"启航"改名"弘脉"。

近年又有"云码宗谱排版管理系统"。2005 年，曹咏进入家谱行业，参与本宗族续修家谱业务。通过第一次协助本家续家谱，他认识到续谱可当专业来做。另外根据家谱排版规律，可以开发一套专业的家谱排版管理系统。并且可以通过网站来实现联网协编（现在称为云协编）。2010 年，试用了二款软件后，参与家谱软件研发。他们认为，云码宗谱软件必须满足四点：设置灵活性，多变性，所见即所得。到 2014 年 5 月，云码宗谱雏形出来，功能已经超越市场上有几年历史的家谱软件。直到 2015 年 7 月开发出云码宗谱 1.3.3.0 版，简称 3.0 版。在公司内部试用半年后推向市场。2016 年 3 月申请软件著作权。他们是边开发软件，边续修家谱。开发云码宗谱软件是给自己用，也给行业用，是为了提高自己家谱排版水平，工作效率，产品质量。因为懂需求、懂开发，边实践边开发，所以能出好产品。[②]

安徽一品谱局文化传播有限责任公司，2020 年成立。他们的家谱系统，可以做到修谱与印刷一体化，而且是单机版的，可随时修订，且免费使用，这是值得肯定、值得推广的。

河南谱志公司于 2006 年就创办了郑州家谱印刷厂，还兴建了中华家谱馆。近几年，引进了家谱软件系统，不断地培训修谱人员。

武汉是当代中国家谱软件开发中心，目前，曹咏与陈煜是两个代表。再加上常熟的刘雄，可称为目前三个家谱技术开发代表。

网上修谱平台多是公司的，一批小青年人多玩不长，几年以后就倒闭了。

---

① 大谱师：《编修家谱族谱用什么软件？2019 常见的家谱软件比较与盘点》，大谱师 2019 年 12 月 31 日。
② 曹咏：《开发家谱软件有多难？》，知乎 2021 年 12 月 10 日。

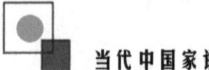

网络的维护费用较高，成本不低，最终多是赔了几百万元关门了，可以说叫得越响，死得越快。这是多数业内文献家谱人士的分析判断。

二 大族谱与谱海的理想

对于大族谱建构，前有黄秉聪，后有蔡允中，持续努力，但推广难度较大，成效有限。

1. 黄秉聪与中华大族谱的推广

2006年5月，在美国注册成立中华大族谱协会。10月20日，在上海召开第一届中华大族谱会议。2007年7月，在北京召开小型会议。2010年，在南京召开第二届中华大族谱会议。2013年，在汉口召开第三届中华大族谱会议。2013年以后，步子明显慢了下来。中华大族谱推动了几年，最终进展并不大。学会一直在活动，只是大小几次开会，最后实际成果没有一项，"申遗"是一个口号，姓氏统谱没有入手，挂靠国家图书馆，没有结果。甚至成立中国家谱会，最后也没成功。

黄秉聪作为数学家、工程师，生活在网络发展成熟的美国，敏感度高。他的理念非常好，之所以成效不足，有三个因素：一是资金支持不足，没有资金支撑，难成气候。二是外国身份，黄秉聪身在国外，要想推动中国的家谱事业，难度大。家谱学会可以在美国或香港成立，但均不能进入大陆活动。数据库留在国外，这是别人不乐意的。三是中西观念的差异。中国人必须打印成书，而美国人不理解，他们认为有数据库就行了，不必打印成书。黄秉聪虽然带进了理念，但其技术体系却与国内诸人格格不入，导致彭堂华、邱盛樑诸人最后也被迫退出。中国的家谱编修有其传统，首重纸本，其次才派生出数据化。而黄秉聪则只管数据化，不要家谱纸本。技术标准也无法为国内接受，数据库的保存地，更成争论焦点。有此三点不同，导致团队建立不起来，最后成为黄花。笔者采访陈胜，他认为黄秉聪的问题有二：一是没有自己的团队，二是没有落地。技术标准也难适应中国，连名字输入标准也无法统一。他是一个理想家，但执行难度大，最终执行不下去。黄秉聪自己也承认，虽然我力图做好一两个姓氏的统谱网络化，摸索出经验再行推广，但个人精力有限，至今尚未成功。他属宣传家型的，宣传力度大，但实际执行力差，实际成效有限。

黄秉聪的中华大族谱虽然没有成功，但其理念有较大的影响。受家谱大数据的影响，为了推广姓氏百科，为了搞中国特色的家谱大百科全书，在武汉设立了中根源中心。此后，百姓通谱网、族谱网、谱海，纷纷出现。百姓通谱网、族谱网，完全是商业型的，而谱海走的是公益之路，这是不同之处。如此，蔡允中更近黄秉聪。

2. 蔡允中与中华谱海的推广

2015年，宁德人蔡允中在福建建立天时网。2019年，成立中华谱海公司。

进入21世纪20年代以后，中国发展迅速，经济更为发达，技术更为成熟，文化建设的氛围更加良好。近二十年，统谱编修成风，已经有几十个姓氏动手。在这种大氛围下，编修谱海的时机是成熟的。在公众历史文化自信建设过程中，谱海是一个最好的方式之一。这是一项开弓没有回头箭的活动，只要持之以恒地坚持做，肯定能够成功。

国家不可能参与家谱行业发展的组织，最后必定要由公司出面组织。鉴于黄秉聪的教训，蔡允中的操作模式更为成熟。他用公司模式，与恒星学院合作，成立中华谱海公司，直接承担公司平台的统一建设，这解决了技术维护与数据库存放的问题。在数据库管理上，采取了公益管理原则，避免了商业公司所带来的风险，也为未来国家接手数据留下了空间。他的想法，运营是可以商业化的，但大数据不能商业管理，要走公益保护原则。这样的考虑是周全的，这样的方针会让他处于有利位置，进退自由。一旦合作伙伴不投入，他也可以自如地找其他投资人，或只要自己也可玩下来。

又用分包共建模式，不是一家公司大包大揽，减轻了自己的负担。有了明确的比例，谱系必须达到三分之二以上。其他小部分才是谱头。蔡允中不求全，不求没有兴趣做统谱的家族参与。分期推动，找有兴趣的家族合作，如此就主动了。要落实的难度也不小。最大的难度是，如何引导不同的姓氏做姓氏统谱。各姓如何操作？这可能是下一步要思考的话题。成立专门的姓氏委员会，这是一条路。谱海公司能倡导各姓氏完成通谱编修，这是成功的关键所在。最后在利益分配上，坚持了共享原则，借鉴了股份制模式的优点。

笔者的想法，谱海的建设需要公众史学理论来支撑。用公众史学、大数据理论，就可以替这项活动作出更为合理的解释。弄一个世界吉尼斯，吸引力并不强。他的宣传语"羊毛出在猪身上"，别人会误解，你把我们当猪了？与会者文化层次低，理解力过于直接，无法理解抽象的比喻。实际上，用微信来比喻，可能更为合适些。从公众史学角度来说，华人总谱与家谱大数据，是两大亮点。

这是一部以姓氏为单位的中华民族总史。中国的体制，我们称之为"家国同构"。向来的历史建构实际上就是国史，家史虽有，但没有完整的家史。国史是组织本位的，比较宏观，主要是帝王将相大人物进入，其他人物是进不来的。家谱是区域性的家谱，没有全国性的家谱。在宗法自我管理体制下面，肯定是地域性的。现在希望从历史的角度，从宏观的角度，编一部全国性的总家谱，这是一种创新。有了这种全国性的姓氏家谱，每个姓氏从古到今的人物都可以串起来，而且是按血缘家族原则串起来的，这是一件了不起的事。如此，有百家姓的总谱，整个中华家族史总谱系图也就出来了。万姓归宗，大家都是中华儿女的理念就做实了。有了谱海，可以打通姓氏间的封闭性，增加横向交流性与可检索性。中国的家谱编修，是按姓氏来划分的，这不同于欧美的社交模式。"一姓通谱"，在不同姓氏间仍是封闭性的。姓氏总谱的优势可以超越国界，超越行政户口管理。有了这部华人总谱，全世界的华人就可以联合起来。各姓既可实现纵向的联系，也可实现横向的联系，而且可以跨越国界。这样的中国人总谱系，从来没有编纂过，这样的国际华人总史，我们从来没有编过，在中国史学史上具有首创意义。以姓氏为单位来建构历史，这是第一次。以姓氏为单位，排列各支人员名单及相关信息，也是第一次。这是一部比较齐全的以家族为单位的中国人名录。谱海的建构，是家谱演变的必然趋势。由官谱而私谱，由政治档案而宗族管理档案，现在则成为历史档案。家族交流由小空间而大空间，家谱建构由文字文本而大数据的产物。做成了，意义确实大，价值也很大。

  从更为具体的名利来考虑，恒星学院为什么要参与投入？谱海的附加值高。办谱海三大用意，一是当作公益项目来做，二是传统文化进校园的抓手，三是大数据建设。对恒星来说，可以提升学校的知名度。家谱大数据做大了做成了，恒星可以出名，社会效应更大。蔡允中为什么要做这件事？是一种理念驱使，是一种家谱编修技术，做一点有永久文化意义的事。做成大事，就会成为名人，证明自己是做大事的人。这是一种气魄，一种胆识。对蔡总来说，可以实现华人总谱的理想。蔡允中有理想，有技术，有实力，这是可以成功的因素所在。

  各姓氏统谱为什么要找谱海合作？单姓统谱编修中遇到的最大问题是什么？是否有技术问题？纸本有排版问题？数据库有后续运营管理问题？数据库利益最大化问题？这个行业是否存在空间？为什么形成不成功？为什么形成不了大公司？为什么要用你的技术？你的技术是世界最好最方便的吗？你有改进的强

第十一章 家谱编修网络技术化考察

大技术力量吗？这些问题，都是值得思考的。

可分建设过程与后续服务两大方面来思考。从建设过程来说，它是公益的；建设好了以后，也许还可以产生商业的衍生效应。就谱海公司来说，它的投资主要是技术投入。姓氏家谱数据的投入，是要各个姓氏来承担的。这种分开建设模式会减少彼此的投入。对各个姓氏来说，为什么要参与到你平台中来？就是因为可以产生规模效应，可以获得技术的支持，使各个姓氏的总谱做得更好。

在各个姓氏统谱的编纂过程中，谱海公司可以提供成熟的技术与经验服务，更到位，更省钱。也可以解决统谱编修的模板化与标准化、数据库存放。可以解决输入、排版与印刷的一条龙技术服务问题。有了这个平台，可满足多样化、个性化文本输出问题。可解决模板的标准输入，可解决数据库建设。可与相关家谱印刷企业合作，作为谱海公司的合作单位。如此，一品谱局之类公司也可合作进来。谱海也可解决一个后续的统一管理问题。一个姓氏的统谱，可以做成纸本，也可以把它做成一个数据库，你不可能做后续的长期管理。谱海公司提供这么一个统一的平台，可以解决后续的管理麻烦。

谱海公司可以解决一个家谱数据库规模效应。一个姓氏，数据规模肯定不够大。如果百姓统谱汇集，它的规模效应就会出来。大数据库信息越大，使用功能越大。这是单个姓氏解决不了的。传统的家谱编好后，就搁在那儿，随便供人翻阅。现在多了数据库意识，查阅更为方便。有了这部华人总史，就方便了后人的检索。它是电脑形态的、网络形态的、数字化形态的，使用起来方便，适合世界范围内的在线检索。

各参与姓氏有什么好处？未来各姓氏也可分享部分商业利益。公益第一，商业第二。首先是公益的，如果最后做成了，可以商业，更为理想。对参与者来说，提供共享精神，也可以获益。谱海公司能够经营好，产生一些衍生产品，能够产生一些商业利益，本着共享的原则，也可以让各姓氏分享一些。这是股份制单位，利益共享，这是一条原则。

由中华大族谱到中华谱海，有何不同？一是家谱，一是统谱，内容不同。中外对族谱内容关注最大的不同是：国内注重人物的血缘关系，国外注重人物的个人资料。这么说来，只有中国是家谱，欧美是个人档案而已，后者正是公众家谱要发展的方向。中国的家谱是独特的祖先崇拜的产物，是宗族管理档案。另一个功能是宗族历史记录。它是封闭式的，不是开放式的。社交化是西方文

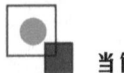

化的产物。今日家谱在线化，实际上是想朝此方向发展。也就是说，至今为止，没有人成功编纂过华人总谱。

通过调查，也发现了一些实际困难。没有电脑操作，无法实践，导致恒星学院的"家家有谱"计划推广不下去。如何写普通人的故事，这是许多人不会的事，得加以培训。谱海数据库的建设进程，取决于各单姓家谱数据的建设。而这些民间单姓家谱数据的建设，完全跟不上进度。宜制订各姓氏编修的周密计划，否则会成为旷日持久的项目，最后不了了之。前行有困难，不必紧张，迎难而上，就是超人的态度。以上是2019年底笔者参与谱海会议后形成的想法。

国家图书馆的萧禹认为，中华家谱数据库建设是可能的。数据库建设涉及的技术基本没有太大的问题，主要是数据结构设计与上层应用设计。数据结构要解决存储哪些数据、用什么格式、以什么粒度等。应用设计解决数据库的使用问题，如检索、浏览、索引、数据分析、谱系缀合等。上层应用需要底层数据的支持，数据结构设计要考虑当前应用和未来可能的应用。模式一是数字图书馆模式，每种家谱分别存入数据库，通过元数据整合，提供检索、浏览等简单功能；模式二是将家谱内容按类按粒度分别存储，可以自由调用，提供Gis、编纂、数据挖掘、信息标注等工具，形成开放式数据平台；模式三，以人物、时间、地点、文献等维度构成信息空间，将家谱完全碎片化，基于机器学习方法标注各种实体的关系，分析各种信息或实体间的关系，融合各类数据与知识。模式三有大数据史学的味道。中华家谱数据库建设难度取决于采用的模式。模式三有实现万姓归宗的可能性，也有可能出现大量未知的问题。这是国家图书馆萧禹参与本项目设计时提出的一些想法。

2020年后，进入世界疫情大流行时期，一切的形势变了，大型活动难以执行。公司首先得赚钱养活自己，否则最大的梦想就是最大的空想。由于投资方没有实质的投入，蔡允中退出了合作，谱海公司也陷入低谷。这证明，庞大的谱海数据建设工作，单靠一家民营公司是指挥不动、运行不下来的。必须有更大的资本投入，才有可能建设成功。或者说，此事必须由国家出面组织，用财政与商业相结合的投入，才有可能做成功。目前，它仍是一个理想，无法落地。

小结

20世纪80年代，仍是传统的家谱续修期。20世纪90年代始，多了填写式家谱产品。2002年以后，家谱编纂进入网络时代。2006—2007年，进入家谱软件开发时代。2012年以后，进入网络化大数据建设时代。在家谱软件开发与使用上，湖北、安徽、福建走在设计前沿。浙江一度在家谱网站建设上走在全国的前沿，四川一度在填充家谱技术开发上走在全国前沿。

中华大族谱或谱海，施家治称"它也许是世界上最大的一个人文工程"。

为什么中国没做成一家如美国那样的寻根问祖大公司呢？有两大因素，一是技术化，二是数据化。"要想做出一款好的家谱软件，需要哪些人来组成开发团队：第一，要懂各类家谱体例（版式），并了解其中规律：哪些可以转化为计算机算法，哪些作为条件设置。在家谱与软件之间起糅合作用的人，这个人要很懂家谱，还要懂软件。第二，能实现家谱排版算法的程序员。做程序员的多，但会做家谱排版算法的人难找。这两点中能满足一点的人很多。但真能把他实现，是很少的。第三，还要懂家谱续修测试人员。……第四，要有市场客服人员。这四种人员，并不是花钱就可从市场上招得到的，都需要在家谱续修行业从业几年以上。而要组建家谱软件开发团队，多数人员要从零培养，并经几年磨合方可成为一个有效家谱研发团队。这个团队建设就不低于二百万元。而不是花几万元，请一个外包公司就可搞完。"[1] "在这十多年中，打雷唱戏说开发家谱软件的，我知道的不低于百家。投了几万元、几十万元、百万元来开发家谱软件半途而废都有。有人说，中国 BAT 的出现，伴随着成千上万个有着 BAT 梦想的企业死亡。今天，在家谱软件行业，也是这个现象。"[2] 除了家谱技术开发的难度，更大的难度是家谱市场。家谱数据输入，需要专业人才，业余人才有一定困难。这个困难尚不算大，更大的困难是家谱数据建设。修家谱，都得靠扎实的工作才能完成。没有家谱数据，谱海自然难以做出来。

第三节 "互联网+"下的家谱 App

2009 年，中国出现移动互联网。事实上，2011 年以后中国的网络发展非常快。到了 2016 年前后，中国的网络已经比较成熟了。由电脑修谱到手机修谱，这是终端的迁移，更为轻巧更为方便了。

---

[1] 曹咏：《开发家谱软件有多难?》，知乎 2021 年 12 月 10 日。
[2] 曹咏：《开发家谱软件有多难?》，知乎 2021 年 12 月 10 日。

一 家谱 App 产生的时间

现代人们每天睁开双眼就开始和各种 App 打交道，不可否认，当今社会中 App 应用软件已经对我们的生活产生着不可忽视的影响。App 是英文 Application 的简称或缩写，它是在移动终端，如平板电脑、手机等上所使用的各种应用程序的简称。[1] 通俗点来说，App 就是我们现实生活中在智能手机或者电脑中使用的应用软件。"互联网+"就是"互联网+各个传统行业"，但这不是两者的简单补充，而是利用信息和通信技术以及互联网平台，使互联网深化与传统产业的融合，创造新的发展生态。

近几年来，在我们的生活中出现了各式各样的 App，基本上已经涵盖了我们衣食住行各个领域。比如现在使用最多的应用 App 类型有系统美化、生活社交、阅读教育、影音图像、理财办公等。那 App 是什么时候开始出现的呢？通过查找资料，我们发现 App 的出现始于 2008 年，是由当时苹果手机的应用软件商店 App Store 伴随着其自身系统 OS2.0 应运而生，发布之时，应用商店提供 500 个应用程序。等到 2009 年，各大手机 App 开始强势发展，各式各样的 App 软件开始成为我们生活的一部分。

而最古老最传统的历史学科在互联网面前，亦开始发生着深刻的变化。例如家谱 App 的诞生。家谱是一种特殊的书籍形式，记录以家庭血统和以血缘关系为主体的家庭的重要事迹。[2] 但对于大多数家庭成员来说，传统的家谱有时候就像天书，特别是对年轻人而言。根本原因是家谱难以理解，形式陈旧。为了让家谱焕发新的生命，让家庭的历史传承下来，我们必须使家谱现代化。那如何打造拥有生命力的现代化新家谱呢？答案就是"互联网+家谱"。在大数据、云储存的互联网时代，传统家谱有了"数字化"变革的可能。家谱 App 修谱，使一本本厚重的纸质家谱，变成了一个个可以随时上网查阅的账号，而且所修出来的家谱既保留了传统修谱的所有功能又增加了时效性和多样性的特点。

那家谱 App 是什么时候出现的呢？究竟谁是第一家呢？为了找到答案，笔者把互联网市面上所有出现的家谱 App 都搜索了一遍，做成了下面的表格：

---

[1] 李玲：《教育 App 在高校课程教学中的应用研究》，硕士学位论文，渤海大学，2017 年。
[2] 徐建华：《中国的家谱》，百花文艺出版社 2002 年版，第 1 页。

表 11-5　　　　　　　　　家谱 App 名称及出现时间汇总

名称	中华族谱	云家谱	族脉家谱	永恒族谱	亲亲家谱	快易族谱	中华李氏家谱	家语
时间	2009/7/24	2013/6/30	2013/4/19	2016/11/24	2017/1/15	2017/9/28	2017/12/5	2017/5/30
名称	家谱在线	族谱	中华姓氏家谱	天下家谱	传承家谱	族有谱	家谱树	家族志
时间	2017/9/13	2018/2/19	2014/3/15	2011/4/1	2017/11/23	2017/11/4	2017/8/7	2017/5/10
名称	弘网家谱	Family tree	口袋家谱	同城家谱	找你家谱	云码宗谱	胡氏族谱	族记
时间	2012/8/9	2013/11/26	2015/9/11	2015/10/13	2015/11/21	2016/3/9	2016/3/28	2016/1/14
名称	亲友+	传世家谱	闻世e家亲	家庭树	怀恩家谱	家谱先生	认亲	修谱王
时间	2016/5/29	2016/7/23	2017/1/12	2017/2/17	2017/5/1	2017/4/18	2016	2016

由以上表格我们可以看出 2009 年的"中华族谱"软件是最早开始用应用软件修谱的，只不过最开始的时候只限于电脑 PC 端，真正采用手机家谱 App 修谱的是美国苹果手机的 family tree 软件，它只能用苹果的 iOS 系统，没有安卓系统。大部分有 Android 和 iOS 两种版本的家谱 App 出现在 2014—2017 年。也就是说 2008 年出现软件应用技术后，紧接着 2009 年就开始用软件修谱。而由于 2008 年 9 月，谷歌正式发布了 Android 1.0 系统，安卓智能手机开始在世界各地普及，很多科技公司都开始研发有 Android 和 iOS 两种版本的家谱 App，2014 年开始出现两种版本的家谱 App，到 2017 年，大部分的家谱 App 都能够应用于 Android 和 iOS 两种系统。

2019 年，广州智虎信息技术公司开发出百家有谱 App。

2020 年，公司更名广州有谱网络技术有限公司。近年，在大力推广此款软件。

2021 年，又有重庆修谱文化传播有限公司总裁谢超开发的"人生谱"软件，实现支系谱、亲情谱、五世谱信息的采访与完善。

那么，问题就来了，互联网家谱 App 为什么会出现？它的出现背后有着怎样的原因？

二　家谱 App 产生的背景

互联网家谱 App 作为目前中国互联网领域少有却受到大众欢迎的文化产品，

是互联网时代史学从庙堂之学走向公众之学的一个体现和缩影。因为在互联网的大数据时代下，借助互联网修谱网站或者家谱 App，人人都可以参与书写自己家族的家谱。姜义华就曾指出："随着信息化在全社会的普及，历史书写进入寻常百姓家，人们可以自由地书写自己的历史，自由地在网络上参与书写地方的、国家的及其他各种专门的历史，自由地对历史问题发表评论。这样，历史研究和历史书写便不再仅仅是历史学家的专长，公众也不再仅仅是被动的接受者。"[①]因此，我们可以通过探究家谱 App 为什么会出现？它的出现对当代有着怎样的影响？再去考察"互联网+"下的家谱 App 在实际应用中的缺陷，以及如何更好地去改进？从而去寻找出家谱 App 的出现对现当代的史学形态和史学方法的变革有怎样的意义？笔者认为这是当代史学无法回避的一个问题，也是值得深究的问题。

那我们先来分析一下家谱 App 出现的原因。众所周知，中国自古以来都很重视宗族关系和血缘关系。而家谱为记述血缘集团世系的载体，内容丰富，涉及面广，能够反映所记载家族在一定历史时期的社会、政治、经济、军事、文化、教育等诸多方面的情况。[②] 家谱作为一种历史记录形式和工具，是不可或缺的。随着时代不断变迁，现代化的交通工具和信息技术的发展，家谱的体例和功用也在不断更新。一般往往都是旧事物不足才催发新事物的产生。因此，想要探究家谱 App 为什么出现就要先将纸质家谱和家谱 App 做一个比较。

21 世纪是信息时代，互联网最重要也最本质的一个特点就是快，即时效。经过比较我们会发现家谱 App 的出现首先是对传统家谱的延伸。以往纸质家谱要靠专业的谱师去搜集整理材料，基本上靠步行和抄写来进行，效率低，速度慢，而且还不容易保存，经常有一大本一大本的家谱被虫蛀或者因潮湿看不清字迹。而数字技术和移动互联网解放了时空对人们的限制，人们可以随时随地地获得所需信息。[③] 互联网家谱它不受时间和地域的限制，下载一个家谱 App 软件，注册好以后就能够随时上传、随时编辑、随时修改，不仅安全，而且方便存储，并且能承载照片，家族人物有详细的生平简介，创建的家谱简单直观，可节省不少人力物力。只要手指在 App 中简单操作即可完成修谱、查谱、寻亲、

---

① 姜义华：《大数据催生史学大变革》，《中国社会科学报》2015 年 4 月 29 日。
② 王昭：《家谱文献资源整理现状与思考》，《中国科技信息》2013 年第 5 期。
③ 张昕宇：《家谱数字化工作的现状与思考》，《河南图书馆学刊》2016 年第 2 期。

沟通等一系列活动，不仅延伸和发展了传统家谱，更添加了很多新的元素。

其次，家谱App的出现是家谱现代化走向和市场需求的必然趋势。很多老式家谱晦涩难懂，形态陈旧，就算重新翻修新谱，很多年轻人也读不懂，不喜欢看，家谱被冷落随后束之高阁。要让家谱焕发新生命，就得和时代紧密结合，增加现代化的基因。随着移动智能设备的普及，App走进日常生活，移动互联、便捷、用户至上的体验，使其展现了巨大的市场潜力。① 家谱App的开发正好适应了这一需求。家谱App作为"互联网+"下的一款文化产品，不仅延伸弥补了传统家谱的不足，让年轻人轻松读懂家谱和家史，还可以让家人通过互联网电脑手机共享家谱信息，让家谱现代化，同时连接宗族血缘，延续亲情，为用户提供价值，最大化地满足市场的需要。

再次，通过多种资料分析，笔者认为家谱App的出现是日趋成熟的互联网环境下大众对个体表达和多元记录形态的一种追求。近代以来，随着教育的普及，历史观念从精英史观向大众史观不断转型，使得民间的小历史书写成为可能。② 过去的人识字不多，修谱只能花钱请谱师或者让修谱公司代劳。而随着现代受教育的人逐渐增多，会上网的人也越来越多。家谱App首先以一种固定的样板方式出现，只要填表就可以自动生成家谱，也就是大家都可以来写家谱。而到了后期，家谱App不仅有样板设计，还可以增加许多个性化元素。比如声音、视频、聊天社交、记录成长故事、家族管理等一系列附加的功能。这些附加的功能笔者认为实际上是在互联网下大众渴望自己家谱是独一无二的个体表达和用多维立体方式记录家谱的一种诉求。这也是家谱App在现代社会必须不断发展的原因，只有不断地满足这样的诉求，才有更广的受众市场。

分析了家谱App出现的原因，接下来我们来思考一下家谱App对当代社会所产生的影响。家谱App的出现是互联网时代传统家谱数字化、公众化、个性化，共享性和时效性并存的一个表现。

我们先来看一下家谱App的数字化。随着信息技术的迅速发展，传统家谱的数字化逐渐成为一种不可阻挡的潮流，在这个过程中，我们可以清晰地看到

---

① 罗泽斌：《"互联网+"背景下的体育类App用户群体研究》，硕士学位论文，武汉体育学院，2016年。

② 顾嘉懿：《人人都可以写"小历史"》，《宁波晚报》2017年9月11日。

与传统家谱相比，数字化家谱所呈现出的活力与特点。[1] 第一，由于家谱是一个体系，有各个组成部分，利用家谱 App 可以将各个部分进行程序化、自动化编辑，从而提高了家谱信息的采集效率。第二，传统家谱保存以纸质为载体，而在家谱 App 中家谱资料的保存则实现了电子数据和云存储的数字化保存手段。第三，除了家谱信息的录入、保存，还有家谱信息的便捷查询、快速修正和更新。第四，家谱 App 能够实现家谱信息的数字化平台管理，让信息更安全。作为与个人信息隐私相关的信息平台，需要合理完善的访问系统和严格的信息管理措施。一方面，用户可以随时查询允许在内部公开的所有信息；另一方面，用户可以随时修改和更新个人信息，管理人员将在信息审核后进行补充和纠正。[2] 由此，我们可以发现家谱 App 是家谱数字化后的一种表现方式，在家谱信息程序化的采集、数字化保存、便捷查询、修正、更新和数字化平台管理上都有其影响。

接下来我们来看看家谱 App 对公众的影响。利用家谱 App 编纂家谱属于公众家谱的编纂范畴，也意味着每个人都可以有参与编纂家谱的机会。家谱本是大众百姓的历史，也应由大众百姓来写，家谱编纂的大众化，是一大发展趋势。[3] 我们可以说人人参与书写自己家谱的小历史亦是大众历史书写权的一种回归，而且由于 App 制作，成本低廉，但加入声音、照片、视频等，内容丰富许多，也就更具有历史记录的价值。小家庭多，所以公众家谱数量会更多。人人参与，家家参与，最后扩大、汇总，就会有大家谱。[4] 可见，家谱 App 有助于公众家谱的编纂，也给了更多的大众自己书写家谱的机会。

最后，我们再来看一下家谱 App 的个性化表现。家谱 App 与纸质家谱有一个很大的不同点就在于家谱内容中个性化元素的加入。为什么这样说？随着现代技术的深入和消费市场的普及，大众开始追求多元和独特的个人价值体验。而各式的家谱 App 为了满足这样的体验，在开发 App 时就会特别注重在家谱中加入各具特色的个性化元素作为自己的不同点来吸引和迎合大众消费者。

---

[1] 程美宝：《数字时代的历史事实构建——以电子族谱编纂为例》，《史学月刊》2001 年第 10 期。
[2] 柯洲：《数字化家谱的研究与实现》，硕士学位论文，华中师范大学，2011 年。
[3] 钱茂伟：《中国公众史学通论》，中国社会科学出版社 2015 年版，第 196 页。
[4] 钱茂伟：《中国公众史学通论》，中国社会科学出版社 2015 年版，第 187 页。

三 各式家谱 App 的利弊

"互联网+"下的家谱 App 作为一种新的家谱编撰保存方式，既有突出的积极作用，如家谱软件帮助家谱编辑人员新修家谱、续修以及改修老式家谱，从而使家谱内容管理强有力，谱系检索结果直观形象，搜索统计功能完备，家谱信息使用方便、易于传播。[①] 但其也有明显的局限与缺陷。接下来笔者将用中外比较法、案例与实证说明法等研究方法，对各式家谱 App 的优势、缺陷做一个系统分析。

1. 中美家谱 App 对比

为了对比参照，笔者选取了下载人数多和使用范围广的美国 family tree App 和中国的找你家谱（FindU）App。经实践操作对比后发现，两款 App 家谱软件都比较直观易用。不同的是，找你家谱（FindU）App 可以从私有家谱升级为公有家谱，只需添加亲友并设置管理员，家族成员可以共同编辑管理家谱资料。也就是分散各地的家人可以一起修谱。而 family tree App 则每人拥有单独的目录，可以存放多种不同类型的介质文件，比如图片、影片、文本、表格等。还另有搜索引擎的功能。那么，这两款 App 软件的不足之处在哪呢？软件使用过程中有什么问题呢？我们先来说说美国的 family tree App。通过下载 family tree App 使用发现子女过多的情况下，它的排列顺序不是按输入的先后顺序排列，也不是按长幼排列，而是乱的，乱的原因是女儿全排在儿子之下，导致儿子排序混乱，这带来很多不便。另外，还有配偶应与丈夫平辈并列，而这款软件中配偶是与子女并列的。再来看看找你家谱（FindU）App，它可以把家族里面的人都编辑进去，辈分排列也非常规整，平时还可以利用软件联系，非常方便。不足之处是因手机屏幕尺寸较小，限制了页面的显示范围，所以它不能展开所有的家谱支线，只能展开一部分。而且用户的相册的功能也不完善，有时添加不了照片。通过中美家谱 App 这两款软件的不足我们可以发现美国的 family tree App 主要缺陷在辈分排列上，这应该和美国人的宗族辈分观念不像中国人那么深有关。而中国的找你家谱（FindU）App 缺陷则主要表现在技术上的不成熟。

---

① 张昕宇:《家谱数字化工作的现状与思考》,《河南图书馆学刊》2016 年第 2 期。

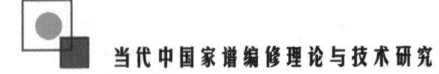

2. 家谱 App 案例与实证

接下来我们来看一些市面上具有代表性且不同类型的家谱 App 它们的功能和特点，然后再去分析其不足。首先是"天下家谱"，这是一个家谱制作软件，设计专业，易于使用，完全符合现代人的习惯。家谱系列软件的主要功能是建立谱系，维护家族档案（包括管理个人照片，音频和视频资料）。记录家庭内的重大事件，谱系表的设置，以及对祠堂和虚拟墓地的祭祀和管理。个性化的家谱生产功能为用户提供了各种家谱打印输出格式，实现"只要会打字就可以制作专业家谱"的智能排版。① 系统中的所有信息分为三类：未公开、公开和完全开放，可以满足个别隐私保密的需要。并且该软件提供中文简体、繁体、英文等多语言界面，所有族谱数据均可生成单个 Word 文件。该软件还可为每个小家庭输入个人数据，然后创建一个包含家谱的大型家族树。不过这款软件如果你把它卸载后再安装，编辑过的家谱内容就会全部丢失，这是它最大的不足点。

其次是"家谱先生 App"，这是一个国内家谱管理专用软件，具有很高的实用价值。无论是新修复，还是延续旧式家族，它都是管理家谱的有力工具。其突出特点如下：①面向大型家谱管理：成功实现了家谱的生成分管技术，每一卷之间可以自由跳转更新，更新卷的生成宽度自由排列，从而有效实现大型家谱的管理。②可以同时管理多个任意姓氏的谱系。③家谱记录内容丰富，数据显示图片和文本，家庭成员的数据参数定义明确。④数据检索结果直观，用"寻根链"视图可以列出继承谱系。⑤目录和文件管理工作完全隐藏在软件内部。② 这样，即使是不太懂计算机知识的用户也可以轻松上手。但是，这款家谱的缺点在于遇到老谱中的一些异体字和生僻字时有些无法识别，就会自动跳成乱码符号。

再次是同城家谱 App，它是以家谱为核心，通过互联网手段为大家提供专业的家谱设计与制作、云家谱管理、宗亲互助、在线祭祀、宗亲活动等各种服务。它采用多年传统修谱技术，融合动态世系图专利，将修家谱、族谱、宗谱等带入互联网。③ 不过据开发人介绍，除了修订家谱族谱之外，"同城家谱"更多体现的是一种家谱文化平台作用。比如同城家谱 App 里有一个"四海同宗"，它可以实时统计在线相关宗亲的地理位置，能够随时随地查看附近宗亲。此外，"同

---

① 毛建军：《中国家谱数字化的新进展》，《数字与微缩影像》2013 年第 2 期。
② 毛建军：《中国家谱数字化的新进展》，《数字与微缩影像》2013 年第 2 期。
③ 吴方伟：《当家谱遇上"互联网+"，找宗亲、找祖先、修家谱更容易》，中国商务 2017 年 1 月 4 日。

城家谱"App 中还研发了"新闻文化与资讯""休闲小游戏""生活服务"等配套板块。① "同城家谱"App 是目前中国互联网家谱领域少有的新型文化产品,很是受欢迎。不过就技术而言,"同城家谱"软件还在不断地更新研发中,因为这款软件目前还不够成熟,存在着一些数据上的漏洞,使用时容易卡住。

复次是怀恩家谱 App。它是由怀恩网打造和推出的现代化、科学化的网上修谱项目。这款家谱软件只要手机号或者邮箱注册后就可以登录,操作快捷简易,图形化,并且支持导出打印电子档,制作实体家谱,换个手机数据也不丢失。还可按照字辈谱、世系图精准搜索某人,比同类型家谱软件系统更稳定,是目前市场上口碑和用户体验都比较好的一款软件。这款软件还有一点瑕疵的地方在于增添家族成员时,有些信息会重复或者错误。

最后,修谱王官方版是一款十分优秀的互联网修谱软件,界面美观大方,功能方便实用,提供世系关系录入、谱头信息上传、世系关系预览、家谱导出、邀请入谱成员核对族谱等功能,可以为用户朋友们提供对家谱编修的一些帮助。其原理是应用结构化的存储思想完成家谱信息化的转变,将修谱方式变成信息录入方式。非常适合大家族、大支系、无老谱的家族使用。

通过以上对比和案例家谱 App 软件下载实证分析,我们会发现,各式家谱 App 目前作为一种现代化的新型文化产品,由于操作起来简单方便,输出方式的多样化使制作出来的家谱比纸质家谱更为丰富,而且方便保存和随时修改,在市场上还是受欢迎的。但由于民众缺乏对于家谱资源内在价值的重视,以及很多民众认为家谱是家族私有资产,缺乏一种家谱资源共享的意识,因此家谱 App 在取得民众的信任上,还是存在一些问题的。再加上,一些家谱 App 在使用的过程中,也确确实实存在很多不足之处。虽然每一款家谱 App 都有其特色,但很多家谱 App 在内容和形式上更多的还是存在同质化的倾向且界面内容比较单一。而且一些家谱 App 由于研发技术的不成熟,存在数据上的漏洞,比如家谱页面范围不够,遇到生僻、异体字就乱码,添加信息会重复甚至错误;有些 App 软件一卸载全部信息就丢失,整体功能还不够完善等一系列技术上的问题。这些问题都需要有进一步的方案去解决。

---

① 吴方伟:《当家谱遇上"互联网+",找宗亲、找祖先、修家谱更容易》,中国商务 2017 年 1 月 4 日。

四 家谱 App 的改进措施

随着科技水平的提高，用互联网承载家谱将是家谱编撰研究的必然趋势。上面我们分析过"互联网+"下的 App 修家谱取得了一定的用户和市场，但也因为缺乏大多数民众的支持加上研发技术的不成熟导致用 App 修谱过程中容易产生很多漏洞等一系列问题，这在一定程度上阻碍和制约了家谱编撰数字化的建设。因此，笔者认为我们还需要从以下几个方面去完善和改进：

1. 在大众需求的心理上推出更多的家谱 App 大众化项目。比如在家谱 App 中设置家族线上和线下生活朋友圈、互动娱乐的个性化项目，扩大家谱 App 的自身吸引力。还可以以提供顾问的方式帮助人们整理、撰写家谱。① 这样可以更好地满足用户群体上传和记录的兴趣。

2. 家谱 App 公司应加强与政府部门和社会媒体的沟通，取得有关部门的信任，媒体加大宣传，让大众更多地了解家谱 App，取得官方和大众的理解和支持，这样可以扩大产业资金链，加快家谱 App 的技术完善工作。

3. 家谱 App 公司可以加大与各地大宗族的合作联系，取得各大宗族家谱的支持与认可，进一步扩大家谱信息的来源。同时还可以与大型收藏家谱机构合作，将自己定位为家谱收藏机构的商业外延文化产品，这样在充分挖掘家谱价值的同时也提升了家谱利用率，还扩大了盈利点。② 用盈利点的资金投入，可以多渠道、多角度地丰富家谱 App 的编撰建设。

4. 家谱 App 公司自身技术攻关。打铁还须自身硬。要在市面上生存并能够不断地发展，家谱公司就需要进一步创新。打造出有自己风格的家谱 App 界面，同时还要丰富功能，注重家谱内容的多元化、层次化、个性化，特别是在攻克技术漏洞这一块多下功夫，简单易操作，漏洞少，功能又完善，这样下载使用家谱 App 的人数自然也就多了。

综上可以看出，在互联网的大数据时代下，借助互联网线上修谱网站或者家谱 App，使得人人都可以参与书写自己家族的家谱。而人人参与书写自己家谱的小历史亦是大众历史书写权的一种回归，而且由于使用家谱 App 制

---

① 胡燕、朱云娟：《走向大众——国外家谱网站建设及对我国的借鉴和启示》，《档案与建设》2014 年第 10 期。

② 柯洲：《数字化家谱的研究与实现》，硕士学位论文，华中师范大学，2011 年。

作，成本低廉，但加入声音、照片、视频等，内容丰富许多，也就更具有历史记录的价值。这就是互联网时代史学从庙堂之学走向公众之学的一个体现和缩影。

只不过，值得注意的是"互联网+"下的家谱App作为一种新的家谱编撰保存方式，既有突出的积极作用，也有其明显的局限与缺陷。如在内容和形式上更多的还是存在同质化的倾向且界面内容比较单一，研发技术的不成熟，存在数据上的漏洞，异体字就乱码，添加信息会重复甚至错误，有些App软件一卸载全部信息就丢失，整体功能还不够完善等一系列技术上的问题。因此，我们还需要从大众需求的心理出发推出更多的家谱App大众化项目，加强与政府部门和社会媒体的沟通，加大宣传，与各地大宗族和大型收藏家谱机构合作，提升家谱利用率，以及家谱App自身技术攻关这几个方面去改善。

五 网络协调修谱的走向

近几年来，网上修谱以"互联网+家谱"的形式为突破口，采用大型数据库和互联网相结合的技术，以个性化的家谱内容、模式化的家谱编撰格式和智能排版系统以及更简单的使用方式，引起了社会的广泛关注和海内外大众的喜爱。再加上国家现在提倡全面复兴中华优秀传统文化，而家谱文化对于传承中国根系文化具有重大意义，又岂能被忽视？因此，不管是家谱网站还是家谱App都有很大的发展潜力，发展前景和空间也是可观的。只不过，中国大多数家谱网站目前的发展也面临一些需要解决的问题。如原始资料从哪里来？其次，谁来提供大数额的资金支持？最后，固定的格式能吸引多少人？[1] 等等。由此可见，家谱网站的发展之路并不完全是坦途。

那么，面对如今网上修谱所存在的发展问题，我们是否可以有更好的办法去解决并完善它？对原始资料来源这一问题，笔者认为或许我们可以借鉴华侨黄秉聪的想法。黄秉聪早年因为对家谱感兴趣，花费10年的时间研发了一款家谱系统，这款家谱系统能够为每个人建立一个类似身份证号码的唯一编码，让传统分散族谱数据系统存储起来。此外，还能为不同姓氏之间的家谱同时建立

---

[1] 谢飞君：《要建"中华大族谱"比较》，《新闻晚报》2005年11月29日。

横向和纵向的数据联系。而且不同姓氏但有关联还可以直接跳到另一个家谱中。另外，库中每个人的资料都可以随时更新，现代人物的资料更是丰富多彩。① 即组织各个个姓家族网站中热衷于做家谱文化的人，看其是否愿意提供网站以往收集的家谱资料，然后利用黄秉聪所做的系统，将个姓姓氏原始家谱资料填充进去，做家谱 App 中的动态资料库，最终形成类似于"百家姓"的"中华大族谱"。这样就解决了原始资料的来源问题。

其次，中国的网上修家谱自我造血功能一直不强，盈利是瓶颈。分析其原因：主要是大部分家谱网站和家谱 App 功能单一，内容不够吸引大众，没有大型的在线家谱数据库作为支撑且影响力不大。但网上修谱的发展肯定离不开大众的喜爱和更多资金的投入，大数额的资金来源除了依靠国家项目补给，更多的还需自立自强。那中国如何更好地发展为大众服务且盈利的家谱网站？或许可以借鉴一下国外家谱网站的做法。国外家谱网站的建设特点有三：一是以强大的数据库作为后盾。国外的家谱网站涵盖了一个人从出生、结婚到死亡几乎所有的生死大事历程。丰富而全面的数据库资源是国外家谱网站的支撑。二是简单且符合大众心理的人性化和特色化服务。如基因测试、邀请近亲创建家族树、提供免费家族社区网等。三是广泛的宣传手段。国外的家谱网站非常重视宣传，他们除了平时网站活动，还经常邀请媒体策划公众喜闻乐见的节目，以加大影响。② 那么，相对应的笔者认为中国家谱网站要取得长久的发展，第一，在于让专业的家谱网站和各地家谱档案馆、图书馆以及民间收藏谱牒者合作，将相关数据多渠道整合，然后加大对于在线家谱数据库的建设。同时，改变家谱网站内容和载体的呈现方式。如家谱网站的数据库的内容除纸质扫描件外还可增加录音文本、视频文件和电子记录文件。灵活多变的载体呈现方式不仅不会让成年用户感到无聊，还会吸引年轻人和孩子使用家谱文件来了解家族历史并激发他们对历史的兴趣。③ 增加家谱网站的浏览量。第二，用特色运营服务和高度贴合大众心理需求的家谱项目来吸引大众。比如线上的互动娱乐、家谱知识趣味普及、家族树搜索、家族修谱项目。第三，近年来策划诞生了一

---

① 谢飞君：《要建"中华大族谱"比较》，《新闻晚报》2005 年 11 月 29 日。
② 胡燕、朱云娟：《走向大众——国外家谱网站建设及对我国的借鉴和启示》，《档案与建设》2014 年第 10 期。
③ 韦加佳：《美、英、澳、加四国家谱档案信息资源开发途径及启示》，《北京档案》2014 年第 10 期。

些历史类综艺节目，如《舌尖上的中国》《我在故宫修文物》等。笔者认为写家谱其实就是写家族史，它和公众生活息息相关。家谱网站可以和媒体合作，精心策划一些关于"我是谁？我从哪里来？"类型的节目，通过追根溯源的方式帮助一些名人找到他们的根和祖先，再通过名人利用家族照片、家族故事宣传，增加社会关注度，让更多的大众了解家谱网站和一些家谱App，从而逐渐获得盈利。

再次，针对家谱网站的固定格式不具有吸引力问题，或许我们可以通过增加家谱创建结构的多种模式化技术来解决。家谱网站的数据库构造，都是以支派为基础的，家谱网站的线上创建和家谱数字化不一样，家谱网站需要登录以后才能进行线上家谱的创建。那么，家谱网站可以使用程序设计，多做几款模式化的家谱编撰格式供大众选择。这样，进行家谱编撰时，操作者只需要将家族人员信息（姓名、介绍、行辈、传记、图文等）和支系关系（父母、兄弟、子女、前后传承关系）录入，然后选择中意的家谱格式，自动化排版。或者也可以在网页中留白，由操作者自己不受限的设计家谱录入格式，自己编撰家谱，自主选择创建，以多种模式和自由设计的方式可以吸引更多的公众加入自修家谱的行列中来。同时，可以利用家谱App的一些云存储功能，方便永久保存。让网上修谱这件事真正做到只要你想，就可以参与其中。

小结

通过考察，笔者发现互联网修家谱让家谱实现了网络化，有效地弥补了传统家谱中的不足，是时代"互联网+"下的发展趋势。从1994年中国完成全国的联网工作，到1997年中国民间第一家家谱网站的出现，再到2001年官方家谱数据库的上线，2005年后开始注册登录可进行线上网站创建家谱，以及最后发展到跨国界家谱网站，着实让修家谱这件事变得不再受时空的限制，存储空间和修纂方式也相应地发生了改变。互联网修谱，图、像、声三者的联合让修家谱这件事实现了更高精度和更多样化的表达，而且人人都可参与去写。谱网结合，更能反映个人和时代特色，也更符合现代人的思维方式。因此可以说，互联网修谱这件事既满足了大众对家谱的个体表达和多元记录形态的追求，又给了大众写公众家谱的机会，同时以互联网互动的形式给当代的公众带去了一定的归属感和认同感。因而互联网修家谱实际上是互联网时代史学从庙堂之学走向公众史学的一个缩影。可以说，家谱网站和家谱App的存在给更广大的公众带来的是自修家谱的契机，修谱方式、内容和传播的变化，是时间流变中人们所做出的选择。互联网修谱对当代的影响是独一无二的，这亦是时代科技的发展对人类编撰历史方式的更新。

现代的我们每天睁开眼睛就在和互联网打交道。可以说，在互联网不断发展的 21 世纪，互联网也在不断地创造着新的生态，给时代带来新的影响。而最古老最传统的历史学科在互联网面前，亦开始发生深刻的变化。一本家谱能够显示出生命的清晰"线条"。而家谱编纂这件事情，从古至今都是非常普遍的一件事情。家谱网站，它是一种以家谱档案数字化为基础的网站。以血缘和姓氏为基础，以共同的祖先作为一种家族身份认同聚合，并通过这种聚合产生一种可信的社会网。互联网修家谱，谱网结合，更能反映个人和时代特色，也更符合现代人的思维方式。

家谱作为一种历史记录形式和工具，是不可或缺的。综上探究我们得知，目前家谱网站的主要功能有两个：一是提供家谱信息资源的检索，二是提供"家谱"的建立和管理，即电子家谱。若大致划分，家谱网站的类别可以分为三种：学术性的官网数据库、综合性的门户网站以及各个姓氏家族自办的家谱网站。中国第一家家谱网站诞生于 1997 年，是由一位叫吴卫东的人为了方便吴氏族人的交流互动，创办的"华夏吴氏网"。在"华夏吴氏网"之后，江源和他的团队是国内最早探索将传统家谱和互联网信息技术相结合的那批人。他们发明创新了只要在家谱网上注册会员，就可以在线上自修家谱的编撰修谱方式并保留沿用至今。2000 年前后是家谱网站发展的一个转折点，之所以说 2000 年前后是一个转折点，是因为 2000 年前后，家谱网站从民间大众私人创建到官方项目发展，此后官方和民间共同努力，家谱网站逐渐如雨后春笋般增多起来。从那以后，互联网家谱开始以"互联网+"的形式出现，使用信息和通信技术以及互联网平台，让互联网与传统产业产生深度融合，开创新的发展生态。随着时代不断变迁，现代化的交通工具和信息技术的发展，家谱的体例和功用也在不断更新。于是，家谱 App 诞生了。家谱 App 不仅有样板设计，还可以增加许多个性化元素。比如声音、视频、聊天社交、记录成长故事、家族管理等一系列附加的功能。这些附加的功能，笔者认为这实际上是在互联网下大众渴望自己家谱是独一无二的个体表达和用多维立体方式记录家谱的一种诉求。因此，家谱 App 的出现是互联网时代传统家谱"数字化""公众化""个性化"，共享性和

第十一章 家谱编修网络技术化考察

时效性并存的一个表现。不管是利用家谱网站修谱还是发展到现在的家谱 App 修谱，人人参与书写自己家谱的小历史总归是大众历史书写权的一种回归，是互联网时代史学从庙堂之学走向公众之学的一个体现和缩影。

纵观中国这近 20 年网上修谱的变化过程，其实质是家谱编纂的大众化发展趋势的一种体现。在互联网的大数据时代下，借助互联网线上修谱或者家谱 App 软件修谱，使得人人都可以参与到书写自己家族的家谱中来。网上修谱的存在，让家谱可以借助互联网的力量来完成，还可以在家谱中加入声音、视频等适应现代化的信息，让越来越多的人成为家谱的编撰者，并且可以通过网络传播，搜索查阅也更方便。也就是说，互联网修谱它既满足了大众对家谱的个体表达和多元记录形态的追求，又给了大众写公众家谱的机会，同时以互联网互动的形式给当代的公众带去了一定的归属感和认同感。

家谱本就是大众百姓的历史，也应由大众百姓来写，家谱编纂的大众化，是未来的一大发展趋势。让家谱实现网络化，既能有效弥补传统修谱的不足，对于家谱综合开发研究、跨时空传播信息、多渠道检索利用等方面，也具有一定的文献价值和社会价值。不过就目前而言，网络修谱还存在着很多内容、形式和细节上的缺陷，但笔者认为我们可以从网上修谱技术本身的提升，以及在大众需求的心理上推出更多的家谱大众化项目，加强与政府部门和社会媒体的沟通，加大宣传，同时与各地大宗族和大型收藏家谱机构合作，提升家谱利用率来解决一些问题。整体上讲，互联网修家谱给更广大的公众带来的是自修家谱的契机，它对当代的影响是独一无二的，这亦是时代科技的发展对人类编纂历史方式的更新。

网上修谱是指运用家谱软件在公共网络上进行大规模的在线自助修谱活动。其产生的背景有三：一是用家谱软件弥补手工修谱的不足，提升修谱的效率。二是借助网络实现大空间修谱活动，弥补小空间的不足。三是借助修谱软件，实现自助修谱目标，弥补他撰不足。四是让年轻人参与修谱，网络是年轻人的天地，而传统修谱是老年人的天地，有了网络修谱，可实现两者的对接，让修谱后继有人。五是实现修谱的一条龙服务。网上修谱可实现修谱、排版、打印、传播的一步到位。

家谱软件与填写式家谱仍处于发展初期，远没有达到户户普及的最高目标。之所以普及程度尚有待提升，是因为它是现代技术，不是人人必须做、人人习惯做的技术。修谱主体是老人，而老人却是远离电脑或手机的一代。电子谱如此，也要有一个动员问题。续谱，说难也不难。一个家族，只要有人来发动，有人出钱，不断动员，就可以编修出家谱来。电子谱也如此，没有人，没有动员，没有组织，最终也修不成谱。将家谱技术与微信结合，也许是有效的推广路径所在。目前，微信技术使用最为普及。

　　网络修谱是修谱方式的革命，是可以突破时空限制的全媒介，可以人人参与的。不过，要有懂网络的人来操作。对老人来说，仍会存在操作不方便问题。网络传播多了一个传播方式，纸质家谱仍是存在的。网谱与纸谱并存，这是未来的方向。修谱的最大难处是征集各地分散的家族信息，虽然有了 App，可以通过手机来征集信息，但信息征集仍是靠人来操作的，人是千差万别的。

第十二章

家谱编修长效机制研究

没有规矩不成方圆,没有制度即难成习惯。续谱要建立一套长效机制组织,才能保证家谱编纂的长久性。

第一节 加强政府对家谱编修工作的引导

改革开放后,家谱的编修活动不再受到打压,于是民间涌现出许多修谱活动,逐步形成家谱热的局面。然而,在修谱热现象的影响下,涌现出许多残次的家谱。它主要表现在谱编修行为不规范,体例随意,文字表述不客观等方面。之后的三十年里,为了规范家谱编修,学者们开始研究将家谱编修纳入政府管理。那么他们都有哪些研究?这些研究最终起到作用了吗?据笔者观察,近三十年的相关研究,学者们已经从各个方面给出建议,要求政府能够管理家谱编修。但是,从目前的情况看,这些建议的落实情况都不理想。为什么会出现这样的情况?又该如何解决?如何进一步给出建议?家谱是民间文化的一部分,政府理应管理,那么政府又该怎样管理?家谱是中华民族的优秀传统文化,有长达千年的家谱传承,继续继承这是没有错的。但是,过了那么久,它的编修形式、编修体裁适合这个时代吗?在新中国体制下,修谱也要改革,除了传统的宗谱,也要强化地域性联谱。本节主要对20世纪90年代后学者们呼吁国家管理家谱的研究成果进行回顾。同时,在此基础上,研究为什么学者的建议难以落实?为什么政府要管理家谱?以及探索新的家谱编修模式。这是学术回顾与展望之作。只有回顾,才能展望。否则,就可能是重复。

一 将家谱编修纳入政府管理的呼吁回顾

自改革开放之后,家谱热的现象便陆续出现在不同地方。在家谱热的背景下,1991年,吕定禄提出:"我们的党政部门尤其是当地的文化主管部门或史志机构,可以采取大禹治水的办法,让其吸取传统谱的精华,引导他们剔除那些不健康的封建糟粕,移风易俗。"① 这是目前所见最早主张加强对家谱管理、让其发挥正能量的建议。此后,陆续有人提出建议。

下面笔者将近三十年的呼吁整理成表(见表12-1)。

表12-1　　　　　　　　　近三十年加强修谱管理的呼吁

年份	作者	题目	作者身份
1991	吕定禄	对当前农村兴起修谱续谱热的思考	零陵区人大代表
1991（2011刊）	唐明伯	警惕家谱热中的封建痼疾	建湖县文化学者
1995	黎其强	编修族谱刍议	北流市地方志办公室副主任
1995	戴佳臻	关于谱牒的思考	高安县县志办主任
1999	梁洪生	新谱与新志的对接:方志界对谱牒的认识和一种理想设计的考察	江西师范大学教授
2004	张升	对新修族谱的一点思考	北京师范大学教授
2005	蒹葭	政府对民间修谱行为应规范管理	记者
2005	柳哲	中国家谱文化复兴宣言	家谱研究者
2007	丁宁	读谱·悟谱·说谱	律师事务所主任、修谱主编
2008	陈名实	对民间谱牒编修应加强引导和规范管理	福建党校教授
2010	郑自修	郑自修呼吁全国人大立法修家谱	主编
2010	杨乃瑞	重视家谱文化综合利用和管理　发挥其在创建和谐社会中的作用	山东省政协委员
2011	唐明伯	重提家谱热	建湖县文化学者
2011	贾载明	建议国家提倡民间编修家谱	民间文化研究者
2013	周跃忠	永康市民间修谱现状与思考	永康市文联主席
2016	刘文海	修优质族谱走创新之路——新修族谱应该重点把握的几个问题	市地方志办公室主任
2017	周俊生	推进"规则改革",让家谱修编走向每一个家庭	民间学者
2017	郑鸣谦	家谱文化——让血脉亲情落叶归根	家谱研究者

---

① 吕定禄:《对当前农村兴起修谱续谱热的思考》,《湖南档案》1991年第5期。

续表

年份	作者	题目	作者身份
2018	吕有凯	家族文化管理立法刍议	家谱研究者
2018	陈黎明	顺应时代要求，创新修谱方式	奉化市地方志办公室主任
2018	朱晓进	关于对"编修家谱""修建祠堂""复建祖坟"等热潮加强引导的建议	江苏省政协副主席，南京师范大学副校长
2019	施晨露	二轮修志进入攻坚决胜期，莫让修完的志书束之高阁	记者

以上 22 份建议，可从几大方面来分析。

（一）阶段特征

近三十年将家谱纳入政府管理的呼吁，大体可分成三个阶段：

第一阶段，为 1990 年到 2000 年。这一阶没有体现出紧迫性，专家学者和政府机构相关领导虽有参与，但明显参与度不够。相关研究虽然都提到了需要政府管理，但是对于政府为什么要管理，给出的论证条件尚不充分，给出的建议尚不具体。

第二阶段，为 2001 年到 2009 年。这一阶段明显家谱热波及范围更广。如张升《对新修族谱的一点思考》提到："现在修谱完全是民间自发的行为，因为族谱在民间有特殊的意义。它是在一定环境下产生的特殊民间文献。"① 2005 年，"建议把修谱作为民俗文化的一项内容加以研究，剔除其中的消极因素，增加积极内容，使其成为一项有益的群众性活动。"② 蒹葭说："在民间修谱成风，并已对民间社会安全、稳定、和谐造成不良影响的今天，政府部门应该尽早关注这一问题，充分调研并制定相关政策，综合利用政治、经济、行政管理、学术引导等手段，加强规范管理，以期有所作为。"③ 张升和蒹葭的研究都对当时的家谱编修情况有所反映，他们的研究更能体现出政府重视家谱编修的紧迫性。整体来说，这一阶段的研究比上一阶段要进步很多。第一，在建议方面更加具体，不再只是宏观的谈论。第二，学者们开始有了探索家谱编修新模式的想法，开始从家谱自身出发，强调家谱与时代结合。

第三阶段，为 2010 年到 2021 年。这一阶段相关研究较多，主要是将家谱建

---

① 张升：《对新修族谱的一点思考》，《华夏文化》2004 年第 2 期。
② 胡永球：《对"修谱"的一点看法》，《光明日报》2005 年 3 月 4 日。
③ 蒹葭：《政府对民间修谱行为应规范管理》，红网 2005 年 2 月 18 日。

设与文化建设联系起来，对政府部门的要求更高。在加强文化建设的大环境下，更具体地探索家谱的归属单位。甚至引起了省级、全国政协委员的关注，提出了有力度的提案。

(二) 从修谱的好处与坏处论证政府加强家谱管理的必要性

政府为什么要来管理家谱编修？史志工作者与家谱编修者给出了不同的理由。

广西黎其强的观点具有一定代表性。首先应肯定修族谱有其积极作用：①可以加强宗族的亲和力，并避免重名现象发生；②有利于教化；③有利于增强各民族之间的团结；④可以增进海内外中华儿女的同胞亲情，加强民族的凝聚力和向心力；⑤有利于促进男女平等的真正实现。其次提出编修族谱可能出现的负面影响：①族谱在续修时若照搬照抄旧族谱，势必会使封建思想谬种流传；②可能会有一些别有用心的人利用族谱搞违法活动；③可能会有人利用族谱搞不正当交易。① 既如此，自然得重视管理。

贾载明说："这些年，由于政府没有引导，民间自发修谱，其质量参差不齐，大多很差，文字粗劣，错漏百出，与古人编修的质量差之远矣，很不利于文化的传承。如果各级政府将此任务赋予地方志办公室，由政府引导，专家指导，家族自费编修家谱，不仅对文化管理有益，也会大大提高家谱编修的质量。"② 这是从家谱编修质量角度提出的管理要求。

周跃忠称："市委市政府提出了'文化兴市'的发展战略，续修宗谱作为一种民间普遍的文化现象，正是文化大繁荣、大发展的有效载体，这是一件利国利民的大好事，官方应该引起关注，不能听之任之，放任自流。"③ 这是从文化兴市角度提出的要求。

(三) 对政府管理家谱编修的议题

由于民间修谱的活动影响日益增大，学者的研究也开始增加，各项建议也更为具体。综合各家的意见，大体上可分成以下几个方面：

1. 在管理指导思想上，强调引导和鼓励。④ 唐明伯认为："这是政府不可推

---

① 黎其强：《编修族谱刍议》，《广西地方志》1995年第1期。
② 贾载明：《建议国家提倡民间编修家谱》，博客中国2011年10月27日。
③ 周跃忠：《永康市民间修谱现状与思考》，中华成氏网2013年11月4日。
④ 丁宁：《读谱·悟谱·说谱》，义乌市人民政府网2007年8月9日。

卸的责任。当然这种引导与规范,不是要把这种家族行为变为政府行为,更不是以种种理由去限制家谱的编制。"① 这里给出政府管理家谱编修的基本性质。政府管理的核心任务是引导、规范家谱编修活动。政府管理重在引导,既不能不管也不能强迫。只有如此才能让家谱编修,既能规范化进行,又能充满活力。

2. 成立专职机构。"家谱,作为一个独特的文化领域,国家应高度重视,建议纳入有关部门的管理范畴,组织人才,成立专职机构,把有关家谱编辑技术、质量、出版、发行等事宜作为一项文化事业来加以管理,建立健全质量监督、审批机制,规范质量标准,设计或优选、推荐最新适用体例,提供、推荐优质样谱,实行编辑技术指导或专业代编,监督出版发行程序,使其规范有序地发展。"②

3. 强调出台相应的规范性文件。"各级领导应重视对族谱质量的把关工作,建议自治区有关单位最好能发一个文件,由地方志办公室承担培训、审核。各印刷单位和个体印刷店铺一律不准承印未经审查验收的族谱,违反者则给予处罚(如罚款、停业整顿等)等。"③ 要求加强行业管理,这些是值得肯定的。至于说各印刷单位和个体印刷店铺一律不准承印未经审查验收的族谱,这可能有点过火了。笔者以为加强修谱管理,只能积极引导,不能强迫。2018 年,陈名实又提出了"家族文化管理立法刍议",这是值得肯定的。"有关部门应当从思想上积极地引导,用政策加以规范,如制定新编族谱的质量标准,明确族谱印刷出版性质,确立编辑出版新编族谱机制等;政府还可成立专业的谱牒研究机构,编写谱牒修纂大纲,确定体例和内容,以对修谱进行规范和指导。出版部门应积极介入族谱的印刷出版环节,担负起编辑审查的责任。学术界和社会团体应认真贯彻政府有关规定,以求真务实的学风指导修谱,提高族谱质量,对于族谱中的消极因素,应提出解决方案予以克服。通过以方志体例对族谱进行改造,创建一种适应社会主义新时代需要的新型族谱。"④

4. 加强对家谱编制的监督。"进行三方面的监督,也就是史学内容的监督、经济行为的监督,还有就是法律责任的监督。"⑤ 修谱者要承担相应的法律责任。

---

① 唐明伯:《重提家谱热》,建湖文史网 2011 年 10 月 17 日。
② 吕有凯:《家谱理论与编修技术》,中国文史出版社 2014 年版。
③ 黎其强:《编修族谱刍议》,《广西地方志》1995 年第 1 期。
④ 陈名实、陈晖莉:《福建谱牒文化调查研究》,《泉州师范学院学报》2009 年第 1 期。
⑤ 唐明伯:《重提家谱热》,建湖文史网 2011 年 10 月 17 日。

5. 对族谱编修人员进行培训。"对修谱者进行谱志学、通志学方面的专门培训，此外对修谱者还要进行我党意识形态的指导与培训。"①

6. 建立族谱的审稿制度，把好质量关。② 家谱需经主管部门邀请的专家审定。③

7. 官方补助经费，用于修谱。④

8. 通过家谱评比引导民间修谱风。"政府相关部门对新时期家谱的修编也应给予积极的指导，包括评选推举新时期优秀家谱，让它们面向全社会起到示范作用，让家谱修编走向每一个家庭。"⑤

9. 在宗谱内涵上进行指导和引导。⑥ 改革的方向是方志化。梁洪生提到方志部门的想法是："将近十余年在修志活动中形成的一套制度与运作方式移植到修谱活动中。他们是希望把近年来在现行政治体制外运作的民间修谱活动，纳入体制之内来，加以引导和管理，制定统一的体例、模式，如大事记、村史、成就等。这种情况实际上是通过族谱的方志化，来获得族谱的社会认同。"⑦ 将家谱编修纳入体制内，便于管理，同时也会有更丰富的政府资源支撑，对修谱来说是非常有利的。陈名实提到："学术界和社会团体应认真贯彻政府有关规定，以求真务实的学风指导修谱，提高族谱质量，对于族谱中的消极因素，应提出解决方案，予以克服。通过以方志体例对族谱进行改造，创建一种适应社会主义新时代需要的新型族谱。"⑧

10. 提倡新型家谱。有了探索符合时代的新型家谱的想法，刘文海主张："依据出生地域，修续新型支谱。"⑨ 这是家谱编修的一次飞跃。施晨露提到："特别强调将族谱等内容写进村志，为村志增添新的内容，既能翔实记录村庄历

---

① 唐明伯：《重提家谱热》，建湖文史网 2011 年 10 月 17 日。
② 黎其强：《编修族谱刍议》，《广西地方志》1995 年第 1 期。
③ 唐明伯：《重提家谱热》，建湖文史网 2011 年 10 月 17 日。
④ 周跃忠：《永康市民间修谱现状与思考》，中华成氏网 2013 年 11 月 4 日。
⑤ 周俊生：《推进"规则改革"，让家谱编修走向每一个家庭》，澎湃评论 2017 年 5 月 13 日。
⑥ 丁宁：《读谱·悟谱·说谱》，义乌市人民政府网 2007 年 8 月 9 日。
⑦ 梁洪生：《新谱与新志的对接：方志界对谱牒的认识和一种理想设计的考察》，王鹤鸣等：《中国谱牒研究：全国谱牒开发与利用学术研讨会论文集》，上海古籍出版社 1999 年版，第 341 页。
⑧ 陈名实：《对民间谱牒编修应加强引导和规范管理——推进两个先行区建设百项建言之一》，《福建论坛》（社科教育版）2008 年第 12 期。
⑨ 刘文海：《修优质族谱走创新之路——新修族谱应该重点把握的几个问题》，《黑龙江史志》2016 年第 10 期。

史,又接地气,具有可读性。"①

11. 强化数字化管理。首先,"国家有关部门应正视家谱文化,在《中国家谱总目》的基础上,加快家谱数字化工程,同时制定相应的家谱信息安全条例,保护家谱信息的安全,防止信息外流。其次,国内各大家谱馆藏单位,尽快开放馆藏家谱数字全文,不能'据公为私',要方便学界研究和民间寻宗"②。

12. 修谱技法上的引导和指导。"时代发展了,摄像技术、电子技术、数码技术等等现代化的技术手段,都足以使宗谱的修编跃上新的台阶,来承载多元文化中的氏族的历史。……需要有一个便于各个氏族沟通,交流的平台,促进宗谱的开拓创新。"③ 这是比较全面的观察。

13. 加强对青少年的引导。"这就需要倡导年轻人接触宗谱、关心宗谱、解读宗谱、参与修谱。"④

14. 由地方志办公室来执行。由哪个职能部门来管?周跃忠提出:"官方以积极支持的态度明确职责部门。由方志部门来管"⑤。唐明伯说:"我主张修谱应得到主管部门的批准,这主管部门我当时认为就是县志办。"⑥

15. 组织续修宗谱行业协会。高安县县志办主任戴佳臻称:"各地为加强学术研究,由专家、学者组成并经过政府批准的谱牒学会,应在研究旧谱牒的同时,探讨如何以新观点、新资料、新方法编出具有思想性、科学性、资料性的新谱牒,帮助起草类似谱牒编修暂行规定的文件,正确规范和指导谱牒续修。"⑦加强学术研究,组成谱牒学会,起草谱牒编修暂行规定,这些想法都具有很大价值。有人提出谱牒学会承担管理功能。

16. 面向高校。"高校应加快家谱学科建设,依托高校科研实力,对谱牒进行标准化、权威化研究,进一步提升民间谱牒编修质量。"⑧

17. 主张成立家谱基金会。"呼吁社会贤达设立家谱文化基金,支持家谱文

---

① 施晨露:《二轮修志进入攻坚决胜期,莫让修完的志书束之高阁》,上观新闻 2019 年 12 月 23 日。
② 郑鸣谦:《家谱文化——让血脉亲情落叶归根》,《中华民居》2017 年第 4 期。
③ 丁宁:《读谱·悟谱·说谱》,义乌市人民政府网 2007 年 8 月 9 日。
④ 丁宁:《读谱·悟谱·说谱》,义乌市人民政府网 2007 年 8 月 9 日。
⑤ 周跃忠:《永康市民间修谱现状与思考》,中华成氏谱 2013 年 11 月 4 日。
⑥ 唐明伯:《重提家谱热》,建湖文史网 2011 年 10 月 17 日。
⑦ 戴佳臻:《关于谱牒问题的思考》,《宜春师专学报》1995 年第 1 期。
⑧ 郑鸣谦:《家谱文化——让血脉亲情落叶归根》,《中华民居》2017 年第 4 期。

化研究和家谱续修工程。""呼吁各姓族贤多关心本宗事务,提升家谱编修质量。"①

(四)省级乃至全国政协委员提案的出现

最初的建议,多是地方学人或官员。在方式上,多是借助报刊来宣传的。后来,逐步成为政协委员提案,级别在不断提升。

2010年,山东省政协委员杨乃瑞提交了一份关于《新修家谱应成为政府行为》的提案。杨乃瑞在提案中建议:"把新修家谱变成政府的行为。如在各地档案局设立家谱处(科、室),指导管理属地修撰家谱的工作。此外,各地档案局应有计划地收藏(购)属地新家谱入档。最后,要扭转人们对家谱文化的认识。"②杨乃瑞是山东省政协委员,他对家谱纳入政府管理的想法,反映出家谱管理已引起了更高层面的关注。

2018年全国两会期间,南京师范大学副校长朱晓进提交了《关于对"编修家谱""修建祠堂""复建祖坟"等热潮加强引导的建议》的提案,提出四方面的意见:①有关部门在职责范围内加强监管,着力进行疏导;②明确宗族活动的主体法人及相关责任,加强相关监管工作;③以地方图书馆等为载体,进行实体家谱收集,电子家谱、电子家族纪念堂建设等工作;④引导宗亲活动与先进文化建设相适应。③ 这是一份提交到全国政协会议的提案,是一份修谱、修祠、复坟等综合管理的建议。对家谱编修来说,没有提出太多建设性意见。

小结

通过考察,近30年来为了推动政府管理家谱活动,相关研究和建议层出不穷。从宏观角度来说,党该如何做,政府部门该如何做,学者该如何做,这些问题,都有相关研究。具体的措施也有很多,例如将家谱编修纳入地方志管理,给予资金支持等。同时对谱编辑技术、质量、出版、发行给予规范。

二 近30年政府对家谱管理忽视的反思

有了如此多的呼吁基础,但落实效果并不理想。仅个别地方,如广西地方

---

① 郑鸣谦:《家谱文化——让血脉亲情落叶归根》,《中华民居》2017年第4期。
② 杨乃瑞:《新修家谱应该成为政府行为》,见孟琳达等《省十一届人大三次会议闭幕》,《半岛都市报》2010年1月31日。
③ 朱晓进:《修家谱、建祠堂热暴露出一些问题,建议加强引导》,澎湃新闻2018年3月4日。

志办公室提到"继地方史纳入地方志工作范畴后,'十四五'期间酝酿启动的三轮修志有望将家谱、宗谱、族谱等列入地方志工作范围"①。也仅说是"有望"。查询相关条例,并没有明确的规定。何以建议或提案迟迟难以落实?又该如何让其落实?这是值得进一步思考的。

(一) 政府为什么没有来管理?

何以多年的建议难以落实?唐代以前,家谱是官谱,直接由政府管理。宋以前的家谱是政治档案,所以它是官谱,是贵族谱。贵族分两类,先秦是周王室家族,是世袭下的贵族。汉唐时期,是地方通过儒学入仕贵族,是选举下的贵族。性质上不完全相同。宋至民国时期,家谱编纂私谱化,政府不再管理。进入科举,权力的转移性更强,贵族越来越少。宋以后,成为民间档案,政府完全放任,不再管理。清朝出现过短暂打压现象。在近千年政府不参与管理的情况下,要求政府管理,确是有难度的事。不过,宋以后朝廷虽没有出台支持政策,但在家国体制下,在宗法体制下,修谱是合法的行为,是得到国家认可的。新中国摧毁了这套宗法管理体制,改为直接的国家管理,成为乡村二级体制。宗法体制一变,家谱编修也就失去了存在的政治与物质基础,成为游魂了。家谱在中华人民共和国时期的发展历程中有其特殊处,经历了打压与重新解放的过程。1949—1963年,新中国成立以后,摧毁了原来的宗法体制,乡绅阶层被彻底打倒,使得过去依托宗法体系的修谱活动受到影响。人民公社化时期,将村民组织化了,小队长成为他们的直接领导。生产组织与生活组织紧密化。生产队实际上是一个农场,人人每天都要上班,根本没有时间从事其他文化活动。那一时期,人民的整体经济水平不高,多数靠实物分配。那个年代几乎没什么印刷业,大部分靠手写。要复制,得用复写纸,用圆珠笔来写,可垫二三张复写纸,不能超过五份。后来钢板刻蜡纸逐步广泛化,复制比较方便了,可以大批量印刷。1964—1966年,又将家谱定为"四旧"之物,烧毁了大量家谱。不过,不少家谱有复本,难以完全烧尽。但是修谱的基础被摧毁了,再加上外部高压,让家谱编纂困难重重。不过,1949—1977年,某些民间人士仍进行家谱的编修和保护。过去家谱编修存在污名化,这是1964—1977年间形成的错误

---

① 广西地方志办公室:《以镇村史志编修工作为抓手推动地方志工作向基层延伸——桂林市临桂区镇村史志编修工作汇》,广西地方志办公室网2021年10月26日。

观念。这不是家谱的特殊现象，而是传统文化共同命运。1978年起，家谱编修逐步复兴，学术界也普遍接受了家谱。20世纪80年代以后，简单地复古修谱风，但面临着十分困难的局面。20世纪90年代以后，修谱风气越来越盛。

分析其成因主要有二：

其一，宗法残余思想的影响。提起家谱，大多数人的反应还是宗法制。"四清""文化大革命"期间形成的"破四旧"思想长时间地影响了各级党和政府党员，害怕参与修谱、卷入宗法小团体组织活动，更不要说积极支持、宣传修谱活动。不过，更大的可能是，此类完全民间化的文化建设工作的重要性，在领导多项工作选择中，尚处于比较次的位置。

其二，受地域经济影响。对于修谱人来说，修谱事业的文化价值是比较高的。但是，在大多数人看来，和其他文化相比，家谱的编修就比较小了。现在虽然强调文化建设，更多的人是会在社会主义文化、旅游文化上下功夫。即使从传统文化角度去思考，首先想到的也是当地的知名历史人物和历史遗迹。所以关于修谱的建议难以被落实，现在修谱较盛的地方是江浙地区，该地区经济比较发达。而对于大多数不发达的地区则将家谱编修视为小文化种类，给予的帮助较少。

（二）家谱编修的地域化管理

为什么政府必须承担家谱编修管理？

一是由中华人民共和国乡村直接管理体制决定的。

中华人民共和国的体制下，乡村管理直接化，代替了古代的宗法管理。中华人民共和国不是宗法社会，早已没了族长，它是现代国家时期，是社会主义社会，国家直接管理乡村，只有生产队长、大队长，只有村民组长、村委会主任村支部书记。既然管理体制变了，文化管理与建设体制，当然也得变。

二是体现一切以人民为中心的服务观。

中华人民共和国的家族，已经成为小家庭。新社会的人民，这是我党的人民，我党的家族。在这种情况下，我们自然要加强人民的管理。一切以人民为中心，自然得写人民史，否则就是笑话。从形态来说，家谱身上有两大属性，一是家族性，二是人民性。家谱的核心是人民史。家谱其实就是最平民化的史籍。修谱是修平民史，是写人民史，在一切以人民为中心的时代，党需要加强对家谱编修的管理。家谱是人民正史，要大力发展。这是家族史，这是人民史。人人是共和国建设者，人人得有留名。曾经短时期将之归入"四旧"之列，是极左时代的错误做法。家谱是传统文化或国学之一，当然要支持。家谱编修，是人民文化建设活动。在中国，只有家谱才可以让人人留名，因此家谱是推动人民文化建设的直观反映，也是在文化建设领域，最能集中人民群众力量的事业之一。

三是家文化建设的需要。

姓氏是中国的一大特色，在任何时期都存在。社会文化的建设，须以家为单位。家的文化建设，最好的载体是家谱。这有悠久上千年传统的，在民间有较大的基础，可以充分利用。中华民族向来都是尊祖敬宗的民族，对祖先的尊敬也是我国的优秀传统文化之一。近十多年来，人大代表、政协委员也屡次提议重视家谱修编管理。2016年12月起，习近平总书记更加明确强调要加强家庭家教家风建设，中共中央党史和文献研究院为此专门编辑出版了《习近平关于注重家庭家教家风建设论述摘编》。编修家谱是一种文本建构行为，建构的是精神文化上的家族、城乡社区。作为当代家族志/城乡社区志，家谱编修记录的是一个家族的生命轨迹，也是家风家训故事的载体，它以细节化的数据体现了国家历史的丰富性。家谱是民间文化的代表之一，民间文化建设有必要让党来关注吗？党的关注能起什么作用？可以让民间更大胆进行。同时，提升修谱质量。完全民间化、非职业化的行为，质量难保证。留下的这些低劣之作，会陷入恶性循环，后人有意见，学界有意见。要解决这一问题实现良性循环，就需要加强党对修谱活动的领导，以更好地服务人民，满足人民日益增长的美好生活需要。群众有什么需求，我们就提供什么服务，这才是现代社会的服务思维。宛福成指出："回避和消极对待宗亲活动，既不符合党的工作路线，也不符合党的实事求是的思想路线，更不是正确处理问题的工作原则。"①

四是由共同富裕引申出的精神共同富有建设也要求这么做。

家谱编修为什么要提倡政府引导？一是合法化，二是联动化。没有政府组织力，难以掀起大的修谱风潮。文化建设，是普通人天生缺乏的，没有外部力量的倡导，是不可能让他们动心的。在乡村，只要一个家族修谱了，其他姓氏也会跟风。只要一个村修谱了，其他村也会跟风。这种联动机制应用得当，可

---

① 宛福成：《姓氏文化与实务·为什么党员干部一定要参加宗亲活动?》，北京九亲文化公司2020年版。

产生很大的社会效应。

共同富裕,也要强调民间文化建设的均衡化。在共同富裕建设中,家族文化是基层文化建设之本。前面提倡精准扶贫,现在要提倡精准留史。家族史是人民史的最小建构单位。人民处于底层、低谷,往往是文化建设薄弱之区。人民中国,人民文化建设不好,会影响整个国家的文化水平。得用建设民间文化工程来理解公众史、家族史建设。

(三) 将家谱编修纳入地方志管理的优势

方志办把关可以克服家谱编修质量问题。当今修谱存在一些乱象,主要表现为家谱编修行为不规范,体例随意,文字表述不客观,不尊重历史,编排无章法。因此许多家谱残次品居多,这是无管理体制、无管理行为的具体体现。如何理解层出不穷的修谱乱象?这是公众修谱必然存在的问题,外行临时上阵修谱,造成很多问题的出现,这是十分正常的。家谱就是一种文本建构,是一种信息汇合载体,它是中性的。现在新修的家谱,普遍是基本谱,只有谱系与行传。这就是人民载体,其他相关部分少,说明编修人修谱技术较低,后续的内容,比较复杂,民间会写的人太少,导致家谱过简。那么就此问题又该如何改进?笔者以为可以参考方志编修的办法。方志之所以解决了这类问题,是因为有史志办把关。

家谱体例与地方志有其相通之处。家谱就是家族志,在乡村振兴国策下,要旗帜鲜明地支持各村编纂村谱村志。早在2007年,就有人提出为家谱正名的建议,认定它是家族志与村庄志。今日则进一步提出,要编修村谱,之所以仍称为谱,是因为要保持传统体裁的继承性。家谱,是家族史、村庄志。如果着眼一族之谱,会让人联想到宗族思想。不过,放眼各姓之谱,它就是家族志而已。将家谱纳入地方志管理中,是人民文化建设的需要。

将家谱编修纳入地方志办管理职能,是因为家谱与地方志存在相通之处。地方志与家谱的存史相近,所不同的是,家谱存的是一家之史,而地方志存的是一地之史。由于它们都是为了存史,因此将二者纳入一个系统并不会有本质上的排斥。方志办的地域管理属性,适应家谱的地域性。所以地方志部门应该主动出手,将家谱尽快纳入地方志的管理中,王建议也提到:"地方志机构、方志人和相关部门,应责无旁贷地承担起家谱编修的监管职责,出台可供操作的管理办法,制定家谱编修质量规范和评审制度,将未经批准私自出版家谱的行为写进地方志法规、规章条文里。"① 这样的呼吁，值得中国地方志办公室关注。

此外，百姓也要更进一步提升对家谱编修的认识。民间何以要重视修谱？家谱是平民之家成为有文化之家的关键之一。普通人没有文化建设投入概念，很多人认为是浪费。这是有原因的，长期生活在基本生存线上，难有充裕的资金投入文化。不过，现在情况有变，进入小康社会。小康社会，人民要更加重视文化投入、教育投入。笔者所提文化，是历史文本文化。这是决定一个家族能否成为文献之家的关键所在。文献之家即文本之家即文化之家。这样做更利于推动精神文化建设。家族的兴盛，一个层面是由生活世界的努力，是否出官员与商人，出成功人士。另一个层面是文本世界的努力，得修谱，留下家族历史文本。前者是短时的，后者是永久的，两者均不可少。

三 进一步加强政府对家谱编修管理设想

如何说动政府重视家谱编修？如何有更强的操作性？除了前人提及的措施，是否有更好的手段？更好的编纂方式？未来又该将家谱编修引向何方？这些问题是值得思考的。

（一）家谱编修管理的法治化与常规化

国家至今没有出台鼓励修家谱的法律，这是必须解决的。以前是民间宗法社会，可以不用法。现代社会，自应有国家立法或地方立法加以支持。因为现在是一个法治社会，民间无权立法。现代社会是法治社会，法治是保障人民利益不受侵犯的工具。作为民间人士修家谱，有一个国家法律条例，更有保护性。保护性，也就是支持性。如此，修谱可成为合法化的文化建设活动。自然，官员也可以提倡参与。若未得到政府支持，容易出现打压事件。宛福成指出"只能偷偷摸摸传授的文化，没有生命力，也不会得到社会共识"②。这正是我们强调要加强党的领导原因所在。家谱发展的第一阶段是，官无禁，民可为。现在该进入第二阶段，官出面组织，加强建设。要推动家谱编修的法制化建设。借鉴"依法修志"概念，可以提出"依法修谱"。现代中国进入法治化时代，依法修谱，这是必然趋势。以前完全靠家族的自觉，现在可以成为文化制度。一旦

---

① 王建议：《柔性治理：社会规范家谱编纂指日可待》，《济南日报》2021年8月28日。
② 宛福成：《姓氏文化与实务·谱学走向》，北京九亲文化公司2020年版。

确立，就可督促各家族来修谱。有了党的支持，政府部门也会更加重视家谱工作。

地方志部门如何管理家谱？国家必须赋予其家谱管理职能增设家谱管理处或科。中国地方志办公室必须出台修谱条例，成为民间修谱的法律依据。可模仿《地方志工作条例》，出台一个《家谱编修条例》。另一种办法，家族志作为地方志一部分，在《地方志工作条例》中加入修谱的内容。"十四五"期间酝酿启动的三轮修志，有望将家谱、宗谱、族谱等列入地方志工作范围。[①] 颁布单位，修谱条例，可以由方志办与家谱学会共同出台。条例的目标，给大家一个稍低层阶的法律保障。修谱立法，目前不可能，方志还未实现。同时，出台一个修谱技术要求，保证修谱的普遍质量。由家谱协会制订，可通过省质量局发布。目标是保证修谱质量通过条例与质量标准，保证家谱质量。家谱管理的范围，支持修谱，加强宣传，提升修谱水平，相关部门配合修谱，某些方面承担主体组织责任。制订五年规划，每年配备经费，加强人才培养。要制订一揽子计划，有顶层设计感。确立责任管理主体，由地方志来管理，家谱学会作为执行主体。修谱的常规化，是修谱要考虑的长久之计。目前的修谱，完全是民间化的，没有制度化，没有法治化，没有人才、资金保证，从而处于自流状态。家谱规范化，需要行业组织出台规范，政府来背书。一旦制度化，就可督促家族来修谱，使之常规化。

（二）要实现家谱编修区域与家族的平衡化

希望加强党对家谱编修的指导，是为了让家谱编修普及化、均衡化，带动民间文化的共同发展。浙江是我国家谱编修最发达区域，从 1978 年以来一直走在全国前列，取得了可喜的成绩。但据我们团队的调研，浙江家谱编修也进入发展的瓶颈期，出现失衡现象，表现为五：一是传统族谱多，而与时俱进、符合现代理念的家谱少；二是家谱编修成果，钱塘江以东地区新家谱数量相对较多，而钱塘江以西地区相对少；三是各地家谱编修氛围，偏远乡村较浓而城市区辖街道、城郊区域相对弱；四是修谱活动，公众自发、民间自主普遍，而专家或地方史志人才参与极少，新修家谱质量有待提升；五是有家谱编修传统的家族续修意愿强，原无旧谱或旧谱毁失的家族新修意愿较弱。当代家谱编修的

---

① 施晨露：《二轮修志进入攻坚决胜期，莫让修完的志书束之高阁》，上观新闻 2019 年 12 月 23 日。

严重失衡状况，已经影响到了基层文化文明建设、精神文化共同富裕的各个方面，导致我省普遍实施的美丽乡村建设、乡村文化礼堂建设、历史文化名村建设等缺乏微观的文化支撑。所以要让各地、各家族都复兴、建立家谱编修的文化传统，在新时代实现家谱编修的均衡化、优质化，就必须加强党委、政府对家谱编修工作的有力领导。要想实现就需要有组织力量。民间组织，财力不足，威信不够。党的基层组织，有完整的组织体系，有较强的组织力量，也有一定的财力保证。党的领导是中国办好大事的关键所在。由村党委出面组织，给各姓氏编五代小宗谱，可以实现文化上的均衡发展。否则，大族编了，小姓没有编。有传统的族会编，没有修谱传统的小姓不会编。如果由村委出面，组织人员，提供一定的经费，就可让各姓都拥有自己的公众家谱。即使花钱，也是值得的，不是浪费，而是文化建设费用。

（三）要充分发挥地方志部门的引领作用

各地方志部门如何管理？应做到事前参与，事中参与，事后参与。

事前，史志部门可以建立报批备案制度，由村一级上报镇街道一级，镇街道一级再报批史志部门。史志部门做好备案，然后在人力甚至财力上给予支持和帮助。[①] 可给予执照，让其合法化，增强大家的信心。事前参与，表现为体例的设计，编修的指导。编修前，给予培训。对族谱编修人员进行培训，在编修族谱的工作中，多数是由该族中退休干部和教师担任。这些人有长期工作经验，懂政策，熟悉情况，又有一定的文化水平，这是好的方面。但是，我们也应该看到，编修族谱对他们来说仍是一项新的工作，他们对史、志、谱的要求不甚了解。如果各地（市）县地方志办公室能对他们集中培训一段时间，从资料的搜集、拟订篇目、世系表设置、编写、总纂、体例、文风等，对他们进行辅导，将有利于修谱的进行。

事中，编修中给予指导，样稿的审核。家谱纳入地方志体系，在编修时可以应用到地方志编修的经验，同时还可以参考地方志的相关内容。建立族谱的审稿制度，把好质量关。通过地方志部门的管理，会有更严格的标准，更专业的指导，能让家谱编修取得更大的进步。编写出来的族谱要求经当地市县志办公室审稿和编辑加工还是应该的。因为这样做可以避免政治上出偏差，在质量

---

① 陈黎明：《顺应时代要求，创新修谱方式》，宁波史志网 2018 年 9 月 26 日。

上也可以得到进一步的充实提高，这是修谱人员乐意接受的。

事后，表现为三审三校。封面设计，要与印刷单位联合把关。印刷单位与家族编修间，要设置一个家谱质量编校审核中心，负责此事。如此，可以提升家谱的质量。一部家谱出来，质量才会是高的。

最后，评选推举新时期优秀家谱，让它们在全社会起到示范作用，让家谱修编走向每一个家庭。

家谱编修与村志村史编修可同步推进。某些方志管理部门，做出了实际的管理工作。如2019年，雄安新区方志部门《关于推进雄安新区村志、家谱编修工作的实施方案》，就村志、家谱编纂的组织形式、培训内容、篇目设计、资料搜集等内容进行了集中座谈，取得了一致意见。

要增加家谱管理内容，各级史志部门会面临人手不足问题。省地方志办公室可与各省家谱文化研究会等联动，实现家谱编修的管理。福建省委党史方志办公室和福建省姓氏源流研究会共同编纂的国内首部省级姓氏类专志——《福建姓氏志》，开创了联动的先例。

地方志编修不断往下沉，进一步确立镇、村、家三级志书制度，当是努力的方向，这将极大地调动各地各家谱编修自己家族历史的积极性。

（四）新家谱编修模式的探索

目前，家谱编修的主流模式仍是传统的一姓族谱及由此而来的一姓通谱。这种编修模式，容易让人往宗族建构方向联想，与现行的地域化管理体制也不协调，且是一姓编修活动，政府难以插手。要克服此类不足，用地域化眼光来建构百姓家谱，就容易成功。

第一，公众家谱编修。何为公众家谱编修？公众家谱编修指从人民史观的角度出发，以小家庭为单位，向上追溯五代人左右来写家谱，这种模式更利于建构人民历史。为什么要以小家庭为单位建构人民历史？主要因为在现在的中国，家谱编修的数量太大，且是个体，影响面有限。

过去家谱编修体现宗法家族特点，家族是血缘单位，是最小的组织单位。现在以家庭为单位建构历史，体现中国的特色。家谱编修，是家庭稳定、社会稳定之本。国家的下面是一个个家庭，小家庭稳定了，国家也就会稳定。每个家的文化建设好了，国家的基层文化建设才会成功。基层文化建设好了，国家文化建设才会更强。中国要自信，要同步实现以家庭为本位的原则。一姓谱的编修，容易往宗族建构方向走，会往通代家谱方向走，希望成为几百年、上千年的家族谱系建构。事实上，这是难以办到的。因为宋元之前，只有个别豪门编过家谱，即单支谱，没有大族谱。所以，宋以前普遍缺乏历史记录。如此，至多从宋元开始，多数是从明清开始的，个别是从民国开始的。尚有不少，须从当下开始。大宗谱建构，越来越困难，越来越不现实。按今日的户口管理政策，分别系于不同地域，各家独立建谱，更为靠谱。这样的公众家谱，更为现实。庞大的宗族建构，有点不合现实，让人有仍生活在中世纪的感觉。大家庭过时了，分成无数小家，更合现实。人的直系情感有限，不超过三代。一定要弄上几十代，意义不大了。为什么说过大的一姓家谱过时了？规模过大，成本过高，没有太多价值与意义了。

第二，地域联谱建设。现在也不是简单地传承，而应发展。发展的最大任务是，让家谱编修普及化。地域联谱是结合姓氏志、百家谱这两类活动的优势，在公众家谱的基础上建立的，地域化百姓家谱。姓氏志、百家谱的编修活动都是六朝隋唐时期士族流行的活动。姓氏志有两大特点，一是地域化，二是百姓化。至于内容，稍嫌简单，只管姓氏迁移源流。百家谱，南朝梁时所编的士族世系谱，一是全国化，二是百姓化，三是有家谱。两者结合，就可以编纂地域化百姓家谱。

为什么强调地域化联谱？这是因为地域化联谱能让家谱编修进入全国一盘棋的整体化编修时代，方便各级史志办管理，实现均衡化发展。今日中国，家庭是国家管理下的编户齐民。以地域空间为大单位，以各家为小单位，编修联谱，最为理想，容易操作。要实现家谱编修普及化、大众化，用大众化的百姓联谱模式带动民间文化的均衡发展。共同富裕，就是均衡化。要实现人人的均衡化、物质与精神的平衡化。宗谱是宗法体制的结果，不是说编修宗谱可以恢复宗法体制，这是一种本末倒置。宗法体制，就是有族长，有祠堂，有家法，有族产，是自治体制。修谱，是这种体制的文献记录。家法，只在明清时代有效，应也是明清时代的产物。今日，完全是字面上的家法，不具备实际执行力。因为，没有执法主体了。除此之外，家法总与时代保持一致，古代家谱与古代国法一致，今日家法与今日国法保持一致。家谱里面，多是正能量的家法。

时代发展到今天，仅有宗族文化建构性的宗谱不够，须有联谱。它虽然是全新的形式，但成本低，可推广，适合当今家庭时代需要。这是笔者的创新，要不断地加以宣传，让更多的人知道。地域化联谱编修，更有价值。它是传统家谱的改良版，是简化、单位小型化版。如同马斯克的星链，成本低，数量多，构成小星星体系。家谱是家庭文化建设之本，它可以承载家风家训建设成果，从而不断地传承下来。世系是本，其他内容可以不断扩充。这也是家谱发展的一大趋势。联谱，必须通过党的领导才能实现。其他一姓族谱、通谱，仍可以走民间化之路。两途并用，更为理想。要创新，要适应时代需求，才有生命力。否则，它会奄奄一息。家谱编修得以小家族为本，这样的建构单位更适应时代之需。五代百年公众家谱，操作更便利。联谱可以简单一些，各家可自主，不断深化其内涵。联谱的目标，是让每个小家族拥有家谱。联谱的成本较低，编辑成本不算高，但需要些印刷成本。

第三，加强党政对家谱编修的领导，平衡各地家谱失衡状态。以前的态度，村党委不参与修谱。现在的态度正相反，村党委要参与修谱，主导修谱，既体现权威性，也可防止修谱出现弊端，更能解决人力与财力问题。这正是当下中央提倡党领导一切的表现。乡村应设立文化专职官员，由文化副镇长、村书记承担民间文化建设管理之责。修谱的地域与家族，本来就不均衡。多数人只有生活世界观念，没有文本世界观念，所以不重视修谱。这种由历史原因造成的失衡，不可能自然消除。需通过人为的干涉，建立普惠性文化生产机制，才有可能改变。地方政府出台文化建设政策，建立专职文化官员来负责推动，是可以实施的。制度机制、执行能力、人民心态，决定修谱的普及程度。

建议由县（市、区）党委责成各镇党委落实，由各村党委组织执行。村谱编修有强大可操作基础：一则村委有户籍资料，二则参与编修的老村民本身就是一部"活字典"。从全国近百个村谱试验来看，只需少量人参与，时间不过半年。百姓联谱重在以村为单位，同时让各姓村民编修公众家谱。各自的公众家谱仍合传统家谱血缘建构原则。

（五）引导家谱编修形成市场化的文化生产新行业

家谱研究的出路在哪里？可以引导家谱编修成为一个行业，对行业有一个全面调查。然后有针对性地做，必须对家谱编修在中国的现状有一个全面的判断。李茂盛表示："官方倡导民间编修家谱，民众响应积极。这是社会、经济发展到一定阶段的现象。当人均GDP超过3000美元时，人们对文化的消费会快速增长。"① 可见家谱编修的程度是受经济条件制约的，比如江苏、浙江的家谱编修要比其他省份发达。经济发展到一定程度，人民对文化的需求就会增长，文化类行业也就有了市场。地方志部门可以引导家谱编修融入市场经济，借助市场经济下的竞争机制来推动家谱编修。当家谱编修融入市场经济中，就会引发多数学者去研究，吸引多数人员参与，极大地调动人民编修的积极性。为了适应市场，编修者也会不断革新编修技术，加大研究投入。对于在市场运行中存在的问题，就需要政府部门积极引导并适当制定行业规范，这样就使家谱与政府部门的关系更加密切了。家谱编修管理重在提升修谱质量，可关注修谱人员的业务培训、评级评审、技术的可操作化、编修质量的标准化。

（六）家谱编修的行业化

家谱编修的行业化倒推专业化、学科化，推动高校、中职院校来培训家谱编修人才、研究人才。在"三史"中，家谱一直处于民间自发状态，没有国家层面的认可，更谈不上专业、学科建设。在中国逐步强大、中国文化逐步强盛，在中国哲学社会科学三大话语权建设之机，可以重新考虑建立新国学体系，从而走出亦步亦趋西学的状态。新国学是学科大类，下面可设置多个一级学科，比如方志学、家谱学、公众史学等。由此，可实现家谱编修专业化、学科化，可以进入高校，从而推动家谱人才的培养，提升家谱理论与技术的研究水平。家谱编修是一项历史文化生产专业活动，须靠专业人才才能生产出高质量家族史产品。以浙江省为例，建议由浙江省百姓家谱文化研究会与浙江各大高校合作，推动各乡镇、村家族史人才培养。通过家谱种子人才培养计划，一个家族能出一个历史记者，一个村出一个家族历史记者，就能推动家族历史的普及化生产。要进行家谱编修职业培训，这是一个方向。虽然，目前方志专业人才培养都不太重视，每年没有固定的招生计划。

如此，家谱编修进入良性循环之中。城市管理的"一全三化"，即全覆盖、法治化、智能化、标准化，这种管理精神也可用于修谱。修谱也要智能化，这是一大趋势，正在努力建设之中。

小结

改革开放后，家谱编修开始受到关注，形成了家谱热的现象。但是，家谱

---

① 李新锁：《山西公开征集民间家谱民众反应强烈超预期》，中国新闻网 2011 年 4 月 19 日。

编修却并未引起官方的高度重视。笔者通过对过去研究的回顾，发现学者们开始呼吁将家谱编修官方化，并且从学者们的研究中可以看出，家谱编修热度是非常大的。但是，由于目前家谱编修以民间为主，缺乏指导、资金等的支持，也造成了家谱编修存在一系列的问题。对此，笔者以为若能将家谱编修纳入地方志管理体系中，就会提高家谱编修水平，同时也有利于民间文化发展。

为了让家谱纳入地方志管理体系中，笔者提出了党要领导家谱编修，发挥地方志部门的作用，以及引导家谱编修形成市场化的新行业。通过这些干涉，让家谱与地方志管理部门的关系更加密切，如此更方便将家谱纳入地方志体系中。只要家谱成为地方志管理的一员，家谱发展就会更加规范化。最后笔者根据研究，创新了家谱编修形式，研究出公众家谱与地域联谱的编修新模式。通过公众家谱和地域联谱建设，让家谱编修更加符合时代要求，让家谱事业能够进一步发展。

基层文化建设的边缘化是当下中国的基本现状。相信这样的建议，难以立马进入执行层面，但学理上必须说清楚。领导家谱观念的转型，这是重中之重。确实，只要国家与地方领导重视，就没有办不成的事，就没有兴不起的业。

家族修谱就是为家族存史。修谱，也是国事，不完全是家事，这种观念要转变。这是好事，政府要大力支持。政府虽不能提供财政资助，至少给予政策与制度的支撑，这是政府可以办到的事。

第二节 当代民间私修家谱内生动力

为什么民间很多人热衷修家谱？归纳起来，无非内因与外因两类。思考家谱编修的内生动力，是要思考外部力量如何通过内部力量而起作用。内因总是关键，完全靠外来力量总是比较费劲的。如果有一定的内部思想基础，会比较容易接受外来建议。或者通过培训诱导其关注，培养其兴趣。只有认识到家谱是自己家族的事，才会有义务来承担。一旦接受，他们才会关心家谱编修。

当代中国家谱如何研究，一直是笔者在思考的话题。寻找文本资料，自是基本路径。到图书馆阅读新编出来的家谱，无疑是主要方式。不过，不如搜集网上资料，调查相关修谱人，更有收获。因为，笔者重在家谱生产过程的方法研究。家谱编修案例汇编，让大家知道别人如何做家谱，是如何做成的。掌握无数的个案，才能对整体有所了解。搜集全国各地相关家谱编修报道材料，让人大长见识。这些案例资料，既可服务于当下的学术研究，也可以为下一步数据库建设奠定基础。这些报道资料除了用来新闻宣传，剩下的就成为历史资料，供我们反复思考。这些广泛的资料，只有学者才会再使用。通过生产过程的研究，可以发现不少问题。将散乱的信息整理出脉络，建构起一个宏观的学术框架，这是本文的目标所在。以下拟通过多个案例，对个人修谱内在精神做一些探索，从中寻找推动民间修谱的内在动力。

一 修谱主力群体

有人说："现在寻根修谱的人逐年增多，已经成为离退休老年人的家族文化时尚。"① "其中90%以上都是60岁以上的老年人。"② 崔志豪说："年轻一辈除了他，对修谱的事情几乎都不感兴趣。""做这种事没有钱，全靠兴趣和责任感，强求不来。"③ "年轻人对自己家的祖辈、父辈知情知脉，但对超出三辈外的亲缘关系知之甚少。"④ 民政部养老服务专家乌丹星认为："对于老人来说，修家谱是一种寻根溯源的天性，让自己重新了解家族历史的同时找到人生的归属感。老人们退休之后的生活，往往缺乏的是精神上的支撑，而修家谱这种行为恰恰可以满足老人们对归属感的精神需求，从家族的角度来说，从事修谱工作，老人也有一种被需要的精神满足感。"⑤ "年轻的时候真的不觉得，到老了才能体会出家谱对一个家庭的意义。"⑥ "我30多岁那年，家里修过一次家谱，当时跟我要钱，我觉得那跟我没啥关系，可不愿意给了。可到了60多岁，再提起修家谱的事情，我第一个站出来说：我掏钱。"这是66岁的李仁贵对修家谱的态度转变。⑦ 宁波工程学院大三学生张康乐花了四个多月时间，为全村张氏修《阳赛庄张氏家谱》。⑧ "年轻人有条件但不关心家谱，关心家谱的老年人一般又没有能

---

① 叶晓彦：《八旬老人修著45万字家谱》，《北京晚报》2016年6月27日。
② 王春燕：《长辈们修族谱意在激励后人》，《大连晚报》2006年3月22日。
③ 华人家谱：《一个25岁青年的修家谱事》，华人家谱2018年4月2日。
④ 微观峰峰：《留乡愁传家风！77岁老人历时五年修族谱》，澎湃政务2021年4月6日。
⑤ 叶晓彦：《八旬老人修著45万字家谱》，《北京晚报》2016年6月27日。
⑥ 叶晓彦：《八旬老人修著45万字家谱》，《北京晚报》2016年6月27日。
⑦ 叶晓彦：《八旬老人修著45万字家谱》，《北京晚报》2016年6月27日。
⑧ 李臻、陈红、谭超华：《学生为全村人修家谱 计划为村里老人写段传记》，《东南商报》2015年5月21日。

力，要修成家谱，需要各种因素都具备。"① 这说明老中青队伍要结合。

修谱要多年投入。如今，"家谱热"正在老人们中间升温。"这些老人有的愿意花一两年甚至十余年时间，有的花费数万元甚至十几万元，去修家谱、写家史。"② "在宿豫区陆集镇官庄居委会十组，有一位87岁老人高为富，25年来坚持义务为高姓修订族谱，深受乡邻爱戴。"③ 东台市东坝社区75岁的狄克勤，因为对家族历史的特殊情结，耗时16年，走访了八个省市，修订家谱。④ 2010年开始，陈志荣开始编修家谱，这一项工作他一干就是七年。七年来已经累计编修家谱达300万字。⑤ 70岁的李振河老人走上了一条为全村各姓氏宗族编修家谱的漫漫长路，至今已经走过十个年头。"现在一发不可收拾了，想停也停不下来。"⑥ 78岁的马靖廷是一名老党员，他从1980年起，便开始搜寻编修家谱的资料。1991年，经过十余年搜集、积累，马靖廷觉得撰写家谱的条件基本成熟，便开始不分昼夜、一字一句、一章一节地归类、整理、完善、撰写《马氏家谱》，前后历时27年。⑦ 2015年10月，开平有两位老人，他们执着地探究家族过往，年近古稀的他们，相继接力，前后花了整整十五年的时间，在海内外族人的协助之下，终于编写完成楼冈《桂芳里吴氏族谱》。⑧ 为了尽可能完善《族谱》，一共推出了二十多个版本。"每推出一个新版本，《族谱》的内容就更加充实、更加完美。最终原本只有六十五页的手抄版《族谱》变成现在二百多页的电子版《族谱》。" 60岁的乐至老人张承强，用十年时间，自费编修了一部《清河郡张氏家谱》。⑨ 修谱让人着迷，有事可做。"找资料的过程比较难，但是整理起来非常有趣。"⑩ "这件事情有益于祖先和后代，是一件严肃的事，我们必须注重质量，编好书。"黄剑岚说，质量是团队追求的最终目标。"一个家族的家谱，

---

① 宋晓雨：《重拾"家史"背后的温情与敬意 沂南花甲老人为百余家族编修宗谱》，《联合日报》2019年6月18日。
② 叶晓彦：《八旬老人修著45万字家谱》，《北京晚报》2016年6月27日。
③ 孙军贤：《宿豫耄耋老人25年坚持修家谱，深受乡邻爱戴》，中国江苏网2018年3月21日。
④ 章国荣：《盐城东台老人历时16年修家谱 为传承良好家风》，盐阜大众报报业集团全媒体2018年11月22日。
⑤ 杨晓江：《南充八旬老人七年编修家谱300万字 退休后行医治病》，《南充日报》2017年3月8日。
⑥ 尹书月：《鹿泉八旬老人十年义务编修"影像家谱"》，《燕赵都市报》2012年4月12日。
⑦ 苏峰：《78岁老人马靖廷：历时27年修家谱传好家风》，《宁夏日报》2018年5月30日。
⑧ 吕玉廉、梁美云：《古稀老人编著开平楼冈桂芳里吴氏族谱》，《江门日报》2015年10月30日。
⑨ 夏厦：《十年修张氏家谱老人手绘十米长卷》，《成都商报》2011年1月19日。
⑩ 潘慕英：《佛山一老伯用18年手写70米族谱长卷》，《广州日报》2013年3月13日。

就像一个国家的历史一样重要。"①

二 修谱直接缘由

老人是如何走上编纂家谱之路的,这是直接缘由研究。宛福成说:修谱动机大致来源于三个方面:一是家中老人或近亲的叮咛;二是周围他姓的影响;三是自己的感悟,起初也是受别人影响。② 只有了解了这些规律,才能有的放矢地进行家谱观念教育。家谱续修活动是如何引发的?这些问题思考透了,可以更好地动员相关村、相关家族来做村史、家谱。也可更进一步思考,家谱续修是如何繁荣的。

梳理相关案例,修谱的直接缘起,大体有以下诸端:

1. 村史编纂带动家谱编纂

宁波鄞州区下应街道的江六村修谱,是放在修村史名义上的。据说花费了70万元左右。这应是由村史15万元与家谱印刷55万元左右构成的。原以为他们仅是续谱,最后发现他们新旧谱合印。史家码村,老谱复印了几套,续修也复印了几套。这两个村,都是在街道要求修村史的名义下进行的,这是非常有意思的现象,这正说明村史与村谱有相通之处。由此,笔者在藕池村也坚持了这个原则,村史与村谱同步进行。

2. 族中有识之士的促动

譬如海曙董氏,2016年,有族人从网上查阅到天一阁有民国十五年《湖泊董氏宗谱》,进而从天一阁得到残本七卷,于是直接促成了续修活动。"有了原宗谱,心里也有了底,修谱之念复又涌动。"③

3. 邻近家族修谱的触动

象山河东村,由纽氏与余氏两姓组成。彼此间有通婚,关系相处得好。此村家谱的编纂,与余增法有关。他从1995年起,有意识地搜集家族往事,积累了几万字的资料。他在搜集资料过程中,同时关注了纽氏资料。2002年,完成《象山河东余氏宗谱》。完稿以后,又想到为外公家纽氏修谱,2001年,余增法策划余氏修谱。2003年,纽氏当年完成《象山河东纽氏宗谱》。这就是同村互相

---

① 吴青、李宏博:《民间力量修家谱 参与者:华侨将其视为镇家之宝》,中国新闻网2014年4月19日。
② 宛福成:《姓氏文化与实务·族varsigma三境界》,北京九亲文化公司2020年版。
③ 董儒湟:《十三洞桥湖泊董氏宗谱重修序》,《十三洞桥湖泊董氏宗谱》卷首,2020年。

影响现象。它以村为单位，规模不大，容易操作。有趣的是，余增法又邀请朋友徐庄初负责主编。两部宗谱，均是徐庄初主编的。这是始修或创修。

4. 重修祠堂引发修家谱

修谱与修祠堂是一体二物，一是线下实物，一是文本。"没有家谱的祠堂，算不上一个真正的祠堂。"王胜年说。在修完祠堂后，蒲塘村便成立了修谱理事会，发动村民进行修谱。①冯家的老家谱经历动荡年代得以留存，不过从1962年以后便没再增添新的记载。1994年，河南老家一个叔叔找冯铭盖一座祠堂。祠堂于1995年6月落成，占据一个院子两间房，冯铭心想，干脆再做个家谱摆在祠堂里吧。从盖祠堂到修家谱，冯铭花了三年时间。这期间，他从北京回到老家，"别的啥也没干"，专心找资料。1996年家谱有了雏形，他又花了大量时间统计整理。2015年，《冯世家谱》印刷出来，新老家谱相接，共涵盖2046人，最早的一代追溯到了明朝。冯铭把这套家谱印了300多本，给族里的人每户分发三四册。②

5. 老人遗愿或子孙提问

现任吉林市工商局领导的谭雨明，自修家谱已有15个年头。本有家谱，"文化大革命"破"四旧"时烧了。1988年，85岁高龄的父亲临终前说："咱谭家虽称不上世家大族，也是个比较大的家庭，应该把历史记录下来，你能不能做这件事？"谭雨明答应了，为了却老人的心愿，为给后人留下点什么。血脉宗亲，是中国人骨子里挥之不去的东西。③

说起编纂家谱的历史，王洪业老人笑着说，这源于自家堂哥的一个嘱托。他说："90年代末，本家一个老哥哥跟我说，希望我能把我们的族谱续修下去。""费神费力，还倒贴不少钱，这么大年纪了究竟图个啥？王洪业说，整理家谱让每个人都有了家族归属感，就是想有生之年，给乡邻们多留点美好的东西。"④

6. 因名人宣传而修谱

而在地方政府层面，公开编写某些姓氏谱牒已经趋于功利化。比如，编《太原王氏》，起因是为了缅、泰华侨的热烈需求，编汾阳郭氏资料是为了郭台

---

① 许健楠等：《天下谱局与金华民间悄然兴起的修谱热》，金华新闻网2010年8月27日。
② 张帆等：《民间修家谱热催生"修谱生意"》，《北京青年报》2017年5月13日。
③ 彭冰：《民间修谱悄然升温》，《中国青年报》2003年6月12日。
④ 于伟伟：《平度花甲老人潜心研究家谱15年　编写八部姓氏续谱》，齐鲁网2016年1月28日。

铭和富士康，编襄垣连姓宗谱是为了连战来访。① 因王阳明故居的修复，绍兴方面组织编修了《山阴光相桥王氏宗谱》，经两年，2021 年完成。

7. 先父回忆录的触动

为什么要编写这本《李家宅史》？原来，老李已故的父亲是一名教育工作者，酷爱文学，不仅创作了 300 多首诗篇，更以个人回忆录的形式把李氏家族这一分支的情况通过文字记载下来。这让老李颇受启发。既然父亲写了李氏家族的一个分支，我何不把整个村子里李氏家族的所有分支都记录下来？②

1990 年，镇海编纂区志，邀请柯采萍在三山各村查核各姓氏的分布情况，机缘巧合下，他在上宅查到一本三房的手抄房谱。为了让儿孙们有参考范本，他选择其中的首要部分抄录下来，这也就是柯采萍装订于 1992 年的第一本下宅家谱。2004 年，柯采萍和他的族人又在上宅查到了一本不完整的柯氏宗谱，上面没有记载生卒和墓葬地。于是，柯采萍又开始了第二次修谱。这次修谱，他和族人按照宗谱的记载加上查阅现存人的户籍逐户进行采访，找高龄人回忆，查祖先坟碑，上下衔接，才得到了比较准确的材料。柯采萍在走访过程中，最近去过慈岙，最远到过宁海，所有的经费都由个人承担，但他从没说过一句辛苦。③

修订旧谱。有了老谱，后人就会续修，因为人有完善心理。前人做了，到了后面的老人，又会想到做此事。这是人类到老以后想到的事。本质上，他们想留下痕迹。为了更正这些错误，身为二十世孙的李学宾责任感油然而生："我要续修族谱，为族人唤回共同的回忆。"④

县医院退休干部徐以花正式修纂家谱始于 2010 年。那一年，作为朱翰徐氏纪家坪第六十代传人的他为徐氏祖茔立谱碑时，翻阅族谱，发现其中或因名讳用字不妥，或因年代辈分顺序不整，又或因家族迁移等多处错误、遗漏，他就决定着手修纂纪家坪徐氏家谱。先征求纪家坪长辈的同意，把纪家坪的谱稿带回来，用一年的时间，把纪家坪这块整理好了。完成了纪家坪徐氏支谱后，徐

---

① 李旭东：《民间修家谱热调查》，《山西晚报》2011 年 4 月 22 日。
② 殷陶毅、陈浩：《六旬老人历时五年编修族谱 实为"千年地方志"》，新民网 2010 年 7 月 16 日。
③ 徐欢、仇卓凤：《宁波春晓镇三山村 92 岁老人柯采萍十年修编〈柯氏宗谱〉》，北仑新闻网 2014 年 12 月 3 日。
④ 韩毅、李晓燕：《肥乡乡村教师续写族谱记录 600 年乡愁》，长城网 2016 年 6 月 17 日。

以花带着这份较完整的族谱来到大朱翰,与徐氏长辈们交流。长辈们看完都非常满意,建议他汇总朱翰徐氏各支谱,编纂《朱翰徐氏总谱》。①

王桂栋老人住在白山路街道解放社区,老家在山东省福山县(今烟台市福山区),八岁随家人来到大连。20世纪90年代,王老回老家时看到写在黄表纸上的家谱非常感慨,但家谱的内容很简略,就是记录了每一代人的姓名。后来,由做过文化馆馆长的王老的堂兄王桂宸续写家谱,添加了很多家族的历史内容。此后,王老就想把来大连发展的族人补充得更为翔实。从2001年开始,王老多次回老家搜集材料,与堂兄沟通,终于在2009年5月完成了更加完备的家谱,并编辑成册。②

8. 新闻报道或家谱展览的启迪

因《记住乡愁》节目拍摄引发修谱。市民高文赶去武汉看了家谱展览后说:"以前我们也不太注重这个,现在吃饱穿暖之后,都讲究情怀,都开始想要寻根、修谱。"③ 媒体上的家谱广告也让人心动。"在网上他看见很多人都在重修家谱,为此,心中也就萌发了重修族谱的想法。"④ 这就是家谱宣传教育的意义。2014年9月,央视第四套节目组来泸溪县岩门康家大院拍摄大型纪录片《走遍中国·记住乡愁》专题节目。保存完好的康家大院,恢宏的明清建筑风格,让央视编导与专家感到惊讶和赞叹。为了做好节目,栏目组提出需要《康氏族谱》谱书,以便撰写纪实文稿。因之前家谱已遗失,将民国时期的简谱《康府宗祖部》借来作为拍摄之用。"此事对我感触很深,祖先留下如此宏大的基业,繁衍传承六百余年,家族内却没有一部正规的家谱,作为康氏后人实感愧疚和遗憾。这是促动我编纂《康氏家谱》最初的原因。作为康家后代,将我族历史与文化传给后世,这是时代赋予我们这一辈康家子孙的历史机会和责任担当。"⑤

见到他人族谱。《郭氏族谱》的编修者说:"我辈时逢盛世,修谱蔚然成风,周围村庄姓氏修谱几年,作为建村较早的我村自不甘落后。"⑥ 70多岁的潘鼎贵原是村里的老会计,2013年,闲暇之余他看到了一本来自诸暨女婿家的族谱,顿时产生

---

① 网络部:《莒县古稀老人历经七年修出传世家谱》,莒世闻名2018年3月22日。
② 徐驰、杨璐:《王桂栋:老翁修家谱家教家训重德行》,《大连晚报》2011年1月18日。
③ 张舒:《民间为何热心"修家谱"》,科学猫2020年4月15日。
④ 新闻编辑部:《八旬老人二十年重修族谱之路》,中国家谱网2014年1月4日。
⑤ 康茂兰:《泸溪辰州康氏族谱·后记》,康茂兰的博客2021年2月20日。
⑥ 郭建府、郭春兴:《家风一脉传千秋:有感于〈郭氏族谱〉的编修》,《文化产业》2020年第16期。

了浓厚的兴趣。"族谱是我们中华民族的传统，是一个家庭的根基，我希望能把这个传统延续下去。如今村民对家族与乡邻的关系都很模糊，如果能编纂好族谱，也能为营造文明和谐的乡风出份力。"于是，潘鼎贵开始了为村民修编族谱的工作。①

9. 想借修谱有所作为

夏焕照是春晖中学80届文科班出身，毕业后辗转回老家养猪务农，境遇令同班同学惋惜。2010年，他参加春晖中学校庆时，所有到场的同学，唯他一人碌碌无成，惊醒梦中人。为此，他与在区史志办工作的族叔夏振杨商议，重修有着千年历史传承的《夏氏家谱》，以为后代留些东西。② 非我莫属的紧迫感。绍兴老人叶丛青说："在村里我的年纪最大，现在只有我知道叶氏家族的历史，如果再不修谱，我们叶氏的发展脉络就断掉了。"③

结伴而行产生修谱动力。许垲麟说："自己早就有修家谱的想法，可是一没经验，二不知从何着手。直到他碰见了同是许姓族人的许树刚，两人聊起了修家谱的事，一拍即合，两人搭档在2013年开始——寻找诸桥许姓人。"④

10. 寻根需要

为寻祖父名讳。佟德成"从小不知道爷爷名字，长大了感到这是终身遗憾和难以启口的事，于是退休后第一件事就是回老家铁岭县西小河口村，从族人珍藏的家谱中知道了爷爷和先祖的名字"⑤。殷耀祖出生在江阴，后赴句容农校求学，毕业分配在镇江工作，1995年从丹徒县机关退休。人老了，便想着叶落归根，想知道殷氏祖先究竟在哪儿，一代代后人又是如何迁徙的。殷耀祖回江阴老家探亲时，有心问起长辈这些事，开始修谱。⑥

11. 老谱的发现

陈昌勤回忆说："过去我对家谱是一无所知，这与那个时代的社会大环境有关，尤其是我们都是生在新社会，长在红旗下的一代，从小就在城市生活，根本就接触不到家谱之类的东西。我也从来不承想到，我会与家谱结下了不解之缘。这纯粹是一件来自台湾，只有43页的散页老谱，彻底改变了我对家谱的认

---

① 孟琳：《湖州七旬老人义务为村民修了13本族谱　凝聚乡村和谐风》，美丽新龙溪2018年1月18日。
② 金伟：《老春晖人凭一己之力修断档家谱》，《浙江日报》2018年11月21日。
③ 陶晓宇：《91岁老人叶丛青不畏艰辛走访考证家谱资料编家谱励后人》，《柯桥日报》2018年10月27日。
④ 许涛：《执着：海宁老人历时三年修家谱，理出了小镇变迁史！》，《海宁日报》2016年11月25日。
⑤ 佟文彬：《倔强的修谱人——记〈佟佳氏族谱〉纂修人佟德成先生》，美篇2020年11月22日。
⑥ 佚名：《民间兴起修家谱热》，丹阳翼网2011年9月15日。

识,也改变了我后半生的人生轨迹。"①

1982年,老家锦州的哥哥来信,说"文化大革命"时期被抄走的家谱奇迹般地被找了回来。原来,"文化大革命"时期,负责保管文物的保管员看到王家家谱上精美的书法字体,实在舍不得烧掉,再加上敬佩王家的为人,就偷偷地藏了起来,"文化大革命"后退还给了王家。这个意外的惊喜更坚定了王乃岩写家史的信心和决心。②

2006年,康守光的叔叔去世,在回到老家整理叔叔的遗物时,他无意中找到两本家谱,一本纸张发黄、粘连,局部已有破碎,上面记录了康家十一代人的名字、简介。另一本纸张保存完整,信息很全。康守光后来得知,那本破碎的家谱是爷爷编纂的。"爷爷是清朝咸丰年间的秀才,这是他当年留下的家谱,记录了从始祖到他那一辈的族人。"康守光拿出小心保存的家谱说,他曾在探访祖坟时,发现康家第四代先人的墓碑中有一块高1.5米、宽0.8米的石碑,上面刻有康家始祖到第七代的家谱。他将碑文拓印下来,细细辨认得知,石碑立于清代嘉庆年间,内容与爷爷留下的家谱相互印证。另一本保存完整的家谱是叔叔于1981年编纂的,除了记录十一代人以后的信息,还有家族字号、家风家训等内容。"这是两代人的心血,我得继续把家谱修好。"康守光说,有了两本家谱,他心里多了几分底气。回到老家后,他听上年纪的人口述祖先的事情,并记录下来。为了搜集家乡的方言土话,他找到每一位亲戚,让他们填写自己和已逝亲人的信息,还搜集家族中的老照片、新照片。③

12. 老谱的出现

"从迁居于此的本家处借得民国九年箭头李氏宗谱一套(九卷缺了第七卷),虽然谱页损毁严重,但是大部分世系脉络完整,这给了东源李氏再续宗谱很大的信心。"④ 八年前慈溪胡氏后裔看到了一本《慈溪乌山胡氏裔源史痕》,就对修谱寻根产生了浓厚的兴趣,并找到了志同道合的团队。⑤ "林锋家中一直珍藏一部祖上留传下来的旧版《林氏家谱》。从2006年开始,林锋利用每年寒暑假的

---

① 陈昌勤:《我的家谱故事》,九头鸟2020年3月5日。
② 孙胜慧:《七旬老人30年写就300年家史 五易其稿共20万》,《半岛晨报》2008年2月25日。
③ 佚名:《太原古稀老人十年修家谱 上溯18代》,《山西青年报》2017年7月7日。
④ 李益仁:《七旬老人领头修家谱,坦言只有六年级文化水平难当大任!》,腾讯网2018年11月7日。
⑤ 胡格格:《慈溪:乌山胡氏兴修族谱传承文化根脉》,《慈溪日报》2018年7月20日。

时间，苦心搜集了家族中每个分支家庭的人员出生、经历、社会活动成就、婚配、荣誉证书等各种文字、图片资料，在尽可能多的情况下，收集了大量史料影印件和人物活动照片，对家谱进行了续订。"① 20 世纪末的某一天，"一位来自楼冈东升五社村的朋友拜访吴茂松，请求他帮忙抄写一份史料。吴茂松轻轻打开朋友带来的油纸包，油纸尘封多年，已经发黄发黑的，让他惊讶的是，里面竟然是两份吴氏族谱——《吴氏远祖世系族谱》和《楼冈吴氏族谱》。"②

13. 受相关家谱编修的影响

受同族其他支联宗修谱的启迪。1997 年，裴家试探性地主动邀请我们联修宗谱，经这一导火线的引发，12 月初，张家开了个家族会议，决定马上启动独立续谱的程序。③ 1998 年，凤凰村成立由退休及现任村领导、退休老干部、老人组等热心家乡建设、热心公益人士共同组成的族谱修订委员会。起因是澄海、揭阳的戴氏在修族谱、查找资料时找到凤凰村核对资料，村人才意识到修订族谱的必要性。于是在老人组的组织下，组建由 15 人组成的族谱重修委员会。④

修总谱催生分谱。"2014 年，大港赵氏一族将《大港赵氏宗谱》总谱修成颁发后，赵邦育老人便萌生了要修《大港赵家庄赵氏分谱》的念头。"⑤ "1926 版的陆氏宗谱，我可是看了 10 多年才看懂。"⑥

支谱编修催生族谱。"既然父亲写了李氏家族的一个分支，我何不把整个村子里李氏家族的所有分支都记录下来？"⑦ 有人看了族人修的支谱进一步扩大到修地区的同姓族谱，这就是影响面。

14. 子孙的提问

2016 年初，沈阳老人苏建发和 10 岁的长孙苏子铭一起收看央视《乡愁》栏目，当时节目里出现了一段《家谱》的画面，孙子脱口而出："爷爷，咱家有家谱吗？"孙子天然流露的寻根问祖之情，使苏建发意识到，对家族的梳理不能再

---

① 朱文、陈曦灏：《老人三年完成家谱修订》，《海宁日报》2012 年 2 月 24 日。
② 吕玉廉、梁美云：《古稀老人编著开平楼冈桂芳里吴氏族谱》，《江门日报》2015 年 10 月 30 日。
③ 张全海：《世系谱牒与族群认同》，上海世界图书出版公司 2010 年版。
④ 周大鸣、黄锋：《宗族传承与村落认同——以广东潮州凤凰村为中心的研究》，《文化遗产》2017 年第 6 期。
⑤ 赵竹生、赵军文、沈湘伟：《八旬老人历时五年成功编修赵氏近 900 年家谱，一本家谱传承数百年历史文化》，金山网 2019 年 12 月 31 日。
⑥ 佚名：《花甲老人潜心编修陆氏宗谱》，《上虞日报》2014 年 6 月 11 日。
⑦ 殷陶毅、陈浩：《六旬老人历时五年编修族谱 实为"千年地方志"》，新民网 2010 年 7 月 16 日。

推迟了。① 绍兴叶丛青老人说："慎终追远是中华民族以孝为本的美德，树有根，水有源，村里现在只有我知道叶氏家族的历史，如果我再不起草，叶氏的发展脉络就断掉了，我心里急啊！"② 重修族谱初稿公示时，一个族人的儿子未从初稿中看到自己家的信息，遂回去问父亲，见父亲并不重视，他追问"如果以后的子孙想了解自己的源流，却发现族谱里缺了这一块，怎么办？"这一问后，父亲无言以对。后来，这家人连忙补交了材料。③ 家谱用时方恨少。儿子的一个问题，让老爸无言以对，赶快补上相关资料。具体的现实问题，比说理有用，维系着这些游子的正是这小小的家谱。

由此可见，落实到具体的人，各人的修谱起念是不同偶然因素作用的结果，由外在因素引发的修谱导因多种多样。人的观念决定人的行动，错误的观念决定错误的行动，正确的观念决定正确的行动。一旦修谱念头进入当事人的大脑，认同此说，便有修谱动议。一个好奇心可以引发人对自己来源的探索活动，这就有了家谱或家族史编修活动。

笔者经常性的说法，想做事，一个理由就可以了；不想做事，一百个理由中随便找一个。

三 修谱直接动机

以上诸多修谱直接因素，进一步从内在动力机制来梳理，可归纳为以下诸多方面：

1. 光宗耀祖

家谱系着普通人的尊严。袁义达认为，修谱之风与政治气候、经济环境有很重要的关系。政府对民间修谱，既不反对也不提倡。如今人们修谱，一方面仍是出于联宗寻祖的需要，另一方面则大都跟发展经济的愿望相连。"有一个特点即是，如今修谱，不再像过去那样强调所谓的正宗与否了，因为修谱的人心态在变——修谱是为了联系、发展；彼此争正宗，只会造成分裂，使经济利

---

① 关彤：《苏姓从哪来？沈阳七旬老人修家谱追根溯源》，个人图书馆 2020 年 7 月 22 日。
② 陶晓宇：《91 岁老人叶丛青不畏艰辛走访考证家谱资料编家谱励后人》，《柯桥日报》2018 年 10 月 27 日。
③ 黄晓晴、莫谨榕：《老人退休修族谱深信思源有福归》，《羊城晚报》2015 年 2 月 6 日。

益受损。"①

告慰先人。"我认为续修家谱这件事情既是对列祖列宗尽孝，完成父亲生前的一个遗愿，告慰他们的在天之灵，也是对全体家人及子孙后代尽义务、尽责任的事情，我乐意为此而奉献。我相信列祖列宗和我的父亲在天有知家谱告成，他们会含笑九泉的。"② 一个修谱嘱托。"后来，我大哥去世了，家谱就由我保管。于是，贺知德动手修谱。"③ 说起编修家谱的历史，老人笑着说，这源于自家堂哥的一个嘱托。他说："90年代末，本家一个老哥哥跟我说，希望我能把我们的族谱续修下去。"④

修谱是一项可以培养群体意识的集体活动。此类活动，好处多多，坏处少少。可以培养人才，可以出成果，可以加强团结，可以承前启后。中国的乡村，文化活动不是多了，而是太少了。相反，其他自发生长的娱乐类活动太多了。两相比较，因势利导，显然更应提倡此类活动。设一个平台，建一个项目，让一批人来做，这是加强民间文化建设的最好手段。乡村基层最没有钱，也得留一部分钱出来，引导乡村人来做。

家谱边缘化是新中国的事，以前它是盛学。当然，它是生产之学。家谱就其本质来说是一种特殊的文化，它是公众历史载体。只有将国史当作唯一历史，才会有"特殊历史"的说法。有了公众历史，它就不特殊了，是普遍的历史。这里没有帝王将相，更多的是草根自己的故事，记述着平民百姓的生活。必须在生活世界有此物，才有影响度。生活的数字化，是一个好概念，可以用到公众历史记录上。一个人来人世间走一圈，如果不留下文字，没有数字化，那么他在文本世界中是不存在的。

人人有资格成为本家族史的关注者与记录者。修谱是个人行为、家族行为，是终身行为。民间应形成这样的氛围，人人为自己家族而贡献一份力量。人类可以繁殖，人类的故事可以积累，这就是人类社会的强项所在。文本编修，有一种榜样的力量。肯修谱的人都是境界比较高的人即无私之人，成天只围绕自己个人利益转的人是不会来做的。在信息社会，更要强调个人生活的信息化数

---

① 彭冰：《民间修谱悄然升温》，《中国青年报》2003年6月12日。
② 岳侠：《陕西城固南关饶家营岳家宗谱暨岳飞后裔兴衰家史纪实考》，岳飞网2019年11月2日。
③ 黄克：《成都老人七年修好家谱 还要办家族"武林大会"》，《成都商报》2009年12月25日。
④ 于伟伟：《平度花甲老人潜心研究家谱15年 编写八部姓氏续谱》，齐鲁网2016年1月28日。

字化，否则只有一个生活世界。因为普通人不懂文本，不会关注文本的传承。所以乡村文化建设，仍得靠乡村文化人来引导。

2. 凝聚一个族群的文化精神

修谱就是在凝聚一个族群的文化精神，提炼生命价值，完善德教祖训，修正自我，并毓后秀的善举。① 修谱，"这是一个残破的如一地碎片的似有似无的系统重建，像一个半身不遂的病人呆滞的脉络，需要技术和药物来疏通与复活"②"许多中老年人热心修谱，都是看到原来挺好的村庄现在人口外流，人心涣散，同乡不相顾，同宗不相亲，没有凝聚力，才起心修谱的，和盛世没啥关系。……大家感到人心涣散，一片茫然，农村人失去精神支柱时，借修谱联宗、收族、抱团取暖，得到一点归属感和安全感，才是更普遍的情况。"③

完成使命。有人称："有很多信息都需要靠老人来回忆和讲述，还好我的父辈们有的还健在，如果这次修家谱启动晚了，有些珍贵的信息可能就找不回来了。"④ 而对于郭毅来说，修家谱则是一场对家族文化的抢救。眼看着家里的老辈人相继去世，"好多资料都装到肚里面带走了"，旧家谱也早已遭到焚毁，"得抓紧时间抢救资料"，把祖先的足迹记录下来。⑤ 在他看来，编写家谱最后是要给子孙后代看的，因此不能出错，要力争完美。这是良好的开端，一种全新的模式。"续修只有起点没有终点，未来将定期对族谱进行更新，保证族谱的完整性以及生命力。"⑥ 新族谱出版后仍有很多需要完善的地方，虽然开创了新格式，加入了现代化的思想内容，但仍需根据时代的发展不断修订，不能一成不变。⑦ 父亲希望，家谱能够在家族中传承下去，每隔几年由后人修撰一次，成为维系这个大家族的坚实纽带。⑧ "我希望有更多有心的族人可以看到这份族谱，同时让它能够流传得更久远，让未来的子孙可以拥有我们曾经辉煌的见证。"⑨ 他们现在并未特意将修族谱的手

---

① 孙兆丰：《修族谱手记》，中国作家网 2020 年 2 月 11 日。
② 孙兆丰：《修族谱手记》，中国作家网 2020 年 2 月 11 日。
③ 李旭东：《民间修家谱热调查》，《山西晚报》2011 年 4 月 22 日。
④ 叶晓彦：《八旬老人修著 45 万字家谱》，《北京晚报》2016 年 6 月 27 日。
⑤ 张帆：《民间修家谱热催生"修谱生意" 以中老年人居多》，《北京青年报》2017 年 5 月 13 日。
⑥ 梁盘生、尹巧瑜：《六旬老人耗时两年续修族谱 薪火相传百年村史家风故事》，东莞时间网 2019 年 7 月 4 日。
⑦ 宋昀潇、云宣、肖惠津：《八旬老人用七年写新族谱 白话文体再创作男女平等俱写入》，金羊网 2019 年 4 月 14 日。
⑧ 任刚、陈相明：《八旬老人撰写家谱传家风》，《颍州晚报》2020 年 6 月 22 日。
⑨ 张建林、张志科：《八旬老人续修百年族谱数十载》，《信息时报》2012 年 8 月 23 日。

艺传给族里的后生，因为并不担心此后修谱后继无人。"再次凝聚起来的宗族情感会继续流传，追寻自己的根是每个人都会有的愿望，总会有一些人愿意出来修族谱、建祠堂，把这些传统一代一代传续下去。"① "无论是在修谱的过程中，还是谱书印刷出炉，周围都有很多人在热切地关注。"② 费神费力，还"倒贴"不少钱，这么大年纪了究竟图个啥？他说，"从网上看了全国不少研究家谱的都是为了挣钱，唯独我们修家谱不是为了挣钱，开车300公里来返了3次找我们续修家谱。"③ 这种观念也要不得。修谱是要付出的，某些职业修谱人赚钱也是合法的。

3. 寻根问祖

改革开放之初，大批海外华人华侨归国寻根祭祖，激起了人们的寻根热情，也唤起了自己的寻根意识。面对千里迢迢回国寻根的海外游子，自己身在祖国，却不知道根在何处，深感羞愧。寻根离不开家谱，家谱是寻根的路线图。④ 改革开放以来，对于漂泊在异国他乡的海外同胞，谱牒是其保持血缘记忆、认同中华儿女的重要凭借，正是谱牒，建立起他们与祖国故土的缕缕亲情，这也就构成了续修家谱的外部因素。⑤ "人老了，不免就会想想我们是谁？又从哪里来？"六年前，决定重新为家族整理家史、编纂家谱时，高文（化名）已过耳顺之年。决定重修家谱，高文只是希望自己能在有生之年厘清高家的发展历史，给后人留点"东西"。⑥ 王国画说："随着城镇化发展，人口大量流动，很多农村的同姓族人去往四面八方，有家谱的话不管在哪里都会知道根在哪里。"⑦

每每修谱都是由村里年长者提出讨论，也得到大多数老人的关心。金兆法指出，老一辈、年纪大的人比年轻人留恋生活，对祖宗特别敬重。寻根问祖自古以来就是人们的一种情感诉求。叶落归根，在中国，家谱就是根的象征，有的老人把修谱与尊祖敬宗联系在一起，因而辛苦积攒数年的钱，一举捐助数百、上千元者很多。⑧ 2012年，66岁的徐培林开始动起了编写家谱的念头，"徐匠村有着非常深厚

---

① 黄晓晴、莫谨榕：《禅城老人退休修庞姓族谱深信思源有福归》，《羊城晚报》2015年2月6日。
② 王春燕：《长辈们修族谱意在激励后人》，《大连晚报》2006年3月22日。
③ 于伟伟：《平度花甲老人潜心研究家谱15年 编写八部姓氏续谱》，齐鲁网2016年1月28日。
④ 马以林：《浅议新时期续修家谱——以山东长白山马氏第六次续修家谱为例》，《山东图书馆学刊》2020年第2期。
⑤ 黄月平：《怎样看待民间修谱热》，《北京日报》2011年11月28日。
⑥ 张舒：《民间为何热心"修家谱"》，科学猫2020年4月15日。
⑦ 张丛博：《今天还有必要修家谱吗？学者称仪式性强于应用性》，《大河报》2018年2月27日。
⑧ 孙立波、吴彰义：《民间修谱热生出别样滋味 不能变修谱为"摆谱"》，《今日早报》2005年4月11日。

的历史渊源，也有着日益庞大的族群，支系茂盛，但族人之间的关系却越来越远。宗谱的编写就是想让大家有一种认同感、归属感，加深相互之间的亲情"①。

寻根产生寻谱动力。"修谱过程中遇到的最大困难就是老谱难寻，为了寻找老谱，他们跑了不少地方，功夫不负有心人，最终从前洲街道西塘村找到，可谓是颇费周折。"②"剩下的一些可就难了，很多都是 20 世纪三四十年代就离开海宁了的，他们有的事业有成，长居在外，有的可能经历过什么人生曲折。"③"第一版族谱上有记录的人，很多都搬到外地甚至是国外居住，早就失去了联系方式，只能根据获取到的蛛丝马迹，上门拜访。而在拜访的过程中，胡维村和同事们没少吃"闭门羹"。④ 也就是说，以老谱为依据寻找相关人员，会遇到失联族人查找的麻烦。20 世纪以来，迁移十分频繁了，进城是十分普遍的现象。这些迁移之家，就成为失联家族。联系处于衡水本地区的同族后人不算困难，可有许多同族的后人都已经在外地居住，成了老人的心病。卢良仁说："只要还活着，我就要将族谱继续记载下去。将分散到外地的同族后人找到记载入族谱，是我有生之年最大的愿望。"⑤ 这种家族群体意识，正是力量所在。

4. 饮水思源

社会转型期带来的社会震荡所引发的紧张感，以及信任缺失所带来的不安全感，则是续修家谱的内部需求。一旦一个人的社会性心理需求只能在血缘集团内得到满足的话，他们的个体意识便往往依赖于家族意识，便会自觉地把"光宗耀祖、扬名显亲"作为自己孜孜以求的目标，把自己的成功归于家族、父母，其突出表现就是"饮水思源""不数典忘祖"。⑥

谈到缘何编写族谱，林文希表示："水有源、树有根，如果不再以文字方式将这些宝贵的东西记载下来将来可能会失传。"⑦ "家谱绝不仅是简单的名字叠加，而是一种承载了血脉亲情的文化。"⑧ 文本是再造的一个虚拟世界，文本可

---

① 徐亦为、吴晓琴：《海盐花甲老人三年修成家谱 "浙北奇村"传承村史》，《嘉兴日报》2015 年 8 月 25 日。
② 李鸿生：《一群乡村老人热衷谱牒文化，只为圆个"寻根梦"》，无锡文明网 2013 年 10 月 15 日。
③ 许涛：《执著：海宁老人历时三年修家谱，理出了小镇变迁史!》，《海宁日报》2016 年 11 月 25 日。
④ 葛梦杰：《胡维村：用脚步与汗水留住远去的乡愁记忆》，阳光城阳 2020 年 7 月 4 日。
⑤ 焦磊：《600 余年家谱记载 26 代子孙 七旬老人欲寻同族》，《燕赵都市报》2008 年 9 月 3 日。
⑥ 黄月平：《怎样看待民间修谱热》，《北京日报》2011 年 11 月 28 日。
⑦ 兰良增、李荣鑫：《古稀老人 笃志编族谱传扬好家风》，《石狮日报》2020 年 11 月 8 日。
⑧ 李宝花：《浦东六灶傅氏后人五年重修家谱墓地蹲点三天寻访》，《新闻晨报》2013 年 2 月 22 日。

以让消失的事、消失的人复活。

族谱中了解到祖先身份。[①] 没有历史记录，他人不知道你是谁，有什么社会影响度。也就是说，文字是留下你社会地位的载体。完成了我们这一辈人承续家谱、光前裕后的。[②] "家谱不光是记载辈分流程，更应弘扬美德、激励后人。"[③] 他们特意在族谱外另设了一本，为了方便族谱出版后仍有李氏家族的人"回归"，这充分体现了此次修谱的包容性。[④]

5. 为后世积德，留下文化遗产

修谱应是老人的职责，退休几十年当以家族历史文化传承为己任。中年要从事社会生产活动，晚年要从事文化生产。文化生产比文化消费更重要，文化生产可留下产品。没有修谱，没有完成家族文化建设工程。修家谱，总是老人的最爱。年轻人不喜欢家谱，到老了也会喜欢上。除了外在组织力，也要解决内生动力问题，得找到对家族历史有情怀有能力的来主持。有故事的家谱，就是家族史了。留下家族史是老人的责任。这些家族克服各种困难，完成了通谱编修工作，确实不易。要知道，他们都不是专业人员，是边学边修的。通过实践，他们也成为公众史学家，成为修通谱专家。实践，让人成长。

谈起当初修家谱的初衷，张承强说："就是想为子孙留下一笔文化遗产。"[⑤] 这个是为了增强家族内的凝聚力和归属感，同时也为了自己百年之后子孙后代能记住自己，找找自己到底从哪来。在陕西神木，煤老板修家谱是常事，动辄捐一百多万。[⑥] "修谱是我的责任，再苦再累也要把这件事情完成。"[⑦] 父辈似乎突然醒悟了自己的家风传承责任和义务，也有了反思和再建家风的冲动与兴奋。[⑧] 责任的动力更为强大，这是精神性的动力。

积极的家谱价值观念。张积成觉得："编写家谱留给子孙后代，比任何钱财，都更显珍贵。"[⑨] 收藏，没有文化之人，有时是好处，有时也会出差错。1974年的

[①] 邹影：《焦氏族谱的故事：记录近300年家族史 八旬老人盼望能重修族谱》，《大庆晚报》2017年6月2日。
[②] 张溧晏：《蓟县七旬老人修著七万字"电子家谱"》，天津广播网2013年4月1日。
[③] 王学领、王子君、刘蕊：《老人写家谱 痴心有宏愿》，洛阳网2010年5月20日。
[④] 张旭、李杰、袁园：《六位老人历时三载修族谱 传颂精神树家风》，萧山网2017年2月18日。
[⑤] 夏厦：《十年修张氏家谱老人手绘十米长卷》，《成都商报》2011年1月19日。
[⑥] 张帆：《民间修家谱热催生"修谱生意" 以中老年人居多》，《北京青年报》2017年5月13日。
[⑦] 姚邦茂：《续修〈南充姚氏族谱〉浅析》，世界姚氏文化2016年11月26日。
[⑧] 孙兆丰：《修族谱手记》，中国作家网2020年2月11日。
[⑨] 张云、仲冬兰：《八旬老人续修家谱》，《扬州晚报》2018年6月15日，A10版。

一天，奉正明在下乡的途中，偶然碰到一个农民因不了解家谱的重要性，而将自家珍贵的简易族谱当废纸烧掉。① 修谱前，不少人不理解家谱。家谱修成了，人人都喜欢。没有见过的东西，普通人无法理解，所以不支持。一旦印成了，见了实物，他们就理解了。李仁贵总共印制了 100 套，家族里的亲戚都拿它当宝贝。② 2020 年 6 月，满载艰辛的《韦武庄十六姓氏家谱》印制成书了，每家每户都分到一本，反响特别热烈。村民们都从书上找自己的名字，看看自己的前辈和后辈。③ 大部分人不会看，这说明仍是一撮人阅读家谱。文本的局限性，注定是精英化的，普通人不阅读。当然，今日，通过微信传播，也许情况会变。

为什么要重视家族史文本？因为文本是承前启后的载体。"天下事以言传者虚，而以笔记者实。"④ 没有这个载体，一切都是暂时的存在。没有文本记录，后人无法与前人对话，后人无关了解前人，中断的记忆是断裂的。只有文本，才能传承完整的记忆。有不得不断宗者，但多数可以接续的。现在的家谱，让人有一块豆腐干，这是保底要求，相当不易。对没有家谱的人，提倡及时制作家谱。不过，对修家谱的人来说，得进一步提升要求。写一部口述家史，古人称为家传，最为理想，可以详尽写出家族五代奋斗故事。

家族之根意识的唤醒。山西社科院研究员、中国家谱资料研究中心原主任李吉说："寻根，是生死以外，人类的第三种本能。"⑤ 家谱是记载家族成员世系和事迹的档案，是血缘的延续和根源的连接。"每个村都有自己的族谱，我们村也应该重新撰写一本，这是一种对先人的尊敬和对后人的责任。"桃叔自觉肩负起续修族谱的使命，他说："不管你迁徙到何方，不管你在世界的哪个角落，家谱都连接着你我割舍不断的血缘和亲情。"⑥ 单义成称："我本人续修家谱的目的不是为了认祖归宗，而是为了查找根源，流传于后辈，谨记族史，源远流长。"⑦ 找到祖源地，也许能找到祖源地宗谱，从而得以接上。根据《西吉县志》的记

---

① 邱一彪、谯继：《宣汉八旬老人，一生醉心于研究家谱文化》，《达州晚报》2017 年 11 月 2 日。
② 叶晓彦：《八旬老人修著 45 万字家谱》，《北京晚报》2016 年 6 月 27 日。
③ 微观峰峰：《留乡愁传家风　77 岁老人历时五年修族谱》，澎湃政务 2021 年 4 月 6 日。
④ 王铮：《奔波数百里地　整理续编马氏家谱》，《济南时报》2017 年 4 月 13 日。
⑤ 张帆：《民间修家谱热催生"修谱生意"　以中老年人居多》，《北京青年报》2017 年 5 月 13 日。
⑥ 梁盘生、尹巧瑜：《六旬老人耗时两年续修族谱　薪火相传百年村史家风故事》，东莞时间网 2019 年 7 月 4 日。
⑦ 宗亲联谊会秘书处：《家族情怀——回族单义成老人千里寻根，无私奉献续修家谱》，中华单氏宗亲会 2016 年 3 月 1 日。

载，单义成又再次造访山东单县寻根找源。幸好单氏老谱尚存。①

由寻根而来的自我精神满足。对于不少老人来说，修家谱是一种寻根溯源的天性，让自己重新了解家族历史的同时，找到人生的归属感。退休之后的生活，往往缺乏的是精神上的支撑，而修家谱这种行为，恰恰可以满足老人对归属感的精神需求。从家族的角度来说，从事修谱工作，也有一种被需要的精神满足感。② 宗谱是家族之根，一直要好好保存。除了有趣，令庞日泉着迷的更是族谱能帮助寻回族人。③ 修谱热背后演绎的既是一部家族史，也是一部社会史。重新唤起社区居民对公共事务关心，重新凝结起人与人之间的信任与热情，对社区的归属感增强。修祠堂、修家谱等于是树立了大家族的形象与荣耀。收族，这个"收"字用得好，就是将分散的族人联合起来，成为一个家族群体。不修家谱，人就是个体动物，家就是房子而已。

6. 承上启下，留下家族历史

平民史同样值得发扬。这也是王乃岩为自家写史的源泉和动力。《漳州黄氏总谱》主编黄剑岚说："我编纂族谱，无非是做一件承上启下的事情。"这位古稀老人家住厦门，每周都要去漳州主持《漳州黄氏总谱》编写会议。他告诉记者，族谱的魅力就在于从祖先到子孙，这种 DNA 的延续是不间断的，它跨越时空，超越国度，而这也是他暮年坚持纂修家谱的重要原因。④ 黄剑岚说："这件事情有益于祖先和后代，是一件严肃的事，我们必须注重质量，编好书，质量是团队追求的最终目标。"⑤

修谱是"为了查找根源，流传于后辈，谨记族史，源远流长"⑥。"修订家谱，是一种文化，一种研究历史的活动。我从哪里来？我的根在哪里？了解我们的先人在社会发展进程中，为社会作出了什么贡献，是我们后人的一种责任，也是对后代的一种激励。"林锋说，这也是他增补家谱的最主要目的。⑦ "历史是一个地方

---

① 宗亲联谊会秘书处：《家族情怀——回族单义成老人千里寻根，无私奉献续修家谱》，中华单氏宗亲会 2016 年 3 月 1 日。
② 李晓禹：《70 岁退休老人钻研家谱 老族谱就像一盏指路明灯》，东北网 2017 年 4 月 24 日。
③ 潘慕英：《佛山一老伯用 18 年手写 70 米族谱长卷》，《广州日报》2013 年 3 月 13 日。
④ 吴青、李宏博：《民间力量修家谱 参与者：华侨将其视为镇家之宝》，中国新闻网 2014 年 4 月 19 日。
⑤ 吴青、李宏博：《民间力量修家谱 参与者：华侨将其视为镇家之宝》，中国新闻网 2014 年 4 月 19 日。
⑥ 宗亲联谊会秘书处：《家族情怀——回族单义成老人千里寻根，无私奉献续修家谱》，中华单氏宗亲会 2016 年 3 月 1 日。
⑦ 朱文、陈曦灏：《老人三年完成家谱修订》，《海宁日报》2012 年 2 月 24 日。

的根，时间流逝之后，有史留下，我们的后人就能找到自己的出处和归处。"抱着这样朴实的想法，2018—2019 年，78 岁的周树雄老先生历时一年左右，编写一部三万多字，百余张图片的《雅沈村史》。① 没谁强迫他们必须这么辛苦，完全就是为了让后代知道自己家族的历史。"每个家庭都有自己的故事，每个人都有责任把家族史记录下来。"王跃先说："人到了一定年纪，就有寻根问祖的愿望"。② "不想让老祖宗的东西到我们这辈儿断了"，这是责任感。姓窦的要是都不关心自家的历史，那百年之后谁还会记得窦家的故事。公众的历史，自己不来关注不来记录，有谁会来关注与记录？留下历史，这是公众的义务。苏佐告诉四川新闻网记者："我们现在不修谱，三代、四代之后谁又记得你？让普通人也能'留名青史'，把我们老百姓的历史也传承下去，花费点精力很值得。"③

  7. 拆迁引发的不忘本

  拆迁以后，想到以后住上了楼房，邻里之间不会再像以前那样经常串门聊天，可能关系会越来越淡，彭勋弟从丈量之后便计划手写家谱送给大家，让子孙后代能够永远记住祖先、不忘根本。两年的时间，彭勋弟废寝忘食，手写了彭庄村村史和六份家谱，并在签订协议前将家谱送给六个同族后辈掌管。"祖宗是根本，任何时候都不能忘记祖宗，不能忘记自己的出身，希望这些家谱能够一辈一辈地传下去，好让我们的子孙后代能通过家谱了解到祖先的丰功伟绩，更希望彭庄村人才辈出，把尊师重道、书香门第的优良传统一代代传下去。"彭勋弟说。④

  家谱文本有一个自身的复杂化积累或完善过程，不同版本适应了不同时代的需求。如果没有开头，便永远没有起始；一旦有了初级版本，就会有更高级的版本出现。因为人心节节高，欲望逐步提升，要求会更高，从而会有更高级的家谱版本编出来。

第三节 家谱编修队伍的专业训练与评级

  家谱编修是一个行业，这个行业面临人才的培养与评级问题。理事会是家谱

---

① 袁维霞：《乡土情深古稀老人写村史飨后人》，《潇湘晨报》2021 年 9 月 10 日。
② 佚名：《为家族修史，为自己立传》，《靖江日报》2014 年 3 月 29 日。
③ 岳东：《泸州"书痴"建私人图书馆　耗时十年编纂苏氏族谱》，四川新闻网 2015 年 4 月 4 日。
④ 牛腾：《拆迁之际，九旬老教师手写村史家谱》，《牡丹晚报》2018 年 4 月 26 日 A5 版。

编修主事之人，谱师仅是辅助性的专业技术人员。当代中国家谱编修理论研究，须专门讨论谱师话题，举凡谱师的出现、历程、类型、功能、培训、评级等事，都要加以研究。通过理论的思考与实践的探索，希望提炼出一套谱师培训、提升、评级机制，有利于谱师队伍的发展，有利于家谱编纂行业的发展。

一　谱师的由来及现状

1. 谱师的由来

修谱者可以分为士绅修谱与职业谱师两类。在相当长时期，修谱是业余的、非专业、非职业，是其基本现状。在宋元明清时代，各世族大多由族中士绅自任，一般为举人、进士出身。小户人家，大多由未第的秀才主修。这可以称临时设置谱馆集体编纂家谱体制。即使今日仍以本族人员长者组织编纂家谱为主。

谱师的出现，是家谱编纂迈向专业化与职业化的开始。职业化谱师，在明清时代比较零星。晚清以后，谱师多起来。譬如光绪二十八年，宁波陆氏修家谱。陆洪奎主其事，族内友梯、世材、世燿、昌浩编纂。聘请了职业谱师、嵊县籍谱师王怀忠担任总编之任。此前的光绪二十二年（1896），王怀忠曾参与鄞县朱氏宗谱的编纂。[1] 民国时期，数量更多。譬如宁波镜川杨氏，清代乾隆、道光、光绪年间的谱，都是族中乡绅组织的，而到民国修谱的总裁是杨存淇。杨存淇除了自修谱外，还替人修了《浙江鄞县蕙江何氏宗谱》《山西运城绛县中林车氏支谱》，可知杨存淇实际成为职业谱师了。[2]

这种情况的出现，可能与家谱印刷业的发达有关。宋元明时代，家谱多数是手抄本，刊刻相对较少。清中叶以后，随着家谱编纂业的发展，家谱刊刻成风。这些承担家谱排版、印刷之人，就是民间所谓的谱师，也称谱匠。有时，他们也将业务进一步向前延伸，承担家谱信息的采集与编排，如此谱师内涵进一步扩充成为家谱编辑人员。[3]

刻工群体显然一直存在，至少到清以后，颇为盛行。明代家谱，刊刻数量不多，徽州地区多一些，因为徽州是刊刻业发达之区。

---

[1] 钱茂伟：《清代以来宁波宗谱编纂活动——以史氏、陆氏为中心的考察》，《宁波大学学报》2017年第6期。

[2] 钱茂伟：《明代科举家族：以宁波杨氏为中心的考察》，中华书局2013年版，第16页。

[3] 车兴明：《试析谱师在传统宗族出版活动中的角色与权利》，《中国发明与专利》2019年第6期。

谱师是一种晚清以来的文化职业，在手艺体制下，它以师徒传承的方式生存着。在相当长时期，谱师的学历普遍比较低，就是谱匠层面。虽然谱师规模不大，但确实是一种重要的民间文化职业。

2. 谱师职业培养与认证的缺失

当代中国家谱编修是一个文化行业，它既可以提供公益服务，也可以提供商业服务。① 修谱活动，就一家一姓来说，是一件前后间隔期很长的活动。不过，就横向的百姓千姓来说，它又是有较大市场的文化活动。等第一轮修谱完成，第二轮修谱又开始了。由此可见，修谱是一项持久的文化活动。家谱是一个行业，它有自身的需求，会逐步成为各家族的刚需。既然有修谱需求，就会有相应的修谱工作需求。修谱，无非家族自修与公司他修。这样，个人与公司中的修谱之人，就会成为家谱同业之人，这就是家谱行业的产生。由于空间大，姓氏多，所以家谱行业的冲突性也不大。全新的形态，譬如村谱、五世谱的提出，也会让修谱成为一项经久不衰的活动。这个文化行业，情况比较特殊，一直是业余与职业并行的。而且，相当长时期内，业余为主，职业化为次。就此而言，它的职业化程度并不高。

20世纪80年代以后，编修宗谱成为新的民间文化活动，谱师也就慢慢地逐渐产生。前者是开家谱公司或工作坊的人，后者是乡村中业余为人修谱之人。20世80年代以后成长起来的谱师，学历多为高中生，个别是初中生。部分谱师是业余的，是作为副业存在的，有的是老师，有的是印刷厂老板。现在从事修谱的，有不少退休的文化人，成为专职修谱师。有些谱师是以顾问形式出现的。谱师的活动范围多不广，以本县为主，兼及周边县区。出于商业的需求，部分人多保持一定的商业神秘性，相互交流少。当然也有热心交流谱事者，因人而异，不一而足。他们走的是传统的师徒模式，就是跟着师傅学做家谱，最后自成一师。先是修自己家族的谱，然后延伸到其他家族的家谱编修。通过不断的实践摸索，逐步成为一方谱师。谱师的地域性强，就是在本地各族中轮流修谱。由于活动范围小，横向比较少，个别人有高估自己之处。一个在某县有名的谱师，会让他们自傲不已。

所谓的谱师，是现代家谱编修人员，指团队化、公司化的修谱人员，包括

---

① 佚名：《中国家谱文化产业兴起》，青岛全搜索电子报 2015 年 5 月 11 日。

家谱组织、编辑、排版的人才。

谱师是修谱行业的主力军。在家谱行业中，谱师无疑是重要的专业力量。宁波康明海认为："撰修家谱是长期实践、累积的一个过程。一套家谱的完成，牵涉到多个行业协作，谱师只是其中一个环节。谱师对家谱体例、社会当下普遍价值观、地方习俗有自己理解，自成一套行事流程、准则，在小范围里皆有一定认可度。"

在相当长时期内，谱师是一个不被看好的职业，养不活自己。不过，近二十年的发展，已经改变了这样的观念，谱师是可以赚钱的，是可以养活自己的，是一项全新的职业。

目前，谱师的职业化程度不高，影响了与宗法体制相关的宗谱编纂行业，也没有机会进入国家合法的现代职业门类。从未来的发展趋势来看，也一时难以合法化。在这种情况下，谱师实际上就成为没有娘家的手艺活动。这是不利于谱师队伍发展的，不利于家谱编纂发展的。

家谱是一个古老而新生的行业。说其新生，是因为花样在翻新，不是简单的继承。在废墟上建立起来的家谱编修，进入新的发展时期。进入后宗族时代，进入村政国家化时代，进入城市化时代，进入网络时代，进入家谱公司化时代，所以出现诸多全新的变化。职业修谱公司的出现，是全新的一大变化。修谱公司，有大有小。有的是作坊式，有的是大公司，有的是个人化，有的是团队化。修谱公司的出现，使家谱编修真正行业化。修谱项目化，是一大趋势。修谱公司可以几个项目同步开展，哪个急哪个先成。

1949年以后情况大变，一是乡绅的衰落，士人普遍进城居住；二是乡村治理的国家化，直接由国家来管理各姓，不再是一姓管理。如此，要求修村谱，这应是时代发展的必然。至于单姓家谱编修活动，仍可保留，但规模比较小。这样的体制，也便利于五世谱的流行，从而实现人人参与的目标。两者可并列，可汇编成册，也可单行，这样更为灵活。

要求压缩公众家谱编纂规模也是一大趋势。当下的行政户口制度、小家庭制度，让村民只关注自己所在村，只关注自己直系三代。不过，谱师们普遍反对缩小化，那样的话难赚钱。尤其是五世谱，更难赚钱。

对懂行的专家来说，家谱编纂的技术含金量似乎并不高。不过，从外行来说，仍是有较高难度的活动。有老谱的续修班子，面对文言文，就过不了关。

手工修谱，是一项十分复杂的活动。《江城子·修白石谢氏五修族谱有感》："九万人丁脉长长，修家乘，费思量。千里娄底，白石谢氏强。校对数稿又如何，错漏有，徒心伤。各房都有新问题，天天改，日日忙。人机交流，惟有泪千行。夜半挑灯儿睡处，修谱人，加班狂。谢超（河森）庚子仲春于重庆。"①

修谱是专业化的事，是一项很复杂的文化生产活动。尤其是宗谱，规模大，更不是一个外行可以搞定的事。对相关谱师的采访中可知，职业化修谱的效率更高。譬如谱丁资料的搜集，传统的办法是发放表格，让村民来填写。结果，几个月也完不成，填写也不规范。谱师们用了全新的办法，直接带上电脑，上村中集中办公四五天，全部搞定村民数据。谱师懂行，会询问相关的数据。印刷厂排版以后，让理事会负责发放校对、签字。由谱师直接操作，也可避免人手多带来的校对不精问题。此前修谱，临时找一批不懂行的人组成编委会，因为不懂校对，经常出差误，留下后遗症。家谱公司可以从家谱资料收集、编排、排版、制版到印刷修订再到出书成册，最后到发谱庆典大会，修家谱一条龙的服务都能包下。"修谱师能克服修谱中的种种困难，因此能大大缩短修谱时间，让新修的家谱尽快与族人见面。"②

家谱编修人才的培养，显然有较大的社会需求。研究会办了三届培训班，前后参与人是比较多的。诸暨的赵国广先生来信称："修谱的高峰期将过去了，我们诸暨市该修谱的姓氏大都已修并将修好。但是现代版的小家族谱可能还有一定需求。"不同地区修谱发育程度不同，诸暨是发达区，尚有许多地方如嘉兴、湖州、舟山，没有家谱编纂传统，等着来修谱。在修谱发达之区，也面临着第二轮、第三轮修谱活动。义乌某些家族十年一修，修谱的频率比较高。

家谱编修越普及，家谱行业越繁荣，于是产生同业公会、同业研究会。随着家谱行业的发展，要求规范化、专业化、职业化，也就成为一个趋势。专业化，要求开办家谱专业，培养家谱编修人才。职业化，要求提升现有谱师队伍水平，给予评级服务，让各谱师的实际水平得以充分体现出来。

此前的讨论，卡在社会承不承认研究会主持的谱师评级活动。社会对谱师评级的认可，肯定有一个培育过程，不可能一步到位。首先得是研究会的承认，

---

① 名门修谱：《传统匠人的内心独白，"修谱师"：我太难了》，名门修谱2020年3月16日。
② 许佳、向凯：《偏僻小村，修谱师来敲门》，《新安晚报》2014年月10月27日。

学员的承认。研究会在家谱编修人才的培养、评级中发挥了作用，且做得好，谱师自然认，如此研究会认定的权威性就会逐步体现出来。只要研究会认，会员认，就是社会认了。做好谱师的服务工作，这是研究会工作成绩所在。

3. 为什么要做谱师认证与评级活动？

那么，谱师证是否有市场？民间谱师会来参与吗？不同的人会有不同的说法。部分能揽到业务的老谱师，年龄也大了，习惯了没有评级，所以与他们商量，他们的第一反应，会有多少需求？有人说："思路设想很好，只是研究会组织评选花费的精力很大，会有多少人去争取去考取这个谱师的职称也难说，因为现在做家谱不一定需要所谓有谱师职称的人来修谱，大都是本家族自行联系熟悉的编印家谱的公司或工作室。"也有人说："修谱人员的职业化程度不高，谱师以业余为主，年龄普遍较大，有本职工作，难有较大精力来应付修谱评级活动。"这些想法值得我们参考。确实，长期以来修谱是一项民间手艺，谱师的文化程度多不高，没有政府上岗门槛要求，所以对这种评级活动的实际需求并不大。此间的关键是，谱师评级是面向过往或面向未来的活动。对老的谱师来说，他们习惯了没有谱师职称照样做事赚钱，没有职称也不影响工作，所以这样的花架子可有可无。如此，开始的谱师评级活动，属事后追认，送一个职称给他们，可谓实至名归。

不过，对新手来说，肯定有吸引力。从长远发展来说，它是要培养的，是需要评级的，这有利于谱师队伍的未来建设。谱师的培育与评级，重在培育，面向未来。研究会也不是简单的评级，而是培育、提升同步的。这项服务，相信是会受他们欢迎的。河南魏怀习总经理称："这个议题好。"温州卢瓯武十分支持，说："你的策划思路很好，高智商！需要一个国字号平台支撑，你有资源。"他建议找一家国字号家谱学会合作，在全国范围内做谱师的培养与认证工作。家谱职业，目前没有列入法定国家职业认证范畴，不支持但也不反对。能创新性提出这样的一个谱师培养与认证机制，相信有广阔的市场。他建议通过培训，集中培养，集中考试与认证，发放谱师证书。

有实际的管理需求空白点，就得有组织来填补。家谱是一个正在发展中的文化行业，政府没有精力来管，家谱研究会应承担起这种行业管理功能。长春宛福成教授全力支持，称："目前，可以由几个机构联系发起，拟定运作方案。联合发起这个事，好事儿，能成，并不难，主要是前期细则的拟定和完善。"

家谱文化研究会，不同于其他学院式学会由清一色高大上的研究人员组成，它是由修谱人员、家谱爱好者、家谱研究者共同组成的学会，以人民为中心，服务人民，比较接地气，这是其特点。如此，省级家谱文化研究会实际上近于行业学会。省文旅厅领导也有类似的想法，希望研究会替文旅厅承担家谱行业管理职能。谱师评级是为了解决家谱研究会与谱师间关系建构问题，使之成为紧密关系，而不再是"两张皮"。目前，各省各地的谱师各居一方，互相间的联系并不多。同时，与研究会的联系也不多，谱师自顾自做生意，感觉研究会的作用可有可无。我们的希望是，家谱研究会要做好服务谱师的工作，让谱师成为家谱研究会的骨干队伍，共同推动各地的家谱编纂事业。

有人提出："你们搞这个谱师评级活动，不是想提升浙江省百姓家谱文化研究会的权威性吗？"这样的想法，有其不当之处。原来某些县有家谱学会，某些市也有家谱协会，这不影响存在，大家的活动空间不同。县级家谱学会是某县范围内活动的，市级家谱学会是某市范围内活动的，浙江省百姓家谱文化研究会是可以在全省范围内活动的。研究会不是某些人的，而是大家共同的研究会，是广大谱师的研究会。所以，通过谱师评级提升研究会影响力是一个方面，更大的方向是通过服务好谱师，提升其服务水平。建设好这支主力军，肯定能进一步提升修谱水平。它是一项历史文化职业活动，应有自己的职业师培养与考评机制，这有利于增强他们的自信，提升努力的方向，提升谱师队伍的质量，更好地做好各地的家谱编纂工作。谱师有了研究会这个娘家，会更有信心。没有谱师证，曾是谱师们的一大痛点。没有证书，谱师要自封谱师。如果有民间行业来认证，更有权威性，肯定可以获得广大谱师的欢迎。有证书，肯定比没有证书好。有了谱师证，他们在社会上会更吃香，更有利于他们的工作。认证是目标，让完全民间化的行为，具备更多的公共文化意义。

人的观念是特定的时空产物，并不是永恒的。谱师的培养、评级与认证，是"无中生有"的活动，这是难度最大的地方。长期以来，谱师们习惯了师傅传授，习惯了没有评级活动，现在想制定一套谱师提升、评级制度，大家会觉得没有太大必要。不过，面向未来，家谱业的大发展，会突破他们的观念限制。有制度，肯定比没有制度好。有行业学会来管，肯定比无意识自由发展好。经过一段时间的酝酿与讨论，相信大家会逐步认识到建立谱师培养与评级制度的必要性。

谱师在社会上权威性的确立，是由谱师自我的编修水平与服务能力决定的。

谱师的评级活动，仅是对这种能力与水平的同行专家的权威确认，提供一纸合法的水平与能力证书，是锦上添花的行为。谱师是个体，实际水平如何，仅有自我感觉与外行判断不够，还需同行专业判断。谱师评级活动是同行业专家的集体评议与鉴定行为，它提供的是同行集体权威性评判。有了这种家谱行业学会组织的专业同行认证，个人就可以合法地对外宣传是什么级别的谱师，别人也会据其相应级别判断其水平。不同级别的谱师，会有不同的待遇与回报。如在体制中，会有不同的待遇。如在体制外，也可以据此收取不同级别的修谱费用。一个初级谱师与高级谱师，收费标准肯定是不同的。也就是说，从大的宏观格局来说，谱师水平是有高低之分的，这种等级差序是建立在不同人的不同能力与水平差异性基础上的。评级活动，就是确定这种高下等级格局的活动。它也提供了谱师奋斗的目标，由初级到中级，由中级到高级，甚至特级，让家谱从业人员有一个奋斗目标，从而提升自己的家谱业务水平与能力。它提供的是良性竞争序列，也可避免同行相轻现象。同行专家组认可的水平级别，个人不服不行。

家谱编修是一个实务行业，必须动手修谱，仅有家谱知识是不够的。也须不断地总结经验，提升技术与理论水平，才可成为高水平谱师。谱师自我水平的提升，一靠实践，二靠总结，三靠交流。一个只有家谱编修实务活动，不会自我总结、不肯与同行交流的人，也难以成为高水平谱师。据此，评级标准会考虑两大因素，一是修了多少谱，二是要有修谱经验总结性报告。谱师评级活动的社会权威性，本身有一个认可过程。评上谱师以后，也有一个宣传过程。吉林省委党校宛福成研究员来信称："谱师，没有专业机构张罗这事儿，现在也找不出专业权威机构。但公认的权威人士联系到一起，就会形成权威。"假以时日，经过几年的努力，会逐步成为浙江家谱编修行业的法定专业活动。这是家谱行业从业人员专业化与正规化建设的必然行为。

二 谱师的培养与评级

从目前来看，家谱编修市场会越来越大。从面向未来，更高要求来说，这样的现状是令人不满意的。要解决以上的职业缺失，须从专业培养与职业评级入手，希望谱师进入专业化与职业化之路。从家谱行业的发展来说，肯定要关注谱师的专业培养与职业评级问题。这意味着，我们得建立修谱人才学校培养体系，得建立家谱人才评级体系。

1. 新谱师的职业培养

目前，专业化培养工作可通过两个方面来努力：

一则开短期培训班，在老人群体中普及家谱编纂知识。目前，浙江省百姓家谱文化研究会已经办了三届培训班，取得了较好的效果。培训班结束后，会发一张浙江省百姓家谱文化结业证。河南家谱培训会，也是这么做的。

二则与职业学校合作，培养相关专业人才。家谱职业培训，一时难以成为专门职业，可与相关专业结合，如与社会工作专业、文秘专业、新闻专业、文化产业管理专业等结合，培养年轻人才，希望出一批自谋职业、开文化公司或工作坊的谱师人才。研究会可与职业学校合作，先办一个职高班做试点。也可与其他大专院校合作办一个家谱班。目前，青岛恒星科技学院在社会工作专业中试办了家谱编修专业。研究生中，也可考虑开辟家谱研究方向。大学本科的方志学专业，可增设家谱内容。公众史学下，开辟了家谱研究方向。如此，就构成了完整的家谱人才培养体系。政府不管，家谱研究会可以考虑。如此，家谱人才的培养，就可进入专业化之列。

既然要成为专业，就应有相关教学体系与教材体系，如《家谱学概论》《家谱编纂应知应会》。凡例能研究，能懂新旧凡例。依法修谱。要掌握文字学、编辑知识、法律知识、社会学知识、调查研究法、印刷学知识。传统家谱基本规范与基本体制要保持，其他可创新。古今文字不同，文言文断档，新一代不识文言文，这是难度所在。

2. 老谱师的提升与评级

谱师的职业水平考核本质上是提升，通过评级与认定，分出段位高下。

主办单位：考虑到目前没有全国性家谱研究会，拟由各地方家谱学会负责。

性质：评级活动必须是公益性，不能商业化，否则缺乏公信力，会十分乱。当然，培训、评定工作也有一定的成本，拟以 AA 制形式，由参评会员分担成本，以会务费形式收费。以保本为原则，不以营利为目标。

考评流程，分为三个环节，申报、提名、面试。每一环节，再列出几条标准来。制定一个申报表。作品涉及数量与水平。作品的评判，一是数量，修了几部；二是质量，是保底谱（有谱系与行传）或复杂谱（除了谱系图与行传，有更多类型传等类目）。笔试环节，可改为修谱经验总结文章。如此，笔试与面试的主题可合一。口碑调查也可占一定分，让谱师同行群体来推荐，根据日常了解到的信息，确定相应等级的谱师候选人名单。申报、提名、考试三结合，肯定客观，有可操作性。

谱师评级，可分为初级、中级、高级、特级四等。四个等级，要确立不同的评判标准。如同其他职称的评定，标准的设置是一个动态的概念。早期的谱师，文化程度普遍不高，所以不考试，而用考查来代替。考查，就是提交一篇文章。谱师的经验，得总结提炼出来，得写出来。

职称评级的共同要求是，有一个梯度发展过程，即由上岗证、初级、中级、高级、特级的自然培育过程。中间，需要间隔几年。教学系统，要求间隔五年。修谱行业，参照厨师行业，可以间隔三年。不过，早期评比期，可以突破这种梯度发展原则，直接给予评定的职级。

考评时间：二年一次。时间点，每年定在11月考评。

评级认定，拟组织一个专家委员会。评委得自己会修谱，有多部作品。其次是家谱研究专家，懂理论与技术。不然难服众。只有名师参与评判，这个证书的含金量就会大。

评选数量：谱师队伍的发展有一个过程。每次数量不必多，逐步增加。评级出来的谱师，要经得起社会的检测。

评定的谱师资质，通过何种方式来体现他的权威性？通过宣传，扩大影响。研究会要建立谱师档案与推广机制。每年要加强宣传，鼓励更多的人来参评。也可追踪谱师们的业务工作。研究会刊物可开设栏目，定期推荐谱师业绩与水平。中高级谱师，推荐成为研究会学术处成员。可组织高级谱师轮流到各地做公益讲座，壮大声势。在这个过程中，潜在的家谱编修业务也会产生。如果研究会可以接到修谱业务，可推荐给相关谱师来修。至于如何分配，可遵循就近与自愿原则。总之，只要多机构联合，多专家站台，证书的权威性就会得到保障。

关于向优秀会员授予家谱文化人才荣誉称号的试行办法

各专业委员会、各团体、各地联络组：

为发展百姓家谱文化事业，广泛团结家谱文化力量，形成修谱骨干队伍，发挥修谱指导和家谱文化研究作用，经研究，特向优秀会员授予家谱文化人才荣誉称号，具体试行办法通知如下：

1. 家谱人才荣誉称号：分为二级修谱师、一级修谱师、高级修谱师和特级修谱师、高级家谱研究员。

2. 授予范围和对象：本会会员或评审初期加入本会者，本会各专业委员会成员。受表彰对象原则上自愿申请，或本人同意，本会修谱指导专业委员会2人及以上联合提名。

3. 表彰条件和标准：品行良好，守法遵纪，无犯罪记录；有较强的文字表达能力；有一定指导修谱能力；有一定组织协调能力。重点衡量三方面业务实绩：一是为主编纂家谱的数量和质量，二是指导各家族修谱的数量，参加本会及下属机构组织的家谱培训班讲课、研讨会专题发言情况，三是县区级及以上发表的家族、家谱类总结、研究和文史文章。具体条件和标准如下：

（1）二级修谱师：已修2部合格家谱；撰写或发表家谱类总结、研究或相关文史文章2篇；指导培训家谱修编1次及以上。

（2）一级修谱师：已修3部合格家谱，或1部以上本会评出的优质家谱；撰写或发表家谱类总结、研究或相关文史文章3篇及以上；指导培训家谱修编3次及以上。

（3）高级修谱师：已修5部及以上合格家谱，或2部以上本会评出的优质家谱；公开发表家谱类总结、研究或相关文章5篇及以上；参与家谱修编指导培训，区县、地市家谱修编培训班主讲1次以上。

（4）特级修谱师：一是已修20部以上合格家谱，或开设谱局、专业公司指导编印家谱相当数量；且发表家谱类总结、研究或相关文史文章5篇及以上；参与区县、地市家谱修编培训班主讲1次以上。二是修编5部以上优质家谱，公开发表家谱类总结、研究或相关文史文章10篇及以上；参加本会举办的培训班、研讨会主讲2次及以上。

（5）高级家谱研究员：编纂家谱1部及以上，具有较强科研、创新能力，为主参加地市社科系统及以上相关家谱类课题，编撰出版家谱类研究专著，有重大家谱编修创新成果的专家。

本次授予的荣誉称号是一级修谱师和高级修谱师。

4. 试行流程和工作：

（1）新修家谱较多县区、各地联络组、本会各专业委员会成立评比提名小组，发动组织符合条件的修谱人员入会，参加本会家谱评审，推荐参加本会论坛研讨，推荐参加家族修谱指导，动员撰写相关总结、研究等文章，填写表彰登记表申报；并提出一级修谱师初评名单，和高级修谱师建议名单。

（2）本会成立表彰工作专家组，召开专题会议，请一级修谱师初评人选各自简介工作业绩，回答专家组相关提问。专家组根据登记表、附件和参评者汇报自述投票表决，通过一级修谱师名单，报会长办公会议通过，发文公告。

（3）本会理事长会议邀请方志系统、高校专家学者、修谱指导委员会代表、《浙江家谱文化》编辑部代表组成评审组，在一级修谱师名单基础上，审定高级修谱师人选。并根据提名情况，确定高级家谱研究员人选，发文公告。

（4）各新修家谱重点县区、各地联络组、各专业委员会负责人，邀请一级修谱师代表、高级修谱师、高级家谱研究员，和各地方志相关负责人组成评审组，评定合格家谱和二级修谱师荣誉，经本会专家组审核备案后，发文公告。

本会为评审修谱师创造条件，将组织家谱评审活动，举办家谱修编论坛或研讨会和修谱培训班，《浙江家谱文化》编辑部将组织征稿征文活动。

本会每届组织两次表彰活动，在适当会议颁发荣誉证书，邀请《浙江家谱文化》记者或各媒体宣传报道受表彰者事迹，并组群开展交流、研究等活动，推荐参加修谱或指导修谱工作，参与协会专业委员会、联络组等工作。本试行办法，经修谱指导委员会讨论完善，报会长会议同意，提交理事会通过后发文；具体由家谱修编指导委员会组织实施和解释。待试行后，将总结经验，吸取意见，再予以修改完善。

浙江省百姓家谱文化研究会
2024 年 5 月 21 日

2024 年 6 月 30 日，浙江省百姓家谱文化研究会举办首届浙江修谱师评比活动，经各机构、会员等推荐、自愿申报，并提交修谱师登记表等相关材料后，评审组专家、学者认真审核,确定首批高级修谱师 37 名、一级修谱师 14 名,终于在全国首次迈出一大步。从实践结果来看,这项活动是深得人心的。事后的"浙江修谱师论坛",成为永不下线的论坛,成天热烈讨论专业问题。

三 家谱主编队伍建设

家谱与方志、国史并列为三史,有一个共同特点,就是集体编纂。三者的不同,无非空间级别的不同,一是全国,一是地方,一是家族。家族是国家的底层行政组织。家谱编纂是一项比较复杂的文化生产活动,须家族与谱师合作。主编承担通盘管理,家族承担中期工作,谱师属后期加工,这是家谱编纂中的普遍现象。由此可知,主编与谱师群体的产生,要解决两大任务,一是家谱通稿或主编,二是家谱刊刻。早期家谱的编修,多与家族中的士大夫群体有关。只有出士大夫的家族,才会想到编纂家谱。至晚清以后,读书群体层次越来越低,而修家谱风气大开,有更多的家族参与修谱。人手不足,于是只得请人参与家谱编纂,如此就诞生了一个主编、谱师群体。家族中缺乏高级读书人或懂家谱的行家,只能外聘名家主持,今日或称为顾问。前人所谓谱师,多是刊刻层面的。能承担主编任务的,肯定是乡绅。而刻工,显然更低,完全是技术活,属印刷装订层次。今日家谱编纂,实际上也面临类似的问题。只是,讨论的多是谱师层面,而不是主编层面。由此提出两个话题,一是主编群体,二是谱师群体。这是值得进一步研究的话题。这是专业人的研究。研究家谱名单,可见参与人员相当广泛。今日仍有请学人主持家谱编纂者,显然是因为家族中缺乏这样的会修的人,于是不得不请人来帮助。

修谱是一种集体活动,每次修谱时,每个家族都要组织一套班子。在乡绅强大的明清时代,就是由各家族的乡绅组织的修谱活动。修谱是一项集体活动,不是个体活动。1943 年续修镜川杨氏宗谱的分工更加具体,有发起人、大总裁、监督、总办、协办、经济、会计、管理、校对、采访等,这完全是一套现代的分工编纂机制。大总裁就是之前的主修人,又新增经济、会计两项。[①] 一部家谱往往是合力的体现,谱师是一个关键人物。谱师的作用是主导专业性,保证家谱编纂不丢脸。进入 20 世纪 50 年代以后,宗法制逐步成为打击对象,修谱活动

---

① 钱茂伟:《明代科举家族:以宁波杨氏为中心的考察》,中华书局 2013 年版,第 186 页。

也被迫停止，这种职业的发展也受到压制。

　　这个项目，历代没有做过，别地没有做过，完全是创新的行为。要取得成功，须有摸着石头过河的探索精神。假以时日，当可成功。宁波康明海认为："行业需要规范是好事，研究会原认为是交流学习的，换了身份变成评委，交流变成评定与被评定，这些专业的人士是否能够接受？个人建议，先着力于普及、推广、拉拢，待有一定的实质性工作后再进行评定工作。"这个建议可行，确实要一个准备与接受过程。评级不见得是坏事，因为高级谱师也会作为评委参与评级活动。大家共同努力，是想提升修谱人员的职业化水平。

　　谱师现状调查。可先在全国各地调查下，有多少职业谱师、半职业谱师、单一家族修谱者。据初步的调查，浙江谱师以金华、温州、绍兴、宁波、杭州、丽水为主。

　　最终希望是将谱师行业做大，让之合法化。有了机制，可以培养更多的谱师。大家谱的编纂，也许数量有限，但公众家谱的编纂数量，绝对是无限的。如此，谱师队伍的培养任务需求也十分大。

　　研究会也可考虑确立骨干队伍，建立家谱编修一条龙服务单位体系。在讨论中，富阳罗建卫建议，实际操作可这样："一则专业人员做专业的事，以社团名义进行广告宣传，揽取家谱制作业务。1. 高级知识人员对家谱主要文章进行现代文翻译。2. 普通专业人员采用格式规范句式对家谱进行修编。3. 社团建立自己的工厂，采用带标识的纸材、用材，规范制作。如我有正规制作设备和工艺制作技术，有实地培训交流场地。如此资金有来源，学员有接触、实践场地，社会有贡献、有影响，才能持续发展。"此间，提出了一个家谱古文翻译业务，值得肯定。鄞州区杜建海先生建议，如果各姓家谱编委会有需求，研究会可承担论证工作。家谱要经过三审，一审血缘，二审规范，三审印刷前规范。研究会可在二三环节审查中起作用。这些人提出了家谱文化研究会如何展开一条龙服务问题。

　　修谱，谁来指导，谁来监督，谁来审核，这是难事，也是大事。图书出版，有出版社把关。家谱出版，没有机构来把关，这是导致家谱出版质量不理想的原因之一。如此，家谱学会得设置家谱编修中心，指导修谱、审核。这个机构得有一定实权，可称家谱出版中心，可以聘请人员。建立修谱备案制度，有了备案，才可掌握各地修谱动态，从而跟进服务，提升质量。这个中心得有分中心，可以联网。否则，路太远了，指导不便。

总之，家谱研究会可起到四方面的功能，一是摸查功能，梳理出浙江的谱师队伍，寻找到联系方式。二是提升，交流经验，提升水平。三是认证，给他们有一个职业认定资格。四是提升谱师的权威性。

第四节 家谱编修经费筹集机制

修谱是临时性活动，所以经费的筹集也是临时募集的。"传统的修谱经费来源有四：一是人丁费，以入谱人数按丁募集资金，这是宗族内的硬性规定；二是祠田祠产，祠堂有祠田租金维持冬春祭祀等常规开销；三是富户出资赞助；四是领谱者付一定的成本费。现在修谱主要靠企业家或成功人士的赞助，家谱编修委员会要根据族内情况，排队摸底，列出一份经济实力强的族人名单，发请柬邀集开会，共议续谱大事，宣传修谱意义，倡导回报社会，造福家族，提出一些鼓励乐助出资的措施，如授予编委会主任、副主任、顾问、理事长等编委会职务，撰写个人传序或简介，刊登企业家个人照片或全家福，列功德录、馈赠家谱等。会前对部分企业家做好工作，在会上带头赞助，起示范表率作用，对于会上不表态的企业家，还需登门拜访，反复做工作。除了赞助费，鼓励各家各户收藏家谱，收取一定的成本费。若资金宽裕，族人请家谱亦可低于成本费收取。修谱筹措资金一定要坚持自愿原则，一般不再收取人丁费，更不可用其他强制措施。"[①]

从长远来看，也可以建立长效的财政机制。公益基金的开支范围，除了修谱费用，也可用于族中其他公益项目。许焕常谋划着一个族亲内的公益项目，每年给予超过70岁的老人一定补贴，许氏有上不起学的学子，给予资助。他说，尊老爱幼是许氏的传统，也是中华民族的传统，现在有这个条件，许多人族亲都愿意参与。[②]

如何解决家谱编修财政机制的长效化问题？笔者的想法，成立家族基金会，也许是一个方向。此前，已有人"呼吁社会贤达设立家谱文化基金，支持家谱文化研究和家谱续修工程"[③]。各地各族，可以成立自己的民间基金会，可在当

---

① 金涛：《想要成功编修家谱，需要三种人》，中国家谱网 2020 年 7 月 1 日。
② 祁胜勇：《家谱唤醒孝思亲情》，《燕赵都市报》2014 年 7 月 13 日。
③ 郑鸣谦：《家谱文化——让血脉亲情落叶归根》，《中华民居》2017 年第 4 期。

地注册或报备即可。然后鼓励各地各姓的有钱人，如企业家，按国家最新的12%公益基金标准，拿出一定比例的钱捐给基金会，年底免收税。除了企业家，各级收入高的公务员、事业单位个人，也可以拿出一部钱，抵扣税收。当然，具体操作，可能比较复杂。管益忻主张："家族产权（明确的祠堂、公共）公共集体产权）已不多见，但各种各样宗亲会以捐赠形式形成的集体公益性财产，越来越多起来。而其存续形态上，应该尽可能地产业园化，使各种宗亲组织在经济基础上真正能从'（短期）输血'机制过渡到（长期）'造血'机制。"①

国人并不是真的没有钱，而是观念问题，就是这项活动是否排到必须花钱的位置。这是一个钱的使用方向问题。重要的文化活动，自然会有钱来投入。人类的格局有一个发展过程，重视文化投入，这是较高境界之人才有的想法。21世纪是文化建设的世纪，文化投入重视之日，正是人类境界最高之时。

---

① 家谱国际整理编辑：《解读著名经济学家管益忻阐述八大家谱制作问题》，家谱国际2018年7月2日。

第十三章

家谱编修质量保障与评论研究

家谱的编修、印刷、评比,是一个完整的链条,涉及标准、质量、优劣的评比与研究。这些问题是值得进一步研究的。

第一节 家谱行业的标准制订、价值与意义

作为一个文化生产行业,须有自己的行业生产标准,这是必然的要求。标准是执行之本,没有标准,也没有评判依据。制订一套家谱编修标准,一直是家谱行业圈的共同想法。但由于多种因素,一直没有制订出来。浙江省百姓家谱文化研究会率先制订出家谱行业标准,这是有创新意义的。现就家谱行业能否有标准、为什么要制订家谱标准、有什么价值与意义三大问题,做一些学理思考。之所以要研究标准制订背后的学理问题,是为了给人一套说辞,一套话语体系,否则无法回应别人的质疑。

一 既是行业也是产业

家谱编修是一个行业吗?家谱编修既是一个行业,是一个产业。说它是行业,它是众多文化行业之一;说它是产业,它是一个生产性的文化生产行业。家谱编纂是当今中国的一个正在蓬勃发展的民间文化生产行业。

要不要编修家谱,不是什么宗法不宗法问题,应是一个文化产业发展问题。今日一切都在国家控制之下,宗法管理没有了土壤,不用担心什么宗法复燃。传统的家谱,宗法与历史功能兼具;现在的宗谱,只剩下历史功能了。收宗,

只能在文本中实现收宗功能。编纂家谱，可以满足家族史建构，可以增加部分职业，让一部分修谱人找到生计，可以养活印刷企业，可以养活造纸业。也就是说，家谱生产可促进相关产业的发展。

家谱编修是一个行业，行业之人是一个群体，必须沟通交流，才能提升自己，从而更好地提供家谱从业人员的水平，修出更为理想的家谱作品。如果进一步提升顾问，甚至审核服务，则更为理想。浙江省百姓家谱文化研究会举办了三届培训会，有一定成效，至少将全省各地修谱人员、爱好者联合起来了。也传播了一些家谱知识，提供了一个交流平台。

如何引领浙江家谱编修行业的发展，要思考浙江家谱产业链发展问题，要思考浙江如何在全国家谱市场中的引领问题。金华饶玉华的想法，要超越个体户思维，有一个行业发展整体意识。如此，可以超越攻击同行、抬高自我的层次。现在的问题，一直处于攀比层面。有人来评他，他就想，你厉害还是我厉害。甚至会提出，我要考考评委家谱知识。这是某些人的性格缺陷。各地修谱人员，文化层次多不高，与外面交流比较少，坐井观天现象更为严重，狂妄自大。

家谱生产行业为什么要整合？应打破标准与价格上的局限，提升品牌效应。修谱行业前景暗淡，赚钱少。进一步思考，谁来整合？如何整合？理论上应是家谱行业协会，它是家谱企业与谱师的联合协调机构，但目前缺乏这样的行业管理组织。

二　家谱编修要有标准

（一）什么是标准？家谱能否有标准？

这是最容易引起争议的地方。有人认为家谱应有标准，有人认为家谱没有标准，至多可称为指导意见。这多是某些人按字面意思"望文生义"多了，才让很多好事黄掉了。在某些文人想象中，标准是由政府颁布的强制执行的才可称为标准。殊不知，即使在工业生产标准中，也分为强制执行的标准与软性执行的标准两类。家谱标准，应属软性执行标准之列。

标准都是后人定的，不是天生的。所谓标准，应是行业经验与做法的归纳与提炼。谱牒的核心是谱系图与行传，所谓标准，也主要是指这两项的标准。欧苏以后，家谱世系与行传的标准就确立了，成为主要的两大类标准。此外，

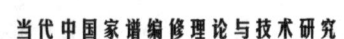

有欧苏混合型。明清以后，在此基础上，家谱内涵不断有所扩充，成为宗族志。

（二）为什么要制定家谱标准？

肯定是求发展，着眼整体，着眼未来，共同提升，这是方向所在。

1. 制订家谱编修标准，是因应家谱编纂行业的现代化要求。传统的族谱主要是明清时代产物，那是一个线装书时代，出版规范符合当时的要求。当代中国进入现代图书出版时期，图书的出版有现代的《图书编辑工作基本规程》，要求更严。家谱，作为一种图书，得有自己的编纂与出版标准。因为没有标准，没有审核，没有把关，所以问题较多。目前不少家谱，因为不熟悉家谱行业标准，编纂出来的家谱，别人看了不理想，不专业。如果有一套标准，品质的平均水平会更高。要提升家谱编纂水平，就得在标准设置上，在审核上把关，在设计上把关，才可达到。家谱作为现代图书种类之一，显然得按国家《图书编辑工作基本规程》要求来做。这样，就会遇到新旧变革问题，实践中会遇到不同的争论，有的人坚持要照古人的要求做，有的要按当代的要求来做。有人提出，仿古家谱与现代家谱，如同仿古建筑与现代建筑，各有市场，应有不同的标准。

2. 家谱编修制订也是家谱编修普及化的要求。我们得逆向来思考，家谱标准是干什么用的？是给谁看用的？简单地说，是给准备修谱的外行用的，是公众修谱的需要。以前，家谱是由谱师或家族中的文化人主持编修的。进入当代社会，人民群众文化富有的需求日益增长，家谱编修逐步普及化，要走进千家万户。家谱编修这种家族文化建设工作，必须亲自动手。他们不是家谱专家，不懂家谱编修规矩。制作家谱标准，恰是为了解决家谱编修不标准问题。小空间的家谱习惯，要成为大家共同接受的标准，必须经过标准化及推广过程。家谱标准化可方便新手操作，让他们有规矩可循。

3. 家谱标准也可解决修谱工作中遇到的问题。不同的理念有不同的行为与不同的决定。在新旧背景下，观念变了，模板方式变了，标点变了，纸张变了，自然会带来冲突。修谱中最大的问题是新旧体裁不统一，用新体或旧体，横竖不统一，繁简不统一，用纸不统一，要不要彩色照片，照片需要多少，多印与少印不统一，某些事要不要书写不统一。也就是说，家谱生产过程中，会出现一大堆问题。这些问题均是修谱中容易遇到的大问题。研究学理问题，是为解决人的观念问题。技术研究是要解决应用标准及操作问题。这些基本问题解决了,家谱行业就会顺利发展了。行业标准的制订,是行业统一发展的需要。早期的行业标准肯定多元化,到一定时期,需要确定一个共同的标准,减少交易、推广成本。有一套标准,可以解决价值观的不同、意见的不同问题。之所以意见不同,是因为意见是个性化的,是价值观的,是不统一的。如果有一套客观的标准,可以避免此类争吵。家谱编修组也如此,可以统一意见。如此,标准非做不可。作为浙江的统一标准,那会方便修谱人、客户掌握要求,可以限制人的自由裁量空间。

4. 这是因应家谱行业发展的需要。家谱编纂是当今中国的一个正在蓬勃发展的民间文化生产行业。作为一个行业,须有自己的行业标准,这是必然的要求。标准是执行之本。没有标准,也就没有评判标准。一个行业要进一步发展,须有标准,才能提升品质。家谱行业本身是一个层次不高的行业,参与人员多是半路出家,又未经专业出版社一道关,自然问题较多。由于没有机构来把关质量,最后家谱编纂印刷自然无法保证。对家族修谱人员来说,对修谱师来说,对学会来说,对政府领导来说,都是必须做的工作。可以考虑由家谱学会出面制订一个家谱收费参考标准。修谱费用的收取,相关机构可以出台一些指导性收费标准,包括族人内部费用的收取标准。若有一个指导标准,族人自己也可收取部分辛苦费。这样修谱事业才能正常、健康且长期地发展起来。

5. 出于行业经验总结的需要。家谱编修是一门实践性非常强的编修活动。实践出真知,谱师的经验,有必要上升到经验与技术层面。因为经历了无数的失败,所以想将成功经验总结提炼出来。从业者有必要将一生经验教训总结出来。同时,那么多家谱出来以后,也有必要加以总结,从而归纳出好的成功经验,那样新手可以在更高起点上前进。

6. 家谱标准也是家谱学会加强专业指导工作的需要。一则这是家谱学会走上家谱行业领导之举。行业协会是从业者的协会,研究会是民间学术团体。专业层面,就是由专家与相关谱师合作,制订出修谱标准。有了这套标准与手册,研究会同时也就具备行业协会的特质。要管理全省的家谱编修行业,须有自己的家谱编修与出版标准。能代表文旅部门,管理好民间修谱编修行业,这也是一大行业管理贡献。有了这些,家谱编纂行业才会走上健康发展之路。二则培训需要。浙江省百姓家谱文化研究会自 2017 年以来,连续举办了三届家谱培训会。每届培训会培训什么,其实并不明确,结果每次培训成为大而化之的培训活动。现在有了家谱编修与出版标准，培训目标就明确了，就是照着标准来培训，所以，家谱标准的制订是给家谱研究会培训用的。如此一来，别人就没有必要多说闲话了。

7. 加强党对修谱工作全面领导的需要。以前的普遍做法，村党委不参与修谱活动。在中央提倡党领导一切背景下，现在的态度正相反，村党委要主导修谱活动，既体现权威性，也可防止修谱弊端，更可解决修谱的人力与财力问题。如果省家谱学会根据省文旅厅领导意见，制订出一套行业标准，让省标准局来正式发布，就可给家族修谱人员一个可遵标准。对家族修谱人员来说，对修谱师来说，对学会来说，对政府领导来说，都是必须做的工作。

(三) 家谱标准制订的原则

1. 不同类型的家谱，应设置不同的行业标准。

2. 行业标准的制定，不是一家之言的，而是可以吸纳诸家之言而成的。兼容，是基本思想所在。吸纳各地修谱专家的意见，成为一个大家都可以接受的行业标准，成为学会的标准，然后通过培训，推广此标准。如此，未来的浙江编修与印刷水平会更高。找最内行的人来做行业标准。只有内行最理解，内行掌握的信息，外行是无法理解的。可以听取不同的意见，但必须听内行的意见。

3. 在总结现有家谱基础上进一步提炼成标准，不是拍脑袋制订标准。翻阅了图书馆、家谱馆收藏的各类家谱，样本比较多，从中筛选出好的东西，加以总结提炼。每一种标准，会多样化。

4. 修谱有一个流程问题，有一个技术标准问题。家谱是一个流水线，分成几个大环，每环节又分小节。然后，每节确定相应的技术标准。家谱生产流程化如何划分？肯定得按生产过程来划分。可划分为组织、征集、溯源、编制、印刷五大环节。家谱编纂越来越流水线化，各人都是一个环节，不同的修谱人承担不同的功能。将家谱生产分成几个流程，几道环节，每一道环节，制订相应的技术标准，确定几家公司。譬如有人专门负责标点与翻译，有人负责写传记，有人负责软件开发，有人负责祖宗像生产或绘制，有人专门负责查询祖源。此间，须组合一个家谱生产行业协会，共同商讨产业链建设问题。只有各个细分环节的标准制订了，才可以谈联合。否则，各弄各的，肯定无法联合。也就是说，产业链是联合概念。

5. 从家谱编修来说，会经历组织、找材料、编纂、出版阶段。从阅读来说，首先看到的是出版印刷效果，其次看框架，看内容，最后才思考组织与搜集材料。这个程序是不同的。

6. 家谱生产要满足两大要求，一是客户要求，二是专家要求。客户要求比较低，专家要求比较高。对客户来说，有谱系图与行传，不出差错，就可以满足了。对专家来说，谱系与行传，是最基本层面，无法体现高下。体现水平高下的，不在此，而在彼。彼此重点不同，要求不同。之所以如此，是因为这部分，从体裁来说，就是重复劳动，只是内容不同而已。客户评判与专家评判，有何不同？关注重点不同。谱系与行传，直接关乎客户利益，所以客户在乎这些。传记之类多写名人，与客户多无关。家谱专家的重点，关注的是家谱体裁、体例的创新，以让更多的人留下事迹，有利于行业标准与评级标准的制订。

7. 允许多元化存在。标准可以做高中低三档，或风雅颂三类，让人选择。那样，适应性更强。不同的种类，不同的标准，不同的成本，不同的价格。

8. 标准是动态的，会随着行业的发展，新问题的出现而不断调整。至于执行层面，自然可以伸缩。

9. 也要编写操作指南。有了家谱编修与出版标准，再做一个详尽的手册，培训教材就解决了，下次照着家谱标准与手册培训即可。以后，就是不断充实，不断提升。这是配套之物，两者相配，才有可执行性。没有家谱手册，执行仍会不力。目前，修谱手册虽出了多部，但不太理想，多停留于空谈，实用性不强。如何在此基础上，根据各地修谱人员的实际经验，进一步完整，进一步细化，这是要考虑的。得组织相关人员参与进来，最后汇编成一部操作手册。

最终目标，既是浙江省的家谱行业标准，更可以成为其他省借鉴的家谱行业标准。

三 家谱标准制订现状

家谱编修标准或细则，目前可见较早的是 2010 年江西的修水县谱牒研究会龚良才、刘赓等拟写的《家谱纂修细则（讨论稿）》。龚良才原为修水史志办主任，刘赓是修水县志办编辑部总编辑。整个细则分为八个部分，应该说是比较全面的。在同年 10 月召开的修水县纂修研讨会上曾讨论过，因为与会人员的意见不统一，感觉修谱没有标准可言，至多称为指导意见，最后没有正式公布。也就是说，这份称为"细则"的标准，最后也没有通过。

家谱纂修细则（讨论稿）

一、总则

第一条 为了规范家谱编纂工作，特制订本细则。

第二条 本细则称家谱，包括以族谱、族志、姓氏通志、宗谱、世谱、家乘、世系表、支谱、房谱、分谱、统谱、总谱等命名的谱牒。

第三条 家谱是记载同宗共祖的血缘世系人物和事迹等方面情况的历史图籍，是中华民族历史大厦中三大支柱之一，是我国珍贵文化遗产亟待发掘的一部分。家谱不仅对开展地方史等方面学术研究有着极重要的价值，对海内外华人寻根认祖，增强中华民族凝聚力有着重要意义，而且对当前改革开放，招商引资，发展旅游都起着重要作用。

第四条 家谱编纂必须遵守宪法、法律、法规和国家政策。

第五条 家谱纂修必须贯彻团结方针，不搞宗派，团结族人，与其他姓氏和谐相处。

第六条 家谱修纂要做到存真求实，确保质量，全面、客观地记述本姓渊源历史、繁衍播迁、分支、分布、世系辈派、家族人物、家族文化等方面的历史与现状。

第七条 家谱修纂必须正确处理继承与创新的关系，扬弃旧谱中带封建色彩的糟粕（如提倡愚忠愚孝、炫耀光宗耀祖、宣传听天由命、鼓励明哲保身和对封建族权盲目服从等），继承家谱的精华（如家规、家训中属于传统美德的部分），顺应现代社会发展，将中国传统家谱的合理内核有机地吸收并使之与新时代、新需要相结合，编纂出反映出新时代特性、符合现代家庭需要的新型家谱。

第八条 修纂家谱坚持男女平等原则，女性与男性应同时入谱，与男性享受同等权利。

第九条 家谱纂修应自觉接受文化、史志、档案、图书等管理部门和谱牒研究机构的行业管理与业务指导。

第十条 应广泛联系台、港、澳同胞与海外宗亲一道纂修家谱，为他们提供准确的寻根依据，以增强民族凝聚力。

第十一条 家谱纂修时距以二十年左右为宜，特殊情况可提前或延期。

二、纂修机构

第十二条 家谱纂修机构可定名为编纂委员会。根据需要，编纂委员会下可设编辑部、联络部、财务部，分别负责家谱纂修、宣传、联络、检查督促与经费筹措、管理。编辑部主任由主编兼任，联络部、财务部可分别由主管的副主任兼任。机构人员的多少可根据辑谱的地域范围和参加人数来定，有数人或十几人不等。

第十三条 续谱机构组成人员应有代表性和广泛性。推选德高望重、乐于奉献、综合素质较高、号召力较强的族贤担任主修，全面主持编委会（谱局）工作。推选威望高、年富力强的宗亲担任编委会（谱局）副主任，分别负责开展宣传发动、经费筹措、家谱资料收集等各项工作。推选文史知识丰富，具有家谱编纂能力，身体健康的宗亲担任主编，全面主持家谱的纂修。推选有一定的文化知识，热心家谱事业的宗亲担任副主编，协助主编开展家谱编纂，并按分工负责一项或几项工作。还要在各庄推选有一定文化水平、热心宗谱纂修的宗亲担任编委，负责本庄的分户登记，校核与续谱经费的收缴等工作。

第十四条 为推动和加快家谱纂修与出版，推举或聘任本族德高望重的名宿，有良好社会影响的俊秀和从财力上大力支持修谱的本族贤达、企业界人士担任编委会（谱局）顾问、编委会名誉主任、副主任，或荣誉主任、副主任。

第十五条 编委会（谱局）全体成员应不负众望，克己奉公，尽职尽责，做到"两袖清风"，经济手续清楚，善始善终，完成家谱的编纂任务。

三、纂修体例

第十六条 家谱卷首（或一卷、上卷、上集、第一部分，俗称谱头）采用志、述、记、考、传、图、表、录等体例。以"勾玄提要式"或"史体综述式"将家谱各主要部分精髓提炼出来，以编年体与纪传体对本族家史进行概述。以存真求实的精神对有疑问的历史渊源、世系、人物生平等内容进行认真考证，纠错补缺。以传、简介、录、表等形式全面记述人物。撰写人物应坚持以文献、档案资料为主，以社会资料为辅。始祖、始迁祖、题词、姓氏迁徙图、人口分布图、附录等内容均采用图、录等体裁形式。

第十七条 家谱编纂体例，宋后一直采用"欧苏体例"。新纂家谱要顺应时代发展，创新体例，使宗亲阅谱一目了然。

四、家谱格式

第十八条 当代保存的历代家谱，编修重点各有侧重，但其格式基本相同，既统一又有章可循。一部完整家谱，大致有以下各项：1. 谱名；2. 谱序；3. 谱例；4. 谱论；5. 恩荣录；6. 遗像、像赞；7. 姓氏源流；8. 家规、家训；9. 祠堂；10. 五福图；11. 世系；12. 传记；13. 谱系本纪；14. 族产；15. 契据文约；16. 坟茔；17. 名宦录；18. 任宦记；19. 艺文；20. 年谱；21. 字辈；22. 领谱字号；23. 续后篇；24. 纂修、捐资人名等。

第十九条 新纂家谱，大致需要编出下列内容：1. 名人论谱；2. 国家有关部门关于家谱的文件；3. 始祖、始迁祖图；4. 迁徙路线图；5. 本族人口分布图；6. 各庄门风景图片；7. 当地自然、政治、经济、文化历史与现状；8. 各支参与修谱人口统计表；9. 谱序；10. 艺文；11. 家族文物、遗迹介绍；12. 护谱者芳名；13. 捐资者芳名；14. 本族历届修谱人名与保存家谱目录；15. 族人重大贡献、重要业绩介绍；16. 寿星录；17. 与本族相关的重要文献；18. 本族独特的风俗、家族文化；19. 有关家族历史、人物等方面的重要考证文稿；20. 本届纂修大事记等。

五、行文规范

第二十条 家谱纂修，使用国家语文工作委员会发布的《简化字总表》所收录的简化字，但旧谱中的人名、地名、职官名等专有名词的繁体字、异体字因使用时发生字义变化的仍保留字体原貌。

第二十一条 家谱采用语体文记述，尽量不采用文言文或少用文言文。

第二十二条 文风应力求严谨、朴实，语言准确、简洁。

第二十三条 家谱采用专有名词、术语时，应力求标准化、浅显化。

第二十四条 同一地名，古今（地名）所指各异者，应予注明。

第二十五条 标点符号的使用应按国家语委和新闻出版署新发布的《标点符号使用法》的规定。

第二十六条 公元世纪、年、月、日和时，一律用阿拉伯数字表示。

第二十七条 使用历朝帝王年号，除加注的公元年份用阿拉伯数字外，一律使用汉字。

第二十八条 引文在右上角标码，标注次序为：作者名、篇名、集名、卷次、出版社名、出版年月。

第二十九条 图片应真实、清晰，并配有简洁、准确的说明文字。

第三十条 书写要求，字迹清晰、整洁。

六、付印、出版

第三十一条 家谱付印、出版要经初审、复审、终审，确认准确无误后方可交付印刷、出版。

第三十二条 家谱印好后，还应再仔细地校对，发现错处，应加印《勘误表》进行勘误。

七、家谱的收藏与利用

第三十三条 家谱出版后，除分发给所属的庄门及个人外，可捐献给当地的县档案馆、图书馆和文史委、地方史志办等单位。

第三十四条 拓宽家谱的社会使用途径，积极与地方史志对接，主动为地方史志提供相关资料，为当地社会的全面发展服务。

八、附则

第三十五条 本细则将在不断实践中修改完善，使其利于家谱的纂修。

第三十六条 本细则由江西省修水县谱牒研究会草拟，并报经省谱牒研究会批准后方才试行。[1]

就这个标准的内容来说，已经比较全面了。这也是标准制订的共同写作方式，条例比较简明扼要。

2013年，河南省家谱研究会又制定了《河南省家谱研究会关于对新（续）编家谱质量监制的实施意见（试行）》[2]。这份意见重在质量监控，与前面重在编修的细则，正好前后可以互补。

河南省家谱研究会关于对新（续）编家谱
质量监制的实施意见（试行）

为提高家谱编纂质量，切实做到关口前移，科学管理，建立家谱质量

---

[1] 汪氏宗亲网2010年10月22日。

[2] 中国家谱网2013年2月18日。

监控体系，特提出以下实施意见：

一、主要任务

对新（续）编家谱实施监制，是省家谱研究会依据《河南省家谱研究会章程》所进行的一项重要管理工作，通过监制，把握导向，提升质量。

监制是对家谱出版的质量进行检查。质量主要指谱书内容质量、编校质量和制作（排版、印刷、装帧）质量。

二、监制程序

（一）提交监制申请。由家谱编纂单位自愿向省家谱研究会提出申请，并填写《新（续）编家谱（宗谱）监制申请表》。

（二）出版前审读。新（续）编家谱付印（复制）前报送审读。审读的主要内容是根据《出版管理条例》第二十五条，判断新（续）编家谱是否违反有关规定；世系图、行传、艺文、附录等是否符合编排规范。

（三）出版后审读。主要依据《图书质量管理规定》等进行审读并填写图书质量审读表。

（四）审读时间。以出版物单个品种（卷册片盒）计，专家审读一般应在7~15日内完成，个别内容有争议、涉及重大问题或其他不能轻易定性的作品可视具体情况延至20日内。

（五）审读费用。审读费按版面字数计算支付，并适当考虑审读的难易程度。

（六）经省家谱研究会审读合格并在《新（续）编家谱（宗谱）监制申请表》上签署意见后，可在版权页印上"河南省家谱研究会监制"字样。

三、审读队伍

（一）省家谱研究会对新（续）编家谱的监制工作由编纂指导部负责。在新（续）编、付印（复制）之前对其内容包括编校、制作质量进行把关。

（二）组建研究会审读员队伍。规模为15人左右，省家谱研究会聘请资深修谱工作者组成。

（三）建立审读质量记录制度，对审读情况进行登记，编校质量差错率的计算按照《图书编校质量差错率计算方法》执行。

四、审读后的建议

（一）联系书号的建议；（二）排版格式的建议；（三）谱书材质的建

议；（四）印装质量的建议；（五）谱书价格的建议；（六）印刷厂选定的建议。

河南省家谱研究会
2013 年 2 月 17 日公布

四 行业标准价值意义

1. 可解决新手入行培训目标问题。半路出家的新手上路，特别是家族人员参与修谱，不知按什么标准来操作。反之，有了家谱标准，就可通过培训，让新手上路，进入正确的轨道。有了技术标准，也可让家谱培训活动目标明确化，不再是泛泛而论。

2. 解决了家谱标准的推广问题。家谱标准制订容易，颁布也容易，但执行却是麻烦之事。由谁来执行？由谁来监督？笔者原来的设想，由谱师与修谱公司来执行。至于各家族自行组织编修的族谱，由家谱印刷企业来监督执行，要求其符合家谱编修与出版标准，才可刊行于世。现在可增加一条道路，就是通过培训活动就可实现家谱技术标准推广工作。

3. 可以让家谱创新有合法性。不同家谱的老谱是有差异的，相当多族谱的要素是残缺不全的。简单模仿，就会出问题。因为没有家谱标准，参与修谱的老人是以老家谱为标准的，原来是什么就坚持要什么。这显然是不懂家谱变化规律所致。这也提醒我们，必须制定家谱标准。有了标准，才可以据标准说话，而不是据老谱来说话。现在，提供全面的标准，既可以解决这个问题，也可以提升家谱质量。

4. 让各地谱师有一个共同衡量标准。技术标准的制订，背后须有理论。有一套标准，可以解决价值观的不同、意见的不同问题。之所以意见不同，是因为意见是个性化的，是主观性的，是不统一的。如果有一套相对客观的标准，可以避免此类争吵。否则，人人都说自己的家谱是中国第一，不知高下区分。

5. 可以解决家族与谱师间分歧。修谱过程中，谱师与家族修谱人员都会遇到这个家谱标准问题，特别是家族修谱人员。谱师懂行，但家族修谱人员不懂行，或处于似懂非懂状态。在家谱编纂中，会遇到新旧变革问题，实践中会遇到不同的争论。在这种情况下，必须给他们一套标准。有了标准，就可解决这些标准问题。让他们心中有谱，才会心服口服。

6. 让客户有一个家谱价格高低衡量标准。如果有一套标准，就可以拿出行业标准，告诉对方，这是高标准的家谱，那是低标准的家谱。家谱标准可以制订成高中低三档，让人选择。不同档位，价格不同，做法不同。现行家谱收费规则，或按页计算，或按册计算，譬如一万元一册等。

7. 可以限制人的自由裁量空间，可解决各家族家谱理事会领导过于偏颇的想法。譬如有人喜欢大号字体，喜欢大开本。理事会领导得有一套标准，避免他们出现错乱。从学术角度来看，家谱要修得复杂，但普通理事成员不易接受，他们认为只要有世系与行传就可以了。现在有一套技术标准可以说话，那样就可避免理事长领导个人意志的过分张扬。

8. 有了行业标准，家谱编修就成为一项普通的编修标准，不再与过往污名化观念联系。修家谱，就是编一本家族史，不要想得过于复杂。今日的家谱编修，与过往的宗法制度没有直接联系，完全成为以家族为单位的历史记录而已。

9. 可减轻修谱中的阻力，也可加快推广与普及。有了标准，就方便执行，方便推广，从家谱行业的长远发展来说，这是十分必要的。可控，没有太多意外，这是确立信任度的关键。有了家谱标准，使家谱编修成为可控的文化生产行业，上面政府会放心，下面民间不会乱来。

总之，制订家谱行业标准，是为了方便家谱研究会的行业管理，是为了家谱行业的整体、长远发展。

第二节 当代家谱编修与制作标准

这是浙江省百姓家谱文化研究会制订的家谱编修制作标准，由笔者起草，广泛征集了各路专家的意见后确定的，权供大家参考。

一 标准总则

1.1 制订宗旨：为继承和发扬中华民族独特的家谱修编优良传统，提高当代家谱编修质量，遵照《国家标准化发展纲要》及《国家标准管理办法》，参照相关修谱实务著作，征询相关从业人员意见后制订本标准，增加行业标准有效供给，以制度化和规范化促进浙江省民间家谱编修健康发展。

1.2 标准性质：本标准属推荐性标准，既是社团标准，也可作为行业标准。

1.3 家谱定义与类别：传统家谱是系统记述某一同宗共祖血缘子孙历史的载体，亦称族谱（宗谱）。随着社会转型、语言环境和技术手段的变化与多元化，本标准创新设置统谱、公众家谱、百姓联谱、影像家谱四大类型，与传统家谱合为五大类型。姓氏通谱是以行政空间为单位的中华姓氏文化谱建构。百姓家谱是直系五世家庭的谱系之作。百姓联谱是指百姓家谱的汇总。如以村为单位编纂，可称某村百姓联谱，简称为村谱。影像家谱是指用影像手段来建构的家谱。

1.4 家谱标准制订的意义：在于规范，避免各种不全面、不完善的行为，保证当代家谱修编基本质量，促进修谱专业性和优质家谱的不断涌现。

1.5 家谱标准制订的原则：传承传统，顺应现代，遗惠后人；规范基本，拓展多元；支持个性，倡导特色。

二 修谱原则

2.1 一个家庭、一个族群、一个同姓大宗，均可依据特定家族单位修谱。在一个迁居相当频繁的现代社会，仍强调编修家谱，其意义表现为五大方面：寻根、留本；清缘、备查；增知、育人；血肉联情；承前启后。

2.2 村谱编修活动，宜党委倡导、行政推动，村（社区）支持，家族自主，依法修谱。修谱宜遵纪守法。家谱编辑部的所作所为，家谱的内容，不能和现行国家法律法规相抵触。

2.3 家谱编修内容与形式质量的总体要求：内容上，依法修谱，扬善隐恶，详略得当，保护隐私；形式上，符合伦理，守正创新，合乎体例，因地制宜；表达上，记录客观，表达通顺，语言精当，体现特色。

2.4 修谱经费筹集使用要遵守自愿、节俭、合理、公开的原则。不得强行摊派，不得利益交换，不得贪墨浪费，要符合大多数人的意愿。

2.5 宜区分文化谱系与血缘谱系。文化谱系是国人普遍的祖宗崇拜观念的产物，不宜用历史客观原则来观照。故非有确实依据，不轻易改动旧谱远祖谱系，以免于陷入远祖谱系异同的争论。若有改动，必须明示，不得暗改。

2.6 坚持自然人书写精神，人人入谱，人人参与。犯过错误的族人，允许其入谱。某人有隐私保护要求，宜个别化处理，不宜成为普遍原则。提倡计划生育以后出生的女性入谱。绝对禁止未出生者预先上谱。

2.7 大继承小创新。家谱编修不复古，对老家谱好的内容体例习惯予以保留。要顺应时代发展，创新体例。家谱结构简单明了，类别丰富多彩，做到查询简单方便。

2.8 坚持实事求是，全面、客观地记述本姓渊源历史、繁衍播迁、分支、分布、世系辈派、家族人物、家族文化等方面的历史与现状。

2.9 增进社区的文化认同。必须贯彻团结方针，不搞宗派，注意修谱姓氏和其他姓氏的和睦，同一姓氏不同村落之间的和睦，同一村落内各房系、家族之间的和睦。

2.10 要遵从当地风俗文化和基本伦常。

2.11 为体现修谱的隆重和庄严，提倡一些重要节点要有适当的仪式感。

2.12 要区分宗法管理与历史记录的不同。宋元明清以来的族谱是宗族自治管理的产物，有强烈的政治与利益属性，故入谱与出谱有十分严格的规定。现代宗谱的编修，主要是家族联谊与历史记录功能，所以入谱原则会比较宽泛，遵循实事求是原则，如实加以记录。族人要求入谱，均可灵活满足。

2.13 迁离家族聚居地的族人，要加注现居住地址，记载简单情况。一时失联宗人也要略记线索，以备后查。

2.14 新、旧谱同修，杜绝发生新修谱简单承接旧版老谱现象，以免后世新谱存而旧谱毁损，造成谱系断代难稽。

2.15 旧文不弃。对完全不合时代的资料可专设"文献录"等予以保存，如家规、诰敕。

2.16 强化家谱的史料性。行传的编写可适当改革，增加人物信息。要增加百姓传记资料。

2.17 除了传统的手工修谱，也鼓励合理利用家谱编修软件和手机APP，在信息征集、录入、校对诸问题提高效率。

2.18 编修家谱应延续不断。传统家谱编修多30年一小修，60年一大修，当代修谱，如条件成熟可提前。

三 编修流程

3.1 建立理事会

3.1.1 发起人：宗族事务热心人，德高望重的长者，政界有影响力的人，经济界有实力的人。

3.1.2 修谱筹备组。由发起人邀请各界各房族房份的代表，邀请各界知名人士尤其是政经文方面人士，召开筹备会议。统一修谱思想，成立纂修族谱理事会，推举负责人。

3.1.3 筹备组要坚持民主协商精神，定期或不定期开会议事，确定编辑班子和工作分工；确定修谱时间段；确定修谱模式；筹集经费，确定经费使用范围和开支标准；确定入谱标准；组织族人普查；审核族谱草稿；确定印谱事宜，召开圆谱大会。

3.2 筹措经费

3.2.1 经费开支：类别有印刷费、办公费、差旅费、伙食费、人员工资补贴、圆谱经费及其他。

3.2.2 经费来源：主要渠道有捐助、人丁费、众筹预收等。

3.2.3 经费管理监督：设立会计和出纳，拟定收支规定和审批公布监督制度，通过各种方式定期公布账目细节。

3.3 设编辑部

3.3.1 修谱理事会下设修编机构，设主修、主编，及通联、采访、校对、摄影、编辑等岗位。

3.3.2 主修：建议由家族理事长担任，负责组织管理工作。

3.3.3 主编：主编人选应该在古汉语、文笔、民间习俗方面有一定的基础。主编负责全盘编辑工作，对各位编辑作出分工，制订整体思路和完整计划和分步实施方案。主编必须掌握突出重点，兼顾全局，坚持公开公正公平原则。大族小族、大村小村、总支分支，一律平等对待。

3.3.3 通联采访：由热心家族人员担任，负责谱丁等信息的征集。

3.3.4 编辑、校对：分章编辑成稿。校对承担三校工作。

3.3.5 摄影：找懂摄影技术的人担任，负责精美图片的拍摄。

3.3.6 鼓励老年人参与修谱，老有所乐，发挥余热，言传身教的影响大。鼓励、指导年轻人参与，为家族培养后备力量，打好下一次续修基础。

3.4　确定样式

3.4.1　确定新老谱衔接方式，或老谱影印，新谱排版。或将老谱全部录入，全部排版。

3.4.2　确定印制样式，竖排或横排，宣纸或现代纸，繁体或简体等。

3.5　拟定篇目

有老谱的，可沿袭原来的门类，适当增加合时代的新篇目。新修的家谱篇目，可参考后面"宗谱体例"。

3.6　资料收集

3.6.1　根据篇目进行资料搜集，要调查姓氏源流、祠堂族产、族人迁移、经济发展等信息，并分类汇总。

3.6.2　对老谱的调查。能找到老谱的，尽量寻找。一时找不到老谱，也不必等待，可先从当代可知家族人员的编修入手。

3.6.3　谱丁普查。在世的族人，统称为谱丁。谱丁普查是将上次修谱在世的族人和上次修谱后到本次修谱截止日期前出生的所有族人进行全面细致的调查记录。征集途径，一是谱师征集，二是分房征集，三发表征集。三种方式，后者效率最低，差错也最高。

3.6.4　普查内容包括：父母、名、生（生肖）、卒、葬、娶、子女、嫁、嗣和个人重要经历等要素。独立的世传，可做成简介，人人入谱。如此，可增强家谱的史实性。

3.6.5　有老谱者，表上端会加上某房某支。族人往往不知我支在老谱几页，多要编辑添加。

3.6.6　要设开谱仪式。根据各地风俗，邀请族长，或是族里有夫妻白头，家庭和睦，四代儿孙满堂的长者担任。

3.6.7　资料要真实、准确。有歧义但不可或缺的资料，多说并存。

3.7　世系编录

3.7.1　制作世系图。将调查记录资料里的谱丁，按该宗族的辈分全部画到纸上，一辈一辈用线条连起来。

3.7.2　根据每一份普查表，撰写每位族人的行传。

3.7.3　如果老谱有"脱代"现象，不可随意添加。要组织专人反复审议。没有确切把握，空着该处。

3.8 分工撰写

3.8.1 主编依据工作量和编辑情况进行分组或分人按篇章进行撰写。合族谱、通谱可以先分区域进行分组，再由主编分派人员分工撰写。个人和小组之间要经常沟通合作。主编依据进度情况，及时开会讨论交流，及时解决疑难问题。

3.8.2 分工负责的人员要明确撰写内容和质量标准（参考模板），明确完成时间节点。

3.8.3 借鉴宗谱等古文上的内容要区分剽窃抄袭和引用化用的区别。提倡用浅易文言文写序赞传铭，也可直接用白话文写作。

3.8.4 引用该族古人的，可以配合墓志照片，方志影印，古谱影印等。

3.9 整合总纂

主编将不同类型的稿子汇集成谱，对照模板，删繁补要，核实资料，处理内在矛盾，调整章节，润色文字，使全谱观点、体例、文风统一。

3.10 谱师排版印刷

修谱的基本模式，由家族组织编辑部，负责家谱文字编辑，再交由专业谱师或修谱公司（软件提供方）排版。

3.11 谱师修编一条龙

也有谱师提供修编一条龙服务的，直接主持谱丁征集、排版、印刷工作，流程会更简化，效率会更高，可以保证家谱顺利修成。

四 宗谱体例

有老谱的家谱续修，往往会沿袭。新修家谱，至少要包括下面所述18项。

4.1 封面、家谱命名

4.1.1 家谱命名通常是在家谱之前冠以姓氏、地名、郡望、堂号、几修、原籍等。

4.1.2 封面题字宜用醒目的标准字体，不宜使用不易识读的篆体。篆体题字可放在扉页。

4.2 扉页、版权

4.2.1 现代家谱的扉页与版权，按现代图书要求设计。

4.2.2 自印家谱，也提倡加上家谱印刷机构名，近于现代图书版权页。

4.2.3 宜加"家谱提要"，方便公藏机构著录。家谱提须具备：谱籍地、姓氏、书名、责任者、版本（堂号）、附注（修谱次数、字辈）、内容提要（家谱的卷目内容、迁徙经过、始祖和始迁祖、名人和名作）、装订、备注。

4.3 卷首图像

4.3.1 地图、照片注重典型性、资料性，从不同角度反映家族变化的情况。

4.3.2 照片

4.3.2.1 照片的种类：历代家族名人等画像、宗支祠堂照、始迁祖、家族历代名人等墓茔照、重要匾牌照片等。

4.3.2.2 照片要主题明确，清晰端庄，图注要素齐全。

4.3.2.3 图像排列位置，正文前后或随文插图，要注意尊祖敬宗的伦理性。

4.3.3 地图

4.3.3.1 地图的种类有地图和专题图、示意图等，如本行政区域位置图、地形图、行政区划图、交通图等。

4.3.3.2 地图采用国家测绘部门和有关部门绘制或者审定的，可引用百度地图等公开地图信息。

4.3.3.3 重要地理信息数据采用测绘部门公布的法定数据，地图注明比例尺。

4.3.3.4 地图的制作规范，要素齐全，要有图题、图例和注记。

4.4 序言

4.4.1 序言内容：反映该次修谱的指导思想和价值观念。谱序介绍修谱缘由、目的、修谱过程、修谱人员组成、姓氏源流、迁徙经过、编修原则等。

4.4.2 谱序作者：一般有主修、主编或家族相关重要人士，2—3篇为宜。

4.4.3 旧序处理：建议放入"历代谱序篇"。

4.5 凡例

4.5.1 凡例是落实家谱编修指导思想和目的任务的实施细则：谱书命名、编次结构、篇目设置、行文规范、开本大小、排版形式、起止断限、增补范围、入谱标准、逝者称谓、采访步骤、资料考定、图表编排、附录选取等。

4.5.2 凡例格式，一事一条，内容简洁明快，起到读者快捷读谱、查谱和用谱的作用。

4.6 姓氏源流、族人迁移

4.6.1 每族都有自己独特的世系源流，主编应根据老谱所载源流，搜集和参考近代本氏源流的研究成果，尽量将本族的世系源流考证详细和清楚，可单独成文。

4.6.2 忌套接名人高官，强调实事求是，没有多重证据（如正史、方志、族谱、墓志等印证），要加上"据传说""待考"。

4.6.3 大迁移的时代，族人迁移到各地，要梳理清楚，略记线索，并列表附后。

4.7 村落与祠堂简介

4.7.1 将宗谱所涉及自然村、行政村、祠堂历史做一简述。

4.7.2 简史内容可从社区概况、村庄流变、经济建设、教育、文化、党群组织、革命烈士、村庄人物、村庄传说、村庄荣誉等，视实际情况写作。

4.7.3 祠堂简介可从起源、嬗变、结构等入手写作。

4.8 字辈与行第

4.8.1 字辈，即阳行，以别尊卑，一般用于谱名。

4.8.2 行第，即阴行，又称雁行录，以分昭穆，一般用于谱内同辈大小顺序编号。

4.8.3 续增字辈和行第：当增补新的字辈。

4.9 家训（家规）

4.9.1 为了家族稳定发展，家族宜制定训诫，用以教育、规范和约束家族成员的行为。

4.9.2 除了传统的规训式提炼，宜增加家风故事片段，增加可读性与理解性。

4.10 传记资料

4.10.1 老谱有数量不等的传记资料，原则上全部照录。

4.10.2　如有古籍阅读能力，要加现代标点，或可翻译成白话。

4.11　世系图

4.11.1　世系图是家谱的主体部分，以图表形式反映家族成员的血缘关系。可分源流世系图、本宗世系图。

4.11.2　传统世系表主要有四种：欧阳修的欧式图谱、苏洵发明的苏式图谱、宝塔式图谱、牒记式图谱。瓜瓞图是一种用吉祥图案来表达的花式世系图。现代家谱软件，式样更多样化。

4.11.3　家族规模较小或新修的家谱，女儿可以作为本族的传承人上世系图。出嫁以后，她们既可在夫家上谱，也可在娘家上谱。

4.11.4　提接页码。传统家谱多写"启后"，表示承先启后；当代家谱有用"下转哪页"，方便速查。不同家族可根据习惯加以选择。

4.11.5　人名速查表。每个族人编号，由电脑自动生成，编成人名索引。

4.12　分层次行传

4.12.1　基本要素：父名、长幼次序、性别、己名、生卒、婚（配偶姓名）、葬、育等。

4.12.2　扩展要素：字、号、房派、迁居、学历、职业（职务职称、重要荣誉）、年龄，配偶出生时间、学历、职业、年龄以及其父亲姓名、籍贯、职衔等。

4.12.3　特殊要素：血缘方面的易姓、继嗣、领养要素和子嗣方面的失记、无后等。

4.12.4　当代人物有条件宜加小照。

4.13　人物录

4.13.1　历代对社会或本家族有所贡献的人物，大学本科生、硕士研究生、博士生或博士后学者，担任一定职务者，不论子、女、媳妇均列入人物表。

4.13.2　对德行有特殊可嘉者宜简介，简志其宗教信仰、良好德行（传统如守节、上寿等，读书、从业、从军和对家族、社会贡献，即慈善公益）、技能特长，是否有家传等碎片化事略。

4.13.3　德行卓异，事迹比较完整的，逝世者宜入家传，在世年高者可写作"自述、纪事"等。

4.14 著述（艺文）

4.14.1 艺文著述，以家族中名人所写的诗文著作，以及书画、歌曲等。需精心挑选，慎重录入，把最有价值和代表性的文献传给后代。

4.14.2 可以收录族人著述目录。

4.14.3 其他人写本族、本地的文章也可收入。

4.15 大事记

4.15.1 家族大事，是全家族内发生的决策性大事、高兴的事、影响较大的事。

4.15.2 家族规模大小不同，所选择的大事也不同。家族规模越大，所选大事越宏观；反之，家族规模越小，所选大事越微观。

4.16 功德榜

4.16.1 功德榜表列捐资人姓名及捐资数额，资金的收支情况可附录。

4.16.2 对重要捐资人的表彰，可设计得更为巧妙更有文化气味。

4.17 领谱字号

前人的做法，一是千字文，二是天干，三是地支，四是自编诗。也可直接用数字来编号，登记造册，方便核对。

4.18 编修始末（后记）

4.18.1 修谱始末，包括修谱起因、组织领导、方法步骤、修谱时间、修谱体会等，宜详写。

4.18.2 要保留相关修谱文件，以备后人查询。

4.18.3 后记或跋，可简写，也鼓励详写。

4.18.4 对本谱主编、编修人员对以简介。

4.19 余庆录

家谱的结尾会刻意留一些空白纸张，称为"余庆录"。用来记录新添子孙相关内容，同时可以在长远时间中保护正文页面。

4.20 分层次确定家谱修编的结构内容

4.20.1 合格家谱的基本内容：谱名、序、修编者、目录、凡例、字辈、世系和世传等。特点是结构基本完整，重在血脉繁衍，类似完整的房谱。

4.20.2 品质家谱的扩展内容：图像（地域图、像赞、墓茔、宗祠）、堂号、源流、迁徙、家训、家传、文献录、图照录、余庆录、功德榜、藏谱志、编后记等。特点是结构更加完整，内容更加丰富，重在提升家谱的历史文化属性，强化存史、教化的价值。

4.20.3 优质家谱的特色内容：名人序、题词、瓜瓞图、自述（回忆）、考辨、契约、族产（慈善公益）、艺文录、亲恩录、世居地、解密期、参考引用资料、检索、收藏、保管等。特点是充分体现家谱个性特色，包括地域性家谱传统，家族人物、历史文化及经费的特点，发挥主修、主编及理事会创造性。

五 姓氏通谱

5.1 通谱的名称，其前半部分为"中华（华夏、世界）"；后半部分，多数名为总谱、通谱、统谱，还有名为联谱、合谱、大成谱、大全、大家谱等。强调"中华"，是对"根"的重视；用"世界"，则重在空间。

5.2 通谱是文化谱，不是血缘谱，它以行政空间为单位的家谱建构方式。通谱的特点"一定要通"，即收入本卷的各宗支要尽可能通，但不可能每个宗支都能通。通重在打通，让彼此有联系度。通谱，是指同姓宗族间通过合作（认同共祖、连通世系、重排昭穆等）编修出来的大家认同的谱牒总纲。修通谱是一种联谱活动，联谱是指联支系，把散居在全球各地某姓氏宗支并联汇编，并非把全姓所有先祖和现在所有人口合编在一起。"通谱"至少要有"三通"（文化通、血脉通、精神通），这"三通"才是"通谱"的精、气、神。始终贯彻"统一世系、理顺源流、摸清分布、彰显文化"宗旨。

5.3 通谱或总谱，体式各异，不外是总卷与分卷。按空间大小，通谱可分国谱、省谱、县谱三级。

5.4 修通谱是一项前仆后继的姓氏文化事业。其意义有七：1. 体系化家谱编修制度的确立；2. 各姓氏通志的首创；3. 公众参与修谱；4. 通谱是各姓氏文化的积累；5. 家族大数据建设的尝试；6. 便于各地族人寻根问祖；7. 加强同族的全国、世界联谊性。

5.5 一套高质量姓氏通谱的编撰是一项大型的系统文化建设工程，必须具备四个条件：

5.5.1 要有个坚强有力的领导班子和一支骨干力量。编修通谱必须有个有号召力和战斗力，无私奉献，能统筹协调，能办大事，办得了大事，能指挥和指导编修工作的领导班子以及各地具有同样素质的骨干力量。

5.5.2 要有一批热心的编修人员。这些人员必须具备一定的编修谱牒专业知识，热心于编修家谱工作，有细心有耐心，吃苦耐劳，精力充沛，乐于奉献。

5.5.3 要有充足的编修经费。

5.5.4 要有清晰可寻的脉系。

5.6 全国的通谱编修，主要有三种模式：

5.6.1 "先总后分式"或"从上而下"。

5.6.2 "先分后总式"或"从下而上"。

5.6.3 "总分结合式"或"上下结合，同步启动"。

5.7 编修通谱有大量的工作来做，要组织动员、确定框架、资金匡算、资金筹集、队伍建设、技术培训、制定凡例、编辑简报、梳理脉系、搜集资料、上下联络、录入资料、具体编修、三审三校、制作印刷。

5.8 编撰通谱一定需要软件，选择合适的软件将可以事半功倍。

六 公众家谱

6.1 公众家谱是直系五世家庭的谱系之作，有别于大宗谱。公众家谱也有别于支谱、房谱，是独立的家谱编纂模式。

6.2 公众家谱编纂理念的提出背景，呼应了今日中国家庭原子化现状。用电脑写作，成本低廉。由于规模小，吸收历史学的要素，引进家族史理念，可以使家谱与家族史结合起来，从而使内容更为丰富，更有史料价值。

6.3 可以发展成亲情谱，将外戚一系也写进来。这种连及修谱方式，可以带动相关外戚家族修谱，普及修谱风。

6.4 公众家谱模板

××（省）××（市、县、区）××（镇或街道）×氏家谱

修谱人：××

6.4.1 修谱缘起

指本次修谱原因、经过、说明。

6.4.2 姓氏源流

主要由两部分组成，一是本姓氏全国范围的源流、主要名人、郡望、堂号、字辈。二是本支的地理位置、人口、字辈、家训等。

6.4.3 宅第变迁

用房屋照片、文字说明的方式，反映本家族住房的变迁。老房子如果没有照片，可凭记忆画一张草图。

6.4.4 谱系世表

可传统宋式、苏式，也可宝塔式。

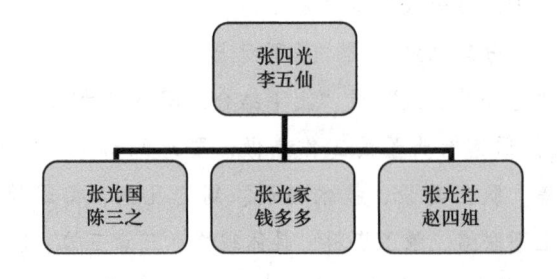

```
        ┌─────────┐
        │ 张四光  │
        │ 李五仙  │
        └────┬────┘
    ┌────────┼────────┐
┌───┴───┐┌───┴───┐┌───┴───┐
│张光国 ││张光家 ││张光社 │
│陈三之 ││钱多多 ││赵四姐 │
└───────┘└───────┘└───────┘
```

6.4.5 族人简介

小传格式：×××（1931.3.5— ），称谓、生肖、身高、血型、学习经历、结婚时间、工作经历、性格特征、生活事迹。

6.4.6 家风故事

通过家族人员的故事片段，反映本家族的良好家风。

6.4.7 家族纪事

所谓家族大事，是决策性大事、高兴的事、影响较大的事，举凡家族成员出生与过世、结婚、学习、工作、迁移、荣誉等可算大事。

家族大事记，突出时间本位原则，是指整个家族人员百年内的主要活动事迹的统一编排，多为事纲。

6.4.8 家族简史

可根据前面所列"家族纪事"与大小传所及小家族发展线索，对家族历史过程作一个综合性的、粗线索的叙述。

尽量能客观地反映家族的迁徙分化、繁衍生息、荣衰升沉的史实。

6.4.9　诗文选萃

选择一部分本家族成员创作的诗文、论文。

6.4.10　往来亲戚

可由三部分组成，一是谱系图，二是小传，三是照片集。

6.4.11　后记

略谈写作过程中的趣事、感悟。

七　百姓联谱

7.1　百姓联谱性质

7.1.1　百姓联谱是指公众家谱的汇总。

7.1.2　如村为单位编纂，可称某村百姓联谱，简称为村谱。村是新中国最基层的行政区划管理体制，以村级行政空间为单位编纂新型的诸姓联合家谱，可以充分体现当代中国行政管理的特色。由村"两委会"主导，组织人员，提供经费，最可操作。

7.1.3　百姓，一是诸姓，二是民众。百姓家谱，表示是老百姓的家谱，摒弃原来一姓宗谱的宗派嫌疑，成为记录当代多姓家族历史的载体。这是保存村中各姓历史之法，相当于完成几十姓的百姓家谱编纂，规模效应更为明显。

7.1.4　百姓联谱是一种组合模式，合起来是百姓家谱，分开来是各姓家谱。如此，各家只管收藏单行本即可，村委档案室收藏完整版本。如没有隐私保密考虑，也可每户一册。

7.1.5　着墨各姓在本村的源与流。

7.2　各姓谱系模板

每一个家庭分支，由谱系图、世传、照片三部分组成。

7.2.1　谱系图，可用传统宋式、苏式，也可用树状型。

7.2.2　小传：可略，仅字名字、公历生卒年、农历生卒。可详，成为人物小传，×××（1931.3.5—　　），称谓、生肖、身高、血型、学习经历、结婚时间、工作经历、性格特征、生活事迹。

7.2.3　照片。可以放家庭集体照，图注照片上人物名。

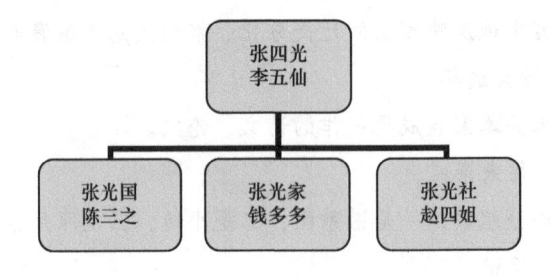

```
        ┌─────────┐
        │ 张四光  │
        │ 李五仙  │
        └────┬────┘
   ┌─────────┼─────────┐
┌──┴───┐ ┌──┴───┐ ┌──┴───┐
│张光国│ │张光家│ │张光社│
│陈三之│ │钱多多│ │赵四姐│
└──────┘ └──────┘ └──────┘
```

7.2.4　家风家训故事。

7.2.5　如条件允许，也可增加百姓家谱其他门类信息。

7.3　百姓联谱

百姓家谱的汇编方式，姓氏为一级目录，同姓下不同支家庭为二级目录。

八　影像家史

8.1　家谱编修的影像化，这是融媒体时代的必然要求。

8.2　影像家谱有图说家谱、家族纪录片、家族声音。前者是文字与照片的结合，后两者完全是影像模式，通过家人来讲述。

8.3　图说家谱

8.3.1　家族影像志，也叫相片书，是一种图文并茂的轻传记文体。此类家族史体裁适应小家庭，尤其适应城市家庭。它可以自写，也可以口述。

8.3.2　家族影像志制作模式，主要有家庭影像志、城市家族影像、影像志家谱、全家大合照等。

8.4　家族纪录片

8.4.1　通过家人口头叙述呈现的影像家族史。

8.4.2　口述视频家史由口述、视频、家史三要素构成。三者各有不同的规则制约，要取得平衡。

8.4.3　除了常见的回溯式纪录片，也有跟拍式家族纪录片，属即时记录。

8.4.4　公开传播的纪录片与私下自用的纪录片，生产要求有不同。

8.5　家族声音

指用音频的方式，记录下家人的声音，让家族当事人开口说话。

即使视频，也可转化为音频。

音频空间小，更易制作与传播。

九 行文规范

9.1 家谱编修，使用2013年发布的《通用规范汉字表》所收录的简化字，但旧谱中的人名、地名、职官名等专有名词的繁体字、异体字因使用时发生字义变化的仍保留字体原貌。

9.2 家谱采用语体文记述，尽量不采用文言文或少用文言文。

9.3 文风应力求严谨、朴实，语言准确、简洁。

9.4 使用口语、方言、土语、俗语要适当。时间、空间概念表述准确具体，指代明确。

9.5 家谱采用专有名词、术语时应力求标准化、浅显化。

9.6 不同时期的国家、团体、机构、职务等名称，均用当时名称。历史朝代名称使用规范的通称，以《辞海》附录的中国历代纪元表为准。

9.7 同一地名，古今所指各异者，应予注明。

9.8 标点符号的使用应按2011国家质量监督检验检疫总局和国家标准化管理委员会联合发布的《标点符号用法》规定。

9.9 数字、量和单位的使用规范、统一，符合国家有关标准的规定。

9.10 公元世纪、年、月、日和时，一律用阿拉伯数字表示。

9.11 使用历朝帝王年号，除加注的公元年份用阿拉伯数字外，一律使用汉字。

9.12 引文在右上角标码，标注次序为：作者名、篇名、集名、卷次、出版社名、出版年月。

9.13 图片应真实、清晰，并配有简洁、准确的说明文字。

9.14 用繁体字排版，忌繁简混合。

9.15 用浅显文言文写作，得加标点。

9.16 文言文写作遇数字要用中式大写法表达。

十 审校印制

10.1 三审

10.1.1 当事人初审，责任编辑二审，主编（总编）三审。三级审稿缺一不可。

10.1.2　凡涉及人名、生卒时间、称谓、地名等基本信息，必须经本人核对。

10.1.3　责任编辑必须逐字逐句地认真审读家谱全稿。

10.1.4　终审应审读全部书稿，做出总体评估。

10.1.5　在三审过程中，要注意知识性、政治性和政策性问题。

10.2　三校

10.2.1　坚持"三校"（一校、二校、三校）检查流程。"三校"必须多人交替进行，不能由一人独自承担。

10.2.2　随写随查，每篇完成即校对，不要等全部成稿、数量过大时再来校对。

10.2.3　两人对读，通过声音发现错字。

10.2.4　电脑检索纠错，消灭常见错字。

10.2.5　用"黑马"校对软件自动校一遍，找出必错与疑问之处。

10.2.6　分章分篇校对，不同人承担不同篇章的校对。

10.2.7　主题校对法，每次校对只管一个专题，譬如封面、扉页、版权页、序、凡例、目录、序码、标题、页码、转行、错字、标点符号、注释规范、参考文献、图表、余缺等。

10.2.8　家谱的差错率应不超过万分之三。

10.3　不同装帧

10.3.1　传统家谱编排、装帧

10.3.2　竖排，繁体字，宣纸，手工线装，较好地保留了古谱的传统格局和庄重、质朴、典雅的谱牒外观。

10.3.2　宣纸品种繁多，可分为熟宣与生宣、手工宣与仿手工宣，价格不一，保存年限，标准不一，印刷效果不同。熟宣适合画图，发黄硬化比较快。

10.3.3　字体不必太大，大了浪费纸张；也不能太小，小了影响老人阅读。字体前后要统一，不要使用太多字体，过于花哨。

10.3.4　繁简转换，宜注意某些特殊字转换不匹配问题，可查阅相关常见繁简对照错误表。

第十三章　家谱编修质量保障与评论研究

10.3.5　装订用古式线装。近年也有牛皮纸装订。

10.3.6　封面工艺，多用皮革面、绫绢布面、漆布面、彩烙工艺面、胶化工艺面、精品纸、彩印封面等。

10.3.7　仿古家谱印刷，是一项比较专业的活动。建议找仿古家谱专业印刷机构印，他们掌握基本的仿古家谱印刷标准，不必家族修谱人员亲自学习掌握。

10.3.2　现代家谱编排、装帧

10.3.2.1　基本要求：横排、简体字、现代纸、胶装。

10.3.2.2　字体前后要统一，不要使用太多字体。原则上只用五号宋体，不用其他隶书等体。

10.3.2.3　注意开本大小、整体色调、页边距、页眉页脚、图片的像素数。

10.3.2.4　规格标准，尺寸统一，建议用大16开、正16开，有利于印刷和降低成本，有利于收藏存放。不宜使用过宽大、过重的铜版纸印刷。

10.3.2.5　装订用普通平装与硬壳精装。

10.3.2.6　当代家谱印刷，按现代图书印刷标准印。

10.3.3　用纸多样化选择

10.3.3.1　家谱印刷多用宣纸、仿宣纸，也有用书刊纸、道林纸等。

10.3.3.2　用宣纸或普通纸，各有存在的理由，完全看不同家族不同的审美与财力而定。

10.4　自印或公开出版

10.4.1　家族自印。

10.4.1.1　要选择专业的家谱编印机构和印刷机构，以保证印刷规范与质量。

10.4.1.2　家谱印刷企业应把关印制质量关。

10.4.1.3　专业古籍印刷厂或家谱印刷社应制订家谱的印刷标准，确定相应的大小尺寸、边框、版心、鱼尾、四周单边、双边、封面用材、印刷工艺诸标准。

10.4.3　线装家谱宜用谱箱保存

谱箱既可保护家谱，又可显示尊严、气派，体现传家宝的功能。

10.4　公开出版

10.4.1　纸本家谱出版,符合国家关于出版管理法律、法规及相关规定的要求。

10.4.2　电子家谱的家谱,符合国家关于电子出版物管理的规定。

10.4.3　版面格式符合国家有关技术标准和规定,装帧美观、大方。

10.5　电子家谱

可硬盘保存、云端存储,进入数据库,便于长久保存,传世珍藏。

十一　传播教育

11.1　圆谱活动

11.1.1　家谱修成后,一般都要举行隆重的祭祖仪式、颁谱仪式,是善始善终的活动。

11.1.2　圆谱活动可增进族人情感交流,团结在共同的祖先旗帜下,是农村人更易接受的家族公共文化方式;圆谱可普及家谱知识,让家谱观念进入各人的大脑记忆,培育家谱理念,有利于下一届修谱工作顺利进行。

11.1.3　本着节约精神,酒席不必过于奢华,宜以简朴为准。

11.1.4　圆谱活动可编印彩色纪念画册,作为家谱的附录,永久纪念。

11.2　家谱收藏

11.2.1　除族内私藏,鼓励送公藏单位图书馆或家谱馆,能更好地保存家谱,也利于他人阅读、研究。

11.2.2　应进入《1949年以来中国家谱总目》,方便各地读者查询。

11.2.3　宜加强特色新谱的评鉴与宣传,强化家谱传播与普及工作。

11.3　家谱的补正

11.3.1　家谱分发到各户时会发现小差错,宜及时处理。处理不当,会酿成"撕谱"甚至上告等恶性事故。

11.3.2　补救办法:家谱印刷数量大者加印《勘误表》,印刷数量小者刊刻错字图章,覆盖错误之处。个别严重者可以单册重印。同时,通报给大数据平台进行同步校正。

11.4　老谱与修谱档案宜保存

11.4.1　新家谱编修完成后,要妥善处理老谱。老谱保存之法,或送公藏或影印，影像是最为理想的化一为千的保存良法。

11.4.2 本次修谱所形成的档案宜装订成册并妥善保存，以备查询和下次续修。

11.5 宜加强家族历史教育

11.5.1 宜家家一套，大量传播，扩大家族历史教育，用正能量引导族人的前进方向。

11.5.2 只有普及了家族史观念，才有利于后人续修家谱，让家族记忆代代相传，成为家族文化遗产。

十二 附则 标准的执行与监督

12.1 家谱标准宣传与培训

12.1.1 家谱标准通过后，要加强广泛的社会宣传，让更多的人了解。

12.1.2 通过培训，让更多的人接受、认同浙江省家谱编修标准。

12.2 修谱报备与指导

12.2.1 各修谱家族决定修谱后，应及时与省百姓家谱文化研究会取得联系，做好修谱报备工作。

12.2.2 家谱会安排相关修谱指导专家，及时给予业务指导，开展家族修谱培训活动。

12.2.3 引导家族修谱委员会按省家谱编修标准制定相应的体例与要求，报省家谱会审核通过。

12.3 参与审稿活动

12.3.1 各家族修谱初稿完成，宜及时向家谱会提出评审要求，家谱会及时派修谱指导专家参与初审，按家谱标准来验收，及时改正不符合要求者。

12.3.2 定稿时，宜再请家谱会派专家评审。一旦符合修谱标准，由浙江省百姓家谱文化研究会出具书面专家会议纪要意见，刊于家谱卷首，给予行业权威审定支撑。

12.3.3 本规定自颁发之日起实施，解释权属浙江省百姓家谱文化研究会。

第三节 家谱优劣的评判标准

家谱生产要满足两大要求，一是客户要求，二是专家要求。彼此重点不同，要求不同。客户要求比较低，专家要求会比较高。对客户来说，有谱系图与行传，不出差错，就可以满足了。而对专家来说，这是最基本层面，无法体现高下。体现水平高下的，不在此，而在彼。有人嫌家谱记录过简，这是"有"基础上的"更好"追求。其实，多数人连这个也没有，没有脱文化记录之贫。家谱优劣的评判，有二重境界，一是有没有，二是好不好。从鉴赏来说，多数人追求品质好。不过，从普及来说，追求"有"更重要。这符合今日文化上"共同富有"追求。至于为什么要做家谱优劣评比，简单地说，肯定家谱编修，用榜样的力量，来引导大家来做家谱。目前的家谱评比有两大类型，一是由民间家谱研究会来操办的，二是由地方志办公室来主办。前者是民间行为，后者是部门行为，并不完全代表政府行为。

好家谱的评比，至少2010年就出现了。2010年6月，江西靖西县文化局曾组织家谱评比活动。此后，各地不断出现评比活动。

一　宁波优秀家谱评比标准

2017年5月，宁波市人民政府地方志办公室以《宁波市地方志优秀成果评选办法》为依据，印发《关于公布宁波市部门（行业）志和家（族）谱志优秀成果的通知》。此次评选分为宁波市级部门（行业）志、县级部门（行业）志、家（族）谱志三类。为此，较早地制订了评比标准。

表13-1　　　　　　宁波家（族）谱优秀成果评审评分标准

	指标内容		分值	评分
总体设计（30分）	（一）体裁完备	述、志、图、表、史完备，体例创新。	2	
	（二）篇目设计	谱序、凡例、世系图、传记、家规、艺文、字辈谱篇目完备，有其他体现家谱特色的篇目，如姓氏源流、名胜迹、任宦记、年谱等。	8	
		篇目设置层次清晰、领属得当、归类合理、排列有序、标题准确规范。	16	
	（三）检索手段	目录齐全，人名检索表。	4	

第十三章　家谱编修质量保障与评论研究

续表

		指标内容	分值	评分
内容记述（50分）	（一）谱牒内容	内容记述丰满、全面。	10	
		资料系统翔实。	8	
		符合志书竖写要求。	5	
		文风朴实，没有空话、套话。	4	
		文体符合现代汉语规范。	3	
	（二）差错率审查	无材料差错、计算差错、表述（错别字、错病句、文体）差错。	20	
装帧设计（20分）	（一）封面（护封）、封底	庄重新颖，体现时代特征、地方特色。	5	
	（二）版面	版面信息容量大，留白恰当。	2	
		资料形式丰富多彩，搭配得当，版面安排符合出版要求，视觉效果较好。	6	
		彩版主题突出、构图新颖、图像清晰、资料性强、文字说明规范、精练。	4	
	（三）印刷质量	图片清晰、文字油墨均匀、纸张较好、裁切平整、装订牢固、易于翻阅和保存。	3	

二　中华好家谱的评判标准

应参评家族的要求，2019年形成了文字的家谱评比标准，它是在前五届基础上提炼而成的。

中华家谱展评大会"中华好家谱"评选标准，家谱编修质量高低的评判标准，主要侧重于以下几个方面：

（一）实事求是的原则、迁徙和始迁祖清晰

1. 实事求是的原则和正确的指导思想

家谱是记载一个家族的迁徙、发展、繁荣等一系列重大活动的历史文献，是国史和地方志的基础和补充，具有传承祖德、团结族人、教化后代的积极作用。

家谱是史类著作，属于历史文化范畴，所以要求实事求是地编写，以事实为依据，不加评论，如实记录。迁徙过程和始迁祖清晰明了。

现代家谱是综合性著作，涉及社会、经济、文化艺术、历史、天文、地理、人物轶事、伦理道德、地方风俗等各个方面，必须以尊重历史事实为指导原则，准确记载家族的历史过程和重大事件，这是现代家谱的灵魂，离开和违背了这个原则编修出来的家谱就会失败。

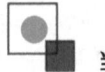

在编修家谱过程中，涉及如何成立家谱编修委员会，如何筹措资金，如何拟定篇目、确定体例，如何调查研究、统计搜集家族资料、如何鉴别和使用资料，取舍数据，如何进行编写、修改和汇总，到最终审查定稿，这些内容涉及原则和方法问题。如实统计、客观记载、实事求是的原则，应贯穿于编修家谱的全过程，围绕这一条主线来编修家谱，才能保证家谱的思想性、资料性和科学性的统一，成为一部严谨、朴实的、具有史料价值的家族史记。

2. 充分体现家谱的正能量、团结族人

家谱具有传承祖德、保存家族历史、团结族人、教化后代、而且是思想道德教育的好教材。

旧谱的人物传记，记载了先祖的正直清廉、能工巧匠、读书传家等美德，具有的积极的教育意义。

现代家谱中的人物传记，应浓墨重彩地记载为国家、为民族、为家族争光争彩的人物。例如革命时期的英雄模范，先进人物的事迹；为保卫祖国疆土而英勇斗争的英雄、革命烈士；各级领导岗位上全心全意为人民服务，清正廉洁的公务员和领导干部；在国家经济建设中取得突出成绩而又乐于奉献的企业家；以优异成绩考取高校的学子；科技领域卓有成就的专家学者；忠于职守，爱岗敬业的教师、医生；平凡岗位上艰苦奋斗、兢兢业业、无私奉献的普通劳动者。正是他们为社会创造了物质财富和精神财富，推动着中华民族向前发展，使我们伟大的祖国更加繁荣昌盛，屹立在世界民族之林，成为举世瞩目的国家。现代家谱应以相当的篇幅来记载家族成员中的英雄模范、各界先进人物，使家谱成为进行爱国主义教育、革命传统教育、思想道德教育的好教材，鼓舞后人，发挥优良传统，增强民族自尊心、自信心，提高思想道德素质，成为正能量的家族教材。

(二) 家谱编修委员会成立及时、成员构成合理

编修家谱时，首先要成立一个家谱编修委员会，主编一人，副主编若干人，编辑若干人。主编是编辑的核心，负责全盘编辑工作。对各位编辑作出分工，给整个家谱构思一个整体思想，拟定一个完整的计划和一个切实可行的工作步骤。

家谱编修委员会人员构成，最理想的是由三种人组成：一是热心人，热心家族事务，有组织领导能力，有号召力；二是文化人，有文化功底，可以编辑

家谱；三是有钱人，企业家，有爱心为家族付出，有经济力量。

(三) 家谱资料翔实可靠、考证准确、内容丰富、编目齐全

1. 资料全面、内容齐全

家谱是以客观实际的家族资料为内容，反映一个家族的发展历史和现状的综合性著作。没有大量的、全面的、翔实可靠的资料，就编修不出一部高质量的家谱。

在魏怀习主编的《家谱编修实用大全》中，总结归纳出了 21 项家谱内容：①谱名、版次录；②编修人员名录、家族照片；③谱序、题词；④凡例；⑤谱论；⑥祖先像赞、图片；⑦目录；⑧姓氏源流；⑨恩荣录、碑文；⑩历代修谱名录；⑪祠堂、坟茔、郡望、堂号；⑫字辈；⑬世系图表；⑭家风、家训、家规；⑮传记、艺文、家族名贤录；⑯风俗礼仪；⑰契约、族产；⑱家族文献、杂记；⑲功德榜、事迹介绍；⑳领谱字号；㉑附记、后记、留余录。

2. 资料真实、准确

家谱是传世之史书，要想经得住历史的检验，就要资料真实、准确无误，资料不仅要多、要全，更重要的是要真实。我国清代谱牒学家朱次琦不仅对谱学有不少新的见解，而且他写的家谱十分重视材料的真实性，凡是有疑问的地方都要认真考证。杨殿为先生说："朱氏谱之异于前人者，即在无征不信一点。"又说："朱氏所修谱，纯以考证之态度出之，斯真为一家之信史也。"

现代家谱应当成为传世信史。因此，对资料应认真进行调查研究，细致考证，切实保证资料的真实性和可靠性。在编写家谱的整个过程中，都要始终做好资料的鉴别、考证工作，方能去伪存真，为编修家谱提供真实、准确的资料。

3. 体现时代特点和家族特色

家谱最显著的特点是资料性，以资料为重。从记述家族的发展历史和现状中，反映家族的基本面貌、特点及其发展规律，使家谱成为资料的科学汇编，提高家谱的使用价值。资料有一般性资料和典型资料。一般性资料是家族的如实记载，典型资料具有代表性、生动性和说服力、震撼力，要选择典型资料突出时代精神和家族特色，突出家族中的杰出人物。

4. 正确使用旧谱

中国家谱，据统计，目前有两万多种，史料十分丰富，涉及面很广，是编修家谱极为珍贵的材料库。但是，旧谱中的资料有精华，也有糟粕。盲目搬用

或全盘否定都是错误的，正确的态度是既不能盲目全盘照抄照搬，也不能一概不用。旧话中的家训族规，反映封建伦理道德的内容是比较突出的、普遍的，但其中有些资料仍然可以吸取或加以改造后使用。比如，家训族规提出的耕读传家、勤劳为本、孝养父母、友爱兄弟、和睦乡邻、戒奢侈、戒赌博、戒攘窃、戒酗酒等都可以使用。有的资料虽然不能直接使用，但可以根据现代社会的伦理道德，加以改造和修改，成为当今的优良家风和家训。

（四）家谱体例标准、世系记载清晰

无论任何家谱体例，均以清晰记载世系关系为基础，一目了然，以记录简单为原则。

传统的家谱体例主要为欧式、苏式、牒记式、宝塔式。随着现代科技的发展，尤其是电脑和网络技术的出现，再结合现代人们的阅读习惯，河南省家谱文化研究院提出了16种家谱标准格式（体例）。常用的有现代苏式、现代欧式、图文对照式、图表对照式。无论采用什么体例、什么格式，都要以世系关系记载清晰为原则，以一目了然为准则。

（五）谱文规范、合理

家谱内容十分丰富，古代家谱秘不示人，当今社会是开放的信息社会，从本质上说，家谱也是一种信息传播，家谱就成为一种公开的出版载体。这就要求编写现代家谱，要把好文字关，重视谱书的科学性和全书的一致性，文字文体要统一规范。关于行文规范的要求，家谱行文在以下几个方面要统一：

1. 用字、标点

统一使用文字改革委员会编印的《简化字总表》，文化部和文字改革委员会联合发布的《第一批异体字整理表》，不得使用已停用的《第二批简化字》和《第三批简化字》以及其他不规范的字。只在引用古籍及用作姓名时可使用繁体或异体字。

当前社会上滥用繁体字，乱造简化字，随便写错别字，这种用字混乱的现象，应引起高度重视，以逐步消除社会上用字混乱现象。标点符号按《新华字典》（1971年修订重排本）附载的《常用标点符号用法简表》的规定使用。

2. 称谓

记述历史时期的政权机构，采用当时称谓，按照一般习惯通称，如"明朝""清代""中华民国"。不用"满清"，不加"反动""腐朽"等政治定语。对于人物称谓，直书姓名，不加虚衔和褒贬之词。官职务称，概用当时的实职，一般不再写"先生"或"同志"，也不使用"该人""该同志"。对多年来形成的习惯称呼，如"毛主席""周总理"等也可以用，但以称"毛泽东""周恩来"为好。

3. 时间

年份应书以全数，凡公历年月日一律用阿拉伯数字表示。凡世纪、农历年月日一律用汉字表示。生卒年代、年龄、年度等用阿拉伯数字表示。在括号内注明人的生卒年可不必加"年"字，如"司马迁（前145—87）"公元前的世纪、年代要加"公元前"字样。公元后的世纪、年代可以不加"公元"字样。

中华民国成立以前，一律采用中国历史纪年法，先写朝代名称再写年号，所用数码皆用汉字，在括号内用阿拉伯数字可省去"公元"和"年"。如：清顺治元年（1644）。中华人民共和国成立以后的纪年，一律采用阿拉伯数字，如1951年。古代帝王纪年、年号一般使用全称，有时也可省年号。

记述时间要准确，类似"今年""明年""上个月"这样的时间名词不要使用，而应写具体时间。不要使用不确切的时间概念，如"最近""目前""大跃进时期""文化大革命时期"等。年份、年代不用简称。如1992年不能写成92年；20世纪80年代不能写80年代。

4. 数字

习惯用语数字、语汇和成语中数字、表达性语言中数字及数字专门名称，一律用汉字表示。如"腊月初八""丢三落四""七七事变""三中全会"等。相邻的两个数字并列连用时，连用的两个数字之间不用顿号"、"隔开。如四十五六岁、四五天、六七十种等。用阿拉伯数字表示数值范围时，用横式连接号"—"连接。如1500—3500元，100—300米，30%—50%。统计数字要按新规定正确使用阿拉伯数字；表格一律使用阿拉伯数字。引文中分数用汉字表示，如"四分之一"；百分比（包括千分比数）用阿拉伯数字，如"25%""15%"等。

5. 度量衡

古代度量衡，可以尽量采用当时的制度，一般不换算，以免造成讹误。中华人民共和国成立后的度量衡，一律根据《中华人民共和国计量单位名称与符号方案》（试行）的规定书写（1981年8月7日《人民日报》公布）。其数字使用阿拉伯数字。如150公斤、100米等。

6. 引文

引文要忠于原文。凡属引用的文字，以双引号""标出；未标点者，应进行标点，并注明出处，以便校核和查阅。引文有错字时，用括号（）写入正确的字。引用译文时，应选择准确的译文本，译文中的人名、地名、官职等应统一。

7. 注释

"注"是对外文中难懂的术语、典故，于第一次出现时标注。新家谱的注释采用"页末注"。需作注的地方在右上角标出序号，有些地方可以随文注释。

8. 地名

使用省或市、县名称时，应具体写明"××省""××县"，使用第三人称，不使用"我省""我县"这样的代名词。记述历史沿革和古人的活动、籍贯等，可用古地名，在括号内注明今地名。如临安（今杭州）。其余，一律使用今地名，必要时在括号中注明古地名。

（六）版式规范、美观大方、达到国家出版物标准

家谱为正式的文体形式，版式要求规范、美观大方，达到国家出版物标准。不可设计成文艺作品、小说、杂志或广告的风格，以正度和大度16开本为主，版心居中，天大地小。古式的家谱风格以朴素大方为主，仿古样式为好。

（七）印刷精美、保存时间长、可传世珍藏

家谱资料编修初稿和家族世系统计完成后，就要委托一家"有较高印刷资质"和"专业家谱编辑和排版设计单位"来完成，把专业的事情交给专业的团队去做，这样才能把家谱主编和编委会多年的辛苦劳动，变成各方面规范的精美的家谱，把多年的艰辛变成传世珍藏的传家宝。

"有较高印刷资质"指的是具有省级新闻出版局颁发的"出版物印刷许可证"，这样才有资格、才能达到国家规定的正规出版物印刷和装订标准，这样才能确保印刷和装订质量。

"专业家谱编辑和排版设计单位"指的是具有多年专业的家谱编辑和排版经验，具有专业的家谱排版设计团队，并拥有家谱研究专家。家谱格式（体例）较为复杂，一般的印刷厂没有排版过家谱，世系关系容易混淆，也没有专业的家谱排版软件。家谱编修研究专家还可以帮助审核家谱内容和编排格式，可以

帮助查询老家谱、寻根问祖、联谱等，可以帮助编写谱序、字辈、凡例、家训等内容，可以处理断代谱、靠谱、女儿入谱、过继、家族意见分歧等特殊问题。

一部印制精美的家谱，主要有硬壳精装和古式线装两种款式：硬壳精装家谱，内文采用古谱纸或仿宣纸，彩色照片多用铜板纸，烫金封面。

古式线装家谱，多采用宣纸印刷，筒子页形式，封面用绫绢布，四眼或六眼线装，外加函套盒，特点是古朴典雅、豪华大气、传世珍藏。①

三　学术上好家谱评判标准

2022年初，有人根据前面的标准，从四大方向判断一部好家谱质量标准。

1. 思想质量。体现在三方面：正确的指导思想；为社会主义建设服务的宗旨；思想道德教育的好教材。

2. 资料质量。体现在四点：资料全面、广泛；资料真实、准确；体现时代特点和家族特色；正确使用旧谱。

3. 体例质量。体例由体裁、结构和章法三个要素组成。体例的质量就在于规范家谱的编写体裁、结构和章法。由于家谱是家族历史的百科全书，内容极为丰富，需要用多种体裁来记述。新家谱体例应包括序和凡例、祠堂和坟墓、述略、姓氏源流、世系、居住地地情、迁徙、大事记、人物传、字辈谱、家训族规、文献、附录等。新增加了述略、居住地地情、大事记三种。节、目四层次式组合，几种形式都可以在实践中探索和总结经验。不论采取什么形式，新家谱的结构应体现结构科学、层次分明、主次有别、横成系列。篇目的拟订做到全局在胸，不遗不漏，突出特点，合乎科学，反映现实。

4. 文字质量。编写新家谱，要把好文字关，重视谱书的科学性和全书的一致性，文字要统一规范。参照《方志学通论》《方志编纂指南》等书中关于行文规范的要求，家谱行文在以下几个方面要统一执行：用字、标点；称谓；时间；数字；度量衡；引文；注释；地名；货币；选录。②

吕有凯讨论了现代家谱的质量定位标准。好家谱的"好"，其定位标准不是完工便好，而是对质量档次的定位之好才算好。好家谱应当具有充分的实质

---

① 以上，见魏怀习《中华好家谱是怎么评选的?》，陈姓大家族2019年10月10日。
② 金盈计算机软件：《如何判定一部家谱的质量?》，兰陵萧氏汉二郎家谱网2019年6月23日。

性的作用和意义，首先取决于家谱的质量。新编的现代家谱质量，应在借鉴古谱优点的基础上有所创新，与时俱进，有所发展。一是内容要丰富，收集资料尽量完善，减少缺漏事项，使之成为家族百科全书；二是文稿质量要精练，图文并茂，结构科学，使其成为家族文化教科书；三是排印方案要科学，要适应现代及后人的阅读习惯，易读易懂，有利于普及；四是功能完善，使之成为家族文化传承工具书。现代家谱必须真正达到上述质量要求，才能谓之于好。①

笔者的观点，家谱优劣的标准要多层次：一是世系图，如卷轴；二是加上生卒年简单事宜；三是有丰富的小传；四是有丰富的大传。形态的创新与类型的创新，均是考察的指标。凡例与内容是否合拍，也是一条检验质量标准。

家谱优劣的判断。家谱价值的分类，由低而高，应有一个系列。家谱的有与无，这是关键。由无到有，这是一大质变。至于由简而复杂，则是修补的问题。对广大人民来说，最难的是没有家谱。如此，这个家族永远处于没谱的状态。家谱体裁，也是如此。生死簿，应是底线。内容的准确，著录的全面，这是评判好坏的底线。越往上，加上更多的传记，这是最高要求。

四　各地优秀家谱评比模式

2010年6月，江西省靖安县文化局发布《关于开展家谱征集、收藏、展览、评比工作的通知》。为切实做好家谱征集、收藏、展览、评比等专项工作，成立靖安县家谱征集、收藏、展览、评比等专项工作小组。领导小组下设办公室，办公室设在县图书馆。由领导小组邀请、组织专家、学者对所征集的家谱进行评审，评选出一等奖两名、二等奖三名、三等奖五名。②

2015年5月18日，宁夏彭阳县在全区地方志宣传日当天，授予《崖堡村志》主编高荣峰特别奖，并表彰了九部优秀家谱，在全区首开先例。彭阳县首届优秀家谱表彰会以来，县内掀起了新一轮修编家谱热。为进一步推进宁夏全区家谱编纂工作不断发展，继2015年7月9日举办全区地方志上半年工作族谱家谱（彭阳）现场会之后，2016年11月25日上午，由自治区地方志办公室主办，彭阳县史志办公室承办的"宁夏（彭阳）家谱编纂理论研讨会"

---

① 吕有凯：《家谱理论与编修技术》，中国文史出版社2014年版，第15页。
② 靖安文化局：《关于开展家谱征集、收藏、展览、评比工作的通知》，靖安县图书馆2010年6月11日。

第十三章　家谱编修质量保障与评论研究

在彭阳县召开。两年来，县史志办又征集到家谱12部，经请示县委、县府主管领导同意，邀请专家、学者评选，2017年11月，县史志办向受表彰优秀家谱主编颁发了"获奖证书"和"收藏证书"。2018年，为丰富固原市方志馆藏书，引导全市乡镇志、村志和家谱编修工作健康发展。固原市与彭阳县地方志办公室联合举办首届乡镇志、村志和家谱评比表彰活动。2019年2月，发布评比结果。

2015年9月20日，由百姓通谱网主办、湖南日报承办的2015湖南十大好家谱评选结果近日已出炉。经过长达一年的海选角逐，洞口黄氏、洞口萧氏、临澧叶氏、东安周氏、临澧罗氏、临澧李氏、临澧紫陵胡氏、临澧唐氏、临澧鹤子湾胡氏、临澧匡氏等荣获"湖南十大好家谱"。[①]

2015年，魏怀习也想到了举办中华家谱展评活动。举办首届中华家谱展评会，共设立10—12个系列奖项，前后有调整。2016年设为13类，分别是：最古家谱奖；最佳内容奖；最佳编修奖；最佳体例奖；最多世系奖；最多名人奖；最佳印刷奖；最多参展奖；最多收藏奖；捐赠贡献奖；最佳组织奖；最佳传承奖；最具特色奖。后来修订为12个奖项，分别是：最佳组织奖；特别贡献奖；最佳内容奖；最佳编修奖；最佳体例奖；最多世系奖；最多名人奖；最佳印刷奖；最多参展奖；最古家谱奖；最佳传承奖；最具特色奖。

2016年8月，中华谱志文化研究会西南分会在贵州遵义组织家谱评比活动。

2017年5月，宁波市人民政府地方志办公室以《宁波市地方志优秀成果评选办法》为依据，印发《关于公布宁波市部门（行业）志和家（族）谱志优秀成果的通知》。共有120部市直单位和各区（县）推荐的成果参评。此次评选分为宁波市级部门（行业）志、县级部门（行业）志、家（族）谱志三类。后来因参评作品数量过少而停掉了。至于某些人认为，官方机构没有资格评比家谱，这样的理解是不到位的。地方志办公室之所以评比家谱，重在引导大家朝更好的质量方向发展，这是提供政府服务。

2018年始，浙江省百姓家谱文化研究会参照宁波家谱评比标准，制订了学会的评比标准，举办了浙江省家谱评比活动。2019年，又举办了第二届优秀家谱评比活动。

---

① 李琪：《湖南十大好家谱出炉，洞口黄氏居首》，《三湘都市报》2015年9月21日。

2020年11月，由江苏省谱牒与家族文化研究会牵头，联合江苏省档案馆和江苏家庭档案研究会联合举办，旨在弘扬中华家谱优秀传统文化，展现江苏省改革开放新修家谱的成就，同时也为了给广大家谱编修者、爱好者提供学习、鉴赏和交流的机会，江苏省首届新修家谱评选活动启动，有超过50部参选家谱作品经江苏省谱牒与家族文化研究会初评后，邀请我省史学界关注家谱研究的相关专家进行了二轮评审。2021年6月，包括《无锡陆氏世谱：西园支》《常州武进邹氏家谱》《镇江大港赵氏宗谱》《江阴绮山东沙王氏支谱》在内的四部家谱获得一等奖。[①]

2020年11月，第二届市民文化节期间，山东烟台市举办首届好家谱评选活动。活动共收到家谱200余部，烟台文旅云平台线上评选有129491人参与活动，投票707806票。通过网络展示、网络投票、专家评审等环节，遵循公开、公平、公正原则，评选出"烟台十大好家谱"和"烟台十大家谱研究学者"。

目前来看，家谱评比活动，主要有几种：一是由地方志办公室主办，如宁波、烟台，有较多的官办色彩。二是由家谱学会主办，如河南、浙江、江苏。在评比操作上，有的比较严谨，经过了两轮的评比，如江苏、宁波、烟台。有的比较简单，如河南、浙江，主要是在展评期间，由主办者根据掌握的信息，作出评估，给予相应的等级。据主办方介绍，参赛之人都想得奖。他们有这样的想法，主办方尽量满足。当然，奖励级别高低，由主办方来决定。在时间上，有的要经过半年的评选期，如江苏。更多的是家谱评比活动期间确定奖励。如河南、浙江。

参加第六届中华展评会的宛福成称："此次郑州会议，参会至少400余人。会议还谈不上学术性，严格来说是民间文化会议。各姓氏参会，主要目的是评个奖，追求的是心理满足。在我个人私下看来，那些奖项徒有虚名。而个别谱书，有充分理由获得胡编奖。郑州会议，虽然开了六届了，影响不小。我认为是俗会，雅度缺欠太多。会议的间接目标是广告和揽活，几乎无文化引领意义。之所以去那么多人，是因为迎合了民俗。"笔者认为：要从家谱实践与家谱理论两大层面来思考。家谱编修实践，人员肯定杂，层次低。问题是，目前家谱理论与学术研究人才不多，参会之人多是家谱编修实践者。面对家谱编修实践者，

---

① 王婕妤：《江苏首届新修家谱评选出炉》，《南京日报》2021年6月16日。

要求不能太高。对家谱编修实践者来说，能编出来，就是了不起的事，所以跑来交流与评奖。拿一个奖，回家高兴几天，可以吹下牛，显摆几天，可以增强自信心，也是可以理解的。民间层面，本身要求不高。他们不是专家，要求不高，不指望要什么政府奖之类。宛福成认为："实践者，干具体事儿的这些人，能编出来，就是成功。这个视角，正确。魏怀习举办此会，主要目标肯定是生意，通过展评，联络各地。问题是，展评会，本身是已经编纂好之人来参与，难有直接的生意，他如何做后续的生意？不过，他可以得到大量捐赠家谱，这是一笔财富。"笔者认为：目前，邀请的专家过少，或者说装点门面的。他是依托民间家谱编印公司的学会办会，有比没有好，能办到这样，已经相当不错了。聂振强认为："这在海内外姓氏文化交流与发展中起到了推进作用和表率作用，在当下姓氏文化、宗亲组织探求发展中起到了示范作用，走出了一条民间传统历史家谱文化与中国特色社会主义文化、家文化相融合的道路，推进了社会进步发展，值得学习、借鉴，值得弘扬光大。"[1]

第四节 新谱评论与研究的多样化

当代家谱的生产是个体性行为，当一部部家谱编修出来，送去图书馆或档案馆以后，就进入了公共传播领域。家谱读者（家谱编修者、家谱研究者）会来阅读，阅读后会有想法。普通读者的想法，多会以口传的方式小空间传播，部分学者会把自己的想法写成文章，这就是家谱评论或家谱研究了。家谱评论与家谱研究，两者的功能不同，两者各有存在价值。前者面向家谱学术史，后者面向当代家谱生产。钱杭认为，提倡新谱研究，这是深化家谱必经研究之路。[2] 什么是新谱评论？为什么要做新谱评论？如何做新谱评论？新谱评论的标准是什么？什么是新谱研究？为什么要研究新谱？如何研究新谱？这些问题均是值得思考的。虽然有学人涉及了古人家谱评论理论[3]，但如何评论当代新谱，至今未形成标准。

---

[1] 聂振强：《家谱评选推进家庭家风家教建设》，中国家谱网 2019 年 8 月 28 日。
[2] 钱杭：《关注"新谱"，中国谱学史研究的深化之路》，《光明日报》2014 年 5 月 27 日。
[3] 徐彬：《论徽州家谱的评价理论》，《安徽师范大学学报》2009 年第 2 期。

一 新谱评论

有人说，现在的家谱编修太滥。言外之意，家谱编修太多了，果真如此吗？如何研究当代家谱编修？如何判断家谱编纂质量？有必要先从方法上来探讨。一则要全面梳理，科学分析，不能仅凭有限接触的家谱作出宏观的感性判断。1950年至今的新家谱编修，据上海图书馆统计分析，目前已有4万多种。如此庞大的家谱数量，没有人全面阅读过，研究过，自然也难以作出全面的科学判断。相关人员，接触的家谱数量十分有限。有限的家谱阅读，只能作出有限的微观判断，不宜推而广之，成为全国性的整体性的宏观结论。二则要区分开新与提升的不同阶段。要知道，历史记录者的视野、阅读者的视野、研究者的视野，各有不同的游戏规则。从作品的鉴赏与研究来说，要选择优秀的创新的，关注的是"好中更优"问题；但从历史记录角度来说，要解决一个"由无到有"的问题。1950年以来的家谱编修，对多数家族来说均属首次编修，属编修活动的创新，必须充分肯定。万事开头难，要肯定其创修或续修之成绩，要鼓励其更上层楼。开弓没有回头箭，编修传统一旦确立，就会建立各家族的续修传统。全国姓氏上万，多数姓氏尚没有家谱，我们要鼓励他们编修，数量越多越好。考虑到家谱编修均由业余人员来主持，所以质量差一些也是可以接受的。家谱编修只要能满足各家族实际需求，他人均没有资格轻易指责他们。高水平的家谱编修者，出于家谱编修整体质量与水平的提升，可以提出更高的可操作的要求，引导他们往更高方向努力，这属第二层次的要求。家谱编修的目标是文本初生产的普及化，家谱评论目标在于提升家谱文本再生产水平，这是两个不同层面的话题，不能轻易混淆。

新谱评论，偏重家谱模式的优劣、编纂质量的高低及社会影响度。尤其提倡家谱特点知见录的筛选。家谱评价，偏重外人的评判。家谱评论或家谱研究，可以是个案性的，也可以是专题性的。时空框架与专题，构成了家谱专题研究的两大要素。从数量来说，肯定是个案居多。在评比方式上，除自由评论外，也可组织评比。要做好当代家谱选题库建设。当代社会出现的公众历史作品，得及时将之问题化、选题化处理。掌握前沿动态的家谱学会或学人，要主动地将值得关注的家谱作品梳理出来，组织相关人研究或评论。家谱类杂志或微信号，可以有意识地征集此类家谱评论稿子。

第十三章　家谱编修质量保障与评论研究

目前的新谱个案研究，以序或书评为主。某些学者的家谱序，有较高的学术性。譬如冯尔康教授 1989 年写过《新时期早期的族谱——1988 年〈徐氏宗谱〉序》。① 又梁洪生教授写过五篇家谱序，即《新修〈横溪周氏族谱〉序》《写好一族一姓的历史》《赣鄂湘新修家谱的一次创举》《抓紧修撰时代之交的新谱牒》《修好族谱写好民众的历史》。② 既肯定了这些修谱的成绩，又分析了修谱现象，就是值得肯定的新谱个案评价。此类由知名家谱研究专家写的谱序，最值得肯定。

个案研究，如称《旺川曹氏宗谱》是一部具有时代气息的新宗谱（陈学文，2011），他如《中华丘氏大宗谱》（邱家儒，2013）、《辽宁钟氏族谱》（邵长兴，2013）《海城顾氏族谱》（钟连良，2013）、《江南宁氏宗谱》（藏思，2013）、《中华余氏宗谱》（林学勤，2009）、《世界叶氏宗谱》（林学勤，2009）等。如莆阳民间新修族谱，介绍了六篇，就可成为样本。硕士论文也以新谱为个案研究者，如《蒲圻吴氏宗谱》（吴刚，2014）。目前，《家谱编纂报》开辟专栏，有意识地介绍新谱。此类案例相当多，可以从网络与宗谱中搜集到更多。

也有一些专题论文，如海小猛主编的《年庚册·郑州代书胡同李氏家谱》（2012）。此谱题目较长，也有点怪。其实，它是由《年庚册》《郑州代书胡同李氏家谱》两部分组成的。何以主编姓海，此谱为李氏？原来李氏是海小猛外公家族，海小猛自幼寄养外公家，视外公家为己家，故情感特别深。外公李氏有一本《年庚册》，始修于民国十三年（1924），二修于民国三十七年（1948），三修于 1965 年。《年庚册》，实际上是房谱，是某支的世传，一人一页。外公故后，《年庚册》由海小猛保存。因为他编过《郑州环卫百年史话》，故六姨妈让他续写，于是他就承担起重任。三个版本的《年庚册》，成为前三编。第四编，是对三编《年庚册》的考辨，第五编才是续修《郑州代书胡同李氏家谱》。这种风格，值得关注。值得注意的是，第五编除李氏家传称为《宗室篇》，收录 60 人外，复立《姻亲篇》，收录 28 人。李氏是回族家庭，所以是研究回族家庭的第一手史料。"此谱重视史事

---

① 冯尔康：《20 世纪上半叶的家谱纂与谱例的改良》，见《中国宗族制度与谱牒编纂》，天津古籍出版社 2011 年版，第 429 页。
② 分别见公众史学微信号 2017 年 9 月 10 日、9 月 17 日、9 月 26 日、10 月 2 日、10 月 3 日。

之真伪","为民立传为国存史的使命感强"。①

目前参与新谱评论的人,主要有年轻老师、研究生,真正的专家不多。家谱专家、家谱编修行家主导家谱评论,这才是正常的现象。当下的问题是,专家参与新谱研究的人并不多。由此,某些家谱评论是浅层次的,或似是而非的。譬如,族谱的方志化,自宋以来就是一个趋势,并不是现在开始的。当然,家谱的创新评论,本身是件有较大难度系数的事。创新,要从全国范围来讨论,当然也允许分区讨论。由于掌握的信息不全,有时难以作出中肯的判断。

二 新谱研究

百度百科称,家谱研究指社会科学界利用传统家谱资料进行科学研究的行为。由此可见,定义之狭窄。其实,它也应是新修家谱研究。新谱如何研究?可以从类型来研究。从家谱理论来说,家谱研究要重在家谱生产经验的总结。具体地说,一是家谱编修流程;二是家谱队伍组建;三是家谱整体模板设计及各板块编修模式;四是家谱信息采集,除了发放谱丁表,也要增加传记表,鼓励他们找人或自助留下传记。传记之法,一是自述,二是回忆录,三是口述。一本家谱编修的背后就是一个完整的故事。必须通过个案的研究加以归纳,才有更大的社会意义。修谱经验总结如何做?每一部家谱编修后,主编应写一篇《修谱始末记》,详细地提供完整的实践经验总结,指出家谱设计、编修、采集诸多方面的经验。如果不会写,也可通过口述方式,引导主编总结提炼修谱经验。当事人最清楚修谱过程遇到的难题、解决措施诸多细节。如果当事人不谈,后人难以发现。现在某些后记,特别是代表编委会写的后记,过于官样文章,罗列一堆人名,不利于后人对修谱过程的研究。

当下的家谱个案研究,有两类模式:

一是历史学模式。过往的历史研究是一种实证研究法,近于自然科学。如重庆大学管理科学与房地产学院王林教授以《郑氏国发公支派新编家谱》为例,详细说明今天的中国人该如何编修适应现代人生活的家谱。全书分为上下两篇,上篇为《传统家谱例析》,主要分析传统家谱是怎么编修的,存在哪些问题;下

---

① 高文举:《新修家谱典范之作——浅析〈年庚册·郑州代书胡同李氏家谱〉之特色及价值》,《黑龙江史志》2019年第11期。

篇为《新编家谱例析》，主要针对传统家谱。它提供了可供参考的具体操作方法，从溯源祖上到分代分支，从制定凡例家训到宗亲联络组织，分章详解，清晰明了，方便简单。通过一个案例，说明家谱编修流程与要求，是此书最大的特点。[1]

韩山师范学院潮学研究院陈海忠教授关注了当代潮阳金瓯《陈云腾家谱》。民国初年广东潮阳人陈云腾创办陈四合批局（批局即信局，福建方言把"信"叫"批"）。至20世纪30年代，陈四合已经成为潮阳、普宁、惠来三县规模最大的一家批局。新中国成立之后，陈家的二房、三房先后移居中国香港、美国，长房裔孙则大部分留在家乡，陈家成了一个跨国家族。21世纪以来，围绕着墓地、祠堂、族谱等问题，陈家启动宗族重建活动，编修了一部具有跨国性、跨性别、跨宗教特点的新型家族谱牒《陈云腾家谱》，反映了近代以来潮汕跨国性、传统性、开放性并存的社会生活特征。[2]

另一类是人类学或社会学的研究。人类学研究是一种人文解读法，近于历史书写法。青岛大学社会学系杜靖教授认为："人类学者对谱的理解是一个全面的、同步的、在场式参与观察。我们往往会追问：修谱最早是谁发动的，为什么由他发起？他们是怎样串联和动员起来的，后来成员组织又发生了什么变动？在修谱过程中，有的人退出，有的人补进去，为什么？权力关系也在其中发生作用。例如宗族精英的争斗导致宗族内部发生裂变，精英和族众之间的庇护关系不得不重组，由此影响了修谱修纂。搜集完材料之后进入编撰，编撰的过程遵循什么样的原则？怎么讨论和确定的？世系群的原则是什么？分发族谱是按照什么标准分发的？谱修完了，我们的观察精细到用什么纸张印刷，用什么技术印刷，印刷资金是怎样筹集以及在当代如何跑印刷厂等一系列问题。人类学家介入其中，与当事人在一起，是在场的情况下参与和目睹了'写'的全过程，在这个过程中我们不明白的问题还可以对当事人进行询问。谱修好了，普通民众关心的是什么？他们率先读什么？大部分人是先找世系图，不关心前言谱序，而是关心自己在族谱世系中的结构性位置。这也是钱先生所讲的结构上的归属感和认同感。这些问题和信息在印刷好的族谱中读不到，因为上述大部分内容

---

[1] 王林、朱慰琳：《民间的一种记忆：今天的中国人如何编修家谱》，重庆大学出版社，2015年。
[2] 陈海忠：《新世纪、新家谱与新宗族——当代潮阳金瓯〈陈云腾家谱〉的修撰与宗族重构》，《潮学研究》2020年第1期。

不会被记录下来,只有人类学的办法才能获取这些信息,传统历史学做不到。"① 由此可知,历史学要借鉴人类学原则,重视文本生产过程的研究。

此类研究,目前出现了不少案例。如周钰《当代宗族修谱现象研究——以闽西地区为中心》,考察中以传统族谱文化为参照,对当代民间的修谱行为和族谱文本的一些变化进行分析与探讨,试图揭示"族谱热"现象的深层原因,进而对当代宗族活动提出新的思考与认识。② 蒋国河《赣南闽西农村修谱活动的组织过程探析》称,当代赣南闽西地区的修谱活动,既很大程度地继承了传统,也在传统的基础上发生了一定的嬗变。这表明,宗族不是一个静态的组织,并不封闭、保守,而是具有较强的学习能力与开放性。③ 赵华鹏以《镇原慕氏族谱》为切入点,重点访谈了该书的编修群体,分别从事件、过程、记忆、仪式与象征、权力与组织五个角度分析了镇原慕氏修谱的过程。④ 何子文《身份想象的现实书写:对农村修谱现象的探讨——以南方某山区农村为例》,结合农村的社会变迁背景,把修谱现象看作个人和集体对历史记忆及乡村社会现实问题的一种文化回应方式、一种身份实践。通过对湘南某山区农村修谱过程的个案观察,选取三个修谱理事会核心成员的参与、组织及编修活动展开具体分析,具体讨论分析了修谱这一宗族记忆实践的文化效应及其社会影响。⑤ 鲁旭《家族意识与文化空间——对Z村回族杨氏新谱编撰的人类学研究》,选择考察了一部尚未完成的家谱,对其编修的过程进行描述。⑥ 单桢《城镇化转型中的族谱编修——以宁波地区为例》,从族谱文献背后所蕴含的话语权角度出发进行分析。不过,至少在宁波地区,族谱的编修活动并不完全意味着有人要去建立宗族内部的话语权体系,两者之间并非有着绝对的联系。⑦ 刘晓静选择山东长清《安氏总谱书》,探讨家谱是如何编纂的。山东长清《安氏总谱书》的编纂自2006年

---

① 上海大学历史与民族志研究中心:《钱杭&杜靖就〈"新谱"的历史制作〉进行的一次讨论》上海大学历史与民族志研究中心,2016年10月1日。
② 周钰:《当代宗族修谱现象研究——以闽西地区为中心》,硕士学位论文,厦门大学,2008年。
③ 蒋国河:《赣南闽西农村修谱活动的组织过程探析》,《农业考古》2010年第3期。
④ 赵华鹏:《家族行动——镇原慕氏修谱的田野报告》,硕士学位论文,宁夏大学,2014年。
⑤ 何子文:《身份想象的现实书写:对农村修谱现象的探讨——以南方某山区农村为例》,《文化与传播》2014年第6期。
⑥ 鲁旭:《家族意识与文化空间——对Z村回族杨氏新谱编撰的人类学研究》,硕士学位论文,上海师范大学,2015年。
⑦ 单桢:《城镇化转型中的宗谱编修——以宁波地区为例》,硕士学位论文,上海师范大学,2016年。

第十三章　家谱编修质量保障与评论研究

到 2016 年经历了十一年，参与修谱的有 9 个村庄。修谱条例不是在修谱初期就规定好，而是在探索和讨论中逐渐完善。[①]

以上两类新谱案例的研究，大体可以让我们略窥当代家谱研究诸法。总体上说，当代新谱的个案研究，尚处于起步阶段。我们希望有更多学人参与进来，对新谱进行不同类型的研究。

[①] 刘晓静：《当代家谱的编纂——以山东长清〈安氏总谱书〉为例》，硕士学位论文，山东大学，2018年。

第十四章

家谱行业组织及管理建设

有媒体报道称"绍兴市家谱协会于2010年12月18日成立,是全国首家经行政部门审批成立的以家谱编纂、研究为主题的非营利性社会服务组织"[①]。这个结论是不成立的。严格说来,1988年就成立的中国谱牒学研究会,才是大陆第一个全国性的家谱研究组织。此前,台湾地区较早成立了类似家谱学会。1977年,台湾地区成立了"宗亲谱系学会"。同年,在台中市成立了"台湾省各姓渊源研究会",举行族谱报告会、学术研讨会和展览会,并出版《台湾源流》季刊,发表了大量有关族谱和姓氏渊源的论文。

为什么要研究家谱会与家谱馆?专门性家谱协会、家谱馆的出现,是当代中国家谱发展中的一大新鲜事物。这是实务管理或协调层面的活动,是民间促进、管理家谱编纂活动的组织。通过研究这些学会,可以知道如何推进家谱管理。作为一个历史文化生产行业,肯定得有此类管理组织。早期的谱牒研究会多由学者组成,后来的家谱会民间修谱人士成为主流。家谱学会组织如何研究?笔者的设想,必须有问题意识,不能平铺直叙。为什么要成立?背景是什么?为什么会停掉?它有哪些成功经验?这几个问题是研究谱牒研究会历史的关键所在。此前对谱会等的现状、问题,没有人做过这么系统的调查研究。过了三十多年,家谱学会的信息现在有些搞不清楚了,尚未见有人对此加以作出系统的梳理。本章拟通过网络、文献等搜集资料,重点梳理大陆全国性及地方性的家谱研究学会及其活动。理想的调查研究方式,要到各地谱会走走,至少要与各个学会取得联系,让对方提供资料,但目前显然没有这样的机会。目前主要

[①] 谢云飞:《绍兴市家谱协会成立家谱馆 馆藏家谱达600多种》,《柯桥日报》2016年7月24日。

是通过网络搜集公开报道的资料，掌握的各地家谱学会信息十分有限。所以，本书对各学会的介绍，多据公开报道资料；如果有不当之处，希望各地家谱会谅解。

第一节 中国谱牒学研究会与山西家谱资料中心

中国谱牒学研究会是由山西省社会科学院主办的学会。

一 中国谱牒学研究会

中国谱牒学研究会，是民政部正式批准并颁发有证书的全国性学术团体。这是一个以高校、研究院为主的学术团体。注意，这个学会是"谱牒学"研究会，多一个"学"字。此后出现的谱牒研究会，省"学"字。

中国谱牒学研究会是在华侨查阅家谱背景下成立的。1985年6月，缅甸太原王氏宗亲会致函山西太原市市长王茂林，索要有关太原王氏开族始祖资料，并要求寻根谒祖。1986年5月，泰国中国旅行社有限公司又致函国务院侨办、全国侨联，要求查证王氏祖祠在山西太原还是在江苏南京。此函亦转给太原市政府承办。山西省人民政府和太原市人民政府对缅甸和泰国的来函十分重视，成立了"太原王氏研究会"，由山西省政府拨款资助，组织人力，先后到江苏、福建、浙江、广东等地，以文献记载为线索，进行了广泛的社会调查，回答了来函提出的问题。1988年11月26日，泰国王氏宗亲会代表团，终于回到太原，实现了他们多年来梦寐以求的"寻根谒祖"的夙愿。发生在山西的这一连串的事件，有力地推动了太原王氏研究活动的开展。[①]

山西社科院的主动对接。80年代初，老家谱逐步流出。1985年起，山西省社会科学院开始收藏一些老家谱。因《山西通志》点校出版，与国家档案馆、中华书局、中国社会科学院历史所等有较多联系。山西社科院真正关注家谱，与武新立的调任有关。武新立原是中国社会科学院历史所图书馆馆长，一直是中级职称，在历史所难以晋升高级职称。1987年，他联系上了山西省社会科学院，有意调任，山西省社会科学院正副院长对此十分感兴趣，答应直接给研究

---

① 李中元：《略谈山西社科院的家谱特色》，《谱牒学论丛》第六辑，三晋出版社2013年版，第25页。

员，让武新立担任山西社科院图书馆馆长。此前，历史所图书馆收藏了近千部家谱及缩微胶卷。武新立调任后，将 800 多套、400370 盒胶卷家谱资料带到了山西，直接奠定了家谱资料中心，所以被称为家谱资料中心奠基人。1988 年底，武新立在权威刊物《历史研究》发表《中国的家谱及其学术价值》（1988 年第 6 期），长达两万余字，《新华文摘》1989 年第 2 期摘登了万余字，引起了国内学者的关注。

1988 年 3 月，各方代表会集太原，商讨学会成立事宜。当时国家档案馆不便出面，建议由山西社科院出面成立全国性学会。7 月，在五台山召开"首届中国谱牒学研讨会"，来自全国各地以及美国等地的五十余位专家学者参加了这次盛会。会议广泛交流了中国家谱在国内外的收藏和利用情况，讨论了谱学的有关学术问题，并就如何进一步开展谱学研究提出了许多设想。与会代表一致认为，家谱是一个既有民族文化精华又有封建糟粕的史料宝库，科学地研究家谱，将对清除封建主义影响、发扬民族文化的优良传统作出贡献，同时也有利于海外华人的寻根问祖，开展与各国人民的交往，有利于我国开放政策的实行。……这次会议的召开，对改变目前中国的家谱被外国人研究利用的局面，推动中国家谱的研究具有重大意义。[①] 大会还在充分民主讨论的基础上成立了中国谱牒学研究会，由到会代表民主选举产生会长刘贯文、副会长冯尔康、张海瀛（兼秘书长）。并决定创办《谱牒学研究》杂志。这个学会的成立，把国内的谱牒研究者和爱好者组织了起来，"组织、团结了原先星散的国内家谱研究的专家学者，互通声气，形成合力"[②]，有力地推动了家谱整理和研究工作的开展。由此可知，这个谱牒学研究会，与其他学会一样，以大学、研究所家谱研究专家为主。

二 家谱资料中心成绩

1990 年 12 月，成立家谱资料中心，张海瀛兼任主任，武新立为副主任。[③] 家谱资料中心成立以后，做了以下诸方面的工作：

重视与海外交往。1989 年 4 月，会长刘贯文、副会长冯尔康、张海瀛（兼

[①] 叶建华：《中国家谱首届学术研讨会召开》，《浙江学刊》1988 年第 5 期。
[②] 王泉根：《中国谱牒学及其八九十年代研究综述》，《文教资料》1999 年第 5 期。
[③] 家谱资料中心的成立时间，《山西省社会科学院家谱资料研究中心》（《晋阳学刊》2005 年第 4 期）误作 1993 年。

秘书长)、《谱牒学研究》主编武新立等,应邀参加了在香港举行的"亚太区地方文献国际会议",揭开了对外学术交流的新篇章。1991年3月,学会领导应邀赴美国参加亚洲学年会,访问了美国国会图书馆、国家档案局、哈佛大学、哥伦比亚大学、犹他家谱学会等。

1991年8月,又在山西太原召开了"中国谱牒学研究会第二届学术讨论会"。到会代表80多人,收到论文40多篇。研究的深度和广度,同第一届相比,有了很大的提高。其突出的特点,就是把谱牒学作为一门独立的学科进行了研究。与其他社科院系统的学会一样,两年开一次年会。

1992年,为参加香港的中华族谱特展,将馆藏家谱编成《中国家谱目录》,由山西人民出版社出版,收录251姓,2565部,总计24562册。其中超过50部的姓氏,依次为:王氏,255部;陈氏,126部;张氏,114部;李氏,85部;吴氏,77部;刘氏,75部;黄氏,69部;徐氏,63部;朱氏,60部;周氏,59部。超过200部的省(市)依次为:江苏,605部;浙江,488部;福建,295部;湖南,279部;安徽,200部。此书动手晚,但出版早,成为大陆正式出版的第一部中国家谱目录。

1992年4月,张海瀛应邀率团赴香港参加《中华族特展》,作了"关于大陆家谱收藏及研究状况"的演讲,受到听众的极大关注;1993年,应邀率团赴新加坡参加世界郭氏宗亲团体联谊会,作"关于郭氏起源及郭子仪与山西"的演讲,引起与会代表的极大关注。据《华侨华人百科全书·侨乡卷》,商界巨子霍英东、郭鹤年以及泰国王氏、美国李氏、新加坡连氏等宗亲组织均曾来人来函,查询其"根"之所在和宗亲渊源。1996年2月,中共山西省委书记胡富国率团访问韩国时,韩国副总理罗玄珮专程前往山西代表团驻地拜访,称韩国罗氏来自山西清徐。由此可见,该中心在海内外均有较大影响。

编辑《中华族谱集成》,张海瀛、武新立、林万青主编,首批100册,收录李、王、张、刘、陈五姓族谱93部,是列入国务院古籍规划的、填补空白的大型史籍,巴蜀书社于1995年编辑出版,限量发行。

编辑刊物《谱牒学研究》,武新立为执行主编,发表了大量关于家谱研究和姓氏渊源的文章,积极推动了大陆谱牒研究的发展。该刊于1989年12月正式创刊,武新立研究员任主编,由北京书目文献出版社出版发行。创刊号刊登文章19篇。《谱牒学研究》的创刊,为海内外谱牒研究者提供了一个阵地,深受大家欢迎。第一辑出版后,《光明日报》(1991年1月2日)和上海《社会科学报》(1992年2月13日)先后发表了张锡禄和方冶的评价文章,引起了学术界的关注。1991年7月,《谱牒研究》第二辑由北京文化艺术出版社出版发行,刊登了20篇,很快被一抢而空,在国内图书疲软的情况下,这种情况是少有的。1992年、1995年,又出版了第3、第4辑。

1993年、1994年,因张海瀛、武新立先后退休。其时又适逢市场经济高潮期,《谱牒学研究》难以为继,1995年以后停刊10年。此后,因为经费不足,也因观念受限,没想到与高校合作开会,导致学会一直没有召开年会,也没有换届,学会实际处于停顿状态。2003年,在民政部要求学会重新登记潮中,中国谱牒学会没有参与重新登记工作,从而自动注销。究其原因,与这个学会的体制有关,它的单位化、行政化色彩太强,直接由省社会科学院院长担任会长,副院长担任副会长兼秘书长。让行政领导担任会长,级别很高,似乎很受重视,实际上相反。行政领导一换,后任根本无心管理此类学会事务,反而束缚了学会的自由发展。学会成立时,这样的安排也许是可以接受的,却没有与时俱进,更换其行政属性,进而转移到其他高校。其他全国性学会是真正的全国性学会,会长与秘书长是可以转移到其他单位的,能够顺利完成重新登记工作,从而保留下来了。中国谱牒学研究会的行政属性太强,自己既不重视,又不愿意移交其他单位,最后导致中国少了一个全国性的谱牒学会。

当然,山西社会社科院家谱研究中心一直在正常运行之中。2000年,李吉主编《中华百家姓始祖图典》,北岳文艺出版社。本图典共收录一百二十五个姓氏的始祖图像,内容分为两大部分,第一部分是始祖图像,第二部分是姓氏源流简介。2003年,山西省社会科学院建院二十周年,张海瀛主编《族谱姓氏研究集》,收录关于研究族谱和姓氏的文章20篇,35万字,用的是香港天马图书有限公司书号发行的。2006年,由山西省社会科学院图书馆馆长王岳红主编,继续出版刊物,改名《谱牒学论丛》。2006—2012年,出版了五辑。2013年,由山西省社会科学院图书馆馆长李书琴主编,山晋出版社出版了第六辑《谱牒学论丛》。此前的2012年,张海瀛著、张桂萍编《缅晗集:张海瀛谱牒研究文选》,由山西人民出版社出版。这是研究张海瀛谱牒研究成绩的第一手资料。家谱中心秘书长刘宁一直坚持至今,从事新旧家谱的搜集、拍摄工作，还参与编辑《名人家谱丛刊》。迄今有三万多种家谱，山西社科院家谱研究中心仍是国内著名的家谱资料中心之一。

至于2017年北京燕山出版社的《历代姓氏文献丛刊》93册，完全是借用山西省社会科学院家谱资料研究中心藏家谱资源编辑的系列丛书。将记载、辑佚姓氏的起源、历史演变、历代世家大族的兴衰和部分代表性人物的学术情况的姓氏典籍结集在一起，为学术界研究姓氏这一独特的文化现象对中国文化的构成、内涵以及发展的影响，为更深入探究姓氏起源与演变，推动和发展姓氏学术史提供了全面、详细、实用的史料。本书共收录了66种姓氏文献，其中不乏在学术上影响较广的姓氏著作，如王应麟《姓氏急就篇》、林宝《元和姓纂》、邓名世《古今姓氏书辨证》、章定《名贤氏族言行类稿》、陈士元《姓觿》、凌迪知《万姓统谱》、李日华《姓氏谱纂》、陈士元《名疑》、汪辉祖《史姓韵编》、张澍《姓韵》等。本书按两汉魏晋、隋唐、宋元、明、清的时间顺序依次排列，对收录的姓氏文献力求完整和全面。这也可以说是家谱中心对谱牒界的一大文献搜集贡献。

第二节 省域姓氏与谱牒研究会

继中国谱牒学研究会成立的省级学会是福建省姓氏源流研究会（1989）。进入20世纪90年代，又成立了江西谱牒研究会（1992）、上海谱牒学研究会（1992）、河南省中原姓氏历史文化研究会（1995）。其他学会都是21世纪初以后逐步建立的。本节拟分姓氏研究会与谱牒研究会两类加以梳理。

一 省级姓氏研究会

国内较早注册为省一级姓氏文化研究会的只有河南和福建这两个省，为什么？一是福建省是对台统战的前沿，事关国家的统一大业，所以国家统战部门和国台办是积极支持和参与的。二是河南省因为它特殊的地理和历史地位，全国有三分之二以上的姓氏起源地在中原地区，河南省又是中原的核心地带，因此很多姓氏的寻根离不开河南，追到底大部分就追到河南了。[①]

[①] 刘翔南：《谈姓氏寻根的回顾与展望》，九亲文化2017年1月6日。

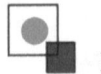

1. 福建省姓氏源流研究会

1989年10月成立，由福建省民革创办，会长由省民革副主委兼任，第一任会长是廖开贤，第二任会长是孙新峰。这是国内首家省级姓氏文化研究团体。2006年改由中共福建省委统战部主管。第三任会长游嘉瑞，第四任会长庄奕贤，均为省统战部副部长。2021年11月起，省党史与地方志研究室副主任俞杰当选为第五任会长。这是个以姓氏源流为研究对象的省级学会，有别于前面的谱牒学会。1997年后，在晋江、漳州、厦门等地还成立了谱牒学会或姓氏源流研究会。下属有不少姓氏委员会。2018年，又成立专家委员会与青年委员会。

福建省姓氏源流研究会的最大特点是面向台湾交流。20世纪80年代末，随着不断扩大对外开放和两岸关系逐渐解冻，海外侨胞和台湾同胞陆续兴起回大陆寻根的热潮，闽台交流也开始进入方兴未艾的阶段，为福建省姓氏源流研究会发挥福建姓氏文化和血缘纽带作用开展两岸交流，提供了大有可为的空间。福建是中华民族各姓氏传承与播迁的重要中转站，也因此成为台港澳同胞和海外侨胞的重要祖籍地。这一特定的区位与人文资源，赋予了福建姓氏文化研究事业更为特殊而重大的意义：它既是传承中华优秀传统文化的题中应有之义，又能成为增进海内外特别是海峡两岸同胞情感沟通与心灵契合的精神纽带，对增强海内外中华儿女的凝聚力，促进祖国统一大业具有独特作用。

由于它是"民革"创办的团体，对台宣传的目标也是十分明确的，就是说台湾各姓氏多数是由福建迁移过去的，通过姓氏源流，联系台湾人的情感。它紧紧围绕姓氏文化研究，开展台胞寻根探源服务，促进海峡两岸姓氏文化交流和闽台族谱对接活动，为弘扬中华优秀文化，做了大量卓有成效的工作。2007年以后连续举办了13届"海峡百姓论坛"，以"两岸同根，闽台一家"为口号，每年一届，由闽台两地轮流承办，秉持"两岸一家亲"的理念，以姓氏文化为基础，以血缘关系为纽带，深入开展两岸姓氏之间的宗亲联谊交流，得到了两岸宗亲的认同，已成为两岸民间人文交流的重要平台。

此外，福建先后出版了《三胞与祖地》《南靖与台湾》《晋台志》《闽台关系族谱资料选编》等著作、资料集。2014年，副会长蔡干豪、林庚编成《大众谱牒学》，由厦门海峡姓氏文化研究院印刷，是一部家谱类教材。

2016年，研究会与福建省地方志编纂委员会合作，编纂国内首部省级姓氏类专志《福建姓氏志》。2019年，前后历经三年时间，《福建姓氏志》（第一卷）

已正式出版，收录了福建省黄姓等16个姓（篇），共190万字。

在海外华侨和台港澳同胞积极促进和支持下，福建各地也掀起了编修新家谱等一系列活动，有些则是和台湾同宗共修的家谱。2000年12月29日，晋江市在图书馆举行晋江家谱展，其中新修的家谱就有400余种。

2. 河南姓氏文化研究会及中华家谱展评大会

1995年7月，成立了"河南省中原姓氏历史文化研究会"，这是全国第二个以姓氏历史文化为研究对象的省级学会。河南号称是中国许多姓氏的发源地，后人称为"老家河南"。它是由河南省地方志办公室发起组织的。刘翔南当时是河南省地方志办公室《中州今古》（1983创刊）杂志编辑。刘翔南与姓氏文化结缘，最早始于1990年。在他的推动下，1995年，河南成立了河南省中原姓氏历史文化研究会。当时观念束缚大，河南省地方志办公室领导说"姓氏文化"这个提法太笼统，应该叫"姓氏历史文化"，只有历史文化才可以研究，所以称为"河南省中原姓氏历史文化研究会"。河南省政协主席林英海任会长，省委宣传部常务副部长葛纪谦等13人任副会长。研究会在组织开展对中原地区姓氏源流的学术研究和信息交流活动的同时积极联络海内外华人。[①] 自1995年至2000年，林英海一直为第一届会长；自2000年至2010年，河南省侨联原主席、省委统战部原副部长林雪梅，为第二届、第三届连任会长。业务主管单位河南省地方史志办公室、省文化厅。刘翔南为第一届至第三届学会秘书长，兼法人代表，担任执行会长，直到2018年3月第五届时改为顾问。刘翔南钟情于姓氏文化近三十年，参与编著了多部姓氏文化书籍，在全国各大期刊发表了50多篇论文。

学会下设河南省中原姓氏文化研究所，《中州今古》主编谢钧祥担任所长。[②] 谢钧祥（1936—2012）是河南著名的姓氏文化研究专家。1992年，因为河南人民出版社约稿《中原寻根——源于河南千家姓》，开始涉及中华姓氏文化研究。于是，他主编了这部66万字的书，1994年12月出版。此外，著有《中华百家大姓源流：中国传统文化透视》（1996）、《中华百家姓起源》（2000）、《新编百家姓》（2001），主编"百家姓书系"，撰写《李》（1999）、《谢》（2002）、《中原访祖》、《河南旅游姓氏文化》（与王玉宝合编，2007）、《台湾百家大姓源流》

---

① 鸣世：《河南省中原姓氏历史文化研究会成立》，《河南社会科学》1995年第5期。
② 或作"河南省中原姓氏文化研究会会长谢钧祥先生"，这可能是一个误会。

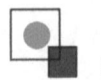

(2011)等。除上百万言的专著外,他还在海内外多家报刊发表论述姓氏的文章 500 多篇。①

2010 年 1 月第四届理事会后,改名"河南省姓氏文化研究会",挂靠在河南省社科院,省社科院领导兼任会长,秘书处设在河南省社会科学院。现任会长林宪斋为第一任会长林英海长子,第四届、第五届连任会长。副会长兼秘书长为李立新,兼法人代表。学会共有常务理事、理事 100 余人,会员 200 余人。下属 103 个姓氏委员会,因为要从事修谱活动,专会比较活跃。办有会刊《历史文化研究》,省内资刊号。

与台湾"全球董杨宗亲会"联合组织了全球杨氏中原寻根访祖活动(1994),主办"豫闽台姓氏源流国际研讨会"(1996)、"固始与闽台寻根暨固始寻根旅游资源开发研讨"(2003)、"中华姓氏文化节"(2004)、"姓氏文化与华夏文明传承创新区建设研讨会"(2012)等大型活动,受到了省委省政府领导的充分肯定和社会各界的广泛好评。

2013 年 1 月 18 日,河南省姓氏文化研究会又成立下属的二级委员会河南省姓氏文化研究会家谱委员会,对外称为"河南省家谱文化研究会",郑州志谱古籍印刷公司董事长魏怀习为会长。由此,河南省家谱文化研究会是以此公司为牵起力,推动相关家谱活动的。此间前后,郑州大学赵长海起到了较大的推动作用,他因为搜集研究地方志与家谱,建议魏怀习的印刷公司以印志谱为特色。同时,建议每套家谱多印一些,可以展览,可以交换,可以出售给图书馆。2015 年,河南省家谱研究会会长魏怀习向大家作了家谱工作的汇报及未来的展望。他总结了家谱委员会近几年的工作:初步筹建了"中华家谱馆";初步组建了一个以家谱研究为中心的编修团队;打造了中华家谱网;基本形成了"中国家谱编印基地";编辑出版了《家谱编修实用大全》。从此以后,河南姓氏研究会关注新家谱编修活动。

2015 年 10 月 18 日,"首届中原家谱展评与互联网家谱研讨会"在郑州开幕,目的为调查中原地区家谱保存现状,提高家谱编修质量,促进家谱交流应用,传承和弘扬中华优秀传统文化。魏怀习表示,此次会议首先是要营造家谱文化氛围、充分认识家谱的重要性,调查中原家谱的保存现状。筹建"中华家

---

① 孙俊涛:《谢钧祥:把根留住》,《中州统战》2003 年第 11 期。

第十四章 家谱行业组织及管理建设

谱博物馆",提高家谱编修质量,应用高科技手段,将家谱电子化、数据化、网络化,促进家谱交流和应用,传承弘扬中华家族宗亲文化,为建设和谐社会作出应有的努力和贡献。预计200多人的规模,结果来了500多人。研讨会吸引了来自河南、湖北、湖南、广东、四川、贵州、福建、浙江、江苏、山东、河北、辽宁、山西、陕西等13个省的500多人参加。其中河南省有16个地市、83个县区参加了会议。现场超强的人气,显示着姓氏文化产业的市场需求,预示着姓氏文化产业大繁荣的来临。参展家谱1866部5637册,参评家谱538部1879册,为河南省家谱研究会筹备"中华家谱博物馆"捐赠家谱305部1023册。本次研讨会组织有名优家谱展评活动,共分10个奖项。经过专家评委的反复考量,会上共评出"最古老家谱奖""最丰富内容奖""编排格式创新奖"等十个家谱奖项。这些数据显示着姓氏文化和家谱文化在民间蕴含的热情和力量,彰显出传统文化的勃勃生机。这次由河南省姓氏文化研究会主办的"首届中原家谱展评与互联网家谱研讨会",为根植于民间的家谱文化提供了良好的展示平台,展现了河南姓氏文化和根亲文化发展的风采。①

2016年10月,第二届中原家谱展评暨姓氏文化产品交流大会如期举办。魏怀习呼吁"有谱之人来摆谱,每年十月大聚会"。张新斌说,这次活动是对中原家谱的全方位展示,是对中原家谱和域外家谱的交流展示,形成了家谱交流展示的最新平台,在全国的家谱展评活动中居于重要地位。本次活动中,参展家谱共计1230部2800多册。其中,参评家谱187部306册,捐赠家谱460部1033册。共设置了13个类别的奖项,每个类别分别设立特等奖、一等奖、优秀奖。②

2017年10月14日至15日,由河南省姓氏文化研究会主办,河南省姓氏文化研究会家谱委员会承办的第三届中华家谱展评暨文创产品交流大会在郑州隆重举行。此间,名称改变,由"中原家谱展评"改为"中华家谱展评"。来自全国24个省市区的400多名家谱专家、家谱主编以及家谱爱好者欢聚一堂、交流品谱。家谱展评会以"主编自评+专家点评"的方式拉开帷幕,这一新颖模式在第二届家谱展评大会上开启,极大地吸引了与会者的兴趣。本次大会报名上台讲演的家谱主编是去年的两倍,这反映了大家对家谱文化交流的热情极大提升,

---

① 新闻编辑部:《首届中原家谱展评暨互联网家谱研讨会在郑州隆重举行》,中国家谱网2015年10月19日。

② 新闻编辑部:《第二届中原家谱展评暨姓氏文化产品交流大会召开》,中国家谱网2016年10月31日。

· 729 ·

家谱在人们心中的地位越发重要。张新斌研究员在点评中指出，修谱寻根一定要有求真的精神，要实事求是，依靠基础的真实的材料。他特别表扬了李志军先生编纂的《献阳家世》，认为这部家谱采用章回体编写，图文并茂，而且谱中的插图均为手绘，很有亲和力，给人留下深刻的印象。《献阳家世》用通俗的语言、翔实的资料，很好地响应了习近平总书记关于"讲好中国故事"的倡导。"年年来摆谱，相聚在中原"已经成为河南民间文化的一道大餐。本次会议参展家谱共计1658部3500多册。其中，参评家谱256部420册，捐赠家谱520部1265册。经过家谱专家的严格评审，本次大会共评出11个特等奖，24个一等奖。①

2018年10月6日至7日，由河南省姓氏文化研究会、河南省传统文化促进会主办，河南省姓氏文化研究会家谱委员会承办的第四届中华家谱展评暨家谱编修经验交流大会在郑州隆重举行。来自全国26个省市区的500多名家谱专家、家谱主编以及家谱爱好者欢聚一堂、交流品谱。本次会议参展家谱达到2000多部，共61部家谱被评为"中华好家谱"。其中，特殊贡献金奖1部，特殊贡献奖2部，特等奖13部，一等奖34部，优秀奖11部。②

在第四届中华家谱展评大会上，河南省家谱文化研究院院长金涛向与会的家谱主编及谱牒爱好者发布了该院历时多年研发的智能家谱编修软件。该软件可以实现多人异地同步录入，极大地提高了家谱编修工作效率。以往需要数年才能完成的修谱工作，利用该软件最快三天即可完成。该软件可以生成16种家谱格式，而且格式可以自由切换。这16种家谱标准格式是家谱专家从近万种格式中总结归纳出来的，具有通用性和实用性。分为三大类，分别是：A1：传统欧式，A2：传统苏式，A3：传统牒记式，A4：传统宝塔式，A5：传统图文对照式，B1：现代欧式（文竖排），B2：现代苏式（竖排），B3：现代苏式（横排），B4：现代苏式（一），B5：现代苏式（二），B6：现代牒记式，B7：现代图文对照式，B8：现代苏氏卷轴，B9：宝塔式挂轴，C：索引速查家谱格式。

2019年10月5日至6日，由河南省姓氏文化研究会主办，河南省姓氏文

---

① 新闻编辑部：《第三届中华家谱展评暨文创产品交流大会在郑州隆重举行》，中国家谱网2017年10月15日。
② 新闻编辑部：《第四届中华家谱展评暨家谱编修交流大会在郑州隆重举行》，中国家谱网2018年10月7日。

研究会家谱委员会承办的"第五届中华家谱展评大会"在郑州隆重举行。来自全国22个省市的366位专家学者和谱牒爱好者参加了会议。本次会议参展家谱2133部,评选出"中华好家谱"106部。其中,《中华钟氏总谱》获得特别贡献金奖,《中华乔氏统谱》和《华夏茹氏通谱》获得特别贡献特等奖,《中华龙池廖氏总谱》等11部获得特等奖,另有54部一等奖,38部优秀奖。同时,大会组委会还为积极支持本届大会的机构和个人颁发了特殊贡献奖和最佳组织奖。其中河南服君贸易(德马力配制酒)有限公司等10个单位、企业或个人获得特别贡献奖,河南省姓氏文化研究会马姓委员会等5家组织获得最佳组织奖。本次中华家谱展评大会以"主编介绍+专家点评"的形式拉开帷幕。通过主编简明扼要的介绍和专家教授的现场评谱,将不同姓氏的家谱编修特色展现在人们的面前,以更直观的形式宣传家谱文化,进而提升各地家谱编修质量。同时,本次会议邀请了中国科学院研究员袁义达、河南省社会科学院历史与考古研究所所长张新斌、郑州大学教授赵长海、河南省社科院文学研究所副所长李立新、河南省河洛文化研究中心副主任李乔等五位专家现场评谱。[1]

2020年10月4日至5日,由河南省姓氏文化研究会主办、河南省姓氏文化研究会家谱委员会承办的"第六届中华家谱展评大会"在郑州隆重举行。来自全国23个省区市的413位专家学者和谱牒爱好者参加了会议。[2] 徐建华教授称:2020年第六届家谱会情况,可能是疫情反弹,今年人数过于往年,有四百多人。家谱式样较好,创新不多。某些地方出现地方保护主义倾向,希望在当地印家谱,而不是跑到河南印家谱。每人交五百元,吃住三天,公司得补助一些。不过,他可以得到大量捐赠家谱,这是一笔财富。会议三天,第一天下午评奖,第二天上午专家发言,下午参观。第三天是业务洽谈。

2021年10月3日至4日,由河南省姓氏文化研究会主办、河南省姓氏文化研究会家谱委员会承办的"第七届中华家谱展评大会暨老家河南家谱馆开馆仪式"在郑州隆重举行。来自全国18个省区市的336位专家学者和谱牒爱好者参加了会议。本次会议参展家谱1862部,评选出"中华好家谱"94部。其中,特别贡献金奖1部,特等奖21部,一等奖49部,优秀奖23部。[3]

---

[1] 新闻编辑部:《第五届中华家谱展评大会在郑州隆重举行》,中国家谱网2019年10月6日。
[2] 新闻编辑部:《第六届中华家谱展评大会在郑州隆重举行》,中国家谱网2020年10月5日。
[3] 新闻编辑部:《第七届中华家谱展评大会在郑州隆重举行》,中国家谱网2021年10月4日。

2016年起，形成了固定的办会模式，第一天上午是开幕式，下午是"主编自评+专家点评"。第二天上午是专家讲坛，然后是颁奖活动。第三天是业务洽谈。从2018年第四届始，时间固定在十月初第一个周末。每次五个点评专家，每次邀请两位外地专家，但本地四位专家相对固定。有三个同步增长：一是展评家谱与捐赠家谱数量，二是签约合同在增加，三是修谱人员在增加。中原是中华多数姓氏的起源地，却不是家谱编纂中心，家谱编纂风并不盛。经过几年的努力，河南的家谱编纂风也在兴起之中。

　　到目前来说，中华家谱展评会是唯一全国性大规模的家谱展评会。为什么要做中华家谱展评活动？这个大会有两个目标，一是展览，二是评判。说及举办此活动的动因，魏怀习会长说，到了2015年，感觉应该办这样一项活动。此后，参评人员一直稳定，有四五百人参与，就这么坚持下来了。金涛院长说及办展评会动机，有几项考虑：一是推进家谱编纂活动，许多人有想法但一直没有动手，有的人没有见过家谱；二是搜罗家谱，参展的稀见家谱，可以复印一部；三是扩大影响，培养生意项目。

　　要不要这样的一个平台？笔者的回答肯定是要的。家谱是国粹，政府并不太鼓励，各地态度也不尽相同，多数不反对。在这种情况下，政府不太可能参与评奖活动。宁波市地方志办公室曾办过一次家谱评比活动，结果有人反对，认为家谱是民间活动，地方志办公室参与什么？如何能评出优劣？此后，因参评家谱数量过少，没有再进行过评比活动。所以，由民间出面办这样的评比活动最为理想。那么民间如何办？由谁来办？由家谱学会来办最为理想，不过学会多没有钱。纯公益的活动，难以持久玩下来，这也是一个基本事实。在这种情况下，由郑州志谱古籍印刷公司为支撑的河南家谱文化研究会出面承办家谱展评会，最为理想。因为它的经济与文化动力更强，可以扩大影响，增加业务，会有热情来办会，肯出钱补助。它的背后有二大动因，一是增加家谱编印业务，二是增加中华家谱馆数量。以商业为主，兼及公益。宛福成称："魏会长也可据此揽到一些生意，签订合同。他有赚钱压力，养了一百多号人，得赚钱。"为了推动家谱编纂活动，他们将活动前移，他开展家谱编纂网上编纂培训班。通过培训班，扩大编纂人员，统一编纂标准，增加印刷业务。如此，体现出一条龙服务的特点，这是他们的成功所在。由一家同时具备经济与文化双重追求的公司主导的学会出面，可以将商业与公益双重功能统一起来。不管如何，强化了河南作为家谱编修印刷基地的龙头老大地位。

从参会修谱人来说，十月摆谱，就是大家热闹一下。同时听专家评鉴、报告，也可长一点见识。宛福成教授说："魏会长找准了市场。每年办一个家谱集，有人来赶集，彼此交流下，听听专家的意见，也结识更多的人，甚至出来旅游一趟，都是好事。这是大空间的交流，可以突破这些人的空间限制。修谱人员多数是农村来的人，文化层次不高。他们来评个奖，就是想得同行专家的认可，获得社会的认可，给自己的努力一个奖励，这可以提升他们进一步推进家谱编纂的积极性。他们既不评职称，也不用赚钱。"这是民间奖，不发奖金，完全是一个精神鼓励奖，可以说是当代中国家谱界的嘉年华活动。

如何看待这些新修家谱质量？笔者的看法，首先要肯定其家谱编修零的突破意义。这些民间修谱人能编出谱来就相当不容易了，对每个家族来说，都是取得了续修成绩。20世纪的中国，处于中西文化激烈碰撞时期，家谱被视为封建文化而受到无尽的打压，家谱编修中断了几十年。再不续修，前后无法接上。对某些家族来说，则是实现了由无而有的家谱编修突破。其次是对其水平高低进行衡量。年度家谱编修评比，只能是在参赛作品中衡量高低。家谱优劣的评比是在参评家谱的比较中产生的，是一个相对概念，不能绝对化理解。据说，参赛之人积极性很高，个个想得奖，背后尽力向主办方推销优势。他们有这样的想法，主办方尽量满足。当然，奖励级别高低，由主办方来决定。每年的"主编自评+专家点评"，更多的是一种表演，是让大家知道专家是如何点评家谱优劣的，同时也普及了家谱知识。近年奖项的设置方向也是值得肯定的，设金奖、特等奖、一等奖、优秀奖，没有传统的二等奖、三等奖名目。

从专家层面来说，专家愿意为他们站台，也是对当代中国家谱事业的一种支持与肯定。到目前来说，中华家谱展评会是唯一全国性大规模的家谱展评会。浙江百姓家谱文化研究会虽也办了家谱展评会，但主要是浙江范围内的，规模比较小，影响度更小。此外，2018年11月16日至18日晋中市晋商家风家训基地承办的"首届晋中市家谱展评暨家谱编修交流会"。对当代中国家谱编修行业来说，需要这样的家谱展评活动，这多少可以促进家谱编修事业的发展，可以普及家谱知识。

3. 陕西省姓氏文化研究会

2000年，由陕西省民政厅正式批准成立，是以长期从事姓氏文化研究和传承的工作者为主体,团结并吸纳在陕工作的、对姓氏文化研究感兴趣的社会各界人士,自愿结成的全省性、学术性、非营利性的社会组织。李丽玮编审为会长。下辖单氏、姚氏、邓氏三个专业委员会,十家陕西省姓氏文化研究会××联合会。这种联合会,创意不错,有点打擦边球,值得其他省学会模仿。

二 省级谱牒研究会

1. 江西省谱牒研究会

江西省谱牒研究会成立于1992年,业务主管单位为江西省社联,社团注册单位为江西省民政厅,挂靠在南昌师范学院,有自己的网站,保留了中国谱牒学研究会的一些特色。它以南昌师范学院为主,由省内高校和科研单位的专家教授组成。学会成立以来,组织了多次学术研讨、寻根问祖、宗亲联谊和经贸洽谈等会议或活动。1993—2009年,李才栋教授为第一、二、三届会长。2009—2014年,王炯尧为第四届会长。2014年以后第五届会长为林加奇,副会长兼秘书长为张劲松。由会长经历可知,这个学会一直是学者担任会长。直到2014年后才由校长兼任。这个学会下面成立了一大批单姓文史委员会,部分县级分会。下面的专业委员会因为有修谱活动,所以活跃程度高于省会。2013年,王炯尧曾撰《江西省谱牒研究会的发展历程及历史贡献》,从内容介绍来看,总会及分会出版的作品有:《中华姓氏谱牒丛潭》,2001年内刊号出版;《中国文化世家·江右卷》,湖北教育出版社2004年出版;《修水县姓氏志》,北京华夏翰林出版社2006年出版;《中华龚氏通志》,北京文史出版社2006年出版;《黄氏文史研究》,2007年内刊号出版;《江西朱氏源流志》上、下册,江西人民出版社2009年出版;《中华义门陈大成宗谱·总谱》,2009年内刊号出版。

2. 上海市谱牒学研究会

上海市谱牒学研究会,挂靠上海社会科学院,费成康为会长,钱杭为副会长,1992年6月成立,主要活动于90年代前期。1994年6月上海市谱牒研究会进行首次全市居民姓氏总量调查,全市在住人口中有姓氏1723个,其中单姓1334个、复姓29个、多字姓2个,还包括358个非传统璧联姓与外国姓氏。费成康有《中国的家法族规》,钱杭相关家谱作品较多。据说,这个学会尚存,但学术活动不多,名存实亡。上海市谱牒学研究会为什么会虚化?可能与上海的研究人员少、学会机制缺陷有关。20世纪90年代后期，上海图书馆在王鹤鸣书记当政时，曾大力提倡谱牒研究，完全以上海图书馆名义举办会议。由此说明，作为局级单位的上海图书馆更有号召力，有自己办会经费。实体单位强于虚体的学会，这也是20世纪90年代以来的发展趋势。不久，上海图书馆将建立专门的家谱馆。如果将上海市谱牒研究会牌子移到家谱馆，盘活学会资源，当是一途。当然，这可能是一个多余的建议，因为"上海市谱牒学研究会"这块牌子没有多少资源价值。总体上说，上海谱牒界面临着后继无人问题。

3. 山东中华家谱学学会

2011年成立，在山东济南子房洞景区鲁林书院办公。张全新是会长，杨宗佑是山东中华家谱学学会的常务副会长兼秘书长，会员已发展到了两三百人。出版《中华家谱学学刊》。这个学会不同于其他省级学会，以中华家谱学研究为己任。杨宗佑是学会主要的研究人员，学会也是由他策划成立的，著有《中华家谱学》（2009）、《中华杨姓谱乘探源》（2006）、《中华民族姓氏承传历史大系表》（2015）。

4. 浙江省百姓家谱文化研究会

2016年11月9日、2017年1月3日，先后由浙江省文化厅和浙江省民政厅批准同意设立浙江省百姓家谱文化研究会，是一家省级民间学会机构。它是由原来浙江周姓宗亲会发起组织的，会长周岩龙，常务副会长周全行等。说及学会成立背景，2016年，周全行偶然听闻香港市民周鑫汉来象山寻宗问祖，觅其先祖周光浩的下落，几经周转，终于在县志办查到确有其人，但周光浩的后嗣去向，虽经苦苦探寻，终因家谱修续没跟上而无果。他顿萌生传承家谱文化的心愿，要为中华儿女寻根问祖提供便利，以增强他们对故乡的依恋之情。于是，开始策划组织家谱学会。

浙江省家谱文化研究会为什么会有"百姓"二字？据说，当时报上去的研究会名称是"浙江省家谱文化研究会"。鉴于此会的发起单位是周姓宗亲会，于是省文化厅某处长要求加上"百姓"二字，表示不是一姓家谱文化研究会。据说，某些人至今对此意见，感觉"百姓"二字是多余的。笔者听说此故事后，倒十分同意文化厅领导意见。宗谱之所以被人视为宗派产物，正在于它的一姓性。当代中国提倡百姓和谐，要编修百姓家谱。所以，"百姓"二字倒是符合现代家谱编修发展趋势的。

浙江省百姓家谱文化研究会的成立，重在保护抢救浙江各地氏族优秀传统历史文化遗产，深入开发谱牒资源，弘扬历史文化，打造一支德才兼备的谱牒编撰团队。2017年3月，在象山召开成立大会。2017年、2018年、2019年，2023年，分别与温州大学、浙江师范大学、宁波大学合作，举办了四次培训研讨会。2018年以后，多家分支机构也已经成功设立并运营。根据职能特征，内设秘书处、组织联络处、学术处、《浙江家谱文化》杂志社；办事机构有"姓氏文化委员会"（3个）、"家谱文化学术研究委员会"（5个）、"传统文化教育培训基地"（2个）、"家谱图书馆"（1个）、"家谱电子阅览中心（1个）"等。五年来，在姓氏研究、修家谱、传家风等方面积累了很多经验，有自己的家谱图书馆，办公场所也已经成功迁往温州雁荡山。2017年以来，出版杂志《浙江家谱文化》。编委会围绕家谱文化核心，古今结合，开设"新闻一览""会务资讯""家谱资讯""家规家训"等15个栏目，深受欢迎与赞赏。

浙江省百姓家谱文化研究会，在文旅厅所属各学会中，是先进学会，屡屡得到领导的肯定。总结其成功经验，主要有以下五条：

一是得到企业与高校的支持。企业家当会长与副会长，相关领导与专家当副会长。得到了浙江古籍出版社、浙江省图书馆、浙江大学、宁波大学等机构的相关合作，并由相关人士担任副会长。这些人任副会长可以鼓励更多人参与做事，这是一个好办法。民间学会不必受副职数量的限制，那仅是荣誉、责任。给更多的人一点荣誉，让更多的人有积极性来参与，这是最为理想的办法。众多企业家当副会长的结果，是学会的活动资金相对充裕。更为重要的是，有一个勤勉的学会领导班子，常务副会长与秘书长经常活动于各地，沟通上下左右的关系。没有这种日常化的付出，学会就是一潭死水。人文领域的学会，至多年终开一个年会，平时没有什么活动。

二是重视会员业务的公益培训。与相关高校合作，由高校教授来担当讲授之责。与历史学会不同，百姓家谱文化研究会重在培训、联谊等。对来自民间的修谱人员来说，高校有权威性，也有专业性。有人说家谱学会举办了三届培训会，没有产生什么大的影响。这个心理预期可能高了一些。应该说有一定成效，至少将全省各地修谱人员、爱好者联合起来了。也传播了一些家谱知识，提供了一个交流平台。当然，培训活动如何有效，可进一步研究。与企业家协会合作，进行传统文化（家谱）培训活动，可以收费。上百人的活动，有几个企业家接受，就可推动了。鉴于培训班人员过多现象，有人建议程度分为多个同级小班化讨论，由稍高级人主持讨论，这种分层讨论理念值得接受。家谱学会可考虑为特定的修谱用户进行职业培训。

三是有常规的学术活动，譬如年会、理事会、学术研讨会等。2018年，召开了首次年会。2019年，在杭州召开由浙江图书馆和浙江省百姓家谱文化研究会主办的"首届江南家谱研讨会——江南家谱的历史价值和现代意义"。2021年6月，与宁波大学公众史学研究中心联合举办首届宁波新家谱编修研讨会。百姓家谱会的会议模式可进一步改革。所谓改革，就是家谱展览与评比，邀请专家讲解，邀请成功的家谱编纂讲说。研究会副会长、杭州师范大学历史系教授李冈原主编《家族口述史》出版。经验介绍，当是主要选项。百姓家谱学会的年会，可增加环节，提升学术含量。对捐赠的新谱，要给予专业的评价。可直接设立一环节，对年度浙江家谱编纂现状作出分析，近于浙江家谱年鉴报告。家谱图书馆也不是简单的收藏与阅读，而应是关注现状，了解浙江各地家谱编纂现状。刊物也如此，当以新家谱研究为核心，要增加会员家谱编纂经验交流环节，要增加专家报告环节，编纂主编报告环节。既然有几个教授参与进来，则应强化学术含量。加强学会对浙江家谱编纂行业编纂与研究的领导工作，这是最高目标。分三个组，一是生产，二是研究，三是经费筹集。

四是重视家谱图书馆建设。2018年，研究会执行会长周明幸在自己公司内建立浙江省百姓家谱图书馆，内存14682册古籍及各类家谱3000多部和价值30多万元的德国高清扫描仪一台，无偿提供给研究会的家谱图书馆使用。研究会创建了雁荡山百姓家谱电子大数据库，现已收集了8万册百姓家谱，5000多册地方志和其他历史书籍。研究会与上海图书馆签订了合作编纂《1949年以来中国家谱总目》备忘协议，并于2021年2月完成了核心著录班子的前期培训工作。

五是重视浙江省百姓家谱展示场所建设。2021年，学会联系了雁荡山旅游管理局，将废弃的大会堂改造成浙江省家谱研究会的办公场所。假如进一步建设成为浙江省百姓家谱博物馆，以成为展示百姓家谱、进行家谱普及教育的综合场所，并与已有的雁荡山博物馆联袂，使之成为雁荡山新的旅游景点，倒是非常期盼的好事。

加强学会对浙江家谱编纂行业的引导工作。要解决修谱的管理机制问题。在"三史"中，国史与方志，有政府管理；而家谱没有政府管理，完全由民间自我管理。政府要不要管理？如何管理？浙江省方志办原主任潘捷军提出政府要加强家谱管理问题，这是可以考虑的。当下，全国没有此类机构，浙江可率先探索家谱管理模式。至于具体由哪个部门来管理，也可以研究。从内容上说，省史志办是可以考虑的，只怕没有精力来顾及家谱编纂管理。如此也可考虑放在文旅厅下面，由下属的浙江省百姓文化家谱文化研究会来直接领导，让学会成为行业管理组织。政府管理家谱编修的目标，是支持地方编家谱，而不是限制家谱编修。让家谱编修回归百姓，成为纯粹的家族史，如此可以避免政府的顾虑。政府如何管理家谱编修，肯定不是直接管理，而是规范与引导。政府只要给政策，给舆论支持即可。学会要起到指导作用，要加强当下浙江修谱实践的经验交流。

要进一步调查浙江家谱编纂状况。可考虑编辑《浙江新家谱目录》。如何才能调查清楚当代浙江家谱编纂状况：完成了多少，正在修的有多少。计划修的有多少。这个调查工作的难度较大。可以多途径，一是建立网格化的管理，以县为单位，各设了一个信息采集员；二是通过印刷厂，了解新家谱出版情况；三是通过谱师了解信息；四是通过家谱学会培训的学员了解信息；五是其他途径。如果《浙江新家谱目录》做出来，则学会的贡献相当大。更为重要的是，将各地修谱队伍清楚地揭示出来，了解最新的动态。如此，学会可主动介入各姓家谱编纂活动，提供理论与技术，甚至推荐编修队伍，最后帮助审核稿子，把好最后的关，正式印刷，圆谱时也可参与庆典活动。如此，学会与家谱活动紧密联系了，学会工作面会更宽。

专家要成为民间公众史记录活动的引导者，引导公众朝正确的方向走。同时也要了解民间修谱状况，这可以提炼出一大堆常见学术问题。有了这些问题的思考，专家才会回应社会民众的困惑。在推广过程中，民众常见问题有哪些？如何来回答？这是需要学者来思考的。我们无法领导民众修史，但可以引导。要引导，就得参与。参与，有两层意思：一是了解民众的观念，解决他们的困惑；二是将最新的思考传播给他们，让他们进入此前没有涉足的领域。如此，他们的观念水平会提升。修谱事业来自民间的自发行为，体现人人参与理念。不过，他们不是职业学人。他们这些职业修谱人的文化层次普遍不高。如何提升他们？由谁来提升？肯定是由职业公众史学家来引导。可以考虑举办系列家谱讲座，请修谱行家来报告。

要思考浙江家谱产业链发展问题。家谱是一个文化行业，行业人是一个群体，必须沟通交流，才能提升自己，从而更好地提升家谱从业人员的水平，修出更为理想的家谱作品。如果研究会进一步提升到顾问层甚至审核层，则最为理想。家谱研究会与各地谱社、谱师、印刷厂，应建成一条龙服务体系。或者说，成为不同环节的单位，让修谱家族有一个选择。同时，可以借用谱社力量，设计出门槛较低的家谱指南。成立学会，建立评级、行业标准，就是想建构一个整体的家谱行业圈与家谱产业链。

附录　全国或省级二级家谱学会

1. 湖北省炎黄文化研究会谱牒文化专业委员会

2009年成立的湖北省炎黄文化研究会谱牒文化分会（简称湖北谱牒学会），由《中华邹氏通谱》主编邹木生任会长，秘书长是湖北省图书馆研究馆员昌庆旭。2011年，邹木生逝世，徐世杰为会长，陈良才为秘书长。2013年，邓世鸿为执行会长。每年召开一次学术研讨会。2009年以来，湖北省图书馆家谱收藏中心成功举办了13届湖北晒谱节，全称"湖北省第×届家谱展暨谱牒研究论文研讨会"，时间为每年农历六月六日。农历六月初六，民谚云"六月六，人晒衣裳龙晒袍"。2009年7月26日，湖北省图书馆和湖北省炎黄文化研究会谱牒分会共同举办了"湖北省首届家谱展"和"湖北省首届家谱展暨家谱论坛"。"湖北省首届家谱展"设在省图书馆3号楼展，家谱论坛设在省图书馆4号楼报告厅，旨在介绍谱牒知识，宣传谱牒的意义，通过实物让大家对谱牒有一个直观的印象。2017年6月29日（农历六月六日），称为湖北晒谱节暨"家训家规家风研讨会"。这年，湖北省图书馆成立家谱收藏中心，将主要负责湖北省家谱文献的征集、收藏和利用工作。湖北省图书馆特藏部主任范志毅兼省家谱收藏中心主任。

2. 江苏省谱牒与家族文化研究会

2018年7月成立，江苏省谱牒与家族文化研究会是隶属于江苏省历史学会的二级学会，将致力于推进江苏谱牒与家族文化资料的采集、整理和研究工作，并科学指导民间修谱实践。南京航空航天大学历史文化研究中心主任赵建中教授为研究会首届会长。

2020年1月18日，江苏省谱牒与家族文化研究学会在常州召开谱牒与家族文化理论研讨会，会议由常州家谱研究会和时代信息科技公司具体承办。赵建中会长主持会议并介绍了参会代表，简要总结 2019 年研究会的工作，并对学会下一步工作做了规划，主要强调重视七个方面的工作：一是加强谱牒与家族文化的理论研究活动，二是筹划江苏家谱总目编写，三是筹划江苏家谱公众号和协调江苏家谱数据化，四是起草江苏省谱牒编写建议标准（稿），五是新旧家谱的征集，六是利用自媒体和新媒体做好谱牒与家族文化的宣传工作，七是做好联络、指导谱牒与家族文化爱好者的工作。赵会长表示经过联系对接，江苏家谱馆筹建处将（暂借）落户南京江宁牛首山文化创意园区。[①]

2021 年 5 月 29 日，江苏省首届新修家谱评选颁奖大会暨第二届谱牒与家族文化论坛在金陵图书馆一楼多功能厅召开。江苏省首届新修家谱评选活动由江苏省谱牒与家族文化研究会举办，这也是该协会首次举办此类活动。共有近百部家谱或家谱相近类著作参加评选，整个评选和展出活动，从广泛动员、仔细接收、妥善保管，按照评选标准经两轮评审、分析研究、全面评价，成绩有目共睹。本次评选活动共选出一等奖 4 名，二等奖 8 名，三等奖 12 名，另有优秀奖 22 名。

3. 湖南省炎黄文化研究会谱牒文化专业委员会

2020 年 1 月 4 日，湖南省炎黄文化研究会根据政策法规成立了谱牒文化专业委员会和党支部，大会选举九亲文化股份有限公司湖南事业部廖志勇总经理为湖南谱牒专业委员会会长，执行会长雷德正为党支部书记。次日，会议向湖南省炎黄文化研究会谱牒专业学会第一届机构组织成员颁发了任命书，并聘请了谱牒研究员。同时，展开了第三次谱牒编纂知识培训班。湖南省炎黄文化研究会会长、谱牒学专家任国瑞认为，湖南谱牒专业委员会的成立，将促进湖南相关领域的专家与国内方志、谱牒、历史等领域的专家积极交流，有利于优秀家风、家教文化的传承，同时亦能促进湖南谱牒文化健康发展。

此外，有吉林省家谱研究会，2015 年前后注册成立。由吉林省方志馆、吉林省档案科技研究所等发起。不过，该研究会几乎没有展开社会性的学术活动，故没有相关报道。

---

① 徐殿文：《江苏召开谱牒与家族文化理论研讨会》，李庭芝研究的博客 2020 年 1 月 20 日。

第三节　地市域家谱学会

20世纪90年代成立的地市级家谱学会有厦门市姓氏源流研究会（1993）和武汉谱牒学研究会（1996）。其他均是21世纪以来成立的家谱学会。

表14-1　　　　　　　　　　地级市家谱学会

顺序	名称	年份	创会会长	现任会长	刊物
1	厦门市姓氏源流研究会	1993		陈淑娥	
2	武汉谱牒学研究会	1996	卫衍翔		郑昌琳等《谱牒学辑注》，1999年刊
3	莆田市姓氏源流研究会	2003		陈建雄	
4	周口市姓氏文化研究会	2003		李军法	
5	常州谱牒与祠堂文化研究会	2003	朱炳国		
6	鞍山市谱牒文化研究会	2004			
7	南阳姓氏历史文化研究会	2004			南阳姓氏文化研究
8	洛阳姓氏文化研究会	2005	姬传东		
9	龙岩市姓氏源流研究会	2006	朱信景		
10	无锡市谱牒文化研究会	2007			无锡谱牒研究
11	信阳根亲文化研究会	2008	徐新华	韩勇建	
12	绍兴家谱协会	2010	郭欢裕		
13	宁德市姓氏源流研究会	2011	苏文达		
14	平顶山市姓氏文化研究会	2012			鹰城人
15	商丘市姓氏文化研究会	2013	刘圣礼	田启礼	商丘姓氏文化
16	漯河市姓氏文化研究会	2014	杨法正		
17	青岛市谱牒文化研究会	2014		朱文松	
18	徐州市谱牒文化研究会	2015	孙统义		
19	泰州市谱牒文化研究会	2015	刘华		
20	苏州市谱牒研究会	2017			
21	曲阜市志书谱牒文化研究会	2017	孔建平		
22	东营市谱牒文化研究会	2021	曹文文		
23	张家口市家谱文化研究会		宋志刚		
24	盐城市姓氏文化研究会	2021	杨龙山		

在全国各地市家谱会中，常州与绍兴是最成功的。

· 741 ·

一 常州谱牒与祠堂文化研究会

常州市谱牒研究会，早在2003年就成立了。2016年，与祠堂文化研究会合并，称为常州市谱牒与祠堂文化研究会。这个学会办得十分成功，总结成功经验有几点值得注意注意：

行家办会。朱炳国是常州家谱收藏权威，早在20世纪80年代初就进入家谱收藏行列，手中的老谱收藏量很大，有两千多部，两万余册，电子版家谱有二十万册，涉及江南500个姓氏。学会由朱炳国发起，原常州市地方办主任、《常州市志》主编黄元裕，原武进县地方志办公室副主任，《武进县志》主编吴之光等退下来的专家学者参与，他们十分明白，要让一个年轻的行家来做会长，于是三十几岁的朱炳国出任会长，他们任副会长。由于是行家办会，所以学会办得十分成功。

学会需有办公室及人员，这是标配。所以，常州市谱牒研究会一直有办公室。2006年8月创建常州家谱馆。常州家谱馆的特点是老谱多、新谱多。朱炳国会长早年收藏家谱出身，专门以收藏常州及周边地区老谱为己任。2013年开业，第三次迁移到现在的常州老市中区的前后北岸社区。这里曾是清初状元吕宫的故居，著名史家吕思勉就是其后裔。家谱馆的大门内外，挂了21块牌子。家谱馆占了前后二进，600多平方米。前进是家谱陈列馆与库房，后进是办公兼会客厅。这个家谱馆的规模不算大，但有历史文化底蕴。

家谱馆有人气。他们坚持公益精神，与经济利益脱钩。因为是公益单位，复加朱会长是市区二级政协委员，活动能力强，与政府联系密切，所以容易取得政府官员的站台。经常有各级官员与专家前来参观考察。每周五下午，有固定的会议，每次有二十多人参与研讨交流。每月举办学术讲座活动。偶尔也组织学术研讨会，目前有几次家谱类学术会议。这样，让家谱馆成为学术与普及活动中心。2016年4月，成为常州市档案馆的家谱档案馆，是第一个社会档案馆，宗旨为"不求所有，但求所在"。

常州谱牒与祠堂文化研究会承担了常州地区家谱修编的普及、指导工作，由此成为省级科普基地。2005年以来研究会连续获得常州市先进单位，常州市标兵社团。2016年10月获得全国社科组织先进单位等荣誉称号。在常州谱牒与祠堂文化研究会的指导推动下，自2003年以来，常州民间修谱1000余部，兴建祠堂200余座。其中国家级、省级文保祠堂各一座，数十座祠堂被评为市级文保单位。

重视家谱研究。面向社会的学科若没有成果，不能称为研究会。他们主持编修了"常州家谱文化丛书"，有《中国家谱文化》《修谱百问》《修谱指南》《常州名门望族》《常州家谱目录》《家谱与中国文化》。

研究会成立至今先后举办了两届苏南地区谱牒文化高层论坛研讨会。著名谱牒专家有：上海图书馆研究员王鹤鸣、山西社科院中国家谱资料研究中心主任李吉研究员、常州大学人文学院副院长葛金华教授、江苏理工学院副教授蓝士英、常州工学院副教授周换卿等100余人参与。

学会得有期刊。没有期刊，没有发声平台。他们的刊物《谱牒文化》办得非常好，一年出四期，至2021年底共出版了51期。现在又有微信号，大大拓宽了对外宣传的渠道。

二 绍兴家谱协会

绍兴市家谱协会是"协会"，不是"学会"。学会是由同一学科的研究者组成的学术团体。协会是行业协会，是促进某种共同事业的发展而组成的群众团体。显然，家谱团体，用"协会"比"学会"好。它是由绍兴地区范围内的档案馆、博物馆、图书馆等谱牒收藏及研究机构，谱牒爱好者、谱牒工作者自发组成的非营利性社会服务组织。

绍兴家谱协会有许多值得其他地方学习之处：一是组织体系严密。除了市级家谱协会，2011年下属6县又分别建立6个县级家谱分会，如此，彼此组成严密的组织体系，可以上下联合活动。由于他们做了不少工作，有利于绍兴的招商引资，深得领导喜欢，成立了协会。由于它是协会，领导又同意以县区（新昌、嵊州、诸暨、上虞、越中、柯桥）为单位，成立分会。这在全国是独一无二的现象。经过多年的运作，已成为一个强有力的领导团队，彼此如同兄弟。各分会负责人，多由有修谱经验的人担任。钱国森修了近10部，丁怀新副会长修了40多部。主动出击，协会知道某地某姓在修谱，会主动联系，以加强指导与培训，避免他们走弯路。圆谱大会时，协会领导也会派人出席，这是一项家谱普及教育活动。

二是办家谱馆。协会2013年11月办的绍兴家谱馆，初放在绍兴市图书馆。

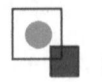

馆舍面积600平方米，现有81个姓氏近600种家谱，并配有相应的家谱参考工具书。馆藏家谱以绍兴图书馆馆藏家谱及家谱协会收藏家谱为主，也包括个人寄存家谱。2015年，改放到绍兴市档案馆新馆，会长兼馆长，有经费，给场地，收藏条件不错。只是来的人不多，处于藏书楼状态，开放稍嫌不足。

三是重视业务。他们编了三本书，《绍兴家谱总目提要》《家谱编撰指南》，近年有《家谱开局和颁谱仪式程序册》。这三本书是应运而编的，家谱编修活动中，遇到了不少问题。不会修，于是再做一本家谱指南。不会找，于是做一本家谱提要。不知如何修，体例权威性不足，于是编了程序册。退休以后的郭欢裕会长热心家谱事业，完全是公益服务。

四是通过为名人修谱带动绍兴修谱工作。近年的协会活动配备市文化工程，给名人或领导做家谱，替绍兴籍院士家族修谱，为王阳明家族续修家谱。2019年纪念王阳明先生逝世490周年时，绍兴光相桥王氏宗谱续修委员会正式成立，这是配合绍兴市政府阳明故里伯府第重建的文化工作之一，专门给王阳明一支后裔建立宗谱。绍兴家谱协会与绍兴王阳明研究会协助王氏家族修谱，郭欢裕会长担任编纂组组长。2021年10月25日，经过两年多的续修，《山阴光相桥王氏宗谱》正式圆谱。

三 鞍山市谱牒文化研究会

当辽宁鞍山的家谱爱好者侯鹏霄、许平江等委托鞍山市图书馆申请注册协会时，民政局民间组织管理处表示不可理解。从2002年10月提起申请，到2004年3月正式成立，民政部门组织召开了两次专家论证会，来讨论这一民间组织的适当性。最后，家谱协会改名为谱牒文化研究会，才得以批准成立。它是由家谱编纂者、收藏者、研究者、爱好者自愿结合而成的学术型社会团体，为广大谱牒研究者、爱好者提供学术性的指导与帮助，广泛征集散落民间的谱牒，丰富地方文献的收藏。经营范围包括：为鞍山地区广大谱牒文化研究者提供学术、技术上的指导与帮助，以及相互交流、学习的机会；广泛征集散落于民间的各种谱牒，丰富地方文献收藏；沟通谱牒信息；开展谱牒学术研究。现任会长钟连良。有记者称其为"全国第一个民间谱牒文化研究会"，这是不当的。"鞍山市谱牒文化研究会是东北首家进行谱牒研究的学术团体"，这个定位是准确的。

十三年来谱学队伍不断壮大，会员由初建的13人发展到103人，由以离退休老同志为主，到陆续吸纳了一批年富力强、对谱牒文化情有独钟的中青年加入，初步形成老中青相结合、专兼职相结合的谱牒研究队伍，并在鞍山市铁东区、立山区和沈阳市建立了谱牒文化研究会的活动站。谱牒研究成果日益丰硕，举办了6次"辽南地区谱牒文化论坛"，13次理论研究会，邀请30余位专家学者做专题报告，举办了30余次谱书展览和谱牒文化咨询活动，创办了《谱牒文化研究期刊》，编辑出版了《家谱序文选编》等专著，指导四十多个姓氏修谱。经过十三载风雨砥砺，谱牒文化的社会影响力不断扩大，"'小云南'在何方"等一系列研讨会引起广泛关注，出版十部专著，十余期刊物，得到社会各界的支持与关注。[1]

在不懈的研究下，老人们不仅成为本氏族史的学者、本氏族史的主修，更能指导其他修谱人成功修谱。他们对谱牒的体例内容、纲目设计、编纂方法与技巧、版式的设计、图片的使用、文字的修改校对、记述的语言等，都有独到的实践经验，还撰写出大量的修谱文章，并出版了《谱牒文化丛书》等多部著作。其中，出版的《家谱序文汇编》收录了鞍山市53个姓氏家谱中共172篇序言，对启发后人修行品德、追宗念祖、激励后代成长、弘扬民族精神意义深远。[2]

四 青岛市谱牒文化研究会

现有会员50余人，面向青岛十区市开展工作。平时工作除开展帮助人们寻祖认宗、编修家谱、镇村志和宣传中华家谱文化等工作外，还积极探索新路子，运用"家"和"孝"文化为当地经济建设服务，帮助政府解决热点难点问题，其中，参与平度市李园街道戴家庄村旧村拆迁改造一事，取得了成功经验，其法宝是"留住乡愁"。[3] 该研究会成立五年来，先后出版了《林氏族谱》《张氏族谱》《毕氏族谱》《耿氏族谱》《李氏族谱》《许氏族谱》《万氏族谱》和《牟氏族谱》等八部族谱。《李园组织史》《南关村志》两部史志。《平度民间故事续集》一部。《古州拾遗》考证文集一部。《赵匡胤传奇》《旅途放歌》《心海撷英》和《人生轨迹》文学集四部。共十六部，平均每年三部。[4]

---

[1] 苏仲闿：《鞍山市谱牒文化研究会：风雨十三载 大爱谱家史》，鞍山文明网2014年4月14日。
[2] 蒋欣然、杨峰：《鞍山：谱牒文化续写家的故事》，《鞍山日报》2016年3月18日。
[3] 朱文松：《山东中华家谱学会二届二次会员大会交流发言稿》，朱文松博客2016年10月18日。
[4] 陶莉：《老骥伏枥再谱华章——青岛市谱牒文化研究会三会员新书出版发行座谈会侧记》，过眼史烟2020年1月23日。

第四节　县区域家谱研究会

晋江市谱牒研究会（1997）、山东·淄川谱牒学会（1997）、濮阳县姓氏历史文化研究会（1999），是20世纪末成立的县级家谱学会。其他均是21世纪成立的县级家谱学会。

表14-2　　　　　　　　　　县级家谱学会

顺序	名称	年份	创会会长	现任会长	刊物	现状
1	晋江市谱牒研究会	1997				
2	山东·淄川谱牒学会	1997	孙全发		谱牒研究	
3	濮阳县姓氏历史文化研究会	1999	张焕书			
4	富春宗谱研究会	2006	王运祥			停止
5	江阴市谱牒文化研究会	2007	张建兴			
6	武进区谱牒研究会	2008	吴之光	岳祖瑞		
7	滑县谱牒研究会	2008	任清剑			
8	东阳市谱牒文化研究会	2008	吴兆成			
9	尤溪县姓氏源流研究会	2010	陈少华			
10	唐河县姓氏文化历史研究会	2010				
11	修水县谱牒研究会	2011	周秋平			
12	即墨市谱牒研究会	2011	黄济显		即墨谱牒	
13	武进区家谱文化研究会	2011				
14	蔚县家谱文化研究会	2011	周满			
15	章丘市家谱学会	2011	韩延喜			
16	宜兴市姓氏家谱祠堂文化研究会	2012				
17	博兴县谱牒研究会	2013	田洪才			
18	高邮市姓氏文化研究会	2013	林荣岩			
19	建德市家谱文化研究会	2014	王成土			
20	靖远县谱牒研究会	2014	陈建平			
21	济源市姓氏文化研究会	2014		苗金钟		
22	赤壁市谱牒研究会	2017				
23	福清市姓氏源流研究会	2017	陈焕旺			
24	枣强县家谱文化研究会	2018				
25	无锡市惠山区谱牒文化研究会	2018	胡杰		锡惠谱牒文化	

晋江市较早成立谱牒研究会，与晋江位置有关。晋江与台湾仅隔一海峡，历来有"地同脉，人同祖，民同俗，语同言，书同文"之渊源。晋江对台湾之影响，在大陆各地域市县中，可以说是无出其右，独占鳌头。晋江与台湾这种历史形成的深厚关系，在近代却因政治原因而分隔。特殊的两岸形势，促成晋江谱牒研究会的成立。成立后的晋江谱牒研究会，以谱牒为纽带，积极为台胞寻根认祖服务；通过举办谱牒展，主动解决台胞的寻根认祖问题；加强谱牒研究，推动海峡两岸血缘研究等措施。对凝集海峡两岸民众的感情起到特殊的作用。有《晋江市谱牒研究会成立10周年纪念特刊1997—2007》。

学会的成功，靠发起人的热情。1997年，孙发全联络区内已经续过谱和正在续新一轮族谱的王、高、韩、翟、张、蒲等姓氏负责编辑谱事的人员，通过协商成立了时为省内唯一的谱牒学术机构"山东·淄川谱牒学会"，并聘请了顾问，推举了负责人，由孙全发任会长，开始在更大范围、更广领域开掘、研讨、应用谱牒文化。15年来，山东·淄川谱牒学会会员除淄博市内的人员外，还有潍坊、青岛、泰安等市，邹平、广饶、肥城、临朐等县（市），最远还有河北、深圳、上海的爱好者也自愿登门入会，现已有会员80余人。淄川谱牒学会会员在孙发全的带领下，这些年来，主动、积极、热情、广泛地开展谱牒发掘研究工作，自觉为谱牒文化的发展繁荣贡献力量。首先，谱牒学会把帮助、指导各姓氏家族续谱工作放在首位。其次，研究创新编纂符合现代精神、充满时代气息的新型家谱。再次，广泛开展对家谱、谱牒文化有重要作用，体现时代精神与历史意义的宣传工作。他创建并自任总编辑办起了专业期刊《谱牒研究》，现已出5期，累计达60余万字。最后，为发展国家谱牒事业提供资料，主动服务。[①]

东阳市谱牒文化研究会，在吴兆成会长领导下，成立十多年来，活动较多，成果较著，是浙江全省市县的先进典范。下面成立了不少姓氏分会，编辑了各氏的文化志，如《东阳吴氏文化志》《东阳厉氏文化志》。

即墨市谱牒研究会自2011年8月28日成立以来，按照"量力而行、循序渐进、深入研究、多出成果"的工作思路，认真扎实地开展工作，在谱牒资料征集、开展明清即墨历史人物的著述研究和指导各族续修新修族谱，以及帮助寻根问祖等方面均取得明显的成绩。已经指导30多个姓氏编印族谱。目前，即墨

---

① 韩其芳：《痴迷于谱牒研究的古稀老人孙发全》，孙老家的博客2013年3月31日。

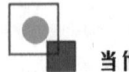

周、黄、蓝、杨、郭、江、范、孙八大姓氏中,有六家的族谱已经续修完成,现在正在编印的还有 10 余个姓。截至 2016 年 12 月底,档案库存总数达到 162 个姓氏资料,合计 631 种,共 1914 册。研究会继续制作了部分谱牒资料电子版,对牛齐埠《董氏族谱》、袁家屯《袁氏族谱》、温泉东齐《孙氏族谱》、百里《蓝氏族谱》、大金家《金氏族谱》等 25 部族谱进行了整理和扫描刻录,制成电子版,供前来寻根问祖的人员查阅。主办《即墨谱牒》期刊。①

章丘市家谱学会会长韩延喜是山东谱学专家,学会有专家学者几十人。家谱学会成立以来,出版有学会专刊,以加强相互之间沟通交流,同时积极组织和承办各项家谱文化活动,促进了章丘家谱文化的传播和发展。成立 10 年来,已编写庄志、家谱等 20 余篇,是比较专业的家谱学会。

高邮市姓氏文化研究会多年来坚持"请进来"和"走出去",在姓氏文化研究和优秀传统文化宣传普及等方面进行了有益尝试,取得良好成绩。主要进行修谱、做会、建祠堂三项活动。市姓氏文化研究会收集到高邮本地 68 个姓氏家谱 211 部、268 册。在该会努力下,目前全市 1680 多个家谱会,涉及 58970 户,约 20 万人口。全市现有祠堂 12 座。② 主办《高邮姓氏文化研究会会刊》。

靖远县谱牒研究会会长陈建平是《靖远教育》(双月刊)主编、靖远一中高级教师。"研究会的成立,一方面为靖远县各姓氏提供了一个规范化的研究家谱文化和编修家谱的平台;另一方面将地方历史文化与人物结合,将家族资源变为社会文化资源,发掘、整理、传播地方文化。研究会成立一年多来,成员通过广泛搜集有关靖远的方志、谱牒、野史及民间传说等资料,对靖远县地域范围内居民的家族历史和地域文化进行了挖掘研究。先后编辑出版了《地方民俗丛书:靖远谱牒序集(1)》(陈建平编著)、《靖邑高氏寿山公支谱》、《靖邑南头杨氏家谱》等;撰写了《靖远县民间修谱之我见》《关于靖远目前修家谱现象的几点思考》《谱牒文化与家谱的格式》《谈谈家谱的编修》等数篇文章;建立《靖远县各乡镇乡亲寻根问祖档案》;指导乡亲修谱,并为乡亲家谱撰写谱序;校点了一部分姓氏老谱的谱序,弘扬了靖远谱牒文化。"③

---

① 张晓帆:《一群老人热衷谱牒,八旬老人"睁一只眼闭一只眼"改稿子》,《大众日报》2017 年 5 月 22 日。
② 居佳佳:《姓氏文化研究会员大会召开》,《今日高邮》2021 年 4 月 11 日。
③ 刘文清、张宏发:《陈建平 不甘寂寞勤为文》,中国甘肃网 2015 年 11 月 26 日。

第十四章　家谱行业组织及管理建设

无锡市惠山区谱牒文化研究会的主要工作有：组织谱牒文化研究人员的公益培训；组织学术交流、理论的研讨。会长胡杰。编辑出版《锡惠谱牒文化》。该会健全组织与完善架构，建立工作制度，组织发动各镇、街道的会员，对全区 200 多部家谱、计 1300 多册，进行了广泛的查阅编录，对晦涩难懂、不断句的文言文进行了断句翻译；先后参加、指导了十余家民间家谱的颁谱庆典活动；和东林书院·东林文化研究会、无锡祠堂文化研究会主办了"纪念杨时（龟山）先生诞辰 965 周年文化研讨会"；积极参与惠山区政协《惠山家风》一书的编撰工作，为《惠山家风》提供文稿 80 余篇，撰写了惠山家风故事 70 多篇，形成了 70 万字的初稿；精心筹备《锡惠谱牒文化》会刊，同时还编有《顾氏文化》《杭氏通讯》《张氏春秋》《阳山文史》等内刊。①

第五节　各地家谱馆、数据库

家谱，本来是小数据使用，且是小范围使用。现在，大数据的使用，扩大了传播、使用空间，这是一大变化。寻根问祖是最常用的模式。文本或图片的数据化与直接数据化，是两条路径。拍摄化与数据库是两大工程。数据化是大家的共同想法。有了数据库，可以在网上直接浏览与检索，这是其最直接的优势。大数据使用，有别于小数据使用。这也是文本形态的转型。以前的文本是孤立的形态，现在是统一的形态，可以直接进行内容的检索。以前，要通过不同类型的图书，加以归纳，方便检索，这就是目录学。要做检索，只能进行一本书内的检索。索引的出现，可以进行标题综述检索。现在，有了大数据，可以直接进行全库内容的检索。

下面，将家谱馆分成几种类型，加以研究。

一　线上线下同步

1. 美国犹他家谱学会

"寻找您的家谱"（https：//familysearch.org/）是美国犹他家谱学会总部和家谱图书馆办的数据库。它坐落于犹他州盐湖城，是摩门教（全称"耶稣基督

---

① 佚名：《已着东风一树花——〈锡惠谱牒文化〉迎首发》，惠聚精彩 2019 年 3 月 5 日。

后期圣徒教会"）的附属机构，学会成立于 1894 年。摩门教以重视家庭尤其偏好子女众多的大家庭而著称。他们认为，家庭是永恒的存在，家庭是天定的永恒关系，即使死后家人也会在天国相遇，由此建立家谱图书馆。盐湖城家谱图书馆是学会旗下的总馆，并在世界各地有 4000 多个家谱中心，其中散居美国各地的家谱中心就有 2000 多个，等于是盐湖城家谱图书馆的分馆。

家谱缩微拍摄是数字化先声。早在 1938 年，他们就率先开始采用缩微胶卷的科技，将家谱善本制作成胶卷。馆藏的中国族谱有 17100 种，还收藏数百种原件，成为世界上收藏中国家谱微缩胶卷最多的单位。中国台湾家谱中心位于台北市，家谱学会收集的台湾人家谱已达 9300 多套，涵盖 192 个姓氏。而中国大陆两个家谱中心，分别设在北京国家图书馆和上海图书馆内，收藏有 1.17 万多套、高达 10 万册的家谱。他们的拍摄，始于台湾，进而向大陆发展。

20 世纪 70 年代开始，又进一步收集中文家谱资料，包括家谱、户口登记、婚姻记录、移民登记、生死记录、抵达所在地的旅客名单及其他文件等。美国犹他家谱学会前后三任亚洲区经理是沙其敏、钱正民、聂思海。

1970 年起，犹他家谱学会有意识地到中国复制家谱数据。他们先与台湾人合作，拍摄家谱，建立台湾家谱中心。

1978 年以后，犹他家谱学会开始与北京合作。1983 年前后，与中国社科院历史所图书馆与中国第一历史档案馆，委托一个摄影师，做成胶卷，拷贝成几份。1988 年，因为成立了中国谱牒学会，他们就从会员单位入手。1989 年，山西社科院也购置了设备，开始拍摄家谱活动。1989 年上半年，在河北大学拍了半年。早年就是实行付费制，给付一定的费用。拿到宾馆中，不断地拍摄。付费拍摄是一种好办法。此后，又到各地图书馆，如与苏州大学图书馆、常州博物馆、青岛博物馆等合作。后来，越来越困难，不让其拍摄。

1992 年，沙其敏退休后停顿了几年，不再收购家谱数据。1997 年，钱正民为经理，在沙其敏指导下，仍然找到山西社科院。由是，双方再度合作。刘宁用的是私人合作模式，图书馆没有给经费，回报是给社科院图书馆留一份即可，其他由刘宁个人承担。刘宁又找人，负责拍摄。当年只要付钱就可以解决，现在不行了。与这些公家单位无法合作，效率也低。当年这些家谱收藏单位因为有纸本，不重视胶卷，没有提出留一份胶卷。

90 年代后期，家谱不断流出。2000 年前后，家谱风兴起，家谱市场逐步形成。原来不值钱的家谱，因为有了出路，受到古玩收购者的重视。湖南最早，数量最多，收藏价也最低。湖南谱之所以多，是因为印量多，经常是上百册，所以流出来的也多。湖南谱纸多用皮纸，结果虫咬严重。从时间上说，多是清代中叶以后的家谱。此后，古玩收购者进入江西一带，进一步收购家谱。于是，农村大量家谱外流，便宜出售。这是家谱受人重视的结果。上海图书馆在其中扮演了重要角色。于是，出现了第一批家谱收购者，如江源、励双杰、方水平等。

江源较早参与了家谱缩微胶卷拍摄工作。民间家谱交易与收藏，引发民间家谱网、寻根网建设。金华的兴起，最为典型。江源的特点是随时收购随时出售，出售前做数字化工作。当年，刘宁也曾与江源做过合作。他的模式，联系谱师，出钱数字化，然后出售给他人。这些家谱，后来不知出售到哪儿了，可能在私人藏家手中，别人不易看到。他们的数字化，倒保留了家谱的数字化版本，可以公开使用。就此而言，数字化的功劳不可没。2012年以后，郑小杰参与家谱拍摄销售活动。他们从事的是合法的文化商业活动。当时文化产品进出口均是合法的。

2005年以后，犹他家谱学会开始数字化拍摄。也就是说，经历了两大阶段，一是图片化，二是数字化。

与国内合作过或正在合作的档案馆有中国第一历史档案馆、辽宁省档案馆、吉林省档案馆、黑龙江省档案馆，图书馆有国家图书馆、上海图书馆、中山图书馆、湖南图书馆和中国社会科学院历史研究所图书馆以及山西省社会科学院等单位。他们追求拥有家谱数据，不求家谱文本所有。并且与各地合作，用商业的方式征集家谱数据信息，从而得到了各地人士的积极配合。

系统梳理犹他家谱学会在中国四十多年的拍摄计划，这是值得肯定的事。用今日的眼光来看，就是家谱数字化先驱。犹他家谱学会的数据化，促进了当代中国家谱的数据化。

他们的保管有特色。家谱数据收藏在盐湖城附近的花岗岩山洞内，用恒温、恒湿方式保存，以免受到人为与自然灾害的影响。目前，花岗岩山洞不对外开放，各界人士可在各家谱中心查阅缩微胶卷。

历时70余年不辍的独具特色的搜集、保存、传播家谱记录的漫长之路，锲而不舍，终成特色。从中我们得到许多启示：缩微胶片是承载人类记忆的良好载体，在数字信息技术快速发展的今天，我们仍应有自己的坚持，一分坚持，一分收获；馆藏建设应"以人为本"，提供服务应"以民为重"；档案异质异地备份是档案信息安全的重要保证。①

笔者更关注的是家谱征集的商业化与传播的公益化。就参与家谱拍摄活动来说是商业行为，但犹太学会拿到以后做成数据库，公益传播，这是值得肯定的。犹他家谱协会的数据化，促进了当代中国家谱的数据化，这是值得肯定的地方。联系谱师，出钱数字化，然后出售给他人。他们的数字化，倒保留了家谱的数字化版本，可以公开使用。目前，国内没有单位能做出这样的家谱数据库。从实际使用来看，这是目前最为理想的家谱数据库，它的家谱全部开放，可以随时下载。犹他家谱学会的许多资料现在可以上网免费检索，都是全本，免费下载，图片质量非常高，网速也不错。"夏振杨告知夏焕照搜寻到《夏家岙夏氏家谱》复印版了，就在美国家谱网公开的家族资料库中。夏焕照欣喜若狂，连夜下载长达 1128 页的港大图书馆藏《夏氏家谱》。有了最早的 11 本家谱，夏焕照开始续修断档 88 年的新家谱。"② 就此而言，数字化的功劳不可没。

目前，犹太家谱学会正在推进老谱的数字化建设工作。这项计划，归功于刘宁诸人。在拍摄的过程中，刘宁一直有意做一个家谱数据库。2015 年初，刘宁在河南魏怀习处遇到刘雄。刘宁与刘雄一聊，感觉他的家谱软件行，正是他要的合作伙伴。当日在宾馆，两人聊到凌晨两三点，十分投机。刘宁提出，一个家谱公司，必须有自己的数据库才能成王。刘宁引刘雄见了聂思海，犹他家谱学会也有此意。2017 年，犹他学会同意与刘雄的时光科技公司合作，建立家谱大数据库。时光科技公司提供技术自助平台，全部人工录入，主要是谱系图。谱头，由 OCR 软件转换。从 2018 年始，录入家谱数据。录入整理主要是海外志愿者在做。摩门教信徒完全凭借信念，自愿做录入工作。国内不少家谱单位参与了此项建设活动，正在录入之中。这是一项长年累月、永无止境的录入计划。同时，时光公司与各地合作，建立网上修谱端口，加以培训。如此，提升修谱效率，数字化前置。这样，生产与使用两结合了。以前，只管修谱。至于修好之后如何用，就不管了。现在，修谱与用谱同步兼顾了。直接进入数据库，可

---

① 范韬：《锲而不舍　终成特色——美国犹他家谱学会利用缩微摄影技术的启示与思考》，《数字与缩微影像》2014 年第 1 期。

② 金伟：《老春晖人凭一己之力修断档家谱》，《浙江日报》2018 年 11 月 21 日。

以做更大规模的分析。

2. 中国家谱族谱数据库

中国农村研究院/政治科学高等研究院主办,中国家谱族谱数据库是中国农村数据库的一个子数据库,2018年6月上线。收录量达17723册,计120893卷,居全球第一。有如下特点:一是家谱类型多样,包括家谱、族谱、房谱、通谱、联谱等多种形式;二是时间跨度较长,最早的家谱可以追溯到明朝万历年间,明刊本、明抄本亦有358册、1413卷,清代、民国期间刊本更是丰富;三是涵盖姓氏齐全,共有547个,其中陈姓达到7113卷,李姓、汪姓在4000卷以上,叶姓、潘姓、黄姓、张姓、王姓均在2700卷以上;四是涉及地区广,已覆盖包括港澳台地区在内的33个省级行政区,其中江苏、浙江、安徽、福建、湖北、湖南、广东等省的数量最多,均达到了1000册以上,其中湖南省的家谱数量达到了2289册、29076卷,港澳台地区的家谱数量达到3742册、4464卷。为方便公众使用,中国家谱族谱数据库提供了在线搜索、在线浏览等相关服务。访问者可通过标签化处理,直接在搜索框输入相关信息,一键获取相关家谱资料,实现对资料的精确查询;也可通过设定具体地区、年份、姓氏等不同筛选条件的限制,找出自己所需要的系列家谱,并且得出相应的数量统计。中国家谱族谱数据库上线开放有重要意义:一是规模性,目前电子化家谱族谱收录量居全球第一、涉及地区广、包含姓氏多;二是公益性,在尊重知识产权的前提下,免费向社会开放,不以营利为目的;三是文化性,家谱族谱作为记录宗亲关系的纽带,对乡贤回归,增强乡村内部凝聚力,推进乡村振兴战略落地有一定作用;四是学术性,为历史学、民俗学等相关学科的研究人员提供一个资料平台和窗口。建设和开放中国家谱族谱数据库体现了研究院的人文关怀和社会关怀,为全球华人"寻根问祖",追溯姓氏起源和家族历史痕迹提供了简单便捷的公益服务。与当前已有的家谱类主题数据库相比,中国家谱族谱数据库更具有独特性和开创性特征。在收录容量上,存储资料种类齐全,数量丰富;在建设目的上,立足公益定位,不为营利,以服务学界、服务社会为目标;在运行维护上,保持动态更新,将对数据库内容不断进行补充与完善;在使用和服务上,设有专人进行维护管理,提供在线咨询等服务,也欢迎相关团体和个人预约登门查阅。与此同时,研究院还建设了中国家谱族谱博物馆,广泛收藏纸本家谱族谱。家谱族谱资料中心采取"库—馆一体化"的建设方式,既有实物型的"中国家谱族谱博物馆"，又有数据化的"中国家谱族谱数据库"。①

2019年，又对数据库进行了优化。此番更新升级，将使数据库从单一电子化的记录、存储与统计平台，转变为重要的综合性文史资料查阅、展示和共享的研究兼保护平台。

中国家谱族谱数据库访问网址：http：//gd.ccnu.edu.cn。但从实际的检索来看，并不理想。只有部分家谱数据是可以从网上阅读的，多数要到研究所内电脑查阅。这也是国内数据库普遍的现状，缺乏真正的公益意识。

3. 上海图书馆家谱中心

上海图书馆不仅占据了我国家谱馆藏的半壁江山，也是世界上收藏家谱最多的图书馆。

上海图书馆老馆长顾廷龙是我国图书馆学与古文献版本学的一代宗师，他深知家谱研究对中华历史留存意义重大，从民间收购家谱迫在眉睫。从20世纪六七十年代开始，他就带领10多名研究人员，分赴江苏、浙江、江西、河南等地，对民间家谱进行"抢救性收购"，从造纸厂的化浆炉前、从收破烂的废旧物资商店中把家谱一点点抢救出来，视当时的"封建余孽"为"馆藏之宝"。上图的家谱收藏，经过了几代学者的努力，薪火相传。在20多年时间里，被他们抢救出的家谱共计5800多种，47000多册。1996年，上海图书馆成立了国内唯一的家谱阅览室，以帮助海内外华人寻根问祖和学者进行研究。②

1996年1月9日，上海图书馆召开抢救历史文献动员会，成立家谱抢救整理小组，正式启动家谱的整理、开发和研究工作。上海图书馆原党委书记兼历史文献研究所所长王鹤鸣主持多项国家社科基金项目和上海社科重大项目。主编《中国谱牒研究》《中华谱牒研究》《上海图书馆馆藏家谱提要》《中国家谱总目》等多部专集，发表《解冻家谱文化》、《中国家谱通论》、《中国家谱史图志》（合著）、《中国祠堂通论》（合著）等多部专著，发表数十篇论文，荣获多项省部级以上奖项。③

上海图书馆现藏有家谱近3万种30万余册共计365个姓氏，收藏的家谱覆盖全国27个省、自治区及直辖市，是国内外收藏中国家谱原件最多的公藏

---

① 王玉莹等：《中国家谱族谱数据库正式上线开放》，中国农村网2018年6月6日。
② 孙丽萍、张建松：《〈中国家谱总目〉：从垃圾堆里抢救出文化化石》，新华网2007年5月10日。
③ 王鹤鸣：《我与家谱、祠堂研究》，《中华读书报》2013年5月22日。

机构，有着"全球中国家谱第一藏"之美誉。馆藏家谱数字化项目将经过数字化扫描后的馆藏家谱资源展示在网上，公众可以足不出户，在外部公开网上就可以进行家谱的全文浏览和检索。过去，公众在图书馆以外的场所只能通过上图网站进行家谱的目录检索，无法浏览家谱的全文。而如今的这一举措使读者无论在时间、精力或是效率上都大大受益，极大地方便了公众使用和阅读馆藏文献。上海图书馆用实际行动践行守护、传播和弘扬中华优秀传统文化的职责。

4. 山西家谱研究中心

1990年12月，成立山西家谱资料中心。为避续家谱之嫌，特用"资料中心"名义。该中心成立后，本着"弘扬传统文化，促进中外交流，服务四化建设，提供寻根服务"的宗旨，致力于族谱资料的收集、整理、研究和对外寻根咨询服务。迄今有三万多种家谱，山西社科院家谱研究中心仍是国内著名的家谱资料中心之一，收藏的电子家谱数量，与上海图书馆不相上下。此中心的家谱数据，全部可通过犹太家谱网阅读，这是它的开放之处。

二 线下家谱收藏

1. 国家图书馆家谱中心

截至2012年12月底，中国国家图书馆家谱总数达7678种，其中善本家谱458种、普通线装家谱4680种、新修家谱2540种，总共约5万册。家谱原件收藏的总数量，仅次于上海图书馆，在国内位居第二。

此外，中国国家博物馆，收藏家谱3006种。收藏量低于上图，质量可是远远超过上图。最为著名的是两种宋代家谱，还有元明家谱322种，历史意义更为重大。港台地区也收藏了不少家谱，其中以台北"故宫博物院"为最。据统计大概有9970种，其中涉及大陆的家谱约占三分之二，整体数量和质量都属于上乘。另台湾"中央图书馆"和香港大学图书馆也有收藏，有数百种。美国国会图书馆也收藏了中国家谱大约500种。日本也有不少博物馆或者图书馆收藏了中国家谱，其中东洋文库中收藏了大约800种中国家谱，日本国立国会图书馆收藏中国家谱403种，其余也有零星收藏。这些均是老谱收藏单位。

2. 老家河南家谱馆

2017年10月，"中华家谱博物馆"开馆，有600平方米。该馆收藏全国各姓氏家谱3万多部共10万余册，以后还将以每年两千多部的收藏速度增加。家谱馆不但展示大量的家谱，还有史志资料，如县志、乡村志等，并且还是家谱、史志界朋友的聚会、交流场所。2021年10月，由中华家谱馆转型为老家河南家谱馆。老家河南家谱馆是经中共河南省委办公厅批准，河南省档案馆和河南省姓氏文化研究会联合主办，河南省姓氏文化研究会家谱委员会承建的，采用官办民营的方式，重点展示"老家河南、根在中原"的优秀传统文化和姓氏家谱根亲文化。位于河南省档案馆（东区新馆）四楼，面积为整个四层3860平方米。河南是中国文化之源，是中华民族之根，同时也是姓氏和家谱文化的起源地。主题是河南，重点是家谱文化、姓氏文化。聚焦"老家河南、根在中原"主题，坚持"突出教育"原则、"资料汇聚"原则、"观众为上"原则，努力建成国内知名的家谱寻根谒祖平台和传统文化教育基地。该馆在坚持动静结合、展陈相融的布展特色基础上，分为八个展厅。第一展厅：姓氏和家谱文化综合展厅。重点展示河南是中国文化之源、是中华民族之根；中国家谱的起源与发展；人文三祖（黄帝、炎帝、蚩尤）在斗争中求团结，形成中华民族大融合的聪明才智和博大胸怀；穿越时空，近距离领略千年古谱的文化魅力。第三、第四、第五展厅：家谱陈列厅。这里既是家谱收藏的图书馆，也是家谱查询的阅览室。这里收藏的家谱数量和品类，已在全国名列前茅。目前收藏有600多个姓氏、2万多部、20多万册全国各地家谱。第二、第六、第七展厅：姓氏独立展厅。重点展示每个姓氏的起源与变迁、历代名人、历史功绩、文物精品和家谱等珍贵资料，将为海内外华人华侨寻根问祖、交流联谊、查阅资料、家谱编修等提供场地和平台。每个姓氏展厅的牌匾，均由各姓氏书法大家或著名人物题写，营造出了一道亮丽的书法艺术的风景线。每个姓氏展厅的镇馆之宝、文物（复制品）精品在这里会聚，争奇斗艳，令人目不暇接。第八展厅：家风家训厅。"三个注重"的重要思想，在这里贯彻落实。好的家风家训，引领社会时尚。此外有工作空间，如专家室、研究员室、多功能室、研讨室、智能家谱室、编目室等。为家谱编修、查询，各姓氏召开会议、组织研讨等，提供良好的服务和保障。普及家谱知识，讲好家族故事，展示文化精髓，传承华夏文明。老家河南家谱馆计划打造成为：①黄河文化地标工程；②中华文化展示平台；③家谱寻根谒祖平台；④传统文化教育基地；⑤各类学校研学基地；⑥爱国主义教育基地；⑦家谱收藏修复中心；⑧谱牒文化培训中心。成立一年多来，已成为各级领导经常参观访问之地，可见是非常成功的。

3. 中华谱牒文化研究基地

2019年，"中华谱牒文化研究基地"成立大会在北京国家数字出版基地举行。中华谱牒文化研究基地作为中国民间文艺家协会下属机构，接受首都师范大学和中国民间文艺家协会的双重领导，具体业务和相关工作由首都师范大学文学院与国学网负责。谱牒基地由中国国家图书馆原馆长詹福瑞担任主任，首都师范大学电子文献研究所所长尹小林担任执行主任。首都师范大学国学网自1999年创办以来，注重收集整理地方志和家谱文献。迄今为止，共收藏有1949年以前刻印的纸质线装家谱40000余册，家谱电子文献1万多种，总容量达10TB。其中，纸质家谱由原著名藏书家何光岳家族转让，以清代和民国时期家谱为主，初步统计约3500套、40000余册，涉及340多个姓氏，其中稀见家谱有四五十种，多为国家图书馆、上海图书馆所未收，极具学术研究价值。谱牒基地将以收集谱牒、整理文献、研究和阐发中华优秀传统文化家教家风家训为己任，为淳化社会风气、建设和谐社会服务。詹福瑞主任说，谱牒基地是在中国文化大繁荣、大发展的形势下应运而生的，其成立恰逢其时，意义重大。下一步拟从以下几个方面展开工作———一是以国学网收藏的民国和清代线装实物家谱为基础，联合其他民间藏书家开展家谱的普查、调研、编目工作，摸清民间谱牒现状，深入发掘其学术价值；二是筹建以存放线装家谱为主的"中国民间家谱博物馆"，整合各方资源，及时抢救、保存、交流和使用好大量散存在民间的谱牒文化资源；三是培养专业的研究人员，依托首都师范大学在文献学领域的独特优势，寻求与国内高校和外国研究机构的合作，集中学术力量，加大专业研究人员的培养力度，以满足日益增长的社会需求；四是积极顺应党和国家的文化发展战略，研究和传播优秀的家风家训，普及中国人的同根同源思想，增强海内外华人的凝聚力。[1]

4. 浙江图书馆、湖南图书馆、湖北图书馆家谱收藏中心、宁波市天一阁博物院、无锡图书馆等，属于公立图书馆收藏家谱。宁波市天一阁博物院的家谱收藏，分老谱与新谱两处，分别保管。目前新谱收藏数量有六七百种，读者使用方便。天一阁计划建立家谱馆。

---

[1] 陈菁霞：《弘扬姓氏文化 "中华谱牒文化研究基地"成立》，《中华读书报》2019年3月27日。

5. 常州家谱馆、绍兴家谱馆、浙江省百姓家谱文化研究会家谱图书馆，属家谱学会办家谱馆。常州家谱馆，在家谱展示、宣传方面，做得非常成功。绍兴家谱馆一度与绍兴市图书馆合办，后来又改与绍兴档案馆合作，收藏于档案馆中。保管条件比原来图书馆好，但读者使用起来反而不方便了。浙江省百姓家谱文化研究会家谱图书馆，地址稍偏，目前数量在增加之中。

安徽枞阳家谱馆，2018年成立，由陈靖先生主办。枞阳地方文史研究者陈靖先生，自20世纪80年代始，他便有心收集老桐城各族家谱资料，用了将近三十年的时间，共收集了清代至民国时期老桐城（含今桐城市，枞阳县及安庆宜秀区）各姓谱牒约一百五十本，将近两千册；新修谱牒，复印本以及电子版三四百种，占老桐城地区谱牒七成之多，这其中更有不乏极具价值的孤本。于县城莲花湖畔"将军楼"（朱铁谷将军故居），建设了枞阳首家家谱馆。2020年，编辑《枞阳家谱馆丛书》。

安庆家谱馆，2021年建立，由安徽一品谱局主办。一品谱局是一家集传统谱牒文化研究、家谱编纂排版、计算机软件开发及宣纸仿古线装书印刷的专业性公司。公司下辖一个信息采集团队、五个电脑编辑部（安庆、池州、枞阳、桐城、岳西）、一个计算机软件开发部、一个宣纸印刷厂，能够独立完成从入户信息采集、录入排版、宣纸印刷到古法装订的全套生产流程。目前有600多种，主要是其公司印刷的各类家谱，近于公司家谱产品陈列室。

6. 中国客家族谱博物馆

2010年，福建上杭建成中国客家族谱博物馆。客家族谱博物馆坐落于福建省上杭县临城镇龙翔村"客家缘文化中心"，前身为上杭县图书馆地方文献室，始于1993年为台湾地区客家乡亲的寻根服务而开创的特色藏书体系。2000年5月，为方便台湾地区客家人寻根与族谱对接需求，成立上杭县图书馆附属馆客家族谱馆。2011年10月更名为客家族谱博物馆。2015年，客家族谱博物馆设立备案并纳入国有博物馆管理体系。2018年9月18日，客家族谱博物馆获评国家三级博物馆。截至2018年9月，客家族谱博物馆藏有闽、粤、赣、川、桂、台等客家地区153个姓氏、2900多部、20000多册客家族谱，并藏有19000多份客家契约以及百多幅祖像和神明崇拜图等宗族文献档案，经鉴定的馆藏文物20875（件/套），三级以上珍贵文物687（件/套）。客家族谱博物馆集收藏、展示、研究、交流和服务等于一体，是海内外规模最大、藏品最丰富的客家族谱收藏中心和研究交流基地，是客家人主要的家族史料收藏单位，是中国唯一的收藏客家族谱的专题博物馆。客家族谱博物馆是两岸四所高校的客家族谱研究教学实践基地。2017年，福建省台办正式批准客家族谱博物馆为首批福建省对台交流基地。

7. 中国族谱博物馆

2005年至2008年，投资1000万元，建成了中国族谱博物馆——史侯祠为主体的第一期工程，2009年建造族谱大楼、七层宝塔等三座建筑物。溧阳史侯祠曾是中国史氏第一座大庙，也是溧阳史料记载最全、文化含量最高的一处古迹。中国族谱博物馆是收集全国姓氏文化、姓氏宗谱及地方志的专业馆，现已收集了彭、姚、狄、周、王等10多个其他姓氏家谱和史氏45部支谱。[①]

8. 成都百家堂姓氏文化博物馆

2012年成立的成都"百家堂姓氏文化博物馆"，位于东部新城博物馆聚居中心，占地约六亩，由馆长郑华投资近两千万元建立，是国内乃至世界唯一以收藏祖宗牌位和研究姓氏文化为主题内容的专题性博物馆。[②] 据《有谱中国人》腾讯公益项目介绍，成都百家堂姓氏文化博物馆是国内乃至世界唯一以收藏姓氏文化文物为主题的专业博物馆。收藏了357个姓氏家谱约20000套，另有320个姓氏祖宗牌位4000余个，各姓氏家训牌匾、祠堂堂号牌匾、祖宗画像等各类姓氏文化遗产合计逾3万多件，填补了国内姓氏文化文物收藏、研究、展览的空白。2016年8月博物馆在成都市红星路35号成立了一个姓氏文化遗产研究中心，邀请历史、文化、人口、考古等领域专家共同对博物馆藏品进行研究整理。

9. 华夏家谱博览馆

位于梧州宝石城的华夏家谱博览馆，馆长黎小清。从2007年起，为了研究西江文化和梧州人口迁移情况，梧州一批历史研究者对现有资料进行整理，并进行田野式的调查。在资料的采集过程中，他们逐渐意识到族谱不仅是家谱，不仅是家族血脉关系的依据，也是研究各个时代社会生产生活的资料宝库。2009年4月，梧州市非物质文化遗产保护协会主办的梧州华夏家谱博览馆正式开馆。三年来已满足了成千上万人"寻根问祖"的精神需求。"自从2009年开

---

① 黄洪明、芮金川：《中国族谱博物馆——史侯祠》，《溧阳日报》2009年1月21日。
② 党赤：《创建宗族博物馆 诠释姓氏文化精髓》，新父母在线2019年12月9日。

馆至今，博览馆族谱馆藏册数已接近 6000 册，接待参观者超过三万人次，一些参观者还主动将自家族谱捐献给博览馆。"华夏家谱博览馆族谱馆藏量已居国内同行业前五名、西部第一名。①

此外，环太湖艺术城曾与常州家谱学会拟创办中国家谱博物馆，但后来未果。

第六节　谱牒、家谱研究中心

家谱研究主体的现状是，来自社会层面的人员积极，而高校人员相对说来积极性弱些。

一　图书馆、博物馆家谱研究中心

1. 上海图书馆谱牒研究中心

2008 年，上海图书馆专门成立了谱牒研究中心机构，负责家谱的整理、开发、咨询与研究工作。这个中心的成果最多。以王鹤鸣先生为首形成一个小团队，如陈建华、顾燕，主编《中国谱牒研究》《中华谱牒研究》《上海图书馆馆藏家谱提要》《中国家谱总目》《中国祠堂通论》《中国家谱史图志》《中国家谱资料选编》《中国少数民族家谱目录》《中国少数民族家谱通论》《中国家谱堂号溯源》《上海图书馆藏珍稀家谱丛刊》。作为重大转重点项目，《少数民族原始形态口传家谱的抢救与整理》已完稿。目前正在主持《1949 年以来中国家谱总目》。

2. 瑞安市谱牒研究中心成立

2018 年 5 月，瑞安市谱牒研究中心在该市图书馆成立，这是温州地区首个县级谱牒研究中心。瑞安市图书馆目前已经征集到瑞安谱牒姓氏 79 个 340 种 477 部，并配置专柜，由地方文献室专人负责保管收藏。该谱牒研究中心的成立，将为发掘、整理民间宗族谱牒资料提供专业平台，让我们可以从谱牒文化中进一步了解祖先繁衍融合的历程，也为广大专家学者提供研究资料，搭建地方文化交流平台。2020 年，出版了《瑞安谱牒文献汇编》，包括族规家规、传

---

①　黄海志：《梧州民间博物馆悄然兴起　遭遇多重成长烦恼》，《梧州日报》2012 年 9 月 14 日。

志、人物传略等多种体裁的文献资料，从中可见瑞安历代人口迁徙、家族变迁、地方特色、民俗风情等地方文化轨迹，是研究瑞安地区家族史及社会史的珍贵史料。

3. 浙东（舟山）家谱文化研究中心

2021年1月26日，浙东（舟山）家谱文化研究中心揭牌仪式暨专家座谈会在舟山市图书馆举行。舟山市图书馆自2016年5月以来，就加强了对舟山现存家谱的寻访搜集、拍摄收录，目前馆藏家谱158种，涉及姓氏74个，其中纸质家谱38种。同时汇编了《舟山家谱目录提要》。

4. 中国闽台缘博物馆谱牒中心

建立于2006年5月，位于泉州。中国闽台缘博物馆是反映祖国大陆（福建）与宝岛台湾历史关系的国家级专题博物馆。它有一个谱牒中心，征集到涉及159个姓氏的谱牒共约2507种9670册，文献资料582种947册。2008年建立谱牒数据管理信息系统，收藏的谱牒已基本完成数字化处理工作。编辑杂志《闽台缘文史集刊》，且主办四届"海峡两岸民间谱牒文化论坛"，出版过论文集《两岸谱牒文化的研究与交流》（九州出版社，2002）。

5. 石狮市博物馆谱牒文献研究中心

2007年2月，石狮市依托市博物馆筹建"谱牒研究中心"，发掘、整理民间宗族谱牒资料，为祖国统一服务。同时，石狮市还致力于建设一支谱牒研究队伍，深入民间，了解搜集民间宗族谱牒，并编辑《石狮市谱牒目录》，便于研究利用。建立谱牒资料中心，集中收藏，将谱牒资料录入计算机，刻录成光盘，建立谱牒资料网站，实现谱牒资料的数字化、网络化，以方便谱牒研究者和寻根者查阅。2009年，石狮市博物馆谱牒文献研究中心与金门县宗族文化研究协会在石狮联手举办了"两岸一家亲闽台关系族谱"联展，参展的闽台姓氏族谱达400多册，涉及闽台姓氏50个。2011年，开通寻根网。

二　谱社与大学合办家谱研究中心

1. 常州工学院清砚谱牒研究中心

2015年12月4日，常州工学院教育与人文学院同常州清砚谱社联合举办常州工学院清砚谱牒研究中心成立大会暨谱牒研究座谈会。这是全国高校首家谱牒研究中心。谱牒研究中心由常州工学院教育与人文学院副院长乔邦利教授和清砚谱社总经理陈一青担任主任，常州工学院教育与人文学院副教授谭坤担任常务副主任。研究中心立足常州地区，以加强常州及周边地区的家谱资料收集、整理和研究，建立常州地区最大家谱资料数据库，对家谱整理进行规范化、标准化研究，积极开展谱牒文化研究，为常州地区经济文化建设服务。谱牒研究中心的成立，是高校研究力量与企业生产的一次成功对接，是校企合作的积极尝试，对常州工学院教育与人文学院的人才培养、专业建设、科学研究必将发挥越来越显著的作用。[①] 清砚谱牒研究中心成立以来，致力于家谱的搜集、整理和研究工作，专门设立了家谱资料室，定期举办家谱知识讲座，出版《谱牒研究文丛》，为广大修谱者无偿提供查找家谱资料的便利。2017 年 6 月 2 日，常州工学院清砚谱牒研究中心在常州工学院举办 2017 年春季谱牒研究交流会，来自全国各地谱牒研究专家同行 80 多人参加了这一盛会。

2. 常州大学家谱文献研究中心

2018 年 4 月，常州大学与常州市谱牒与祠堂文化研究会联合成立常州大学家谱文献研究中心。该中心致力于为加强常州及周边地区的家谱与祠堂资料收集、整理和研究出版，建立苏南地区最大家谱资料数据库中心，对新修家谱进行规范化、标准化标准，积极开展家谱与祠堂文化研究，为常州地区地方文化建设服务。常州大学家谱文献研究中心的成立，致力于家谱与祠堂文献整理和研究工作，专门设立了家谱文献室，每月举办家谱与祠堂知识讲座，出版《修谱手册》为广大修谱提供参考书籍。出版《常州家谱资料汇编丛书》第一辑，为各大高校专家学者提供查阅服务，目前，常州大学家谱文献研究中心办公地点设在常州家谱馆，为广大谱者无偿提供查找家谱资料和咨询服务，义务指导民间续修家谱工作。2019 年 4 月 13 日，由常州大学家谱文献研究中心和上海社科院历史所等单位主办的"江南与常州：地方文献和地方文化学术研讨会"在常州大学举办。来自上海社科院历史所、同济大学、上海师范大学、南京师范大学、中国美术学院、国家图书馆等单位的近 50 位专家，以江南与常州为视域，以地方文献和地方文化为主题展开了深入研讨。2021 年 7 月 1 日，为庆祝中国共产党成立 100 周年，联合举办"常州革命烈士家谱档案展"，并举行革命烈士家谱研讨会。2021 年 10 月 1 日，庆祝中华人民共和国成立 72 周年又举办"常

[①] 尤佳：《常州工学院：成立全国高校首家谱牒研究中心》，《常州日报》2015 年 12 月 10 日。

州红色家谱文献档案展"活动。

此外，有家谱国际公司也有一个家谱研究院，院长是吴述炳。

三 由学会主办家谱研究中心

1. 安徽省民俗学会家谱研究中心

2015年4月26日，安徽省民俗学会在安徽农业大学人文社会学院举行家谱研究中心成立大会。推举学会副秘书长丁柏明为中心主任。专家们建议家谱研究中心要注重学术理论研究，加强谱牒学学科建设，制定中长期研究规划，制订家谱修编标准，指导并参与新型家谱编修工作，并力争将家谱修编管理指导工作纳入统战、民政、档案、文化、社科联、方志办等部门工作范畴，将家谱整理与方志编纂、民俗研究结合起来，以广泛普及家谱知识，切实发挥好家谱的敦宗睦族、凝聚血亲、寻根留本的功能作用，为促进家庭和睦、民族和解、祖国统一作出贡献。

2. 河南省家谱文化研究院，2017年9月21日成立。由河南家谱研究会发起，金涛为院长。

3. 龙岩市姓氏源流研究会谱牒研究中心。2019年成立，位于武平县中山镇的百家姓文化园。在揭牌仪式上，主办方还启动了"寻找姓氏代言人"活动，号召各个姓氏的民众为自己的姓氏代言，研究整理出各姓氏源流谱牒文献和族谱资料，讲述家族好故事、家庭好家风。龙岩市姓氏源流研究会谱牒研究中心为姓氏代言人提供免费提供办公场所、软件培训、经费支持等鼓励措施。

4. 安徽省中华传统文化研究会家谱研究中心

2020年11月29日，安徽省中华传统文化研究会家谱研究中心成立大会暨揭牌仪式在合肥市安徽润方文化有限公司隆重召开。房江传担任主任。这是安徽省首个专业研究家谱及家谱文化的社会团体，它的成立是安徽省家谱研究逐步走向专业化、规范化的标志。中心的宗旨就是：研究谱牒文化，弘扬孝道文化，传承家风文化。房江传创立了润方公司，秉承"专业、服务、品质"的经营理念，立足于打造有千年传承价值的家谱精品，为客户提供全流程完整的解决方案。1993年迄今，润方公司已为全国各地156个姓氏的家族修谱1200余部。安徽省中华传统文化研究会家谱研究中心成立以后，将进一步提高认识，统一思想；健全组织机构，发展会员，扩展队伍，广纳贤才；办好《家谱研究》

内刊，加强学术交流；办好家谱大讲堂，普及家谱知识。

四 政协办家谱收藏研究中心

蓬溪县家谱收藏研究中心，是四川蓬溪县政协主办的公私结合的家谱收藏与研究一体的机构，2009年5月14日成立，主任是胡传淮。这是四川省首个家谱收藏研究机构。该中心现有来自社会各界的研究人员40余名，主要骨干有薛恒渊等人，已收藏了张、杨、王、薛、岳、朱、温、冯等近50个姓氏的200多部家谱。由于胡传淮是前政协文史委主任，个人有兴趣，所以成绩不错。研究中心编印了《蓬溪县家谱目录》。胡传淮主编的《蓬溪家谱序跋集》（2010年出版当代卷、2011年出版清民卷），共收录了151部家谱的序言、跋语。研究中心编印《笑问君从何处来：蓬溪姓氏备征》一书，主要内容记录蓬溪县各姓氏原籍何处。从县级家谱收藏研究中心来看，成绩是卓著的。

由上可见，目前的家谱中心有几类，一是由图书馆组织的，二由大学与谱社合办的，三是由学会组织的，四是由政协主办的。在家谱学会不易注册的情况下，家谱研究中心实际上起到了家谱学会的功能。从工作内容来说，以收藏、研究、交流为主。它是应用层面的研究，不是理论层面的研究。

第七节 谱会谱馆进一步发展设想

自1988年以来，中国的家谱学会存在了三十多年的历史。至于家谱馆，时间更短，多是近十年的事。他们取得了不少的成绩，同时也存在一些问题，值得进一步解决。殷蔚然在《关于当前谱牒研究的宏观思考和深度思考》有所提及。[①]

一 谱会谱馆现状特点

通过以上的研究可知，大陆的家谱学会活动，始于1988年的中国谱牒研究会。受此影响，福建、江西、上海、河南、吉林、陕西、浙江、湖北、江苏、湖南等也纷纷成立省级谱牒或姓氏学会。进入21世纪，不少地级市如厦门、莆

---

① 殷蔚然：《关于当前谱牒研究的宏观思考和深度思考》，中国家谱网2019年12月16日。

田、周口、常州、鞍山、南阳、洛阳、信阳、绍兴、平顶山、商丘、漯河、青岛、徐州、曲阜、苏州、泰州、东营、张家口、盐城等，不少县区如晋江、濮阳、龙岩、江阴、武进、滑县、东阳、尤溪、唐河、即墨、武进、蔚县、博兴、高邮、建德、靖远、济源、赤壁、福清、枣强、惠山等，也成立了类似的家谱或姓氏学会。家谱学会空间分布不均，仍是最大的问题所在。

由谱牒会而家谱会，由旧谱研究而新谱编修研究，可以看出，家谱研究更有活力了。姓氏文化研究是本体研究，家谱文化研究是载体研究。早年的研究会是谱牒研究会，后来出现姓氏文化研究会，重在姓氏源流研究。河南是全国三分之二姓氏发源地，福建是台湾发源地。早期成立的中国谱牒学研究会，偏重历史上谱牒作品的研究。近十多年来开始转型，也兼顾新谱的编修指导。如此，两者也逐步合一，譬如浙江、江苏。从参与者来说，中国谱牒学研究会以专家为主。而地方家谱学会，则有家谱研究专家、修谱专家及其他有兴趣的人员。同样是省级谱牒学会，上海谱牒研究会以研究人员为主。相反，江西省谱牒研究会则完成了向姓氏源流研究会的转型，而以发展各姓氏研究会为主。其结果，下面的分会更为活跃。如此，福建、河南与江西三个省级家谱类学会，生命力更强。

谱会的成立是为了促进家谱行业的发展。它是全国性或地方性家谱同业人才的聚集。家谱学会属公众历史学会之一，不同于传统的精英化的学会，它是大众化的，是多层次的，有低层的修谱人员，有中层的人员，有高层的研究人员。抱团取暖，壮大力量。信息交流，不同的会员有不同的信息源，可以互相交流。互相学习，高层的会员可以为低层的会员提供专业技术支撑，中心的会员可以为边缘的会员提供帮助。可以有意识地培养人才，通过培训，解决人才问题。实践界会员与理论界的会员可以互相对结，取长补短。"研究谱牒文化，弘扬孝道文化，传承家风文化。"[1] 可以开办家谱大讲堂，制订家谱编排行业标准，筹办家谱文化论坛。它是通过家谱人的组织化来加大提升家谱编修与研究水平的平台。

家谱馆能够将地域性或全国性的家谱作品在此汇集、展示，方便交流与研

---

[1] 戴煌：《为新时代谱写新家谱——专访安徽省中华传统文化研究会家谱研究中心主任房江传》，中安在线 2021 年 8 月 12 日。

究。它的意义是让家谱由散而集,让大家了解家谱。同时,也可成为家谱收藏、研究中心。从不少家谱馆编辑出版的相关家谱成果,可以了解这个功能。从前面的情况可知,目前的家谱馆,主要有线下家谱馆、线下线上同步两大类型。从未来的发展趋势来看,两类馆均不可少。从库馆容量的有限性、阅读使用的方便性来看,家谱数字化是一个趋势。在展览方式上,有的是纯粹收藏型,有的是收藏兼展览,有的是向博物馆方向发展。在博物馆上,除传统的静态型博物馆外,还出现了更新型的动态博物馆,以更好地揭示家谱馆的文化内涵。

二 谱会谱馆未来道路

家谱学会得有热心活动家来主事。一个家谱学会要坚持下来,得有场地,要开门,要有人才,有成果,有会议,这是保证家谱学会成功运行的关键要素。没有办公场地,没有活动,开门即关门,办不下去,这是很多家谱学会面临的普遍现象。家谱学会有别于此类学会,它面向民间,没有太多的专家,它重视经验交流。如常州家谱学会会长朱炳国既是家谱行家,又是社会活动家,能上与政府、下与民间打交道。故常州家谱馆,成为各级领导参观之地,有力推进了当地的修谱事业发展。河南家谱研究会由家谱企业家魏怀习及其公司为学会基本班底,由河南省姓氏文化研究会领导主办。除了一年一度的中华家谱展评会,又成功地办起了老家河南家谱馆。又如浙江省百姓家谱文化研究会是另一种模式,会长与副会长由企业家兼任,由他们提供活动经费,执行会长周全行及秘书长经常跑各地。如此,有钱出钱,有力出力,就推动了学会的顺利运转。这几种模式均是成功的模式。反之,某些家谱学会因为热心活动家的过世之类,导致学会活动停止。目前,学会多有年检制度,这多少会督促学会开展活动。

要改变学会的官僚化倾向。政府管理是中国的主流管理模式,所以民间学会也普遍模仿政府组织,表现出"二政府"现象。"对我们谱牒研究会来说,核心问题是改革机关化习惯,从基本理念到指导思想,从思维方式到思想作风,从工作内容到工作方法,从会议名称到会议程序,都要适应群众性团体学术性组织的定性和定位,突出谱牒学术思想、学术研究和学术成果。"[1] 高校专家熟悉的学会,多是一年或两年办一次年会,交流一下学术成果而已。个别由高校

---

[1] 殷蔚然:《关于当前谱牒研究的宏观思考和深度思考》,中国家谱网 2019 年 12 月 16 日。

领导担任会长的谱牒学会，也确实是如此操办的。家谱学会要坚持公开公益原则。

家谱学会必须坚持换届制度。由退休官员或学者担任会长的学会，如果老会长不主动退下来，下面没人敢做得罪人的事，如此，便会导致家谱学会闲置问题，典型如中国谱牒学研究会与上海谱牒学研究会。主事之人必须有公心，不能将学会视为单位私产，想废就废了。要知道，在中国成立一个全国性学会是相当不容易的事。一个能按时间换届的学会，是有活力有希望的学会。目前，学会多由相关上级主管单位领导，重视学会的制度化建设，一般多会按时换届，这是一大进步。

让企业家参与学会领导班子。地方家谱学会，情况比较特殊，虽说学会，但实际上学者不多。它面向社会，服务社会，完全是一个群众组织，更像协会。浙江省百姓家谱研究会引入企业家担任学会领导。由于企业家熟悉企业家，结果可以引入更多的企业家参与进来。如此，学会活动与建设经费充裕了。当然，学会如果能建立理事会制度，让企业家出任理事长、副理事长、常务理事、理事等，更为理想。如此，有力出力，有钱出钱，就会让学会有活力。这个方向，是可以值得家谱学会努力的。

要重在经验与学术交流、行业远景规划。家谱学会成为各地家谱相关人员（修谱、藏谱、研谱、读谱、宗亲）共同的学会。家谱行业会员的主体是职业文章谱师与业余修谱人。职业谱师完全是市场化的，无法进行行业上的管理，学会无法为他介绍业务。谱师都是靠口碑接生意的，空间范围多不大。加入学会，能给他们什么好处？学会的功能是交流，可以对谱师进行高层次的培训与研讨。有人说："时省府已有人竖起谱牒研究会的招牌，慕名拜访，所获甚微。随即修水县也成立了相应的组织，甚是热闹。应组织者邀，本人也前往凑一回热闹，交点钱，听大家谈点杂七杂八的思想，多有良愿，也仅唯愿矣，无多实策。毕竟为一门学术初探，虚愿也好，实策也罢，短短的一个会也解决不了多少问题，其结果是皮外的痒抓一抓，哄然而已。原以为可以深入，可主操人与响应者之间落差太大，且言者众行者寡，于是，美好的事情也弄成水流花谢。"[1] 此论要求比较高，但值得深思。目前的学会多停留于人员热闹而已，业务交流并不多。

---

[1] 冷伟立：《家谱研究践行思略》，冷伟立博客 2012 年 6 月 10 日。

未来的家谱学会活动，可以在修谱经验交流、家谱行业调查、未来前景规划等实策方向努力。下面修谱之人，只关注具体的某氏家谱编纂。关注家谱整体发展，应是家谱学者的事。

要丰富家谱馆活动。建立家谱馆是务实之举。否则过于理想化，事情做不成。乡村应有家谱馆，学会应有自己的家谱馆。家谱存放在偏远之地，或放当地档案馆，会有一个阅读不便问题。从收藏来说，肯定是档案馆条件好，但从阅读来说，不如图书馆方便。当然，当下因为阅读新家谱的人并不多，问题不算大。家谱馆应有两种功能：一是展示功能，可让领导参观；二是学习功能，可让进一步想修谱的人阅读，或培训时阅读。目前，常州家谱馆勉强可实现这样的双向功能。要解决阅读的空间方便问题，须建设数字家谱馆。传统收藏纸本家谱的馆，时间长了，容易出现库房不足问题。同时，各地想阅读家谱的人也不便。甚至可成立中国公众历史记忆馆，可以与相关空余场馆合作，或与某些投资方，借助废弃场所改造。不要做成纯博物馆，应是参观、存放、阅读结合的多功能馆。公益与商业结合，最为理想。新家谱的征集，要守株待兔与主动出击同步进行。目前，对于家谱文化资源的开发利用，虽然已经提上议事日程，但基本上还停留在古板、静态、冷冰冰的"实物+文字"的呈现形式方面。没有深度的挖掘和丰富的展现，很难让人们理解、接受并产生共鸣。

要重视新家谱的研究。要提升学会的学术含金量。从目前掌握的信息来看，新谱的编纂研究远远不足。各地家谱馆缺乏研究力量，仅是从事家谱生产、收藏及普及推广的指导工作。高校中某些家谱研究专家，主要关注古代、近代的家谱史研究，或借用家谱进行社会史研究。当代中国家谱研究尚未进入主流学界，高校某些历史学教授仍然会说，家谱有什么好研究的？在他们眼中，家谱是下三烂的东西。看来，同行专家的普及工作，仍是任重而道远的事。大学与家谱学会合作，成立一家当代家谱研究中心，集结全国各地的力量，给学生讲讲，倒是可以考虑的。目前，万卷谱局与台州学院合作成立家谱研究所，已经做出了尝试。家谱是一项特色，可以从公众史学中单独出来。图书馆家谱收藏者，同时要成为家谱文献研究者。如果不关注新家谱研究，仅做一个新家谱收藏者，这是浅层次的。此外，可以做一个比较研究，有多少老谱被续修了，有多少老谱没有续修，又创新了多少新谱，其间有什么规律，这是值得研究的。这个问题如果搞清了，当是一大贡献。

第十四章　家谱行业组织及管理建设

要适应线上家谱活动。2020 年以前，家谱学会的活动，都是传统的线下活动。近几年进入疫情常态化以后，形势完全变了，于是线下的家谱活动几乎停了，全国各地一个样。因为参与修谱人员多是老人，老人经不起疫情冲击。面对这种全新形势，高校很快地适应了，采取线上活动，教学与开会，均采用线上活动。偶尔形势稍好，线上线下同步进行。家谱学会的人员结构因为都是老人，不熟悉线上会议技术，于是难以适应这样的新常态。这是各地家谱学会要及时调整的，要适应线上活动。

家谱培训活动的公益化与技术化。2017—2019 年，浙江省百姓家谱文化研究会曾办了三届家谱培训班，天下谱局总经理饶玉华说看不明白，学会既赚不了钱，也没办成事，大家热闹一阵而已。他的建议，家谱培训会不能大班化会议化，而应小班讨论化，而且要分级办班，初级班由中级人员来主持，中级班由高级人员来主持，高级班由大学专家来主持。同级之间开会讨论，才有共同语言，才可以对话，才会让与会者有收益。这个建议是可以考虑的，不过操作起来难度较大。同时，培训要标准化。浙江省百姓家谱研究会既然制订了"家谱编修与印制标准"，未来的家谱培训会，就可按标准来培训，不再是宽泛的家谱知识培训。甚至可考虑家谱编修智能平台化建设，让家谱人员熟悉平台的操作。如河南省家谱文化研究院定期举办的家谱培训会，直接让学员熟悉智能家谱编纂排版软件，如此可提升编纂效率。据金涛介绍，自 2018 年 11 月正式开放系统以来，已经有上千个家族采用了该软件进行家谱编修排版。该软件可以实现多人异地同步录入，免去了常规修谱东奔西走的很多麻烦，即便是在疫情期间，只需要一台电脑一根网线，即使彼此不见面，依然可以把族人的资料录入其中。既节省了时间又节省了经费，而且还极大地降低了校对出错率，可谓一举两得。[1] 至 2021 年 12 月，办了九期家谱培训会。

允许不同层级的家谱学会相关联动机制。学会不是政府机构，只有面的空间分布，没有点的隶属关系。省级学会可覆盖全省，市级学会可覆盖全市，县级学会可覆盖全县，但省级学会不能管理市级学会，市级学会不能管理县级学会，各地学会有自己的势力范围。学会不能按下属行政区设立分会。不过，省

---

[1] 新闻编辑部：《第九期家谱编修培训班在郑州成功举办，穆朝庆出席活动并致辞》，中国家谱网 2021 年 12 月 12 日。

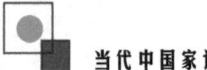

级、市级、县级学会可以加强联络，彼此呼应。在这方面，福建省姓氏源流研究会的做法是值得肯定的。它是由省"民革"出面组织的，可以借用"民革"体系，在各市县建立相应的姓氏源流研究会组织，从而起到全省联网的功能。河南也如此，不少地级市均成立了姓氏文化研究会。绍兴家谱协会因为成立时间早，当时管理尚松，允许其成立各县分会。后来管理越来越严，此类地域性分会，不允许成立了。后来管理越来越严，此类地域性分会，不允许成立了。在这段话增加：经过不懈的努力，2024年6月起，浙江省百姓家谱研究会得到省文旅广电厅领导的支持，允许成立浙江省百姓家谱研究会某姓委员会或浙江省百姓家谱研究会某地联络站。目前，已成立多家分会。

要重视家谱编修薄弱区的引导。没有修谱传统的平原区、移民区、城市区，如何引导他们修谱，这是值得思考的。具体地说，杭州市如何成立家谱服务站？湖州市如何成立家谱服务站？嘉兴市如何成立家谱服务站？主要的想法有二：一是先进带动后进，譬如杭州的富阳区与萧山区是家谱编修发达区，可以设法带动其他区县；二是加强宣传，即使在这些薄弱区，也有部分姓氏修了谱；三是在当地找到家谱热心人，推广家谱编修。譬如笔者所在杭州故乡的街道，有一位热心的唐先生2012年阅读了笔者编修的钱氏家谱以后立马模仿，编纂了唐氏家谱。接着，又替相关姓氏编纂了多部家谱。这提醒我们，得有意识地在不同乡村物色此类人才，加以重点培养。可由他们出面联系，一旦成熟，省百姓家谱文化研究会可与当地某机构合作，每乡镇找一个代表，组织培训活动。如此，多少能促进当地修谱活动的开展。2024年7月，浙江省百姓家谱文化研究会终于迈出一步，在湖州南浔成立了联络站成立大会，又召开了嘉兴联络站筹办座谈会。

要重视各地学会刊物的网络化传播。由于家谱刊物起步晚，刊号批不下，结果导致家谱没有正规的刊物，只能走论文结集的公开出版之路。另一条路，就是成为内部刊物。据调查，各地学会多数有自己的家谱刊物，只是多为内部刊物，传播不广，如此，降低了传播效率。更何况，传统纸刊也面临着日薄西山的境地。在未来很长时间内不可能办全国性或地方性家谱正规刊物的背景下，我们也没有必要等待了。我们要换一个思路来办刊。数据库、网刊的出现，为我们提供了全新的办刊思路。线下线上同步，应是家谱刊物发展的趋势。可以考虑创办家谱研究网刊，建立家谱数字联网，这样就可以扩大各地家谱刊物文章的传播效率，有利于优秀原创作品的长期电子化保存，有利于提升网络平台发表的学术稿件在学术评价体系的影响力。既可以通过线下纸刊印刷，也可进一步通过网刊传播。网刊也可体现速度优势，不再是一年、半年、一季度出一期，而是可以出月刊。在篇幅上，可以缩短，有 5 万字 100 页左右就可以成刊。将节约下来的办刊成本，用于提升稿费。如此，通过高稿费制度，吸引更多原创家谱稿子。要有约稿制度，让编委主动约相关人员写稿，从而保证杂志的稿源。约稿，须熟悉家谱领域的人脉关系。否则，不知道向谁约稿。从实际情况来看，会写家谱稿子的人并不多，修谱实践者包括谱师没有写文章的内在动力，他们没有兴趣来写，也没有时间来写。有的人擅长联络，但不会写。它与其他面向学界的刊物不同。内刊，也让他们没有兴趣来做。一定要有一个编辑部，从事编纂、校对、分发事务。千万别办成主编一人操作的杂志。坚持原创为王，持续办刊，几年下来，学术影响力自然可以体现出来。在没有全国性家谱研究会的情况下，可以考虑建立各地家谱学会联盟模式，网刊也可以由联盟组织编辑。此外，可考虑建立联盟家谱微信号。目前，各地家谱多有自己的微信号，不过多为不定期，办得不太理想。如果可能，可建立联合微信号，加强信息的采集，办出水准来。

第十五章

当代中国新谱总目信息管理

　　1949年以来的中国家谱，主要指1949年以后出版的新编家谱（简称"新谱"），也适当考虑重新影印出版的"老谱"。1949年上限是预定的，与中华人民共和国建立同步。下限拟定在2019年，正好是中华人民共和国成立70周年。空间上，涵盖大陆与港澳台；海外的空间太广，暂不在考察之列。

　　1949年以来的中国家谱总目，就形态来说是一个图书目录学选题，但就内容来说又是一个中国历史题目。当代中国家谱的编纂，属中国公众史学分支之一，这正是我们关注家谱动因所在。"新谱"之新，首先是生产时间新，是1949年新出的家谱。1949年后生产的家谱，包括两大类型，一是续修，二是创修。续修，又分两种类型，一是通代续修，二是断代续修。其次是形态与内容之新。

　　除继承传统形态家谱外，1949年以后家谱编修有四大新趋势。做新谱总目与老谱总目的做法明显不同。首先，老谱是1949年前历史时期产生的家谱，没有版权限制，内容上没有忌讳，家谱编修者均是过往之人；而新谱多属当代民众史，有版权限制与内容忌讳，背后存在一个活的家谱编修行业群体。如此，做老谱总目，只要汇总公藏与私藏单位的家谱目录即可，而新谱则会涉及家谱背后的行业，要与修谱当事人取得联系，发挥当事人参与的积极性，不能孤立起来做家谱总目。其次，老谱是"家（族）国（家）"体制时代的产物，所以要求按姓氏来编排；而新谱则是"（地）方国（家）"时代的产物，行政管理成为主流，按行政区划排列，检索起来更为便当。再次，当年做家谱总目是手工时代，今日进入大数据时代，更强调家谱数据管控，通过数据平台来建设。最后，网上家谱大大超越刊本家谱，公众家谱大大超越大家谱。家谱编修的趋势是走向大众。线下的产品化,线上的电子化,是未来家谱大众化的两条主要路径。简言之,完全不能照《中国家谱总目》之旧了。

总体上说,"1949年以来中国家谱总目"是一个没有政治风险的稳妥题目。这是一个有充足基础的题目,可以按期做出来。从根本上说,做家谱总目是国家的文化信息管理职责,是家谱作品整理之举,完全有必要列为重大项目来做。

2018年,上海图书馆提出了"1949年以来中国家谱总目"选题。本章是当时参与竞标时做的申报书,前后费时近两个月,学会了使用SmartArt软件,穷尽笔者当时的智慧,让不少专家叹服标书之精美。它可让人对编纂总目的价值、意义、做法、步骤等有一个较为全面的认识,对后人有一定的参考价值。

第一节 新谱总目著录学术梳理

当代中国新谱与传统老谱,虽在时间上有切割,但内容上是紧密联系的。为便于专家们了解家谱研究的来龙去脉,本综述拟先按时间来叙述,后按主题分类叙述。中国族谱资料的整理工作,可以分为编目、提要、选编、汇编、影印、考释等几个方面。常建华《中国族谱资料的整理、研究和数字化建设》(2014) 于此有较为详细的说明。

一 当代新谱编修现状

之所以要关注当代中国出版的家谱,是因为当代中国的家谱生产进入了繁荣期。进了90年代,续修家谱之风开始普及和盛行。从历史上说,修谱编修的高峰期有两个时间段,一是家国存亡期,二是家国繁荣期。1980年后,当代中国修谱逐步走向繁荣的过程,正是中国文明走向复兴的过程,正是当代中国走向宽松社会的过程,正是民间主动进取、重视自身家族文化建设的过程。当代家谱的编纂,本质上属当代公众史编纂。编修新谱也是家族自强自立的表现,是人民写人民史,这是当代人主动替自己留下当代史。

单机家谱。从有关统计来看,1949—2003年新谱,凡9883种。2004—2019年家谱数量不详,估计有几万种。2018年7月,笔者团队对各省图书馆网上新谱目录作了最新的调查,全国各地省馆的新谱数量收藏大体如下:

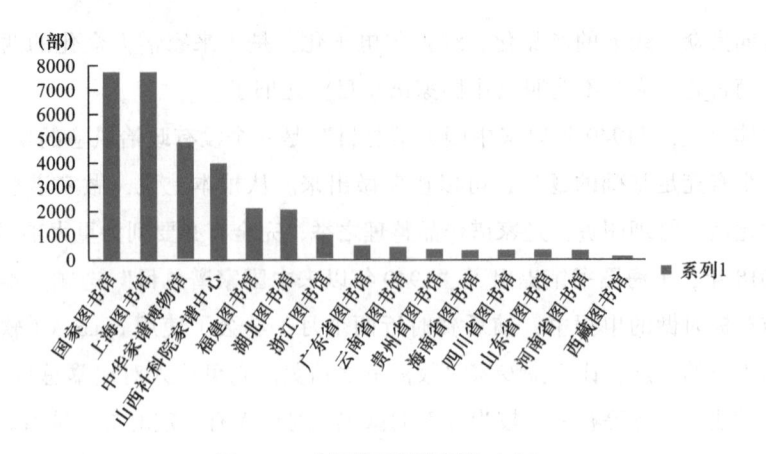

图 15-1　全国馆藏新谱调查（上）

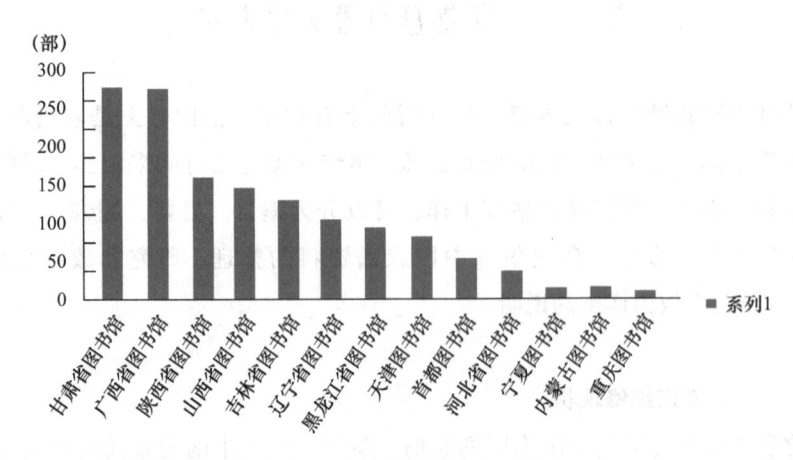

图 15-2　全国馆藏新谱调查（下）

部分市馆与家谱馆如下：

浙江绍兴家谱馆新谱 600 种左右；

江苏常州家谱馆新谱 600 种左右；

浙江宁波天一阁新谱 400 种左右。

网上家谱。目录是一个文本著录概念，传统家谱目录有几万部就不得了，但电子家谱的出现会打破我们原来的想象空间，它是十多万以上的概念，当然多数是公众家谱。至 2018 年 7 月，仅"百姓家谱"网，就有 62522 人在线修谱，共修家谱 157331 部。之所以出现修谱人少而修谱数量多现象，可能还有不少机构用户。考虑到网上某些家谱的不完整性与动态性，甚至有大量的"僵尸"用户，这个家谱数量是要大打折扣的。如果"百姓家谱"网让人怀疑的话，则九亲网4009部的记录更为靠谱。

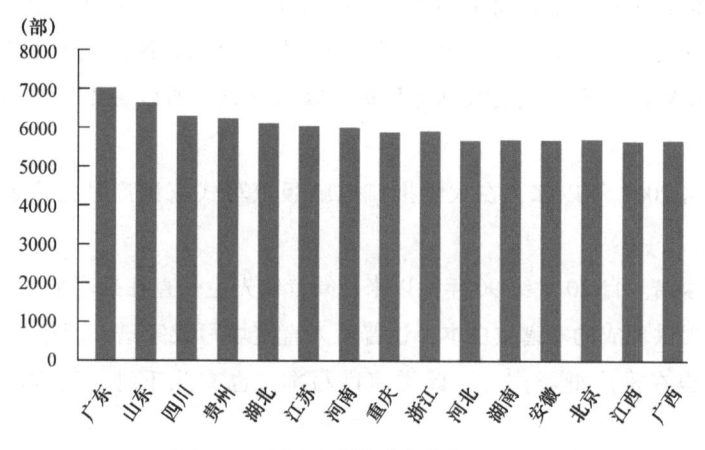

图 15-3　云码宗谱修谱人分布（上）

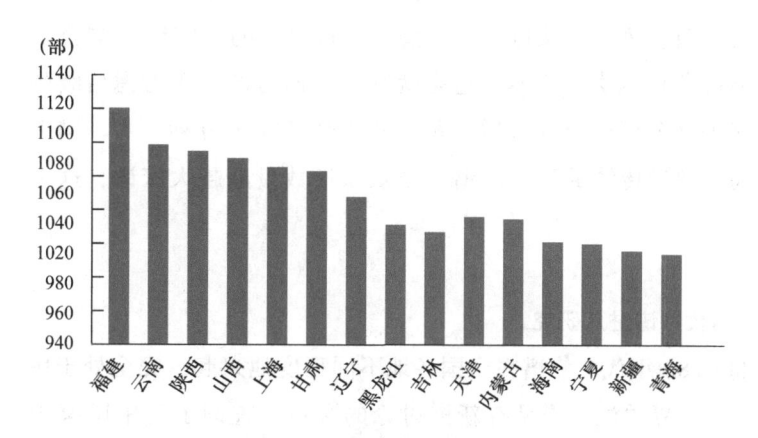

图 15-4　云码宗谱修谱人分布（下）

某些网上家谱排版软件公司，也可统计出家谱编纂数量。譬如武汉家国公司的云码宗谱，号称排谱专家。他们的家谱排版软件推广了13年，为修谱公司、修谱者与家谱出版公司广泛使用。据笔者团队调查，至2018年7月30日，用户有31701个（此中有一些是"僵尸"用户，有的是专业修谱公司、印刷厂、宗亲会，他们手中掌握大量家谱数），已经完成近万种族谱的录入。

安徽的启航宗谱软件，也是一款比较受用户欢迎的宗族排版软件，已推广了多年，成就了几千种宗谱。通过这些公司的后台，可以清楚地知道全国各地修谱动态与修谱数量。这是我们调查网上修谱的主要依靠对象。我们团队一直与这些家谱公司有往来，能了解他们的最新动态。不过，也有的家谱网络公司是异化了的公司，典型如2017年下半年倒闭的百姓通谱网。他们不以修谱为目标，只以获得网上家族人员数据为目标。因为异化，所以最终也被市场淘汰出局了。

笔者自2008年以来，在大学推广电脑版填写式家谱产品公众家谱，也有500多种。

填写家谱。自20世纪90年代以来，阎晋修先生一直在推广手工填写式家谱产品，即提供现成的家谱空白本，让普通人直接填写成家谱。近年来，任清剑、魏怀习等也在推广此类产品。此类家谱写本，也有几千种。又有电脑格式化家谱。

由上可知，当下中国的家谱种类，至少可分单机家谱、网上家谱、填写家谱三大类型。每一类又可分大家谱（九世以上的大宗谱）与公众家谱（五代左右小宗谱）两类。当然，这是就其载体而言的，不考虑后续的印刷。即使网上家谱打个折，全部家谱总量，初步估计在十万种左右。网上家谱、填写家谱远远超过传统的刊本家谱，公众家谱数量超越大家谱，这是一个基本趋势。

二 当代家谱进入研究

20世纪80年代，修谱在全国各地不同程度地兴起，完全处于民间的自发状态，不受学界关注，未见有新谱讨论的文章。查询了《中国家谱论文索引（1874—2008）》与中国期刊网，均未见相关文章。90年代末，随着新谱数量的增加，研究也方便了。真正有影响是1998年的事。1998年11月，上海图书馆与上海海峡两岸学术文化交流促进会联合召开了"全国谱牒开发与利用学术研讨会"。从会后论文集《中国谱牒研究》来看，基本是清一色的老谱研究，只有两篇文章涉及了新谱研究。梁洪生《新谱与新志的对接》提出了"新谱"概念。在统一的家谱研究中，另列出"新谱"，对应"老谱"，这是一大进步。从此以后，新谱研究，逐渐受人关注。由上可知，当代新谱的研究，大体经历了三个阶段，一是批评，二是肯定，三是深度个案分析，标志着新谱研究的逐步深入。

当代中国新家谱史研究破题。对新家谱的发展状况，有了宏观粗略的概括与批评。除了乡村修谱活动，也关注到了中国城市化对修谱的影响。《家谱编修报》手机版每日推出新谱介绍，这一做法值得推广。中华家谱展评是一个好的平台，可以对各类新谱作出点评。

新谱编修理论研究成果多。新谱编修实践的繁荣，也促进了家谱理论与技术的研究，仅专书就出了 13 部。所及问题已经很全，某些地方开始整理成"家谱细则"。在家谱体例创新方面也有了可贵的探索，如阎晋修、钱茂伟、任清剑、吕有凯诸人。

三 家谱目录编纂现状

1. 家谱目录编纂史回顾

宋以前的家谱管理是皇家与贵族谱系管理，用于政治与婚姻之用，图书目录也有谱牒类。宋以后家谱是各家族内部的私有之物，家谱走向民间自藏之路，目录学多数不再设立谱牒类。20 世纪以后，家谱逐渐走向开放，最终进入了图书馆，于是有了馆藏家谱目录。90 年代以后，进一步扩大范围，有了全国性家谱联合目录。

早在 1950 年，大陆就有了《北京图书馆藏族谱目录》。接着，又有《福建省图书馆馆藏族谱目录》（1957）、《广东省中山图书馆藏广东族谱目录》（1958）。

在日本，多贺秋五郎较早地关注全球中国族谱收藏目录，有《宗谱の研究：资料篇》（东京：东洋文库，1960）。

在美国，美国家谱学会泰特（Ted A. Telford）等编成《美国家谱学会中国族谱目录》（1984）。

在中国台湾，族谱编目开展也较早，有昌彼得《台湾公藏族谱解题》（1969）、王世庆等《台湾公私藏族谱目录初稿》（1978）。盛清沂主编的《国学文献馆现藏中国族谱资料目录初辑》（1982）、赵振绩的《台湾区族谱目录》（1987）、廖庆六《万万斋藏族谱目录》（1991）、《台北市文献会族谱资料目录》（1994）、廖庆六《台湾省文献会姓氏源流、谱牒展目录》

· 777 ·

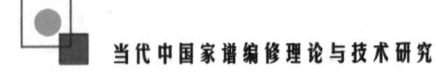

(1995)、廖正雄《宜兰县史馆谱系基本资料目录》(2000)、陈龙贵主编的《国立故宫博物院所藏族谱简目》(2001)、陈威远《台北市文献委员会族谱目录》(2002)等。台湾的家谱上万种，百分之八十是新谱。

在中国香港，有谭平山图书馆《族谱目录》(1978)。

改革开放以后，大陆的族谱研究奋起直追。1984年11月，国家档案局会同教育部文化部发文，拟将分藏于各图书馆、博物馆、文化馆、档案馆等单位的家谱编成一部比较完整的《中国家谱综合目录》。计划于1985年底完成编纂工作，公开出版。这个通知可能理想化了一些，实际上此书拖延到1997年才出版，共收录451姓家谱14719条。

不过，这个通知促进了各地图书馆家谱目录的编纂。如《河北大学图书馆家谱目录》(1985)、《天一阁藏家谱目录》(1985)、《中国人民大学图书馆家谱目录》(1985)、《北京图书馆藏家谱提要》(1987)、《中央民族学院图书馆藏中国家谱目录》(1988)。

其后，山西省社会科学院崛起。1988年，成立中国谱牒学研究会。1990年，成立家谱资料中心，在全国各地拍摄家谱胶卷。1992年，为参加香港的中华族谱特展，出版《中国家谱目录》，收录家谱2565种。此书反倒成为大陆正式出版的第一部中国家谱目录。

上海的响应是比较早的，1992年，上海谱牒学研究会成立。1997年，上海图书馆新馆开业，成立"谱牒研究中心"，整理、开发与研究馆藏家谱被列入议事日程，编纂出版《上海图书馆馆藏家谱提要》(2000)。该《提要》收录1949年前编印的旧家谱约11700种，近10万册。对家谱的整理是高起点、高品位、高档次的。2000年始，上海图书馆又牵头编修《中国家谱总目》。2008年出版，收录全球家谱藏量52401种。此书下迄2002年，收录1950年至1979年新谱凡1150种，开全国新谱著录之风。

2000年，《中国家谱总目》的编纂，促进了全国各地的家谱目录提要编纂，主要有以下几种类型：

省级族谱提要。有梁洪生《江西公藏家谱目录提要》(2002)、骆伟《岭南族谱撷录》(2002)、程小澜主编《浙江家谱总目提要》(2005)、邹华享《湖南家谱解读》(2004)、《湖南家谱知见录》(2011)、陈虹选编《海南家谱提要》(2008)、骆伟《岭南姓氏族谱辑录》(2012)等。

市级家谱提要。有《无锡地区家谱知见目录》(2015)、车炼钢主编《绍兴家谱总目提要》(2015)、朱炳国《常州家谱提要》(2005)、谢琳惠《洛阳地区家谱提要》(2010)、江源主编《婺州家谱总汇》(2007)等。

县级家谱提要。有励双杰《慈溪余姚家谱提要》(2003)、李彩标《兰溪家谱探秘》(2005)、《杭州萧山馆藏家谱图录》(2014)、《诸暨家谱总目》(2014)、杜建海《鄞邑现存家谱总目提要》(2014)、童银舫《慈溪家谱》(2013)等。

馆藏族谱提要。如王鹤鸣主编《上海图书馆馆藏家谱提要》(2000)、谈家胜《国家图书馆所藏徽谱资源研究：32种稀见徽州家谱叙录》(2011)、励双杰《中国家谱藏谈》(2008)、励双杰《名人家谱摭谈》(2016)等。

电子家谱目录。可直接在全国各地图书馆网上目录中查阅。如福建省图书馆，上网新谱提要近两千册。

2. 家谱目录编纂研究回顾

《中国家谱综合目录》出版后，徐建华(2000)将之特点归纳为著录宏富、编排科学、著录完整、索引合理四大方面。他通过对家谱总目的分析与评价，试图找出一条编制家谱联合目录的正常途径，值得肯定，这实际上就是家谱总目优劣评判标准的尝试。

《中国家谱总目》出版以后，除了王鹤鸣、顾燕的自我介绍，葛剑雄(2010)、王蕾(2012)也作了评论。《中国家谱总目》自述本书特点为六个方面：一是收录家谱数量众多；二是收录家谱的姓氏众多；三是著录内容丰富，体例完备；四是著录时间跨度长；五是编制多种索引；六是《中国家谱总目》的数字化。葛剑雄注意到了消费者与生产者之间的不同，研究者和使用者总会得陇望蜀，希望《总目》能早日实现数字化。

《浙江家谱总目提要》出版后，胡绍军(2006)将此书的优点归纳六大方面：体例翻新，收录宏富，版本多样，著录详细，编排科学，结构合理。

四 电子家谱风的兴起

中国大陆的家谱网站，始于21世纪初。《中国家谱通论》(2010)附录《主要家谱网站名录》，截至2009年，中国主要的家谱网站至少已有169个。国家图书馆建立了"中华寻根网"。上海图书馆也建立了类似的家谱知识平台。

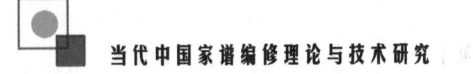

（1）家谱网站研究。2000年时，从各类搜索引擎中，可查询到目前网上的中国家谱信息大致有三种类型：家谱目录、家谱全文、家谱动态消息等。张奇（2000）较早地关注了家谱上网研究。查询方法单一，只提供浏览，无检索功能，或者资源单一，仅局限于一种家谱，还没有出现一个真正的网上中国家谱目录数据库、网上中国家谱全文数据库。主张以馆藏家谱提要目录数据库上网为抓手，实现家谱扫描上网，进而建立全国家谱联合目录数据库和家谱人名数据库上网的构想。2000年3月，新加坡推出"寻根网"。此后，互联网上兴起了不少协助人们寻根认祖和编修电子族谱的网站。程美宝（2001）通过电子族谱编撰，思考数字时代的历史事实建构。

（2）网上修谱研究。借助修谱软件，让家谱登上网络平台也是大势所趋。2011年，有人介绍了15种家谱软件。近十多年来，有近上百家家谱编修公司，不过兴衰变化很快。目前，主要有云脉宗谱、启航宗谱、九亲网、时光科技等。程美宝（2008）认为互联网特有的数据储存和超文本链接功能，使电子族谱的编修过程与传统纸本族谱的编修过程有一定的差异。这是较早思考网上修谱特点的文章。郭东松（2013）以为，传统修谱方式与计算机软件修谱方式各有利弊。他想用电子表格来制作家谱，正好取长补短。采用普通的电子表格制作家谱简单易行，便于普及推广。

（3）家谱全文数据库的开发研究受人关注。郭广堃（2010）介绍了辽宁省图书馆家谱数字化工作。王昭（2013）认为，需要建立一个协调机构来进行家谱数字化工作的统一规划和系统管理，避免数字资源建设中的重复投入和资源浪费。同时，制订统一的数字化标准和兼容的数据格式，为各机构家谱数字资源整合奠定基础，以便于实现资源共建共享。彭开富（2015）认为，21世纪现代家谱的编修，应逐步趋向于数字化、网络化。最基础的是全文数据库的建设，可以先开发一批专题数据库，如人名数据库、目录数据库、文化与著述数据库、宗族数据库、图片数据库等。在条件成熟时，再行开发全文数据库，建立和完善中文家谱数据库标准。谢琳惠（2016）主张开发家谱全文数据库。全媒体环境为家谱信息的编撰、传播、查询、保护提供了更多的现实选择，有效解决了传统家谱保存分散、流通传播性弱、检索查询难、易破损湮灭等缺点。

（4）家谱总目数据库建设研究。陈晔（2006）结合《浙江家谱总目提要》

平台建设，谈了书目内容自动生成、简繁体汉字自动批量转换、数据库排序、去重、数据库查错、出版文稿自动生成、各种索引表自动生成诸问题。这可以为本项目平台建设提供借鉴。

（5）新谱图像志的出现。新谱的数字化，以福建省图书馆做得最为成功。目前福建数字图书馆上网的新谱为2168册，这为福建新谱的研究提供了方便。2014年始，河南家谱学会的《家谱编修报》经常性推出新谱介绍，已达五年，这种做法值得推广。河南每年度的中华家谱展评是一个好的平台，可以对各类新谱做出点评。

家谱是老祖宗发明的三大类型历史文献之一，是记录民众历史的最直接载体，老祖宗的创造发明不能丢掉了，必须加以继承。重视家谱编修，既是发扬中国传统文化的需要，也是公众史学发展的需要。最后，借用陈支平教授话说："有志的学人们东奔西忙，为把谱学建成一门新兴学科而积极进取。"

第二节　总体评述与发展空间

一　研究基础与发展

以上的学术回顾，说明五个问题：

（1）新谱的生产繁荣，成果惊人。家谱是以家族为单位的历史建构，世上有无数的家族，自然有无数的家谱。家谱文本的生产速度快，数量有几万种，至今尚无一个总目来著录。对于这些新谱，自然不能束之高阁或一放了之，要加强推荐与评鉴，留下当代人对这些家谱的认知。

（2）新谱研究在起步。近年来的国家社科立项中，共有18个家谱类项目，一般项目、重点项目均有，即使重大项目也有两项。整体上说，前人重在老谱整理与研究，而当代新谱的整理与研究在起步之中。老谱收藏成为事业，"借谱说事"也成为气候。新谱重在生产与收藏，但整理与研究尚未成气候，这是当代文献，时间太近，学人不太重视。

（3）新谱著录已受关注。1949—2003年家谱总目，《中国家谱总目》已经收录；2004—2019年入藏公共图书馆的新谱目录，可在各大图书馆上搜集到；新谱局部图像资料也上了网，如福建省图书馆；相关自媒体如《家谱编修报》、公众史学微信号及其他各类微信号的报道，也提供了民间修谱的最新信息，能

```
           ╱╲
          ╱  ╲
         ╱1949—2019年╲
        ╱  家谱总目  ╲
       ╱──────────╲
      ╱    各公藏    ╲
     ╱  1949—2019年  ╲
    ╱    家谱目录    ╲
   ╱────────┬────────╲
  ╱《中国家谱总目》 │ 私藏、网上 ╲
 ╱ 1949—2003年目录│  家谱目录  ╲
╱────────────┴────────────╲
```

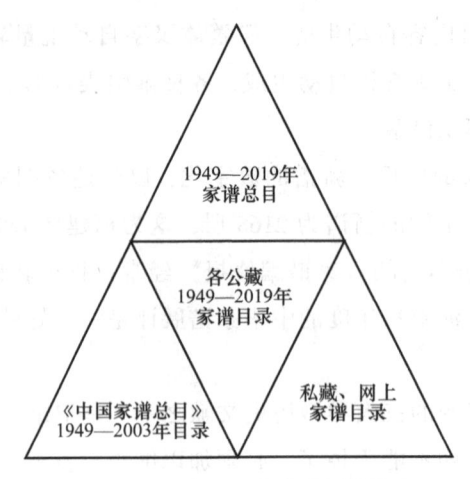

图 15-5　现有 1949 年家谱目录基础

从相关网络上搜集到。以上的家谱目录是公开的公共资源，《中国家谱总目》为集体作品，非专属某单位，人人可参考。这说明，有充足的基础，可以让《1949年以来中国家谱总目》按时做出来。

（4）促进了地方家谱总目的编纂。如 2000 年，浙江接受《中国家谱总目》编纂任务以后，化被动为主动，不是简单地完成任务，而是认为提供了地方家谱资源普查的机遇。于是独立立项，列为文化厅一号工程，最后编成《浙江家谱总目提要》。

（5）电子家谱的出现。网上也生产出了几十个修谱软件，有单机版的，有网络版的，这方便了大家修谱。如果电子家谱软件更为广泛和便捷，那么会有更多的年轻人主动修好自己的公众家谱，对整个大家族联宗修谱将会带来更多的促进作用。这也提出了全新的家谱产品、网上修谱统计问题。笔者团队已经与九亲网、百姓家谱网、云脉、启航等建立了联系，取得了网上修谱的最新统计数据。

通过以上分析可知，1949 年以来中国家谱总目的编纂，就家谱简目编纂来说，已经有一定基础。根据笔者团队的实力与办事效率，家谱总目可以按期完成。

二　存在问题与不足

（1）现行不少家谱总目省略排行。《中国家谱总目》出版以后，有人称它功亏一篑，只管谱名、作者、卷帙，忽视排行的记录，居然把排行这样要紧的内容省掉，实在不懂民心民意，学术性、实用性大打折扣。很多人找祖宗就是依靠排行的，如果一两代排行相同，还不一定是同支；五代相同，就极可能；十代相同，几乎无疑。这种情况的出现，有两个因素，一是观念落后，没有深刻认识到辈分的重要性，它既有内部前后辈的辨识意义，也有外部同姓宗族支派关系的辨识作用。二是工作量大。某些家谱上的排行数量较大，一一著录，工作量太大。这种情况的出现，有其难言之隐，只有浙江图书馆编纂了提要，其他馆没有完全照办。

（2）重在检索而忽视了其他功能。多数家谱总目内容过简，没有揭示家谱的相关学术信息，无助于学术研究，这是纸本时代的局限所致。今日进入数字时代，完全可以实现更高级的检索功能设置。

（3）家谱总目标准研究尚未系统化。胡绍军评论《浙江家谱总目提要》时归纳的六大优点，实际上也提炼了优秀家谱总目的六大要求。两大缺陷，体例不纯，凡例不清，也可供人反思。只是，他们尚缺乏自我意识，不是从家谱总目编纂理论角度做出的思考。

（4）近十多年新谱总目尚未提上议事日程。近十多年，中国进入了家谱编修的繁荣期，留下了相当多的家谱，到底有多少新修家谱，这是让研究者感兴趣的话题。因为未见完整的著录与收藏，所以仍处于无序与混沌状态。进入网络时代，出现网上修谱现象，我们也尝试着想弄清到底有多少。这些工作，难度会很大，但要尝试来做。道理很简单，当代弄不清楚，后世更困难。从另一个角度来看，公藏与私藏的目录意识不均衡，公立的图书馆与档案馆系统大都有完善的新谱著录；但相当多的家谱机构或家谱公司，尚未注意到家谱目录编制，他们缺乏做目录的内在动力。这说明若自用不必做目录或提要，他用才须做目录或提要，总目是公共文化建设的一种方式。

（5）新谱评论未成为机制。从目前情况来看，新谱的介绍与研究尚不成气候，相关谱牒学会类刊物也不以新谱研究为己任。文学作品出版以后马上便有人来评论，但史界往往滞后，虽有看法，多不会付诸文本，停留于心知、口说状态。这样的状态是不健康的，应加强新作品的公开研究与推广宣传。尤其是家谱编纂中摸索出来的好做法，更应及时推广，为更多的人所用。温故而知新，是可以发现一些新问题，得到一些新启迪的。

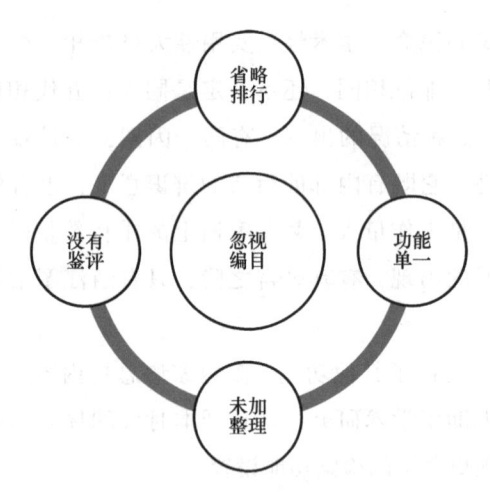

图 15-6　当下家谱研究存在的问题

三　拓展与突破空间

有丰富的历史遗产是好事，但知其不足，才会进步。重新检讨前人所编家谱总目的定位、体例、流程、机制，这是我们重新出发的关键。根据我们的初步观察，前人编纂家谱总目的以下方面是可以拓展或突破的：

（1）新中国家谱可独立成建构单位。关注 1949 年以来中国新谱著录，始于《中国家谱总目》，截至 2002 年（部分 2003）。2004—2019 年虽然只有 15 年，但数量更大。之所以要独立出来，是要开辟断代家谱总目之先河，从此可以不断续下来。新谱有别于老谱，它属当代公众历史，所以要独立成段，加以整理与研究。这样做的好处是可以体现新中国家谱编纂的特点：前 30 年的低潮与后 40 年的高潮。

（2）家谱总目编纂组织机制可以突破。从过往经历来看，大陆最早的《中国家谱目录》是山西社科院家谱中心编纂的，后来是国家档案馆、南开大学、中国社科院历史所三家牵头，联合全国多数图书馆而成的《中国家谱综合目录》，最后是上海图书馆牵头组织全国各地图书馆编成的《中国家谱总目》。由此说明，做中国家谱总目，并不是只有某馆牵头才行，由高校家谱与图书馆专家合作一直是理想的选项。现在的国家社科重大项目形式，更有可能让高校专家与图书馆专家牵头，集中全国公藏与私藏力量办成大事，这正是重大项目可以发力的地方。

（3）家谱总目功能可以进一步多元化。《中国家谱目录》《中国家谱综合目录》《中国家谱总目》，普遍存在功能单一化问题，就是为了检索之便。今日数据时代有了数据库，完全可以做到功能的多元化，让家谱总目发挥多方面的作用。做家谱总目就得普查，既然普查，就不能是简单的普查，而应是复杂的普查。所谓复杂家谱普查，就是要用家谱理论与家谱史视野筛选现存家谱的优劣。从家谱生产来说，家谱越多越好，每一种都有存在价值；但从全国家谱消费者角度来说，必须加以筛选，迅速知道有哪些创新，提升阅读效率，减轻阅读负担。这是我们家谱理论与家谱史研究者的任务。

（4）家谱总目编修体例可以突破。在体例上，家谱目录的主流模式是按姓氏来排比，如《中国家谱目录》《中国家谱综合目录》《中国家谱总目》，这是"家（族）、国（家）"体制时代的产物。今日家谱总目可以按地方行政区划来排列，便于人们按省、市、县、镇、村来寻找某姓家谱，这是"（地）方、国（家）"体制时代的产物。不同的模式有不同的意义，以姓氏为主，行政区划为辅，反映的是家族全国一盘棋思想，这也是古代中国以"家族为本"的人口管理模式；以行政区划为主，姓氏为辅，反映的是家族的地区化，是当代中国"区域为本"人口管理模式的结果。

在条目模式上，《中国家谱目录》《中国家谱综合目录》《中国家谱总目》，共同的特点是简目，部分是提要。其实，家谱提要的模式也是可以突破的。如《中国家谱藏谈》《慈溪家谱》，在阅读家谱基础上，写出详细的提要，加上图像，不追求千篇一律，风格活泼，值得学习。也可以改革总目的纯文字风格，加上丰富的图像。图像志的出现，预示了全新的风格。如福建图书馆、河南家谱会《家谱编修报》介绍新谱的模式，提供了一种好的家谱著录样式，值得学习，值得推广。

（5）家谱总目的汇总模式可以突破。《中国家谱综合目录》原计划一年搞定，最后拖延了12年，直1997年才正式出版。手工编辑、手工排版，导致出版周期过长。《中国家谱总目》编纂时间也长。一则普查与汇总模式，工作量不断堆积。各地编纂用了三年，还算正常；但最后汇总用了四年，有点过长。之所以如此，前后两班人马，汇总多是老人，工作量大。其次，手工模式，没有工作平台，核对困难。一旦有疑惑，要来回联系。上千小问题的来回核对就占了不少时间。这种由县而市而省，由省而全国的汇总模式，导致材料不断堆积，处理起来困难很大。今日数字时代可以一步到位，直接在平台上进行著录，直接审核，从而避免了因堆积而致效率低现象。国家古籍保护中心的"全国古籍普查登记基本数据库"，已经提供了这样的成功榜样。

（6）家谱民间征集方式可以突破。在20世纪末21世纪初，通信技术落后，数据库尚未流行，几乎都是手工操作。家谱是民间之物，收藏分散（图书馆、档案馆、文保所），征集的难度十分大。当时某些成功的县，靠的是人员网络体系。如2002年前后，浙江兰溪县图书馆长李彩标，各乡村有乡村文化人，从而得以取得县内各地家谱信息，成《兰溪家谱探秘》。今日网络、手机发达，通信联系方便，有时并不一定要直接上门采访，只要通过微信手段，就可获得相关家谱图像信息。新谱不同于老谱，修谱人与家族乐于推广宣传，有时直接在网络上就可以搜集到大量新谱消息。也就是说，今日网络时代，民间家谱征集方式更加多元化了，也更为方便了。

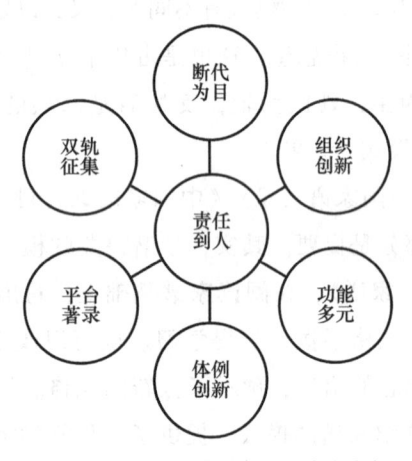

图 15-7　当代家谱总目可突破的地方

（7）家谱编纂的计件工作制也可用得更为得当。家谱总目的编制是一个工作量巨大的活，所以用计件制激励参与人员完成任务，无疑是一个实打实的效率提升好办法。编《上海图书馆馆藏家谱提要》时实行的计件制是成功的，因为它的参与者是个体，主要是在校研究生，是成功的。编纂《中国家谱总目》时也采用了计件制，每条8元，验收合格再付费。不过，对公馆参与人员来说，这点小钱的激励作用并不明显，结果效率不高，也没有严格执行。今日编新谱总目，组织干事团队时，仍可使用此法，效率会高。

综上所述，目前的家谱研究，关注传统家谱多，对新编家谱关注较少。当代新谱是以家谱生产为主的园地，研究工作尚未提到议事日程，新谱研究尚未专业化与专门化。新家谱编修历程近70年，不能再忽视了，得整理、得研究。进入数字时代，家谱总目的编纂也会不同于过往纸本、手工时代。

第三节 选题价值和社会意义

说及做新中国家谱总目，有人马上反对，说做家谱总目有何意义？他的理由是，普查新谱，无法收齐，即使收全了，也没有多大意义。这样的说法，自然属过虑了。

一 学术价值

（1）话语体系上的突破。第一，高水平家谱总目编纂标准的提炼与实践。《中国家谱目录》《中国家谱综合目录》《中国家谱总目》，只有家谱总目编纂实务，没有提炼出家谱总目编纂理论。本课题首次思考了大数据时代中国家谱总目编纂的高度与宽度问题，具体提出了八大标准：收录齐全，体例创新，排列科学，检索方便，功能多样，线上线下，机制长效，揭示优劣。这同样也是证明本课题学术价值的八大标准所在。第二，用公众史学精神理解当代家谱编修活动，家谱总目记录了当代中国家谱编纂行业的历史。这是一个家谱学与目录学结合而成的选题。从公众史学角度来说，它的基本功能是记录当代中国家谱编纂行业的历史。在生活世界，家谱是分散的。将全国的家谱按时空类型加以组合，括于一书之中，家谱就完成了由生活世界而文本世界的转换。第三，既关注大家谱也关注公众家谱，既关注一姓家谱又关注多姓村谱。村谱适应了当代中国村级行政管理的现状，公众家谱适应了民间个体操作。也就是说，创造了全新的基层修家谱与个人私修家谱的格局，突破了传统的一姓修谱与集体修谱格局。

（2）家谱总目体制的创新。第一，断代为目。《中国家谱目录》《中国家谱综合目录》《中国家谱总目》都是古今通代的家谱总目，《1949年以来中国家谱总目》重新设定时空，创造了一种断代的家谱总目，可以体现新时代的家谱编修成绩及得失。新谱不同于老谱，它是当代人民史，完全有必要独立成书。一册在手，70年家谱编纂的成绩，全部呈现。第二，体例创新。《中国家谱目录》《中国家谱综合目录》《中国家谱总目》都是姓氏为主、行政为辅的模式，《1949年以来中国家谱总目》创造了一种行政为主、姓氏为辅的家谱总目排列模式，更方便各地人直接按区域与姓氏查阅家谱。家谱体例的转型，背后是国家体制的转型，不是随意的转变，更实事求是。第三，模式新颖，开全新形态的家谱总目图像志编纂之风。家谱简目，主要是强调家谱的外在形态管理；家谱图像志的提出，也要求加强家谱内在形态的管理。做家谱图像志，主要是为了方便阅读、方便研究。也有利保存，可以保存大量序跋资料。由家谱总目到家谱总目图像志，更能得到可持续发展。

（3）问题选择上的推进。主要表现在以下五个方面：第一，按行政区划排列家谱总目。家谱体例的转型，背后是国家体制的转型，不是随意的转变，更实事求是。第二，将全国各地新谱编修大体上分为强中弱三区。精准化可以抓住重点，提升家谱资料搜集的效率。第三，平台著录。这是数字时代的家谱总目编纂，应不同于过往纸本时代。将数字平台迁移到家谱总目编纂，在方法应用上有新意。第四，引入图像志的直观精神。图像更为直观，可以直观地看到家谱文本了，比文字叙述力量强，可以大大缩短读者与家谱文本间的距离。第五，家谱总目大数据的分区分时研究，将提升家谱总目大数据研究水平。

（4）学术观点上的创新。表现在：第一，家谱总目功能要多元化。家谱总目，除了目录功能，也要增加其他功能。让家谱总目出于目录而超越目录，更好地服务学界与社会大众。第二，与其做家谱提要，不如做家谱图像志更理想。第三，要建立家谱书号登记体系。家谱多是没有书号的，家谱总目平台可以建立一套独立的全国性家谱号体系。第四，超越单纯的家谱总目编纂，使之更为复杂化。做家谱总目是抓手，家谱普查是一项可以综合推进家谱整理与研究水平的学术文化活动。第五，除了传统的家谱收藏单位，还要求直接从家谱生产与出版环节征集家谱，这是一大突破。

（5）家谱资料的大量发掘。这是一场大规模的家谱文本发掘与整理活动。本课题将会过目几万种家谱，在这种大规模的普查中，从现有的家谱文本中发现大量的有用家谱资料近八百万字。第一，家谱理论与家谱学术史资料的发掘，可以开发出《中国家谱编年资料长编》。这些资料，将大大方便当代中国家谱理论与家谱史研究。第二，专题研究资料的发掘。可以发现多类型的专题资料，譬如当代移民史、当代人口史、当代社会生活史。第三，通过口述史发掘大量家谱编纂经验。本团队拟与民间修谱人建立广泛的联系，可征集到各地民间修谱人的经验与技术，丰富中国现代家谱编修理论与技术思考。这些将大大推进当代家谱的多学科应用研究，让当代中国新谱研究更上台阶。

二 应用价值

（1）家谱总目平台将建立全国性的新编家谱动态联网系统。从国家文化管理角度来说，政府及各地家谱学会有必要了解全国各地的修谱动态。修谱是一种民间家族行为，政府对此不问不管，有时甚至有点担忧。之所以如此，是因为手工时代政府没有能力来管理民间家谱活动。进入数字时代，通过建立全国性的家谱数据联网系统，既可以管过往家谱文本，也可管未来家谱生产，一举两得。小空间的家谱，因为被著录于一本国家目录之中，就可被全国甚至全世界人来使用，为全国全世界人所认知与使用。有了这个家谱总目平台，能实现家谱编修的精准管理与服务，家谱生产也会进入良性循环。

（2）检索多便，家谱总目数据库具备多功能检索。由生活世界而文本世界，完成家谱的全国性记录。从图书目录来说，它的基本功能是图书导航，让分散的家谱汇集一书中，书目信息得以大空间流传。在生活世界，家谱散于全国各地小空间内，互相间的信息不畅。现在，通过总目的编纂，就将全国各地的家谱建构于一体，一目了然。由总目提要到总目图像志，由纸本而数据库，更有可持续发展。它可以突破目录学单一学科思维的局限，让家谱总目出于目录而超越目录，更好地服务学界与社会大众。如此就可为全世界人所用，便利学者研究检索，便利修谱人员检索，便利海内外读者查阅家谱，是华人寻根问祖的路线图。可以不断用下去，可以让无数的读者受益。

（3）新家谱案例库将大大节省修谱人的提升成本。既然留下了几万种新家谱，自然得对其编修模式有一个研究。当代新家谱，是一块以生产为主的园地，研究工作尚未提到议事日程。用家谱理论与家谱史眼光重新审视新谱。不是简单的优劣评判，而是在家谱基本信息筛选基础上，寻找家谱理论技术上有创新的特色内容加以研究，发现新谱的亮点，找出新谱的盲点，使之成为优秀案例。这可以大大推动当代家谱编修活动的发展。整理，系统的调查研究，是对修谱

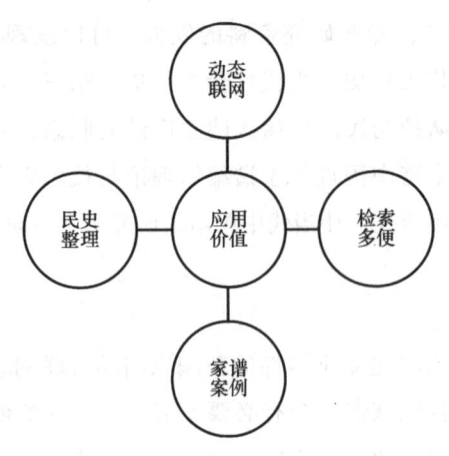

图 15-8　选题价值与学术意义要点

人员及其家谱文本的肯定。全面阅读新谱研究的成果，思考新谱整理与研究的路径与选题，从而拓宽公众史学在家族史编修的想象空间。当下中国的家谱编修，一方面面临着普及化问题，另一方面又面临着提升问题。普及与提升之捷径，就是提供优秀家谱样本。民间家谱编修人普遍视野狭窄，周边有限的样本不足以满足他们的更高要求。高校家谱专家关注全国，可以从全国范围内筛选出经典的家谱案例，供他们直接模仿，这可以大大节省他们的学习成本，从而使之后出转优，大大提升当代中国家谱编修业的发展水平。

（4）家谱总目可以扩展出当代公众历史文献总目。从公众史学角度来说，当代家谱的整理是当代公众史文献整理的开端。家谱研究模式成功以后，可以迁移到其他类型公众历史文献，如个人史、社区史，提炼出类似的重大选题。当代公众历史文献，由于时间段太近，往往不在学人研究范围之内。如何用重大项目形态，进行全国性的公众历史文献普查工作，这是值得探索的事。家谱总目编纂，为我们提供了一种有效的路径。

当代新谱整理的意义在于，它是当代公众史文献整理的开端。我们要探索的模式是，如何用重大项目形态，进行全国性的公众历史文献普查工作。

三　社会意义

（1）编家谱总目是一种国家文化数据管控行为。全国家谱总目，地方不会来做，家族不会来做，公司不会来做，他们没有内在动力，只有国家文化单位

第十五章 当代中国新谱总目信息管理

高校、图书馆有做家谱总目的愿望与动力。①这次将创造一种以国家图书馆、高校为主导的家谱总目编纂组织模式。立为国家级重大项目，依托国家图书馆，代表国家行事，更有权威性。②也要用民间图书的国家管理眼光来看家谱总目编纂之事。其他图书均有书号，有统一的国家管理；家谱是民间行为，多属内部出版物，处于放任自流状态，政府心中没有底。有了这个家谱总目著录系统，就使家谱进入有序的良性循环管理之列，这是一大进步。③全国家谱总目可以促进地方家谱总目的编纂。这次的新谱目录编纂，可以促进地方编纂家谱目录。各个子课题的成果，就是地方家谱目录，几十部地方家谱总目就是直接中期成果。

（2）编家谱总目是一次大规模的家谱数据编纂活动。①这次家谱总目的编纂，不是简单的家谱书目汇编与增补，而是要对全国各地家谱编纂活动做一个全面普查，这是新中国第一次做全国性新谱普查工作。家谱普查是基础性文化工作，可以一网打尽，是提升国家信息管理水平的基本路径。②更重要的是，做"文本择优"工作，通过普查筛选出重要的家谱，可以让后人更容易把握当代中国家谱发展的面貌与趋势，找到可资借鉴的家谱理论与技术。

（3）家谱总目是民间文化建设工程。①民间文化建设，家谱编纂是核心抓手。修家谱乃民间文化建设重中之重，是一项全国性的、全民性的历史文化建设活动，于国于民均是大好之事，可以说有百利而无一害。新谱有别于老谱，如果说老谱尚有宗法管理色彩，则新编家谱完全是百姓家族史。从当代历史记录角度来说，家谱是一种记录民众历史的文本。②家谱总目的编纂可以促进民间家谱编纂之风的进一步繁荣。单机家谱、网上家谱及填写家谱，得以编入国家家谱总目，是对民间修谱的一次肯定，可以鼓励家谱人员及时捐赠给相关的图书馆或档案馆。

修家谱乃民间文化建设重中之重。公馆而私藏，这是对公众历史的重视。从当代历史记录角度来说，家谱是一种文本而已，是一种记录民众历史的文本，这是其第一价值。其他价值都是附加的，随着时代的变化而变化。将普通人的生活经历转化成历史文本，这才是核心意义所在。时代变了，力量变了，史学变了，家谱也变了，家谱管理也应变。公众时代需要公众史学，家谱作为当代民间公众历史文献之一，当然应该重视建设。这是大历史观念的必然要求。政府为什么要重视百姓家谱的著录？这正是公共政府文化管理职责之一。新编有别于老谱,如果说老谱尚有宗法管理色彩,则新编家谱完全是百姓家族史。当代家谱的编纂,本质上是属当代公众史编纂。所以,整理与研究当代家谱的意义在于研究公众史,它是公众史学的一个组成部分。从公众史学角度来说,编修新谱也是家族自强自立的表现,是人民写人民史,这是当代人主动替自己留下当代史。家族的稳定与文化建设水平,直接决定国家的稳定与文化建设水平。

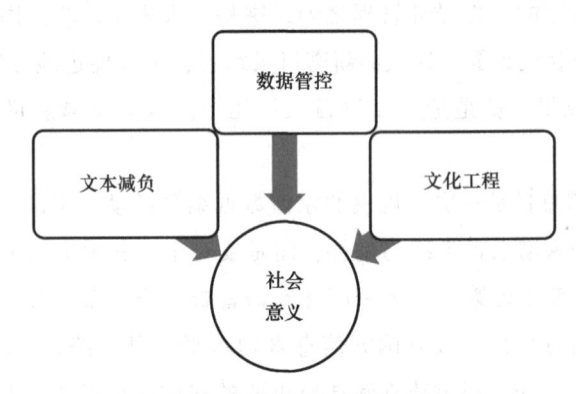

图 15-9　家谱总目社会意义要点

总之,做家谱总目是一个稳妥的题目。这是一个有充足基础的题目,是可以做出来的。从根本上说,做家谱总目是国家的文化信息管理职责。因为涉及全国,规模比较大,工作任务重,国家有必要立为重大项目。早在 20 世纪初,史学大师梁启超等就已大声疾呼:"尽集天下之家谱,俾学者分科研究,实不朽之盛业。"到了 21 世纪,我们完全有实力、有能力达到这样的理想目标了。

第四节　总体框架和预期目标

一　研究对象和总体问题

1. 本课题的研究对象①

本课题的文本对象是 1949 年以来新出家谱文本外部与内部基本信息。史学的直接研究对象是文本,家谱研究的直接研究对象是家谱文本。精确地说,包括两大类型的家谱,一是续修的家谱,二是创修的家谱。有老谱是续修,没有

---

① 因该部分内容是为课题申报时写作,故延用"本课题",不改为"本书"。

者则是创修。续修，除了通代谱，也出现断代谱。从形态来说，除了大家谱，也会包括公众家谱；除了血缘谱，也会包括通谱；除了纸谱，也会包括电子谱。从媒介来看，有单机家谱、网上家谱与填写家谱。

本课题的问题对象是 1949 年以来中国家谱总目编纂中存在的诸多理论与实务问题。课题进行前会有一些宏观性问题要思考，在课题进行过程中会有大量的细节性、技术性问题要克服。这需要团队及时思考，拿出对策，从而推进课题的顺利进行。

2. 本课题的总体问题

本课题的核心任务是汇集公藏私藏 1949 年以来家谱目录，成一部联合性的国家家谱总目。围绕中国新谱总目的编纂，要做一些理论与实务上的宏观思考，这就是本课题的总体问题。具体地说，为什么要做家谱总目？数字时代如何做新谱总目？本团队有能力做出来吗？这些问题是要优先回答的。

图 15-10　总体逻辑问题

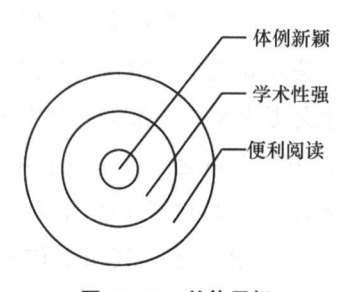

图 15-11　总体目标

在有限的时间中，家谱总目如何更有新意、更有学术性、更有阅读性，使大数据时代中国家谱总目编纂更有高度与宽度，这是我们团队要努力的目标所在。

具体地说，上述总体问题的实现，需要把握下列几点：

（1）为什么不是续补而是重起炉灶？为什么隔了十年又要重新来做新谱总目？续补，仍是同一本书。《中国家谱总目》，规模那么大，难以续补，也不太愿意续补。于是，断代为书，另立项目，也就成为最佳的选择。《1949年以来中国家谱总目》是国家目录，国家目录代表一个国家的图书出版管理水平。家谱的编修，家族色彩强，区域色彩强，公共传播动力偏弱。要做全国性的总目，只有公共图书馆有这种冲动，只有高校教授有这样的想法。

（2）做新谱总目与老谱总目有何不同？首先，老谱是1949年前产生的家谱，没有版权限制，没有忌讳限制，家谱编修者均是过往之人；而新谱多属当代民众史，有版权与内容忌讳限制，背后有一个活的家谱行业群体。如此，做老谱总目，只要汇总公藏与私藏单位的家谱目录即可；而新谱则会涉及家谱背后的行业，要与修谱当事人取得联系，发挥当事人参与的积极性，不能孤立起来做家谱总目。其次，老谱是"家国"体制时代的产物，家谱即宗族户口册，所以总目要求按姓氏来编排；而新谱则是"（地）方、国（家）"时代的产物，行政户口成为主流，家谱的编修，直接与某地某村某氏挂钩。既然如此，家谱总目得按行政区划排列，检索起来更为便当。

（3）家谱理论与技术如何服务家谱实务？家谱理论是灵魂设计，总目实务是主体工程。编家谱总目，技术层面事更多，要通过实战操练，使各个环节的操作更为顺利。除了技术层面，更要有理论上的想象力。家谱总目，形式是目录，内容是家谱。如此，做新谱总目的理论会基于四大方面：一是信息管理理论，二是传统文化复兴，三是公众史学，四是大数据理论。有此四大视野的观照，家谱总目编纂的视野才会更为宽广。家谱总目在形态上属目录学，在内容上属史学，家谱是三大形态史学文献之一，是具有中国特色的，要加以继承。此类作品，今日可归入公众史学，称为公众历史作品。

（4）家谱总目生产者与使用者的不同需求如何平衡？进入数字时代，除了便检，家谱总目还可以派上什么用场，这是值得反思的。总目的生产，多是图书馆学科的产物。出于公共服务的需求，图书馆为读者检索之便，会着力生产总目。就馆藏目录或联合目录，这样的需求是对的。图书馆系统做总目，有视野单一而狭隘的问题。由读者、修谱人入手，会提出另外功能问题。家谱总目的生产与使用是两个群体，着眼使用群体的要求，显然更为重要。

由学者、修谱人需求入手，会提出其他功能添加问题，要强化家谱研究与宗谱参考功能。

（5）家谱总目线下与线上如何联动？以前三次做全国家谱目录，均是手工时代；现在进入数字时代，编总目编纂要有数据平台。数据库不同纸本，没有容量限制，所以内容可以更为丰富些。纸本家谱总目可以简明一些，线上的数据库可以更丰富些、更灵活些。有了数据平台，可以设置更多的检索功能，使之符合多视野的家谱研究之需。这个中国新家谱著录系统，既可满足全国需求，又可满足地方需求，可起到全国与地方目录的双重功效。不同视野的人，有不同的空间大小要求。学者关注全国，但政治人与其他人更关注地方。

（6）家谱总目收录如何才能做得更全？做家谱总目，除了方便检索，就是可以量化，精准地了解家谱存量状况。如此，这个家谱总目的收录是否全面，就成为家谱总目优劣评判的一大核心指标。着眼纸本，是传统目录学的基本特征。今日除了线下的纸谱，还得关注到线上的电子谱及民间填写式家谱。这些调查均有难度，我们只能尽最大的努力做出一个有限的家谱总目。同理，民间的家谱，也不可能一点不漏地了解。再说，新谱是一个动态的概念，它不断处于生产之中，总量不断在增长。如上所述，估计在 10 万种左右。家谱总目不等于家谱全目，没有一个家谱总目敢声称收录了全部的家谱。有比没有好，会有一个粗略的基础，以后可以不断添加。完善与完美，正是建立在不断修订基础上的，并不是一次性完成的、一劳永逸的。

总之，规模更大，人员更多，质量更高，水平更高，这是我们的目标。

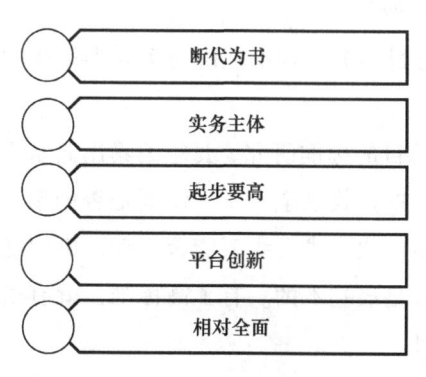

- 断代为书
- 实务主体
- 起步要高
- 平台创新
- 相对全面

图 15-12　总体问题的把握重点

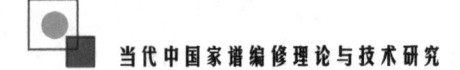

二 研究框架和主要内容

本课题由总课题和子课题两大块组成。总课题讨论家谱总目编纂的理论与技术，子课题是家谱总目编纂实务。总课题由七个部分构成，子课题分五大方面。

表 15-1　　　　　　　　　　本课题的总体研究框架

课题类别	编号	研究内容
总课题	第一部分	1949年以来中国家谱总目编纂标准研究
	第二部分	1949年以来中国家谱总目编纂定位研究
	第三部分	1949年以来中国家谱总目编纂体例研究
	第四部分	1949年以来中国家谱总目著录流程研究
	第五部分	1949年以来中国家谱鉴评机制研究
	第六部分	1949年以来中国家谱总目数据库研究
	第七部分	1949年以来中国家谱分区分时统计分析
子课题	子课题1	国家图书馆与山西社科院藏1949年以来家谱基本数据调查与著录
	子课题2	上海图书馆与中华家谱馆藏1949年以来家谱基本数据调查与著录
	子课题3	强区1949年以来家谱基本数据调查与著录
	子课题4	中区1949年以来家谱基本数据调查与著录
	子课题5	弱区1949年以来家谱调查及总目数据库建设研究

1. 总课题的研究框架与内容

总课题涉及家谱总目编纂的基本理论与实务操作诸问题。核心要关注七大方面的问题研究：

（1）高水平家谱总目的标准研究。要想编纂出高水平的家谱总目，首先要确立家谱总目优劣的标准。收录全不全，体例是否创新，排列是否科学，检索是否方便，功能是否多样化，线上线下能否互动，机制能否长效化，能否揭示家谱优劣。这八方面应是最基本的。有了高标准，就有了努力方向，就可成为一部高水平的家谱总目。

（2）家谱总目定位研究。线上与线下结合，全国与地方结合，当下与未来结合，纸本与数据库结合，这是现代社会对中国新谱总目的基本要求。编家谱总目，不是简单地汇编图书馆等所藏家谱目录。仅限于图书目录学视野，认为做好家谱总目就是全部工作所在，其效能就会受到很大制约。家谱目录生产者多限于图书馆系统，而使用者是读者，是全国各地的百姓，各地的专家。他们的使用目标，更为广泛。仅限于检索，已经远远满足不了专家的需求、大众的需求。今日，更应从使用群体的不同需求，来重新定位总目的编修，使之功能多元化，从而更适合市场需求。如果让一个当代家谱研究专家来主持，家谱总目是一个抓手，是一项基础性的家谱整理工作。在普查过程中，会用学术之眼打量民间家谱的价值。如果加上家谱理论、家谱史、家谱学术研究三大视野，则可加工出更为复杂的家谱研究成果来，譬如家谱资料编年长编、家谱特色经眼录、家谱统计分析等。也就是说，同样的家谱材料，是单视野简单加工或多视野复杂加工，其结果有天壤之别。

（3）家谱总目编纂体例研究。家谱总目定位决定其体例，体例包括全书的大体例与词条的小体例，前者指用什么体例来编排，后者是指每条的模式又选择哪种。

在排列上，改变传统家谱目录按姓氏编修习惯，主张按行政空间来排列，以空间为经，以姓氏为纬。《中国家谱总目》出版以后，各地纷纷要编地区家谱总目，说明按姓氏排列的模式不适合各地实际使用。在今日中国行政户口管理体制下，显然区域色彩更为重要，所以强调按行政区划为主线。这样的分区编排法，也可以与地方性（省、市、县级）家谱总目的编纂相统一。既可地方，又可组合成全国，这样的家谱总目，更为灵活，更受地方欢迎，也更容易得到地方经费的补助。

在家谱条目风格，提倡"总目+图像志"。前人多喜"提要"，这是纸本时代的产物，是高级学者欣赏的风格，是前人作品学术史、文化史、知识史等研究的简明表达。提要写作，难度系数大，只有大学者才能做好，门槛高。且劳民伤财，错误率高，容易引起争议。现代学术更强调专题研究，这样的提要太简单。作为读者，这样的提要，作用不是太大。今日可考虑另辟蹊径，建立全新的家谱图像志，将家谱文本封面、目录、序跋等相关资料汇编成册，近于家谱总目资料长编，因多数是图片形态，故称图像志。由于种种原因，某些家谱可能弄不到图像，所以不能保证每条有图像，但会有更多家谱有图像。为什么要用图像志？对研究者来说，提供直接的图像，更为有利，他们自己可以判断。

直观，缩短读者与家谱文本间的距离。中国学术，在相当长时间内是靠文本来说明的，由文字到文字，是其共同特点。结果，读者无法接触文本。有了图像，至少可以直观地看到家谱文本了。这是一大进步。图像志有几大便利：一是便于目录核对，防止重复；二是便于进一步的深入研究；三是便于进一步提升阅读价值。图像，更为直接，比文字叙述力量强。由简目而提要，由提要而图像志，这是一个不断升级的过程。数据库的大容量将突破传统纸本的容量限制，使图像志成为可能。

（4）家谱总目编纂流程研究。从工作流程来说，在于用什么方式迅速有效地获得资料，又用什么方式著录家谱目录。家谱目录分纸本目录与网上电子家谱两大类。纸本探索，分三步走，第一步是穷尽各图书馆的家谱目录。第二步是主动出击，与民间家谱公司、家谱会、家谱馆、宗亲会联系。第三步根据相关线索，联系到新谱收藏者家族个人。这项工作，拟委派各地负责人进行。第四步是直接相关家谱文本，应进一步了解相关的信息。另一方面，与家谱公司建立关系，取得相关的电子家谱目录。如此，可穷尽纸本与电子家谱，有可能建立起新中国家谱总目。线上与线下结合，全国与地方结合，可以有效地征集到家谱资料。纸本与数据库结合，当下与未来结合，这是大数据时代对家谱总目编纂提出的全新要求。

（5）新编家谱的鉴评机制研究。第一，新谱出版后要及时加以宣传，公开序跋与图片资料，如河南《家谱修编报》推广模式。第二，新编家谱的特色提炼。这是笔者团队的特色所在。既然留下了几万种新家谱，自然得对其编修模式有一个研究。发现新谱的亮点，找出新谱的盲点，成为家谱研究案例，推动当代家谱的发展。家谱特色经眼录以过眼家谱为主，力求全面，以留下当代人对当代家谱文本的认识。既然翻阅家谱文本，仅著录一些简明的要素是不够的，希望能寻找到更多的家谱信息，成为一个个粗略的个案研究。过目以后留下相关核心信息，称为"经眼录"，可以开发出更多的研究选题。第三，未来可编纂《中国家谱年鉴》。家谱编修已经成为一个庞大的民间文化行业，当然得有年鉴来总结。家谱年鉴的编纂模式也可创新，在网上建立自助模式，鼓励民间提供新谱的相关资料。也可以有意识地找不同行家来写意见书，汇编成册。可进一步改革年度中华新谱展评机制，使之更为学术化，这是未来研究当代新谱的第一手学术史资料。

（6）家谱总目著录平台研究。目前，有多款家谱平台，除了网上修谱公司的家谱系统有类似功能外，几个图书馆的家谱数据库有值得肯定之处，不过也有其局限。譬如上海图书馆的家谱系统是行业内比较早的，这是个馆藏家谱总目，不是全国联网的，家谱全文数据阅读有条件限制，只能在馆内阅读，个别授权单位可以远程查阅，其他人不能在网上远程查阅。另一方面，上图家谱全文数据系统只收老谱，不及新谱。新谱是当代史，有版权与内容保密限制，无法做成家谱全文数据库，这是一个天然限制因素。那么，能否取一个中间值，平衡总目之简与全文数据难操作间的矛盾呢？这是值得探索的。做新谱总目图像志，无疑是一个理想的选择。福建图书馆家谱数据库，已经开了先例。笔者团队拟将之推广开来，成为全国家谱总目图像志数据库，可以在网上公开查阅，让世界各地的人能随时查阅家谱基本信息。这是个全新的要求，现有的馆藏"1.0版家谱数据库"无法适应，必须重新开发一个"2.0版中国家谱总目数据库"。

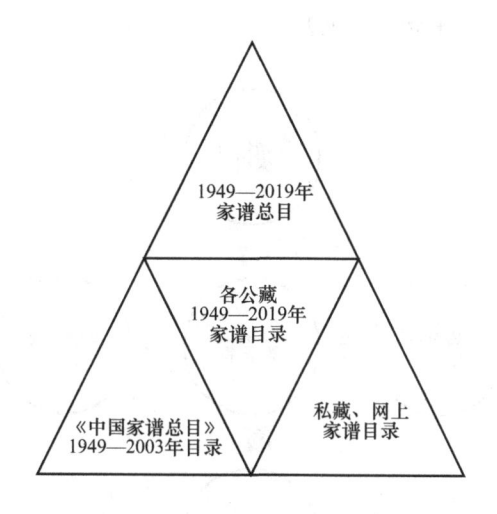

图15-13　中国家谱总目数据库后台模型

机器会自动查重，减少核对工作量。机器可以自动编制索引，检索功能强大，可以实现索引制作的多功能化，譬如家谱作者索引、家谱时间索引、家谱地区索引、家谱单位索引等，可以通过不同形态来导出目录。可以设置家谱地图检索，这是全新的检索模式。在形式上，可模仿中国智网的多路径检索模式。

有了年度检索，也可编纂线上家谱年鉴。家谱总目编纂以后的续修，希望以家谱年鉴形式出现。未来，希望实现新编家谱著录的常规化。一方面，在网上建立国家级长效家谱自助著录机制，鼓励民间自印家谱后及时登入。另一方面，各县图书馆应建立村镇民间修谱调查机制，主动出击，收集相关的家谱编修信息。

（7）家谱总目分区分时统计分析。编纂家谱总目不是结束，而是开始，有可持续的发展。《中国家谱总目》是纸本形态的，所以前人做量化分析时，只能靠手工来统计。现在有了家谱总目数据库，起点更高了，可以进行自动的量化统计分析。完成家谱总目编修，既是文献整理的结束，又是家谱研究的开始。有了数据库，就可以进行多样化的定量分析。譬如做家谱的空间分布特点研究，仔细考察编修背景，研究其传承规律，了解其他地区不修的背景，促进编修。这有三大方面的考虑：一是各地风格的不同；二是归纳各地修谱不均衡的特点及地区成因；三是促进未编修地区加强修谱。分区目录可以发现各地不均衡，知道努力方向，推动未修谱地区的修谱活动。

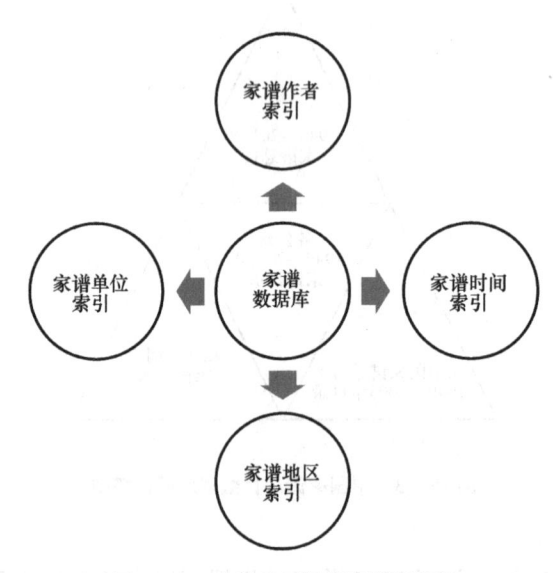

图 15-14　家谱总目数据库检索路径

2. 子课题的研究框架和内容

子课题的设计，着眼于家谱总目的实务而来。子课题名"家谱基本数据"，

而不是"家谱目录",是希望内涵更为丰富,不仅是目录信息而已。子课题的研究框架,拟分为五大块,由五大团队组成:

(1) 国家图书馆与山西社科院藏1949年以来家谱基本数据调查与著录

第一,国家图书馆家谱征集与著录中细节性问题研究。将国家图书馆古籍馆所藏新家谱目录从新旧混杂的家谱目录中剥离出来,成为工作底本,对之进行更复杂的研究。组织干事团队,配合家谱组管理员,筛选并拍摄全部新家谱的图像资料,输入家谱总目平台。

第二,山西社科院家谱征集与著录中细节性问题研究。将山西社科院家谱中心所藏新家谱目录从新旧混杂的家谱目录中剥离出来,成为工作底本,对之进行更复杂的研究。组织干事团队,配合家谱组管理员,筛选并拍摄全部新家谱的图像资料,输入家谱总目平台。

第三,对两馆有特色家谱案例展开深入研究。在家谱基本信息筛选拍摄基础上,寻找家谱理论技术上有创新的特色家谱内容加以研究。又如北京涂金灿发明长卷折叠法,颇适合城市居民,值得作学理考察。

第四,对各馆所藏家谱进行分区分时分类型的统计分析。通过分时统计分析,希望勾勒出精准的新谱增长轨迹图,也可以了解新中国家谱编修艰难的成长过程史。如:①1949年至1953年家谱编修是否具有特殊性。②新家谱正式出版是如何发展变化(含港澳台地区)。③50年代初的家谱,除用纸和刷印较差外,与旧谱区别不大。60—70年代的家谱情况如何,要做出详细的研究。

(2) 上海图书馆与中华家谱馆藏1949年以来家谱基本数据调查与著录

第一,上海图书馆家谱征集与著录中细节性问题研究。将上海图书馆所藏新家谱目录从新旧混杂的家谱目录中剥离出来,成为工作底本,对之进行更复杂的研究。组织干事团队,配合家谱组管理员,筛选并拍摄全部新家谱的图像资料,输入家谱总目平台。

第二,中华家谱馆家谱总目编纂研究。河南家谱研究会依托魏怀习的河南鉴志谱印刷公司,编印一体化,可以留下每部家谱的复本。一年印刷三百多部,平均一天一部。又可多印一些家谱,与人交流,收购成本低廉。又通过举办年度的中华新谱展评会,鼓励参评者捐赠家谱。如此,他们的中华家谱博物馆收藏量增长较快,每年近千部。目前有五千多种新谱,又有老谱五千种左右。收藏范围以河南为主兼及全国各地。既可成家谱馆，又可成编印推广中心，这是其机制可贵之处。又通过中华家谱网与《家谱编修报》，及时刊登所出新谱的序跋与图像资料。还举办年度家谱学术交流会，出版家谱论文集。他们正在编纂的《中原家谱总目》，可与本课题配套。

第三，对有特色家谱案例展开深入研究。在家谱基本信息筛选拍摄基础上，寻找家谱理论技术上有创新的特色家谱内容加以研究。除了家谱的类型，家谱核心的世系图格式也在不断创新变化之中。除传统的"倒树状""宝塔式""悬挂法"外，靳新主编的《辽西靳河堂靳氏家谱》创造出《年轮式世系图》。崔丙书主编的《崔氏宗谱》创造了"纲举目张"的《家记图》，三代一图，中有彩色人像。发现新谱的亮点，找出新谱的盲点。

第四，对两馆所藏家谱进行分区分时分类型的统计分析。通过分时统计分析，希望勾勒出精准的新谱增长轨迹图，也可以了解新中国家谱编修艰难的成长过程史。如彩色照片是何进入家谱编修的。

(3) 强区 1949 年以来家谱基本数据调查与著录

第一，强区家谱征集与著录中细节性问题研究。本课题主要是解决强区如浙江、湖北、福建、河南、广东、港台、四川等地的家谱搜集与著录问题。拟各省设立一个代表，负责一省新家谱总目的编制。组织团队人员，筛选并拍摄全部新家谱的图像资料，著录上传。同时，完成未编新家谱目录研究，协助天一阁、常州家谱馆，以及其他家谱公司完成家谱目录的编制，家谱资料的拍摄，著录上传。

第二，谱师群体与谱局考察。拟对浙江、江西诸地的谱匠群体，谱局如浙江万卷谱局、天下谱局、宗和谱局等修谱群体作口述访谈。拟对河南家谱会、常州家谱研究会、绍兴家谱会等作案例调查。据初步的调查，天下谱局在通谱、新谱的编纂技术上有较大的突破，值得提炼总结。

第三，对有特色的家谱案例展开深入研究。在家谱基本信息筛选拍摄基础上，寻找家谱理论技术上有创新的特色家谱内容加以研究。如浙江东阳《鹿峰蔡氏宗谱》、吕有凯《太平吕氏家谱》、卢瓯武《乐清蒲岐张氏宗谱》等。这些有特色家谱案例的创造性工作，须由家谱专家加以研判，做出学理的分析与历史地位的评定。

第四，对各馆所藏家谱进行分区分时分类型的统计分析。通过分时统计分析，希望勾勒出精准的新谱增长轨迹图，了解新中国家谱编修艰难的成长过程史。强区可以做省下市县分区研究。空间分布也不完全是一个数字统计问题，会包括更多的区域文化背景分析。

第五，家谱编纂在乡村文化提升中的作用研究。浙江各地在进行乡村文化礼堂建设活动，计划建设1.5万个，目前完成8千多家。家谱编修如何成为配套的文化建设活动，值得研究。首席专家提倡的村谱编纂，将大大提升乡村内在文化的提炼。此法成功，可在全省乃至全国推广。

（4）中区1949年以来家谱基本数据调查与著录

第一，中区各省家谱征集与著录中细节性问题研究。解决中区如江西、安徽、湖南、江苏、山东、海南等省的家谱搜集与著录问题。各省设立一个代表，负责一省新家谱总目的编制。组织团队人员，筛选家谱资料，拍摄新家谱的基本资料，著录上传。在这个过程中，会有一些具体的技术性问题，需要我们来及时研究。

第二，有特色家谱案例研究。在当代中国家谱编纂中，会遇到理论与技术问题，通过别人成案来思考是一个好途径。在家谱基本信息筛选拍摄基础上，寻找家谱理论技术上有创新的特色家谱内容加以研究。如王维刚教授主编《重庆涪州送坪王氏宗谱》。这些有特色家谱案例的创造性工作，须由家谱专家加以研判，做出学理的分析与历史地位的评定。

第三，对各馆所藏家谱进行分区分时分类型的统计分析。做分区分时研究的目标是确定中区各个省的家谱编修活动在空间上的不平衡性与时间上的不平衡性。通过分时统计分析，希望勾勒出中区各地精准的新谱增长轨迹图。在家谱中区的研究中，常熟是一个典型案例，有发达的家谱编修、印刷、收藏，甚至家谱网络技术，线上线下，一条龙服务。山东的旧谱编纂不发达，但新谱编修发展较成熟，值得深思。

第四，族谱网由湖南移师浙江分析。近十多年，是中国家谱公司兴衰变化的高峰期。因何光岳收藏了大量的家谱，让我们知道湖南曾是修谱强区；进入网络时代，湖南修谱似乎又繁荣了。然而，因湖南"百姓通谱"公司的倒闭，湖南成为家谱网络公司虚假繁荣的重灾区，证明加盟模式并不适应家谱生产。湖南族谱网避开湖南，来到家谱成熟区浙江宁波，寻找全新的市场，此路能通吗？时间将证明之。修谱能成为线上行业，但不会暴赚大钱，它是文化产品，变现能力不强。

(5) 弱区1949年以来家谱调查及总目数据库建设研究

第一,开发家谱总目数据库。数据库建设涉及的技术基本没有太大的问题,主要是数据结构设计与上层应用设计。数据结构要解决存储哪些数据、用什么格式、以什么粒度等。应用设计解决数据库的使用问题,如检索、浏览、索引、数据分析、谱系缀合等。检索可以理解为基于家谱数据库的一种应用,也可以理解为用户与家谱资源系统的一种交互过程,可分解为检索策略、检索工具和数据源。数据源是检索的基础,检索工具可以分为简单检索工具和智能检索工具,检索策略是用户的检索方法,可部分内置于检索工具中。对数据库而言,家谱数据的结构化程度直接影响检索的结果,检索策略、检索工具和数据源三者共同决定检索的效果。数据源的结构化程度低,如将家谱简单文本化后直接存入数据库,要想有较高的查全率和查准率,检索策略就要更完备,检索工具的智能化程度就要更高。

第二,弱区家谱征集与著录中细节性问题研究。拟由两个专家团队,对弱区各省市图书馆家谱目录作一梳理。筛选家谱资料,拍摄全部新家谱的图像资料。在这个过程中,会有一些具体的技术性问题,需要我们来及时研究。

第三,网上家谱现状调查。与九亲网、百姓家谱网、云脉宗谱等网络公司合作,导出各自的网上家谱目录。这些公司的后台,可以清楚地知道全国各地修谱动态与修谱数量。这是数据库中的、动态的家谱编修方式,所以著录方式会不同于纸本家谱。直接在网上修谱,可以降低采访成本,让更多的人参与进来。同时考虑到民间家谱公司的非永恒性,须线下保存与纸本保存。

第四,对有特色的家谱案例展开深入研究。在家谱基本信息筛选拍摄基础上,寻找家谱理论技术上有创新的特色家谱内容加以研究。家谱有几万种,中间肯定有好的家谱,也有不好的家谱,以偏概全是不对的,理想的状况是发现家谱的特色所在,这才是有益于家谱行业发展的举措。

第五,对弱区所藏家谱进行分区分时分类型的统计分析。通过分时统计分析,希望勾勒出精准的新谱增长轨迹图,也可以了解新中国家谱编修艰难的成长过程史。弱区之所以弱,必有其内外原因与历史传统,这是值得思考的。四川成都阁晋修首创填写式家谱产品,推广二十余年,贡献不小,可惜孤军奋战,一直没有做大,值得作为个案加以反思性研究。

第六,江苏时光科技公司崛起常州分析。网上自助修谱,本质上是文化公益活动，变现能力弱，无法暴赚大钱，导致网上家谱公司如过江之鲫，兴衰无常。2014年成立的时光公司，通过开发全新的交互体验式的家谱服务平台，建立大型家谱数据库，直接服务国家图书馆、上海图书馆、美国犹他家谱学会，走出了另一条赚钱之路，逐渐成为网上家谱公司。这样的案例值得研究，可以捕捉到家谱网络公司的发展趋势。

3. 总课题和子课题之间的逻辑关系

（1）本课题总课题的内在逻辑

总课题核心思考的是做1949年以后中国家谱总目的标准、定位、体例、流程、鉴评、平台、统计诸问题。它是围绕家谱总目这个核心目标而展开的多层次思考。高水平家谱总目标准决定家谱总目的努力方向，有标准就可以倒着来达标了。定位研究决定家谱总目流程的努力方向，前两定位决定家谱征集范围与方式，后两方面是著录机制与成果呈现方式，体现大数据时代的家谱总目编纂。体例决定家谱总目的整体框架与词条风格，因为目标更高，所以必须有一个全新的框架设计。流程解决的是家谱总目实务编纂中资料征集与著录的效率问题，流程工作图是实现核心目标的路径。鉴评机制解决新谱得失的评判机制，家谱特色提炼解决众多家谱在理论与技术上的贡献问题，年鉴着眼未来的年度常规鉴评机制建设。平台解决著录效率问题，也可建立长效的家谱总目著录问题。家谱总目数据的分区分时统计分析。完成家谱总目编修，既是家谱文献整理的结束，又是家谱学术研究的开始，可以提升一个档次。

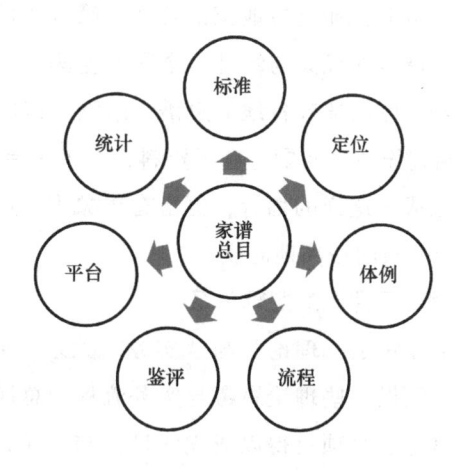

图 15-15 总课题内在逻辑

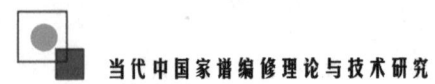

(2) 本课题子课题的内在逻辑

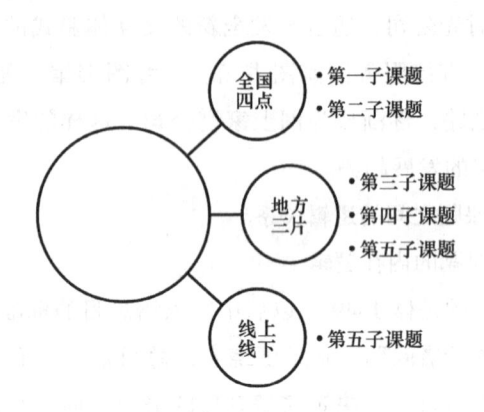

```
全国四点 • 第一子课题
       • 第二子课题

地方三片 • 第三子课题
       • 第四子课题
       • 第五子课题

线上线下 • 第五子课题
```

图 15-16　子课题内在逻辑

　　子课题五大块划分的内在逻辑，重在解决家谱文本资料的征集、统计与著录问题。子课题内在逻辑的设计，考虑了三大原则：一是线上与线下结合，二是抓住重点，三是分片采集。第一、第二子课题解决全国四大家谱资料中心（国家图书馆、上海图书馆、山西社科院家谱中心、中华家谱馆）的征集与统计问题。以全国为单位，这是大空间。四家收集齐全，可成一半。第三、第四子课题重在强、中两大片区家谱资料的征集与统计问题，每片之下，又以省级为单位。强弱区域的不同，意味着搜集单位层次（省、市、县）的不同。征集区域的不同，可使工作更精准，补充各地家谱总目。第五子课题有三大目标，重在解决弱区、网上家谱资料的征集与统计。全国大空间与地方小空间结合，纸本家谱与线上家谱结合，可以搜齐各地的家谱。第五子课题最后一大任务是解决家谱总目数据库平台建设诸多问题。有了资料，有了平台，录入工作更方便，全部工作也就可顺利完成。这样的划分，更富有想象力，更合实际情况，更有可操作性，能保证本课题按时按质地完成。

(3) 本课题总课题和子课题的逻辑关系

　　第一，总课题与子课题是"理论"与"实务"关系。本课题的核心目标是做出家谱总目，为此必须做一些理论思考与实务流程。总课题的思考是为了提升总目编纂的水平，总课题是项目得以成立的理论与技术，是决策性的；子课题是执行性的，重在流程管理，通过搜集与著录力量的合理配置，有效地完成主体工程家谱总目编纂。

第二，总课题与子课题是"引领"与"提升"关系。总课题高屋建瓴的理论思考可以引领子课题的有效执行，子课题的实务成果可以提升全课题的家谱学术研究水平。做好家谱总目，仅是完成了基础工作。不能到此停止了，还得继续往上提升。家谱总目数据库建好后，就可以做家谱的统计分析了，做分区分时研究可以观察到家谱编修空间上的不平衡性与时间上的不平衡性。优秀家谱案例库建好后，就为家谱编修水平的提升提供了直接可借鉴、学习的理论与技术，可以扩大家谱编纂的尖端面。

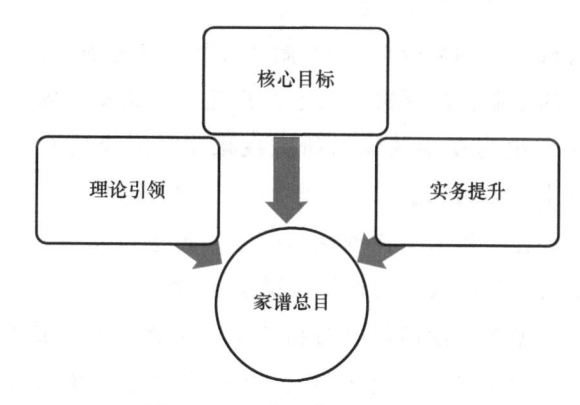

图 15-17　总课题与子课题关系

三　总目研究的预期目标

1. 本课题的学术思想理论预期目标

核心是思考"两大高度"：一是家谱总目的高度是什么，二是整个课题的高度是什么。这是学术思想理论的最高努力目标，也是本课题的验收标准。《1949年以来中国家谱总目》是国家重大项目，自然要体现最高国家级的水平。在前人研究基础上，通过初步思考，首席专家提出了八大观测指标：收录全不全，体例是否创新，排列是否科学，检索方不方便，功能是否多样化，线上线下能否互动，机制能否长效化，能否揭示家谱优劣。只有对家谱总目编纂理论与技术有清晰的认识，才会找到高水平家谱总目编纂的努力方向。最终——达标，就能编成一部高水平的中国家谱总目。由家谱数据库而家谱总目，由家谱特色经眼录而家谱统计分析，一步步推向全课题的最高峰。

2. 本课题的决策咨询预期目标

本课题在调查研究的基础上，将向国家、地方政府递交成果要报两篇：《家谱总目：民间非公开出版物公共著录机制的有效探索》《完善公安系统家族树建构的几点建议》。民间非公开出版物，能否建立一个公共的著录系统，这是值得探索的。它是现行出版管理体系之外的民间图书出版著录问题。浙江省公安系统为了社会安全管理的需要，正在根据户口系统，建设以家庭为单位的家族树。如果能进一步加强家庭间横向关联设置，就能建构出宗族谱系图，这正是未来大中华家谱大数据努力的方向所在。

3. 本课题的学科发展预期目标

同样的家谱材料，如果仅限于目录学视野，仅能加工出一部家谱总目，效率会受到很大的限制；如果再加上家谱理论、家谱史、家谱学术研究三大视野，则可加工出更为复杂的家谱研究成果来。由当代家谱研究专家来主持，在普查过程中，会用其他三只"学科眼"来打量民间家谱。譬如会用家谱理论与家谱史眼光，将家谱在理论与技术的推进、创新或突破的亮点提炼出来，成为家谱特色经眼录。会根据家谱总目数据库，可以做出精准的当代中国家谱时空、类型多层次的统计分析成果。也就是说，成果类型更多，有数据库、总目、特色经眼录、论文四大成果。如此，将大大推进当代中国家谱编纂的理论思考、学术研究水平，让当代中国家谱学学科建设进入更高阶段。

更重要的是有利于学科与专业建设。第一，促进博士点申报。按照大学学科建设计划，2020 年前后拟申报中国历史博士点，第一方向便是史学理论及史学史学科，公众史学将是大学史学理论及史学史学科建设的亮点。当代中国家谱编修研究，又是公众史学分支之一。本课题的研究将为中国当代家谱学的建设和发展作出贡献，将大大拓展公众家族史编修分支的内涵，进一步奠定大学在公众史学、当代中国家谱研究方面的前沿位置，极大地有利于博士点申报。第二，有利于公众史学专业硕士点的建设。可考虑建设公众史学专业硕士，拟与香港中文大学合作。如果取得公众史学专业硕士试点权，当可引导全国各地高校申报类似的专业硕士。第三，促进家谱研究机构的建设。大学将与浙江省百姓家谱文化研究会、天一阁合作建设家谱研究中心，本课题正可成为研究主题。

4. 家谱文本及相关资料的大量发现利用

通过家谱总目的编纂，可以发现无数的不曾被外界关注家谱的价值，家谱资料长编达到770万字，这些将直接有益于家谱研究。家谱是民间家族历史文本，且是当代史记录，不少家谱私藏家族内，外界不太容易了解。这次新编家谱的摸底调查，将会发现相当多的民间家谱。尤其是网上修谱，不为人所知，这次调查也将揭示真实的面貌。家谱资料主要有两大类型：家谱理论与家谱学术史资料的发掘，专题研究资料的发掘。可以发现多类型的专题资料，譬如当代移民史、当代人口史、当代社会生活史。

5. 本课题的研究将促进当代中国家谱编修理论与技术的提炼

通过家谱总目编纂，带动家谱文本的整理与研究，家谱总目数据库将为后续家谱研究奠定资料基础。特色家谱经眼录，将是一场寻找民间家谱编修创新智慧的活动，各种家谱编修理论与技术的创新将得到全国空间内的论定。家谱编修理念与技术的创新是在实践中产生的，是为解决实际问题而提出的改进措施。修谱人自己往往缺乏意识，不知道将之推广出来，为更多的人所用。家谱理论与家谱史研究者的介入，可以弥补其不足，揭示其创新意义所在。如此，可以指导代表性家族进行家谱编撰，指导图书馆进行家谱编目等。

第五节　研究思路和研究方法

一　总体思路

高效率，学术化，直观化，这是我们的三大目标。

（一）本课题的总体思路

本课题的总体思路是做成一个高水平的体现大数据时代特色的家谱总目，具体地说要达到八大标准：收录齐全，体例创新，排列科学，检索方便，功能多样，线上线下，机制长效，揭示优劣。家谱总目有自己内在的逻辑体系与要素要求，是一个需要靠付出大量实在功夫才能完成的项目，似乎不胜其烦。不过，因为高校家谱研究专家的介入，也许会富有更宽广的想象力，从而使之水平更高、亮点更多。高效率、学术化、直观化，这是笔者团队的三大努力方向。

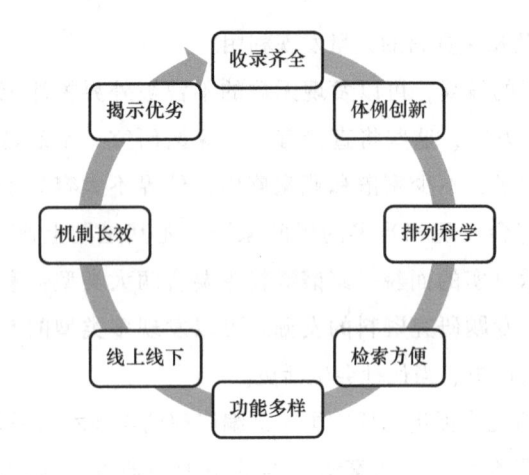

图 15-18　家谱总目评判标准

1. 总体思路的基本要点

（1）从全国新家谱普查登记平台的设计入手。要发挥公众史学优势，发挥网络的优势，须做出更高水平的家谱总目平台。1949年以来中国家谱普查登记工作，是全面了解全国家谱存藏情况，建立家谱总台账，开展全国家谱保护的基础性工作。中心任务是通过每部家谱的身份证——"家谱普查登记编号"及相关信息，建立国家家谱登记制度，加强各级政府对家谱的管理、保护和利用。有了平台，容量大，检索便，不受时空限制，便于各地人及时著录，上传资料，便于大空间查询。这个系统可以放在云端，挂在国家图书馆网或大学网上，方便全国各地人自助输入与上传。仅完成当下家谱总目不够，还须面向未来，随时可增补，以适应未来家谱编纂活动。

（2）家谱总目的直观化与特色化，每条辞目由"总目+图像志"两部分组成。家谱总目，除了检索功能，也要有一定的阅读、研究功能，要揭示相关信息，了解各谱的特点与价值，扩大家谱总目之内涵。家谱图像志，篇幅会十分大。这样做的好处很多，可以提炼出相当多的选题，为未来的家谱研究提供基础。全书除按行政区划分类外，附录通谱，按姓氏排列。通谱跨区域，难以划入相关的区划。

（3）征集机制要灵活，既要有红头文件的权威倡导，又要有专家的主动出击精神。由上而下的主动出击与上传下达的行政权威倡导，要同步使用，从而

第十五章 当代中国新谱总目信息管理

```
( 总目 ) ➕ ( 图像志 ) ＝ ( 总目辞条 )
```

图 15-19　家谱总目词条体例

提升做事的效率。这是全国性的家谱总目编制，所以必须动员全国最强专业力量来做。1984 年修家谱总目时，由国家档案局会同文化部、教育部发了红头文件；2001 年时，由文化部发文，要求全国各地协助编修家谱总目。这次编纂 1949 年以来中国家谱时仍得遵循此原则。拟由国家图书馆出面，请文化部发文，要求全国各地图书馆与档案馆支持。同时，要发挥专业人员主动出击精神。尤其要吸引过往家谱总目编纂中的忽视地方家谱信息提供者权益的教训，保证地方家谱信息提供者的积极性。为了让地方文化人有积极性支持这项工作，须有酌量钱财与荣誉相结合的回报机制来保证其积极性的发挥。民间修谱人员也应有以上国家家谱总目为荣的观念。在分组上，分区普查、征集、著录，同一班人员做事，避免两组人员重新熟悉的过程。这样，也不会出现堆积现象。显然，这样的编制效率更高，可操作性更强。

（4）仅有全国需求不够，也要关注地方需求。家谱总目的编纂，既要满足全国需求，又要满足地方需求，起到全国家谱总目与地方家谱目录结合的双重功效。真正的全国家谱总目研究，要建立在地方家谱总目调查基础上。不同人负责不同的地方家谱总目，最后可汇成全国家谱总目。分区家谱目录的好处，能与各省市县级的家谱目录编修匹配。这样做有两大优势：一是既提供家谱的全国视野，又提供家谱的地方视野；二是可以获得地方经费资助，弥补全国家谱总目编纂经费之不足。全国古籍普查工作，既有全国划拨经费，又有地方配套经费，已经开了一个好端。

（5）以行政空间为经，以姓氏为纬。在排列上，改变传统家谱目录按姓氏编修习惯，主张按行政空间来排列，略仿《中国地方志联合目录》体例，以行政空间为经；同时结合家谱的特点，以姓氏为纬。姓氏顺序，又拟借用《中国家谱总目》姓氏顺序。考虑到有些姓氏宗谱的涉及空间比较大，如通谱、联谱，须有补充机制，设立"通谱"，以姓氏为序排列。

(6) 纸本家谱总目与家谱总目数据库兼容。建立两个版本，数据库详尽，纸本可以是简目。可以将简目部分导出来，成为全国家谱总目或地方家谱总目纸本，加以出版。家谱图像志，除了基本要素的图像记录，更会在意有创意、有特色内容的著录，可称为家谱特色经眼录。有了平台，就可自动检索，进行大数据分析，从而强化家谱的学术性。

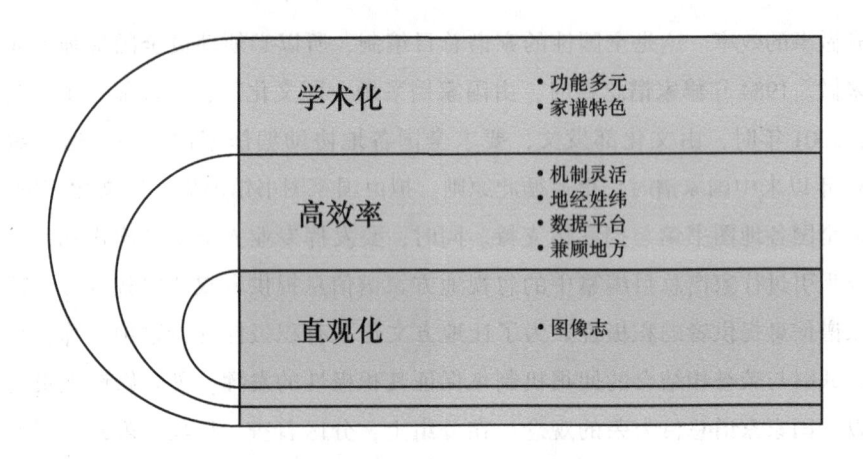

学术化
- 功能多元
- 家谱特色

高效率
- 机制灵活
- 地经姓纬
- 数据平台
- 兼顾地方

直观化
- 图像志

图 15-20　总体努力目标

总之，功能的重新定位，体例的重新确定，步骤的更可操作，编纂效率会更高。我们团队的方案也许更有创意，绝对保证在五年内实现预定目标。

附录样本：

1) 家谱总目著录要素：谱籍地、书名、卷数、著者、出版年、出版者、出版地、册数。备注：家谱的特色。

【家谱总目样条】宁夏青铜峡市，《宁夏青铜峡市瞿靖镇光辉村李氏家谱》，不分卷，李光玉主编，2016 年刊刻，1 册，六章，约 4 万字，河南郑州鉴志谱古籍印刷公司刊印。

2) 图像志的基本要素：封面、扉页、目录、序跋、主编及有创意、有特色的内容片段。

2. 本课题的研究视角

(1) 信息管理学与公众史学相结合。从信息管理学角度来说，家谱总目属目录学，家谱内容属档案学（家族档案）；从公众史学来说，当代新编家谱作品是公众历史作品类型之一。两者的结合，就是家谱总目。信息管理学让家谱总目编纂活动有了存在的价值，要求我们用信息管理学的信息采集、信息整序、信息分析三大流程眼光打量家谱目录编纂全程。如此，家谱作为民间文化建设的结晶，有了信息化管理框架。

（2）影像史学与网络史学相结合。在相当长时间内，家谱目录是靠文字来说明的，由文字到文字是其共同特点。其结果，读者无法接触家谱文本的真面貌。21世纪是图文并茂时代，今日做新谱家谱总目，要引入影像史学精神，做家谱图像志，大量增加新谱的影像，使之更为直观。先从影像资料上认知新谱，弥补文字表达之不足。家谱图像志偏重对新谱本身的研究，如体裁、体例的变化，内容的创新，参与人员的变化，这实际上是家谱理论与家谱史资料长编。在文献、纸本史学时代，这样的大容量是无法承载的。现在，因为结合了大数据平台，就可以轻易实现。平台上的家谱图像志，就是这种结合的直接产物。

（3）全国视野与地方视野相结合。中国家谱总目是全国视野，同时仍得结合地方家谱。全国视野与地方视野的结合，主要有两种形式：一是家谱征集上。既着眼全国四大中心，又着眼地方。其成果家谱总目，既有地方家谱总目，又有全国家谱总目。二是评判标准上，既有地方的家谱创新标准，更有国家的家谱创新标准，创新是分空间级别大小的。要确立一套全国范围内的现代家谱创新标准，让更多修谱人员的编谱建立在更高的标准之上。否则，某些民间人士动辄宣称创新，其实是小范围内创新。

3. 本课题的研究路径

（1）由个案整理而群体专题研究，由资料长编而总目简编。资料是历史研究的基础，家谱资料长编是家谱总目编纂的基础，也是未来家谱学科发展的基础。第一步是取得家谱目录，第二步是拍摄家谱，取得绝大部分家谱基本数据，顺利完成家谱目录数据的采集与著录工作，进而分析家谱，提炼特色，给予历史的定位。只有了解更多的家谱个案编修史，才能对当代中国整体的家谱编修史有全面完整深刻的理解，也才能编出高水平的家谱总目。

（2）充分发挥现有的民间新谱鉴赏机制。在图像志搜集上，拟充分发挥河南家谱研究会组织的一年一度的"中华家谱展评会"开创的新谱鉴评机制。它有两层意义：一是增加一个鉴赏视角，留下当代的评判。二是提升学术积累，将申报家谱的材料汇编成册，积累起家谱的学术史资料。新谱的作者是当代人，可以鼓励他们写出好的介绍资料来，这种学术资料积累是政府或民间评奖部门所忽视的。它也告诉我们，当代作品学术资料的积累，可以发挥当事人的积极性，并不必研究人员事事亲力亲为。

（3）由家谱行业入手调查家谱。我们不会关起门来做家谱总目，会着眼中国家谱行业，深入基层，深入田野，与各地修谱公司、家谱印刷公司建立广泛联系。任何一部家谱的编修，要经历编纂、印刷、收藏三大环节。家谱编纂，可能是修谱公司，也可能是个人（谱师）。现在，网上有"修谱联盟"之类组织。家谱收藏，可能是公藏，也可能是私藏，主要会涉及图书馆、档案馆、家谱馆、家谱公司、家谱会、宗亲会、家族个人。而家谱印刷，是所有家谱必须经历的环节。从修谱人组织、家谱印刷公司入手，无疑是调查民间家谱比较靠谱的途径。在近年的主动出击式的调查研究中，首席专家与民间修谱机构建立了广泛的联系，得以了解各地的修谱状况，征集到各地民间所修之谱，从而有可能更为全面。我们已经与河南的鉴志谱古籍印务公司、常州的清砚谱社、杭州的东斋文化公司、宁波的图腾家谱等家谱印务公司建立了联系。下一步，会进一步扩大范围，与全国各地的家谱印务公司建立联系。尤其是与修谱公司建立了联系，有可能征集到网络上的家谱。也就是说，家谱的生产、印刷、传播、编目，成一条龙服务。有了这样的一条龙流程意识，当代家谱的研究才会进入全新的境界。

（4）由家谱理论而家谱实践。首席专家是史学理论与史学史工作者，是公众史学理论与实践探索者。家谱总目编纂过程中，会遇到一系列的问题，我们会通过探索来解决，并会将之写出来，成为后人可参考的经验。在做重点选题"当代中国家谱理论与技术研究"的同时，主持重大项目"编纂《1949年以来中国家谱总目》"，两者前后相续，相辅而行，这是比较理想的选择。当代中国家谱理论与技术研究，可以让新谱总目编撰的理论与技术的设计更有高度，而大量家谱案例的调查，与民间修谱人员的广泛接触，可以丰富家谱理论与技术研究，可以实现理论与实践的优势互补。

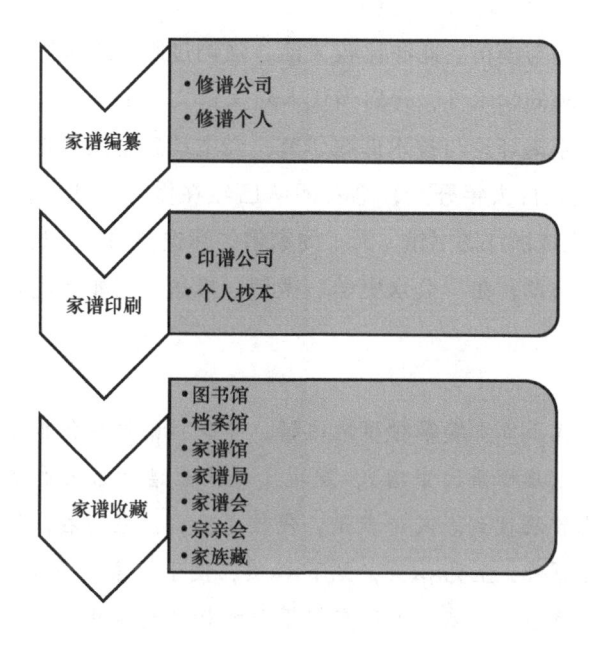

```
家谱编纂 → • 修谱公司
          • 修谱个人

家谱印刷 → • 印谱公司
          • 个人抄本

家谱收藏 → • 图书馆
          • 档案馆
          • 家谱馆
          • 家谱局
          • 家谱会
          • 宗亲会
          • 家族藏
```

图 15-21　家谱流程

二　研究方法

1. 研究方法

（1）田野调查法：田野调查是深入家谱生产行业的实地调查活动。之所以要使用田野调查，是因为当代家谱编修是一个正在进行中的民间文化建设行业。民间家谱虽乐意送公藏单位，但尚不全，这要求我们做一个田野调查。高质量的家谱总目必须建立在充分的田野调查、研究基础上。除了下发红头文件、让地方自主上报这样的守株待兔式征集模式外，这次更想用学术市场的项目制经验，用专家习惯的主动出击方式来做。这项任务的工作量最大，也最费时间，需要到全国各地省市县图书馆及民间藏家处调查家谱收藏情况。

（2）特色提炼法。新家谱特色经眼录，借用于仓修良教授的"新方志特色经眼录"。仓教授选择特色经眼录法，有两大方面的考虑：一是新方志编纂标准化，体例雷同现象严重，二是他也没有精力上图书馆，全面翻阅读新出方志。于是，他借助手中掌握的新方志，用方志理论与方志史眼光来审视，于是就有了"新方志特色经眼录"。家谱也类似，格式多标准化，数量又庞大。对一个使用者来说，必须择优，用家谱理论与家谱史眼光筛选出有特色的有价值的家谱来，供人整体把握与模仿。此法比较灵活，强调过眼，强调用家谱史眼光来分析，增强家谱整理的学术性，开启当代人对家谱文本的系统整理与研究。因为正承担当代中国家谱理论与技术课题研究，会主动到全国各地，寻找有特色的家谱，加以评鉴。自去年开始，笔者团队已经在做《当代中国家谱特色经眼录》，目前已经完成浙江图书馆、天一阁家谱的筛选与拍摄，尝试着写了一些新家谱特色经眼录文章，在"公众史学"微信号推送。例如《鹿峰蔡氏宗谱》特色经眼录：

按语：我正负责编纂村百姓通谱，寻找村谱的现代世系表达法，今日读浙江东阳《鹿峰蔡氏宗谱》，发现了现代家谱世系表达法，让我眼睛一亮。此为我首次读到。其特点是，代位竖线，由左而右，每页五代。第一代前，加注页码，上见××页，见下××页，便于检索。同代，横排，由上而下。每人行第表、人名，下面直接用公元标注生卒年。儿媳与女婿，用娶与嫁表示，加注小地名。古代部分，由于缺乏材料，儿媳仍用"某氏"表达。当代人，可直接标注儿媳名字。

（3）统计分析法：家谱总目做好，仅是完成了基础工作而已，不能到此停止了，还得往上提升，这就是家谱总目的统计分析。统计分析是根据家谱总目数据库做的专题统计分析。之所以要用统计分析法，是要解决家谱生产的精准统计问题，这正是家谱研究科学化要解决的问题。家谱统计分析，既重视分区，也重视分时。做分区分时研究的目标是确定家谱编修空间上的不平衡性与时间上的不平衡性。从时间段来看，前后不平衡。同一时间段，不同地区又不平衡。从空间来说，不同地区不平衡。这种不平衡，体现在省与省间，省内不同地级市间，地级市内不同县区间。通过分区的统计分析，可以看到家谱编修的时空分布轨迹图，从中发现热点与弱点，寻找弱点的突破方向。

2. 研究手段

（1）通过原样数字化提升资料搜集效率。所谓原样数字化，指阅读家谱文本的同时，拍摄基本的家谱信息。上图书馆或家谱馆阅读家谱，已经不再是简单读，而是直接筛选出重要的部分，加以拍摄。按照原貌原样扫描或拍照，能最大限度地保存历史信息，避免二次错误，且资料征集效率也高。为保证上传图像的质量，拍摄时须有一定的技术标准，尽量使用高拍仪，单页拍，要求清晰，尽量不要双面，不能模糊，以保证图像的标准化与清晰化。

（2）通过数据平台提升著录效率。借用现代流行的平台数据库，可弥补传统手工编目之不足。用共建共享精神建一个开放的中国家谱总目平台系统，方便各地团队上传资料。在拍摄大量家谱资料的基础上，根据基本要素，直接在家谱总目数据库平台上著录，不再编制家谱总目初稿。"全国家谱普查登记平台"将为每一部家谱自动生成唯一标识号——"家谱普查登记编号"。汇总机制上，一步到位，直接在平台上解决，这样的效率会更高。同时，设置查错功能，防止重复、自我矛盾。不仅查询而已，还能做统计分析。

3. 技术路线

家谱总目的编纂分搜集与著录两大流程，核心精神是分类主动出击、责权利统一。

（1）分点、分片普查。家谱强弱不同地区，会有不同的调查模式。强区，可能会深入县下乡镇。中区，以县为单位来调查。弱区，以地级市为单位来调查。国图、上图、山西社科院的家谱目录数据，是最为核心的。其他强区、中区与弱区的馆藏目录，也拟用课题组成员名目取得家谱目录数据。以这些公藏单位的家谱目录为工作本，然后根据新的家谱调查与研究，进行增补：一是订讹；二是补齐排行字号等遗漏内容；三是增加图像志，构成一个全新的整体。

（2）协助家谱公司制作家谱目录数据。家谱公司如天下谱局、宗和谱局，印谱公司如河南鉴志谱古籍印务公司，家谱会如常州家谱馆、绍兴家谱馆，除了让董事长、会长参与外，拟在当地找人，协助制作目录，拍摄相关资料。这些公司有家谱全文数据者，拟直接取得家谱基本信息的电子文档。这样，既服务于家谱总目，又服务于相关机构，可取得双赢效果。

（3）直接购买网上家谱数据。网上修谱公司掌握了大量的家谱数据。网上家谱目录，如百姓家谱、九亲网、云脉宗谱、启航宗谱、族谱网，拟让老总参与课题，通过部分付酬法，取得网上家谱数据。拟按要素开列，直接提供电子版，方便著录。

（4）以《中国家谱总目》为工作底本。《中国家谱总目》著录 1949—2003 年新谱目录九千多条，占本次家谱总目的 10%，与其他公藏家谱目录一样，可以按姓氏重新摘录出来，成为工作底本。然后根据新的家谱调查与研究，做三

· 817 ·

方面增补：一是订讹，纠正总目之疏失；二是补遗，补齐排行字号等遗漏内容；三是增加图像志。如此，青出于蓝而胜于蓝，避免了简单的克隆，体现了学术的超越，成为全新的家谱词条。

（5）征集机制上，上下两种，灵活使用。仍得有红头文件，让体制内人配合。由上而下的主动出击与下传上达的被动征集，要同步使用。建立直接的省级家谱信息联系人。建立通过微信群等的联系管道。譬如浙江，通过百姓家谱文化研究会，直接与各地建立联系。学术骨干与馆内人员，要兼用。学术专家与图书馆专家配合，以项目形式来做，不是日常工作形式来做，才是靠谱的。常规工作与项目工作要分开来。

4. 团队运作

中国家谱总目编纂，是一个浩大工程项目。大团队运作，最怕责权利不明确，指挥不灵，进度不一，质量不齐。我们的整体思路是，团队负责，责任到人，责权利统一。具体地说，注意以下五点：

（1）建立二级团队责任体制。全课题分为五个子课题，每一个子课题可称为一级团队。每个子课题成员再组织人员，可称二级团队，分别负责不同地区家谱总目的征集。一级团队、二级团队负责人由高校中国史、图书馆、家谱专家担任，二级团队参与人员拟由各地家谱学会、家谱公司、家谱馆专家及学生干事组成。这样的团队具备学术市场的主动出击与"白+黑"连续工作精神，做事效率可能会更高些。

（2）建立分点分片家谱信息联络员。原则上由子课题负责人及相关团队专家负责，寻找当地人参与团队，成为家谱信息联络员，既可节省成本，又熟悉当地家谱编纂情况。可通过微信群，建立属下各地联系网络。譬如通过浙江省百姓家谱文化研究会，直接与各地建立联系。2017年5月，湖北省图书馆家谱收藏中心建立谱牒信息调研员，第一成员有40多人，这种制度值得推广。

（3）发挥学生、图书馆员团队的干事作用。老谱属古籍，新谱是当代普通图书，门槛低，本科生、研究生就可参与。图像志，门槛低，人人可做，只要基本要素确定即可。手机拍，微信送，上传，均方便。部分馆内参与人员，也以项目形式来做。尽量找当地人参与团队，可节省成本。参与人员采访、拍摄与著录三职兼任，这样的方式，效率更高。

第十五章　当代中国新谱总目信息管理

（4）建立强有力的二级督促、验收机制。子课题负责人督促团队负责人，团队负责人督促成员。成立专门的办公机构，拟由大学公众史学研究中心承担具体事务。为了保证团队成员步调的一致性，必须制订明确的工作标准与时间进度表，编写《1949年以来中国家谱总目编纂手册》。通过集中、远程视频会议诸多形式，加强团队内部协调建设，提升工作效率。在平台上直接督促、验收，随时观察各子课题团队的进度与质量。

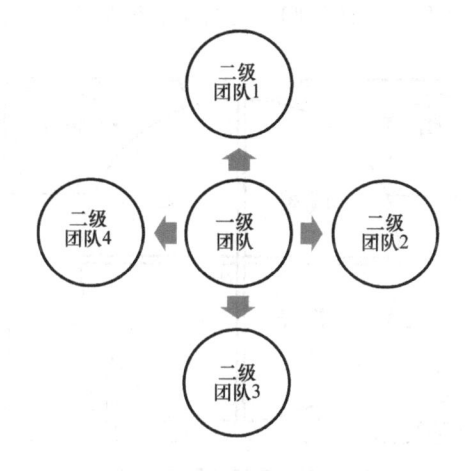

图 15-22　团队设置框架

（5）充分发挥经费的做事动力。项目经费必须到人，才能对直接参与人提责任要求。考虑到课题组人员多数是独立的，所以经费的使用也直接划拨到人。而且，拟分二批下拨，防止经费一步到位后工作拖延。又提倡各课题组人员，向各单位、各地争取配套资金。充足的资金，是保证总目质量的不二之选。

此外，可考虑由文化部下文，督促各地省市图书馆建立家谱收藏中心。湖北省图书馆已经率先建立家谱收藏中心，建立家谱信息调研员制度，此法可在全国各地推广。全国多数图书馆建立了地方文献部，包含家谱文献，可以进一步完善新家谱的收藏。如此，既可促进地方家谱收藏中心的建设，又可以促进全国家谱总目的编纂，一举两得。

功能的重新定位，体例的重新确定，步骤的更可操作，效率更为高，争取五年完成任务。我们的方案，可以保证五年内实现目标。

第六节 重点难点和创新之处

一 拟解决的关键性问题和重点难点问题

1. 本课题拟解决的关键性问题是数字时代如何进行当代新谱总目的编纂，要设计一座漂亮的家谱总目大楼，提升其学术含金量，做出一个更有想象力的项目。全部家谱总目工作流程图可归纳为文本、征集、著录和成果四个过程：

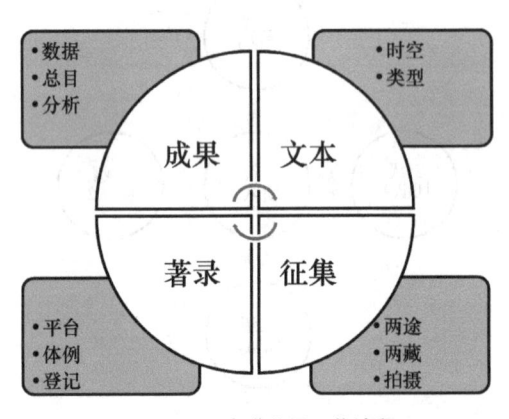

图 15-23 家谱总目工作流程

围绕关键问题，重点解决以下两个问题：

（1）它不仅可以检索，也可阅读与研究参考。家谱总目多是备检性的，不便阅读。如果增加家谱个案相关图像资料，则会有趣有用得多。拟增强难度，按图索骥，直接调阅相关的家谱文本。只有直接翻阅家谱文本，才能发现一些问题，寻找到一些新的选题，推进当代家谱研究的水平。

（2）要建立在个案研究与数据平台基础之上。在编纂流程中要注意两个问题的研究：一是个案研究，是个案研究基础上的家谱总目；二是数据平台，适合多视野的大数据分析。

2. 重点难点

拟解决以下四个方面的重点难点问题：

（1）重点在于"摸家底"，弄清全国家谱的现状。按重点与分片、线上与线下，收齐全新家谱，并按序著录成家谱总目。1949—2003 年，漏掉了许多家谱。

2004—2019 年，凡 15 年，时间不长，新谱数量大得惊人。这次工作的主要任务是补 1949—2003 年家谱、续 2004—2019 年家谱。协助各地家谱馆与家谱公司编纂家谱目录。他们没有编目录的动力，没有兴趣来做，必须由我们派人来做。某些家谱馆如常州家谱馆，也没有家谱目录，必须由代表公共文化的高校专家派人来做。

（2）重点是添加 1949 年以来中国家谱图像志。其中 1949—1979 年家谱图像志又是难上加难。对 70 年内编纂而成的几万种纸本家谱进行资料拍摄，难度相当大，须费时间到各图书馆及收藏家中拍摄相关资料。从中筛选出有特色的家谱，加以表彰，需要眼力与识力。这项工作是本课题工作量最大部分。

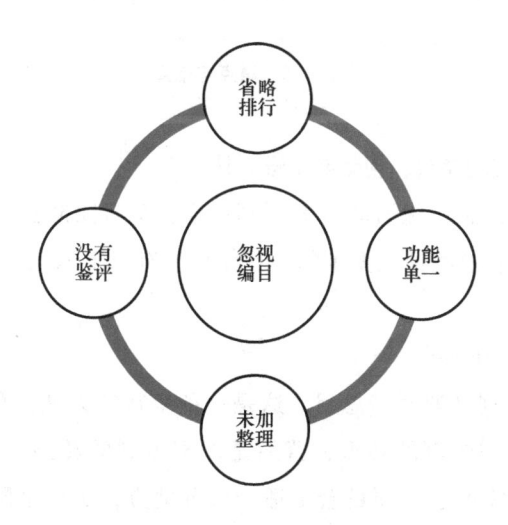

图 15-24　总目工作重点

（3）线下纸本家谱普查难。做个家谱总目初稿，搜集当下各图书馆的目录即可。难的是新谱个案文本调查，工作量相当大，须有较强的组织力与执行力。难的是搜集齐全，这要与各地建立联系，直接到民间去调查。中国太大，民间太散，这是一个工作量相当大的实干活，要假以时日才能完成。

（4）线上电子家谱调查难。网上的家谱目录也难做齐。电子家谱在中国推广了十多年，状况到底如何，得给出一个调查报告。百姓家谱网、九亲网、云脉宗谱，有明确的网上修谱数量统计，且可以拉出目录来，这为部分观察网上家谱目录提供了可能。这说明，网上修谱总量不是完全不可知的。

我们无法获得全部的网上家谱目录，但我们可以得到多数家谱目录，这是一种可喜的变化。

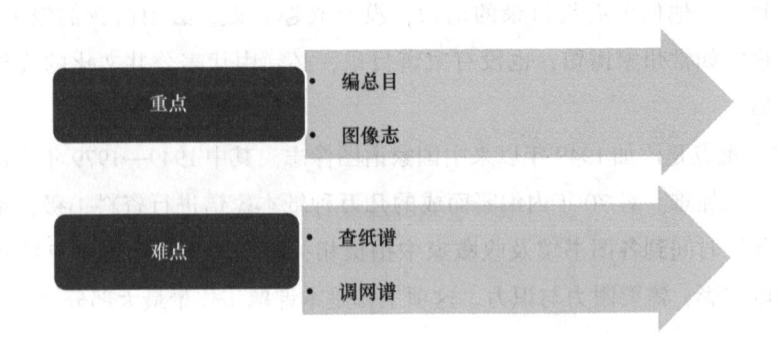

重点 → 编总目、图像志

难点 → 查纸谱、调网谱

图 15-25　重点与难点

二　本课题研究的突破、创新或推进之处

前面确定了家谱总目优劣的八大评判标准，笔者团队提供的家谱总目编纂方案，应该是最符合这些评判要求的，具体地说有以下六大方面 18 个小点的推进与创新。

1. 问题选择上的创新

（1）按行政区划排列家谱总目。这是一种全新的尝试，有别于此前的家谱总目编排体制。家谱体例的转型，背后是国家体制的转型，不是随意的转变，更实事求是。这个家谱总目项目会更适合服务地方，实现全国家谱总目与地方家谱总目的优势互补，满足地方需求。

（2）要求建立家谱文本著录、鉴赏、批评机制。有了这样的长效机制，未来的家谱编修、保存、整理与研究，就能进入良性循环的状态。数据库建设以后，可以做后续的添加与研究之用。

（3）关注到网上与填充式家谱调查。网上家谱目录要另列出来，它是动态的、数据库式的，难以传统纸本家谱眼光视之。这是一个全新的话题。因为统计对象不同，最后研究得出的家谱总量会与别人不同。显然，我们的统计会更全，因为包括了网上家谱与填写式家谱。

2. 学术观点上的推进

（1）家谱总目功能要多元化。家谱总目，除了目录功能，也要增加其他功能。学者主持家谱总目的优势，可以突破目录学单一学科思维的局限，让家谱总目出于目录而超越目录，更好地服务学界与社会大众。要知道，使用家谱总目的人主要是学者与修谱人员、寻根的大众，它是非常接地气的门类。让家谱总目富有多层功能，这是突破常规之处。

（2）要跳出家谱提要思维，做家谱图像志更为理想。家谱图像志不是书影，这是家谱基本信息的数据化，是局部数据库。家谱图像志更关注体例，家谱史与家谱理论意义更强，有益于修谱者参考。当下中国修谱队伍，墨守传统势力强，要求创新者少。家谱创新者会面临探索之痛苦，此时如果提供一部家谱特色经眼录，让他们知道当下各种创新活动，他们的支撑力会更强，信心更足，起点更高。

（3）要建立家谱书号登记体系。家谱多是没有书号的，不受法律保护。家谱总目平台可以建立一套独立的全国性家谱号，电脑会自动编号。这样既能给过往家谱编号，也给未来的家谱编号，便于检索。一旦真的建立这样的长效机制，国家的公共文化管理水平自然大为提升。

3. 研究方法上的推进

（1）超越单纯的家谱总目编纂。总目，传统的思维，定位是目录作品。现在看来是够的，要增加其他功能。总目功能的多元化，这是一条基本想法。这可能也与首席专家的学者出身有关。学者当道的优势，可以突破图书馆的固定思维，让总目出于目录而超越目录，更好地服务学界与社会大众。要知道，使用家谱的人，主要是学者与修谱人员，查阅家谱的大众，它是非常接地气的门类。做家谱总目是结果，是抓手，做家谱普查才是更重要的任务所在。家谱普查是一项可以综合推进家谱整理与研究水平的学术文化活动。除传统的家谱收藏单位外，要求直接从家谱生产与出版环节征集家谱，这是一大突破。

（2）将全国各地新谱生产区大体上分为强中弱三大板块。家谱空间涉及全国，实际上没有全部涉及，有强弱之分。在此基础上，将全国各地强中弱三区。强区（如浙江、台湾、江苏、山东、河南）、中区（如福建、江西、安徽、湖南、湖北、山西），其他均为弱区。而且，城市中普遍不修谱，只在乡村强盛。精确化可以抓住重点，提升家谱资料搜集能力，据此做出全国家谱编纂生产分布图。

（3）从家谱个案角度进行大规模的文本研究。家谱整理不是为整理而整理的，根本上说是为家谱研究服务的。用学者的眼光对新编家谱文本做一个普查性的、个案性的大规模研究。由于学者有独到的眼光，丰富的知识结构，更能发现问题。目录学视野关注家谱文本外表基本信息的著录，家谱学者也会关注家谱体例与内容研究，两者视野可以结合。此前，只有零星的家谱文本个案研究。建立在个案研究基础上的新谱总目，这是一条高难度、大工作量的路径。

4. 分析工具的迁移应用

（1）引入数据库平台著录家谱总目。家谱总目也有一个由线下而线上转变问题。这是数字时代的家谱总目编纂，应不同于过往纸本时代。将数字平台迁移到家谱总目编纂，有一定应用意义上的新意。由馆藏家谱目录而全国联合家谱目录，也有一定新意。家谱总目平台，既可提升当下总目编纂的效率，又可关联上未来几十年的家谱著录。

（2）引入图像志的直观精神。图像志始于福建省图书馆新谱数据库与《家谱手机报》的，今日值得推广之。图像志之法，如果有电子版本，则用电子稿；否则，扫描成图像格式。图像志有几便：一是难度系数不大，只要按技术要求拍摄就可以了。二是便于目录核对，防止重复。三是便于进一步的深入研究。对研究者来说，提供直接的资料更为有利，他们自己可以判断。四是有进一步引导阅读价值。图像更为直观，可以直观地看到家谱文本，比文字叙述力量强，可以大大缩短读者与家谱文本间的距离。

（3）引入统计法观察家谱的时空特色。家谱生产总量的量化统计，这正是家谱研究要解决的问题。本课题完成过程中，会写成几篇量化分析论文，推进此类研究。家谱量化分析，既重视分区，也重视分时。分区目录可以发现各地不均衡，知道努力方向，推动未修谱地区修谱活动的开展。

5. 文献资料的推进

（1）家谱理论与家谱学术史资料的发掘。这是一场大规模的家谱文本发掘与整理活动。在几万种家谱的普查中，会发现大量的有用家谱理论技术、家谱史资料。

（2）专题研究资料的发掘。可以发现多类型的专题资料，譬如当代移民史、当代人口史、当代社会生活史。家谱总目图像志，本质上是家谱资料长编，这为家谱资料专题研究奠定了雄厚的基础，将大大推进当代家谱的多学科应用研究。

（3）通过口述史发掘大量家谱编纂信息。笔者团队拟与民间修谱人建立广泛的联系，了解各地修谱状况，既可征集到家谱目录信息，又可征集到各地民间修谱人的经验与技术，丰富中国现代家谱编修理论与技术思考。

6. 话语体系上的创新

（1）思考了中国家谱总目编纂的高度，提炼出中国家谱总目八大验收标准。前人只是评判家谱总目时作为优点加以归纳，透露出类似的想法；本课题首次用理论思考来提炼，抛出"中国家谱总目编纂理论"概念，进而提炼出大数据时代中国家谱总目编纂的八大标准。由不自觉到自觉，这是家谱理论思考上的一大突破。

（2）用公众史学精神理解当代家谱编修活动。人人参与，家家留谱，服务多数，这是公众史学视野下家谱发展的三大方向。公众史学眼光要我们深刻理解到这是人民的历史，要重视家族历史的编纂，不要将之视为不入流的学问。

（3）既顶天又立地。既关注大家谱也关注公众家谱，既有一姓家谱又有多姓村谱，甚至一姓通谱。既有高校、图书馆研究人员，又有家谱编修印刷一线单位、一线编修人员。上顶天，下立地，这可以使本课题研究建立在非常扎实而专业的基础上。

7. 依托平台上的突破

（1）与有修谱经验的民间谱师联系，了解其中的故事。拟以浙江百姓家谱文化研究会等作为依托机构，加强与修谱人员的沟通联系。"浙江百姓家谱研究会"微信群的出现，可以使我们及时与第一线的编修人员和收藏人员取得联系。首席专家是该学会主要专家，作为热心参与者，经常抛话题，主持家谱专业话题讨论。以上百号修谱者作为支撑队伍，可以获得智力上的支撑，他们可以提供直接的修谱经验、发现问题、提出对策。修谱实践者经验最为丰富，遇到的问题最多，也有初步的办法解决这些问题。将问题提炼出来，将技术写出来，就能推进家谱的理论与技术研究水平。

（2）与河南家谱研究会、中华家谱网建立联系。河南家谱研究会依托魏怀习的家谱印刷厂，编印一体化，可以留下每部家谱的复本。一年印刷三百多部，平均一天一部。又可多印一些家谱，与人交流，收购成本低廉。又通过举办年度的中华新谱展评会，鼓励参评者捐赠家谱。如此，他们的中华家谱博物馆收藏量增长较快，每年近千部。目前有五千多种新谱，又有老谱五千种左右。既可成家谱馆，又可成编印推广中心，这是其机制可贵之处。又通过中华家谱网与《家谱编修报》，及时刊登新谱的序跋与图像资料。还举办年度家谱学术交流会，出版家谱论文集。他们正在编纂《中原家谱总目》，可与本课题配套。如能进一步改革，将修谱的品评与研究学术化、常规化，则更为理想。会长魏怀习作为本课题组人员，将全力支持本课题，这是本课题得以完成的直接支撑平台。

此外，上海图书馆家谱中心、国家图书馆家谱中心、山西社科院家谱中心，其丰富的馆藏将直接支撑本课题的完成。他们更可以提供大量的家谱背后故事，如各地宗亲会信息、家谱捐赠故事等。

第十六章

家谱文化推广的路径与策略

推动文化产业高质量发展是国家的发展方向。习近平主席说："要推动文化产业高质量发展，健全现代文化产业体系和市场体系，推动各类文化市场主体发展壮大，培育新型文化业态和文化消费模式，以高质量文化供给增强人们的文化获得感、幸福感。"① 普及家谱编修，正是为了进一步提升家谱文化产业的高质量发展。公众史学是应用性学科，可以给个人用、家族用、公司用，既可给乡村人用，也可给城市人用。而要推广家谱编纂这种文化活动，笔者2013年的想法是，既要靠内在动力，也要靠外在动力。所谓内在动力，就是有历史意识的人，有时空意识的人，参与家谱编纂。当人到中年或退休以后，有了较强的历史意识，思念过往。而现代社会的个体化发展，使家族观念日渐淡薄，于是老人们便想到了修家谱。这是公民自助修谱，属于内在动力。而所谓外在动力，就是社会风气的影响。这是一个由此及彼的横向推广过程，可以依赖于邻村、邻居、朋友、亲戚的互相影响。② 当代的家谱编纂实际上开发出了一条历史学商机，让历史学成为应用性极强的学科。一是家谱观念的推广，二是家谱产品的推广，两者结合，才会有家谱编纂活动。提炼出一个核心话题，家谱记录要及时化，要日常生活化。现行的家谱研究专家实际上是历史上的家谱研究者，他们并不关注当下的家谱编修活动。只有个别学者实现了突破，由传统家谱研究进一步关注到了当代中国家谱研究，尤其是关注到了当下正在进行中的新家谱编纂活动。家谱编修为什么难推广？家谱编修要不要普及？如何普及？现有

---

① 《习近平总书记出席全国宣传思想工作会议并发表的重要讲话》，新华社2018年8月22日。
② 梅薇：《关注家谱的人越来越多　新家谱的脸悄悄在变》，《宁波晚报》2013年3月31日。

的普及方式有哪些？更好的普及方式是什么？姓氏、家谱文化促进会如何促进？如何推广？这些问题都是值得思考的。

第一节 让家谱进入百姓家

从当代公众家谱编修的实践和理论研究来看，公众家谱的出现能够减少传统家谱编修可能出现的很多麻烦，无须兴师动众，无须劳民伤财，它在真实性和便利性等方面是胜于传统家谱编修体例的。笔者以为，公众家谱的出现并非突如其来、平地而起，而是欧、苏二人所创的"小宗之法"经过漫长的历史受社会环境打磨演变而来的产物。在"人本主义"的氛围下，个人的价值越来越受到重视，家谱不应只是拘泥于记录血缘世系、精英先烈的文本，而应当发展为记录每个人的生存痕迹的史册。公众家谱强调的是从现在开始、从自我开始、从小家开始记录家族的独特的、个性化的历史，涉及人口规模虽小而所记人物内容丰富，以凝聚力极强的小家庭为单位充分发挥家谱的记录、教化、自娱等功能，代代增补流传，终成为大家族谱册，终成为历史研究的重要资料。

家谱编修大众化之路，走到表格化、产品化一途，门槛已经十分低了，理论上它会十分畅销，风靡全国，家家一本。然而，现实很残酷，这样的景象并没有出现。一则家谱产品要进入家家户户就不容易，除非通过政府各级组织免费发放，否则商业化是不可能出现这种景象的，因为它不是家家户户的日用必需品。目前的家谱产品都是由个体小公司在做的。小公司人手力量有限，广告推广能力有限，如此自然难以普及。二则即使家谱产品进入了家家户户，也不见得会都来填写，可能就搁置在家中了。家谱产品出售的是文化生产模式，人人多是知识消费者，习惯于由第三方生产，而不是由自己来生产。要他们动手填写，仍有一定难度。纸本和电子本是基本的两途，纸本比较适合中老年，电子本比较适合中青年人来操作。

一则家谱产品的礼品化。平时送礼送吃的物品，现在有点过时了，送礼就送家谱产品。红白喜事时，应订购家谱产品，户户一册。填充式家谱产品的好处是解决了一个公开合法发行问题，它是有书号的。别人做的家谱产品，实际上是内部印刷品，没有书号，无法公开销售。

二则家谱产品的福利化。可考虑家谱产品的团购化。各单位都有工会，工

第十六章 家谱文化推广的路径与策略

会每年都会发一些礼品。以前所送礼品都是送吃的东西，现在可适当换换花样，增加文化礼品，给每个会员送家谱产品。工会发什么东西，取决于工会领导的决策，所以必须让工会主席首先接受家谱产品。要先将家谱产品送工会主席，让他熟悉，帮助他完成家谱编纂。一旦他接受，才可考虑团购化。团购一定数量的家谱产品，可以提供免费服务。这样，就可以大大普及家谱产品。如果能家家有一本家谱填写本，让大家熟悉家谱格式，肯定可以推进家谱文化的普及程度。

三则得提供后续的服务。家谱产品销售，不同于其他商品，它是文化创意概念，出售的是文化生产流程与模板。尽管现在的家谱产品表格化，似乎门槛已经十分低了，但对老人来说，仍是困难的。或者说，中国人仍习惯于第三者生产，而不是自己生产。如此，要产品与编修服务同步卖。这是文化生意，不是普通的直接拿来可用的实用产品。这个产品比较复杂，不是到了别人手，人家可以用了，必须教会人家怎么用。它提供了文化生产的模板与流程，购买者需学会以后，才可能进入历史文化产品生产阶段。它是一种可以直接生产的文化工具，不是可以直接消费的物品。提供家谱产品的模板和流程，仅仅是解决了理论和技术问题，实践问题得靠每个家庭自己来做。模板和流程可以产品化，但内容完全是个性化的。从阶段来说，给别人的家谱产品，家谱产品没进入手中，仅仅是完成了第一阶段。第二阶段的直接生产，必须提供后续服务。如何解决后续服务问题？可建立微信群，随时提供指导后续文化服务。或者提供短视频，告诉别人操作的流程。家谱产品宣传可以靠文字，而家谱推广必须靠扎扎实实的编修活动。得培养一支谱师队伍，先从自己学生开始。

从目前来看，成功的家谱产品推广都得提供后续的服务，要指导他们修谱，甚至替他们修谱，才能为人接受。甚至可以说，是倒过来，重在提供售后服务，产品与编修同步进行。家谱产品的推广，首先是培训普及，其次指导生产，最后是提供家谱产品，供其最终呈现。家谱产品仅是最后的出路环节，这可能也是百姓家谱网加盟商失败的原因所在。这种推广模式，只适合高端家谱产品，定价高，才能免费提供后续服务。普及化的家谱产品，本身才百元左右一本，是不可能提供这类人工服务的。这提醒我们，要解决普及化家谱产品推广的最后一公里，仍须进一步研究。

总的说来，作为文化产品，家谱编纂不是简单的销售问题，而是在各地培育家谱文化编纂风气问题。榜样的力量是无穷的。对民间来说，更要榜样。村书记或主任，就是最好的切入口。如何在当代中国社会，形成百年家谱编纂的风气，这是值得思考的大事。这种大事，不完全是民间的事，而应是政府的事。政府号召民间来做，提供样本，加强宣传，是最为理想的办法。一旦家家有谱，则民间社会的历史记录也就丰富了。这样的事，全世界不曾有过。今日世界一直在比拼技术，其实更应比文化。文化是生活世界经历与经验、习俗的文字化、文本化。汉字是象形文字。文，初是纹理、图案，后是抽象的文字符号。一个重视当代公众史记录的民族，才是一个有文化的民族，才是最值得自豪的事。今日中国教育的普及程度，完全可以实现这样的理想。今日的家谱就是家史，它是真正以人为本位的历史记录载体。

第二节　家族记录要常态化

必须让家谱编修日常生活化，要成为每个百姓的实际生活需求，必须得改变家谱编修的风格，让家谱编修日常化，跟每个家庭的人生大事结合起来。年轻人与家谱之间有着一层隔阂，家谱只能查询，很难与日常生活联系起来。他们习惯于用手机、电脑阅读和沟通。由此可知，与日常生活联系起来，与网络结合，这是家谱的两大发展趋势。

推广家庭大事录，让家谱成为家族大事记录的基本手段。"家庭大事录应是当今社会摄录和再现家庭历史的理想方式，较之编纂家政族谱，它具有容量大、易编写、好保存、便查用等许多优点。所谓家庭大事录，是一个家庭开展的重大活动和发生的重要事件，以时间为序的简要记载。就目前一般家庭来说，可列入家庭大事录的主要内容有：家庭成员的出生、嫁娶、亡故；家庭成员各层次的学历，自修专业课程和钻研专业技术的成绩；重要科技、学术研究成果的完成及评奖；家庭成员加入各党派、学术团体和群众组织的情况；家庭成员参加工作、调换职业、职务提升、职称晋升、工资晋级、受到各类奖励、处罚的情况；家庭生产经营、工资收入、资金流向、家产住所搬迁、分家；家庭组织的旅游；家庭成员健康状况的突出变化；家庭成员与亲朋好友、同学同事之间的重要交往，参加重要社会活动；党和国家、政府领导，社会知名人士接见、来访等。为便于查考利用，家庭大事录宜详细记载活动和事件的时间、背景、过程、结果。编写时可分两步走：先用卡片或草稿本及时记述多项活动和事件，到年中或年底逐条修改定稿，分年度依时序一事一条，整理进家庭大事录集上。"① 这种家庭大事录，可称为日历型家谱，是值得推广的。与婚庆文化、丧事文化、教育文化、住房文化、工作活动结合起来，成为人生不可少的记录。每个家庭碰到家族成员人生大事的时候，都会举行一定的仪式，家族大事记录与这些仪式结合，成为活动内容之一。一旦遇到人生大事，家谱编纂活动就会出现，这样也就普及了家谱文化。

内容记录的日常化，除了这些大事，一些小事也可以记，那就是家谱日历化，家谱完全成为家族史的记录工具。如此，家谱内容设计也要调整，要预留可做人生大事的空白页，可以让后人随时填写。当然，做成独立的家庭大事记，更为理想。譬如湖南档案局的莫大德，1989 年结婚以后，坚持写家庭大事记。初由他执笔，后由女儿执笔。"家庭大事记"的存在，既给我们平淡无奇的生活留下了精彩的瞬间，也让我们破解了工作生活中的诸多难题。② 譬如退休老师徐志余，从 1976 年开始，以账本的形式记录下家庭发生的各类大事，其《家庭大事记》中还包含结婚、购买电器和家具、旅游等重要开支记录，这一记就是 45 年。③ 目前相关记事软件，也可支撑此项活动。当然，这属于家族信息的及时记录，与家谱编修的逆向回顾整理法不同。

家谱信息的采集也要日常化，每户要及时记录成员生卒变迁信息。如果能做到家家一本，就可推广家谱文化。这样家谱就不是 20 年修一次，而是经常性修了。20—30 年一修的家谱传统，无法普及家谱文化。一则它是家族集体活动，个人难以发挥力量，二则家谱编纂保存的档案化、稀有化，让普通村人没有机会阅读家谱，自然无法普及家谱文化。一旦家谱编纂经常化，与各家的大事结合，就会经常性地出现在家族成员的面前，他们就会知道家谱是怎么回事情了。这样，家谱就成为家族的日常需求，精确地说是日常的文化需求。如此，家谱内涵丰富，家谱日常化就可普及了。

2016 年，"家事录"针对家谱不现实的痛点设计的跨界"互联网+"创新产品，它致力打造现代化的新家谱。家事录以家谱为突破口，以家史、家庭信息

---

① 沈友志：《让家庭大事录取代编修家政族谱》，《湖南档案》1994 年第 2 期。
② 莫大德：《反映时代变迁的——家庭大事记》，《中国档案》2018 年第 8 期。
③ 紫金山新闻：《1977 年婚宴 35 元/桌　45 年家庭大事记反映时代变迁》，紫金山新闻 2020 年 5 月 13 日。

平台为核心功能。家事录让家谱现代化的五大法宝是：录入，翻译，上网，可视化，O2O。① 可惜，这个网站目前下线了。

第三节 家谱推广要社团化

在大学中可以以学生为主体成立一个家谱文化推广社团。老师可开公益讲座，鼓励更多有兴趣的同学参与。人人有史，家家有谱，可以成为日常化讲座活动。

可成为假期社会调查活动内容，可以让传统文化进校园，实现家国情怀的家风家训推广，与当下的劳动教育结合，可成为勤工俭学的途径。鼓励高校大学生参与培训活动。为了鼓励大学生参与家谱活动，可提供完全的住宿与差旅费补助。拍集体照时，单独将大学生拉出来，与会大学生集体拍。之所以要这么做，是因为他们是修谱队伍的未来。只有引导更多的历史系大学生参与进来，修谱事业才能成为朝阳产业。

家史档案化。复旦大学图书馆是从古籍保护宣传角度来做家史档案的。其重点是中小学，他们与上海市教育局的中国好作业项目联系。这提醒我们，可以加强社会宣传，与相关教育部门合作。又与杨浦区文化局合作，为区、校合作项目。他们甚至关注到了监狱、公检法系统。通过犯人参与家谱，勾起亲情，加强思想改造。这也是可以考虑的项目。因为中小学生，年龄层次低，所以家史内容较为简单，仅是三代为主的简单介绍。图书馆与情报学专业硕士参与，成立家谱学社，有几十号人参与。现在，重点由研究生们承担推广指导任务，作为社会服务项目。对上海这样的移民城市来说，这样的家史档案建设是相当需要的。他们的目标事实上实践起来是比较困难的。如以公众史学为指导理论，则更为理想。

与退休者协会结合。成立新家谱文化推广志愿者协会，公益推广也是一种办法。青岛杨乃琛与社区结合，推广家谱。为了更好地宣传推广新家谱，2016年在澳门路社区成立了"新家谱文化推广志愿者协会"，由他直接担任会长，定期举行新家谱讲座。2019年，又由市南区宣传部出面再版，进一步扩大推广之路。

可考虑成立家族故事讲述会。笔者的一个学生，曾组织口述家族故事会，

---

① 《互联网+"读我的家史：新家谱来了"》，中国网2016年12月1日。

由大人讲述,让小孩子们来录音录像、整理成稿。甚至可考虑推广青少年口述家谱。据毕摩文化研究所所长何定安介绍,在彝族人的观念里,不会背家谱被视作"低等的人"。在四川凉山,不论出身贫富贵贱,孩子从四五岁开始就要学习口诵家谱。只要他会背家谱,就"可吃百家饭穿百家衣","走遍天下都不怕","祖宗会庇佑他"。[①] 这是比较有趣的习俗。

通过家谱编修培训的常态化培养接班人。2008 年,常州家谱研究会成立以后,不断通过培训,指导会员编纂家谱。2010 年,绍兴家谱研究会成立,也以培训指导新谱编纂为主。近年,河南家谱学会连续组织的家谱培训班也是值得肯定的。2017 年、2018 年、2019 年,浙江省百姓家谱文化研究会也举办过三次培训活动,旨在培养家谱编修接班人。

给领导或名人修谱,这是推广家谱事业的最好手段。家谱编纂仍得要有名人来撑场面,这是社会宣传不可少的。

宗亲会要成为家谱推广组织。宗亲会是建立在相同姓氏基础上的血缘组织,是源自相同世系的同姓人聚在一起组成的姓氏团体。最早是由移居海外的华人成立的,是海外华人社会团体种类。离开家乡的宗人,因为互助的需求,成立宗亲会,抱团取暖。1987 年台湾当局开放探亲之后,台湾地区的各个宗亲会多次组团回祖籍地寻根谒祖,撰写族谱,支持家乡经济,建设公益事业。如此,宗亲会这种形态也带进大陆。譬如 1991 年,世界谢氏宗亲会在河南开会。它本质上是同乡会,所不同的是,同乡是同地异姓老乡组织,而宗族会是异地同姓老乡组织。近十多年,全国各地成立了各姓宗亲会。由于大陆不准宗亲会注册,所以一直处于非法状态。2017 年始,民政部加强社团管理,宣布一大批宗亲会为非法社团。于是,这些学会纷纷转型,挂靠在不同的姓氏研究会下面,成为二级委员会。通过这种方式,取得合法资格,这是目前普遍的做法。村级宗族势力与地域性宗亲会是两码事,后者是跨地域的宗亲联谊机构,绝对不可能干涉村级选举之类。最近也有学者提出,宗亲会可放弃社团化之路,改走公司化之路,让有财力的法人来注册,成立某姓文旅公司之类。如此,可通过法律的方式来实现社团管理,同时也可让这些机构自谋出路。这些均是好办法。

---

① 付鑫鑫:《智者毕摩——彝族家谱文化的传承者》,《中国民族报》2017 年 2 月 17 日。

第四节 姓氏家谱要进高校

一 要建立姓氏文化教育体系

建立姓氏文化教育体系是一个庞大的系统工程,特别需要业内仁人志士高瞻远瞩,开拓创新,树立大胸怀,以大格局带动、影响、推动社会各界人士,从多方面努力,做多方面的工作。(1)提高对姓氏文化重要性的认识。通过多种形式传播姓氏文化,使更多的人认知姓氏文化是中华优秀传统文化的重要组成部分:认知"不知祖,不足以为孝,不知祖,难以开来";认知"国史、方志、家谱"是国家历史的三大支柱,将姓氏文化提高到统战工作的高度。(2)提供方向性指导,引导、规范民间姓氏宗亲活动,扬长避短,发挥优势。(3)组织专家学者给姓氏文化学定义,编写《姓氏文化学概论》之类的教材。(4)进行姓氏文化学学历教育试点,使教与学、学与研有机结合,先面向全国选聘姓氏文化的研究专家作为客座教授,今后选择优秀毕业生留校任教,解决师资的持续发展问题,逐步实现姓氏文化由"学问"向"学科"的转变。(5)编印系统的姓氏文化学通俗读物。(6)把姓氏文化学推荐为中学生的课外读物。(7)把姓氏文化学列为大学生的选修课、必修课。(8)建立姓氏文化志愿者宣讲团,进学校、进社区、进机关、进电视台、进广播电台,宣讲姓氏文化。(9)利用互联网、报刊、电视、广播、会议、板报等多种媒体宣传姓氏文化。(10)创办姓氏文化博物馆、姓氏文化产业园。(11)试办姓氏文化学校或姓氏文化学院。(12)大力开展姓氏文化产品的研发和推广活动。(13)在合适的地方打造若干个姓氏文化传承基地。(14)打造若干条姓氏文化观光旅游线路。(15)树立姓氏文化研究、编纂家谱、传承家训好家风方面的先进典型。(16)推动家谱的续修、创修,并开展展评活动。(17)以政策、项目为平台,吸引海内外华人来大陆投资兴建姓氏文化项目。(18)适时召开高层次的姓氏文化研究、教育、产业等方面的研讨会。(19)举办姓氏文化研究、宗亲会牵头人短训班。(20)对姓氏文化学者进行职级评定并颁发证书。(21)建立姓氏文化论文数据库、专家库、题库。(22)继续努力筹建全国性的姓氏文化独立法人的社会组织。[1] 这些工作,均是姓氏文化建设要尝试做的工作。

---

[1] 姬传东:《关于建立姓氏文化教育体系的思考》,中国家谱网 2020 年 4 月 15 日。

第十六章　家谱文化推广的路径与策略

二　姓氏文化进高校的尝试

2015年底，青岛恒星科技学院成立姓氏文化研究院，是姓氏文化进入高校的首次尝试。2015年11月28日，恒星集团董事局主席、青岛恒星科技学院董事长兼校长陈昌金博士郑重宣告：经恒星集团董事局研究批准，青岛恒星科技学院姓氏文化研究院（简称姓氏研究院）和青岛恒星科技学院姓氏文化学院（简称姓氏学院）成立，姓氏研究院和姓氏学院为青岛恒星科技学院下设的二级单位。姓氏文化研究院主要有以下职责：开展姓氏文化学科研究；开展姓氏宗祠保护、修复和利用研究；开展姓氏家谱、家训、家风的研究和传承；开展姓氏文化交流、传播；采取多媒体方式，编辑、出版、传播姓氏文化。中华社会文化发展基金会总策划师、文博馆员冯乃华先生为该研究院首任院长，青岛恒星科技学院副校长陈杰为该研究院副院长。陈昌金博士任该学院首任院长（兼），世界陈氏宗亲联盟创始人、中华姓氏宗亲会长秘书长专家联席会执行负责人陈新先生任该学院副院长。[①] 我国第一个在高等院校设立的正规姓氏文化研究院、姓氏文化学院已经启航，中华姓氏文化学科体系建设正式启动。

姓氏文化学院以为国家培养传承弘扬优秀文化人才为使命，创建中国姓氏文化学科，分设姓氏文化史、姓氏古典文献学、姓氏源流、姓氏族谱、姓氏家规家训家风、姓氏宗祠、姓氏文化传播学等专业方向。不过，目前教育部学科目录没有类似的科目，最终挂靠到社会学，这就增加了一个社会工作本科专业，方向偏社区与养老。目前，社会工作专业才招了三届学生，数量有限。

2016年12月10日，召开"中华姓氏文化学科体系建设高峰论坛暨青岛恒星科技学院姓氏文化研究院、姓氏文化学院院领导和研究员聘任仪式"。大会邀请了来自全国各地的姓氏研究专家、学者、宗亲会代表等百余人，吸引了数十家媒体，共持续三天时间，除聘任仪式外，专家演讲、姓氏文化论坛、姓氏文化圆桌会议等相关活动相继举行，这是青岛有史以来规模最大、最专业的一次关于姓氏文化的盛会。

---

① 袁若阙：《青岛恒星科技学院姓氏文化研究院、姓氏文化学院成立》，青岛恒星科技学院2015年12月9日。

· 835 ·

2017年9月5日，恒星科技学院与炎黄家文化（北京）有限公司签署"中华家谱大数据工程合作协议书"，目标愿景是编纂《谱海》，要让全球华人都能在"谱海"找到自己，找到根！根据协议，《谱海》的核心数据交归谱海家文化基金会管理，解决了《谱海》核心数据库的所有权与公司化经营的问题，为各姓氏通谱数据提供了更大的平台和更安全的保障。

2019年，又注册成立谱海股份公司。谱海股份公司是经国家市场监督管理总局批准的不带地域不带经营范围的全国性公司，注册资金一亿元，主要由青岛恒星集团与炎黄家文化（北京）有限公司共同投资。谱海股份公司的主要任务是与各姓氏共同建立"中华谱海大数据工程"，核心任务是与各姓氏共同编纂一部跨世纪的巨著《谱海》。

2019年12月21—22日，谱海股份公司成立庆典暨项目洽谈会在山东青岛恒星科技学院国培中心会议室隆重举行。"中华谱海大数据工程"现已建立各姓氏网站700多个，收录各姓氏数据100多万条，各姓氏在系统中上传的世系数据1300多万条，文字20多亿，初步建立了100多个姓氏"通谱"基础数据。"谱海"首期要收录1亿人，100亿字，用纸200吨，以制作一部全世界文字最多、页码最多、用纸最多、内容最全的家谱，并在恒星学院建设一个全世界最大家谱的博物馆。"谱海"一期完成后，将申请吉尼斯世界纪录。[①]

不过，姓氏文化专业化建设之路并不顺利，无法独立存在。2019年12月，恒星科技学院成立人文学院，姓氏文化学院并入人文学院，姓氏文化研究院、恒星谱海科技有限公司归属恒星文教集团。也就是说，它必须存在于人文学院之下，无法独立存在。汉语言专业学生学过汉古语，与家谱方向比较更近。所以，如果要分流，只能更希望于汉语言专业学生。至于其他高校，一定要关注姓氏文化，至少使其成为一门选修课。家谱编纂之类，要进校园。如不能独立开课，至少可开课外扩充阅读课程系列，让大家初步接触，有一个家谱概念。至少可讲一次课，其他让学生自学。

由此可知，家谱学，与方志学一样，面临着现行教育部学科分类的制约。必须从教育部学科分类上突破，才有最终发展空间。这是教育部学科分类无法

---

① 李刚毅：《谱海股份公司成立庆典暨项目洽谈会在青岛恒星科技学院成功举行》，青岛恒星科技学院2019年12月23日。

适应新形势之处。最终，必须从教育部学科分类改革上入手，才有可能发展。家谱学与方志，是中国独一无二的学科，必须独立学科化。

三 家谱教育要从中小学开始

中小学生群体大，数量多，影响大。从中小学生群体入手，推广家谱编修教育，是值得提倡的。早在 2011 年，深圳市福田区红岭中学举办的"以己之力，书写历史"家谱制作活动，是福田区历史教研活动的一个方案，以寒假作业的形式布置给高一年级的学生。做了大量的前期准备工作——如给学生人手一份《家谱制作活动的通知》及《家谱制作评价量规表》。从六个班交上来的近三百份家谱中，我感受到了这份创开放性作业中学生注入的热情及其展现出来的天马行空的创意，收获了很多意料之外的惊喜。[①] 2013 年，杭州学军中学寒假作业规定：如果已有家谱，可以试着自己续写；如果没有家谱，就从自己往上数四代，走亲访友，了解家庭的历史，看看曾祖父、祖父他们都经历过什么。这份特殊作业的命题人，是学军中学校长陈立群。寒假结束时，高中生们厘清家谱，找到家训，听到了比小说更精彩的家族故事。看得阅卷老师两眼放光。[②] 2017 年，武汉的华师一附中的寒假作业，要求他们利用春节期间走亲访友的机会，多与长辈们沟通交流，了解自己家族里高祖父辈到本人同辈及晚辈的情况，再制作一份家谱，家长写出 1500 字的教育故事。[③] 2018 年，上海静安区闸北第二中心小学布置一道作业，要求写出家族四代成员及职业、出现过的名人或重大贡献。该作业是学校在区档案局的指导下开展的一次德育主题活动，学生可自由选择活动项目及内容，也可自愿选择做或者不做。结果，因为解释不清，过于违常，在家长群中炸开了锅，有人说这是学校在"查户口"，有人说这会导致学生对出身的变相攀比。这样的想法，自然属过度解读。[④] 为了唤起学生对家风的记忆与温暖，2020 年，杭州千岛湖建兰中学布置了一项特殊的项目化学习作业：制作一张你的家谱。学校请家长与孩子一起用图表呈现，至少五代，从高祖父母到孩子的全部男女亲属的姓名、生卒年月、职业、居住地迁移情况。

---

① 双学锋：《红岭中学"家谱"制作活动有感》，守望——吴磊工作室的博客 2011 年 4 月 24 日。
② 沈蒙和：《中学生寒假修家谱竟然意外发现爷爷是武林高手》，《钱江晚报》2013 年 2 月 27 日。
③ 陈玲、王丽：《中学寒假作业：学生画自家家谱 家长写教育心得》，《武汉晚报》2017 年 1 月 23 日。
④ 张立美：《让学生写家族名人和贡献：家谱教育别成了"查户口"》，《春城晚报》2018 年 10 月 13 日。

具体要求：记述 1—3 个家人的典型故事；总结提炼自己的家族的家风、家训；特色介绍，如家族传统生活习惯；图文结合，有照片更好；开学后学校组织评比、表彰、展示。① 据此，此类开放作业，让老师读得兴奋。由此说明，如果在中小学校长培训会时讲一下，通过学校来推广中小学生做家谱图，这是比较理想的途径。由于家谱教育刚进中小学校校园，出现此类过激反应，也是正常的。习惯成自然以后，就没有问题了。

2022 年 1 月，首都师范大学中国国学教育学院传统文化教育课程体系推出一项家校活动：重修家史。重修家史不占课时，就是让学生来做修家史的工作。重修家史不见得是未成年人，成年人也可以做，而且成年人可能做得更好更完善。但是作为一项教育活动，它也适合放在中小学，让学生参与，让学生通过采访长辈来编写简单的家史，也许他编出来的非常简单。但是这是对小学生的一个非常好的教育。反过来他也会促使小学生的家长去编写他们家族真正的家史，以对学生进行家史家风的教育，达到家教立德的目的。②

从相关报道来看，个别中小学在话题设置上仍存在误区，例如寻找家族名人，这是受传统精英史学思维的结果。今日中国进入公众社会，家家是平民之家，家谱是最平民化的载体，从中寻找家族名人，肯定会让家长反感或手足无措。更可操作的选题是，寻找家族长辈正能量的言行录，通过小故事演绎好的家风家教，这也正与当下国家倡导的"家风家训家教"宗旨吻合。从活动宗旨上，应可以这么表达，让子女参与家族长辈过往生活，补家族往事之课，培养家族集体观念。

2021 年 10 月 23 日，国家通过了《中华人民共和国家庭教育促进法》。家风、家教、家训、家谱，这些都是我们经常提起的家风建设的一些内容，家史是所有家教的根基。一个人不知道自己家族的历史，家教、家风无从谈起。他不知道自己是链条中的一环，就没有责任感。不要老是匆匆忙忙地往前走，找个时间停下来做点总结，对自己的家庭，对这个家族都非常的重要。③

未来，应加强专业人才培养。希望在大学中培养出一批专业的谱师，接续

---

① 谢春雷、林子杰：《杭州一中学寒假请学生制作自己的家谱：图表呈现，至少五代》，澎湃新闻 2020 年 1 月 16 日。
② 徐健顺：《今天的家风、家教从哪里做起？——重修家史》，吟诵堂 2022 年 1 月 22 日。
③ 徐健顺：《今天的家风、家教从哪里做起？——重修家史》，吟诵堂 2022 年 1 月 22 日。

优秀传统，返本开新，积极服务于社会发展，为我们的文化自信注入新时代的充沛活力。

第五节　建立姓氏文化园镇

　　这是寓家谱文化于娱乐之中的路径。建设姓氏文化产业园理念，始于21世纪初。2006年5月，全球首座以弘扬中华姓氏文化为内核的主题公园"中华姓氏寻根园"落户深圳龙岗区南澳七娘山下。公园建成后将成为全球华人最好的寻根祭祖胜地，计划2009年完成第一期项目。该项目以主题公园的形式，有中华龙塔、中华祭祖殿、中华姓氏演绎馆、中华百姓园、中华历史名人雕塑长廊、中华书法碑林、中华姓氏民俗休闲园、中华奇园、中华民俗文化研究基地等园区亮点，运用现代高科技手法，融寻根祭祖与休闲娱乐于一身。[①] 不过进一步查找，未见落成消息，说明项目没有进入执行。

　　2007年12月，位于江苏省常州市溧阳上塱头的中国族谱博物馆开工兴起，2008年第一期工程完工，以后逐年增建，目前初具规模，占地50亩，房屋110余间，建起一座金碧辉煌的史侯祠等建筑。

　　2007年，江源也计划与金华市政府合作，开辟姓氏文化产业园。后因各种因素，未果。2009年，中华炎黄姓氏博物馆落户于河南焦作市武陟县嘉应观旁边。这个中原地带约有1000多个姓起源于河南，百家姓中就有73个源于河南。[②] 不过，最终也落空了。

　　2006年，广东活力旅游集团与南雄市举行旅游项目合作签约仪式，建设珠玑古巷，着力打造全国最大的"姓氏寻根旅游区"。南雄珠玑巷位于粤北山区的南雄县，原来叫敬宗巷。北宋时期汴京（即开封市）有个珠玑巷。宋朝臣民纷纷南逃至此，客家人为了表示对故乡的深深怀念，便将敬宗巷的名字改为珠玑巷。南雄的珠玑巷是一条全长1500多米、南北走向的古老街巷，由鹅卵石子砌成，巷内一块石碑上刻着"珠玑古巷，吾家故乡"八个大字。这也就是北方人走进岭南的第一站，老一辈人所说的"落血地头"。2014年11月28日，南雄市

---

① 邓妍：《首座中华姓氏寻根园选址深圳　将吸引海内外华人》，《晶报》2006年5月21日。
② 艾德利：《中华炎黄姓氏博物馆奠基》，《河南日报农村版》2009年8月20日。

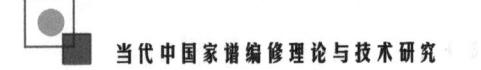

举办了首届姓氏文化旅游节,吸引了超过8000多名海内外珠玑巷后裔参加,中国营销协会也正式授予南雄"中国姓氏文化名都"称号。①

2012年7月26日,国内首个"湖广填四川"主题移民文化公园——麻城文化小镇("麻城孝感乡文化产业园"),落户麻城市。由北京眉州东坡万景投资有限公司投资开发建设,2014年开建,2016年4月开业。该移民文化公园,坐落于麻城新老城区接合部,也是原"麻城孝感乡"所在地。麻城是中国古代移民发源地之一,千百年来麻城移民后裔遍及川渝大地,有"湖广填四川,麻城过一半"之说。因此,每年前往麻城寻根问祖的川渝人士络绎不绝。麻城文化小镇以"孝善中国、根祖麻城"为主题,打造中国首个以孝善、移民和百家姓三大文化为核心的文化产业项目,以移民文化为线索,以孝善文化为核心,以百家姓文化为表现手法,塑造湖广移民的文化地标,麻城人民的文化精神家园。② 麻城文化小镇总体规划布局为一轴、一街、一楼、一园区。一轴(移民文化主轴):孝善广场、孝行天下的大型雕塑群。一街(百家姓文化一条街):百家姓文化一条街、百家姓祠堂。一楼(孝善楼):一层为祭祖大殿,二层为百家姓文化博物馆,三层及以上为孝善家宴、孝善茶楼。一园区(百家姓文化产业园):百家姓祠堂、百家姓大舞台、川菜文化体验区、生态游览区、时尚生活区、文娱活动区。公园集旅游、休闲、娱乐、教育、祭祀、寻根等于一体,展现明清移民文化特色。小镇的建筑风貌及各种设施小品,似乎刻意融合了荆楚风情和川渝符号。

2013年5月23日,首届华夏姓氏文化论坛暨华夏姓氏文化园品牌分享会在洛阳举行,华夏姓氏文化园"华夏姓氏文化产业基地"正式揭牌。洛阳姓氏文化研究会常务副会长姬传东指出,在我国前300个人口大姓中,全部源于河洛地区或主支起源于河洛地区的有171个;在前100个人口大姓中,有78个姓氏的主支或一支直接起源于河洛地区。据不完全统计,洛阳市现有姓氏至少有1351个。"华夏姓氏文化产业基地"项目位于龙门大道北段洛阳桥南侧,占地面积约30亩,总建筑面积约2万平方米。项目主要包括华夏之源姓氏博物馆、洛阳文化旅游产业园规划展示中心、游客服务中心、仿唐歌舞剧院等诸多文化旅游业

---

① 谷立辉、张卿878:《韶关南雄:打造独具特色姓氏文化名都》,《南方日报》2015年10月12日。
② 贺正文、余洪波:《麻城文化小镇美食风情街开街迎宾》,《黄冈日报》2016年4月29日。

态。目前，该项目主体建筑已经封顶。① 洛阳在 2006 年就提出类似设想，但一直未进入执行。

2015 年 4 月 19 日上午，河南省濮阳县政府在濮阳县组织中华姓氏文化创意产业园开工奠基仪式。中华姓氏文化创意产业园由中新信达文化产业有限公司投资兴建。中华姓氏文化创意产业园将充分发挥姓氏文化的独特优势，打造中国第一个全面、立体、体验式的姓氏文化主题公园；中国第一个姓氏文化智库中心；中国第一个学院建制的老年国学文化大学；中国第一个青少年孝悌文化教育基地；中国第一个宗亲文化产品交易中心。下设智库中心、宗亲会联谊大会堂、诚信联盟、国学公益大讲堂。②

2017 年，秦巴水街·百家姓文化生态园开建。它位于"秦巴明珠"安康市汉滨区城市西北部 6 千米的牛山风景区脚下，是省区市文化产业重点建设项目。"秦巴水街·百家姓文化生态园"是一个文化旅游农林开发的综合项目，它以华夏五千年姓氏文化为主题，以牛山金牛峡谷染江河的自然生态为依托，按国家5A 级旅游规范进行精细规划，科学布局建设。

2018 年，广东梅县区南口镇车陂村的闲置古民居"慎轩楼"摇身变成客家姓氏文化大观园——南源世第。该项目 2017 年启动，投资 830 多万元，按照"修旧如旧"的原则，对慎轩楼进行了修葺，并因地制宜把它打造成客家百家姓的姓氏主题文化园。楼内 80 多个房间都布置成了姓氏文化主题展室。③

2018 年建成的中华姓氏苑是洪洞大槐树寻根祭祖园旅游景区的景点，这里主要由中华民族的姓氏来源、发展演变，以及 56 个民族用过的 11969 个姓氏，姓氏郡望、堂号、堂联、家训等姓氏文化布置而成。祭祖堂是整个园区的核心，堂内供奉 1230 个移民先祖姓氏牌位，是全国最大的百家姓祠堂，号称天下民祭第一堂。

2018 年 8 月 8 日，中国首个体验式百家姓主题文化公园项目在京正式启动。资深文旅专家、百家姓文旅小镇 IP 创始人张一一表示，一个人一生中的衣、食、住、行、职业、婚姻、朋友等都可以自由选择，唯一不可选择的是自己的姓氏和性别，姓氏文化是中华优秀传统文化中最核心的文化，也是海内外华人华侨

---

① 程芳菲：《华夏姓氏文化园"华夏姓氏文化产业基地"在洛阳揭牌》，洛阳网 2013 年 5 月 24 日。
② 段宝生等：《濮阳县中华姓氏文化创意产业园奠基》，《濮阳日报农村版》2015 年 4 月 22 日。
③ 郑炜梅：《打造客家姓氏文化园》，《梅州日报》2018 年 4 月 30 日。

内心深处最为认同的情感信仰。目前，只有祭祖和清明那几天人比较多，其他时间的游客很是稀少，"这是因为这些祖庭只具备了祭祀的单一功能，而缺乏吃、住、看、学、演、购等整体的体验感所致"。除了有百家姓祠堂、百家姓广场、百家姓世系分馆等基础设施，更有百家姓小吃、百家姓客栈、百家姓古今名人蜡像馆、百家姓未来科技馆、百家姓邮局、百家姓旅游演艺、百家姓标志性建筑以及百家姓文化系列衍生产品等。

2019年8月17日上午，作为第八届世界飞行大会的重头戏，在"国家级通航特色小镇——沈阳法库"迎来了"首届乡村振兴·姓氏非遗盛典暨中华姓氏文化产业示范园区签约仪式"。中华姓氏文化产业示范园区将开发建设"姓氏碑林""姓氏文化教育基地""姓氏名人园""姓氏文化研修院""姓氏文化风情街""辽文化风情街"等主题板块，全力打造教育、旅游、休闲、度假、康养五位一体的姓氏文化主题公园。项目建成后，它将成为中国北方第一个姓氏文化主题公园、中国北方第一个龙根文化传承基地、中国北方第一个姓氏文化智库中心、中国北方第一个青少年忠孝文化教育基地、中国北方第一个姓氏非遗文化产品交易中心。[1]

2020年6月，首届姓氏文化旅游节日前在四川蓬溪百家姓古镇正式启动。中国红海百家姓古镇位于四川省遂宁市蓬溪县境内，景区内原有38座整体迁建的古建筑群。近年来，来自北京、湖南、重庆等地的专业文旅团队张一一，立足古建筑资源优势，围绕姓氏文化、民俗风情等主题对景区进行挖掘提炼升级打造，使得古镇重焕生机。百家姓文旅小镇将打造一个以探寻、展示、体验中华优秀姓氏文化，集百家姓主题美食、百家姓主题文创、百家姓主题民宿、百家姓主题演艺、百家姓主题研学、百家姓主题康养等于一体的休闲度假旅游目的地，让游客在轻松游玩的同时润物无声地体验感受到中华传统文化的无穷魅力。[2]

2020年12月22—23日，200多位来自全国各地的姓氏专家、学者来到衢州龙游红木小镇，参加"万姓同源、天下一家"中华姓氏文化发展研讨会。恰逢冬至时节，小镇组织中华各姓氏文化研究专家学者和各姓氏文化代表，以及华

---

[1] 文排章、熊怡杰：《首届乡村振兴·姓氏非遗盛典暨姓氏文化产业示范园区签约仪式举行》，东方姓氏委2019年8月21日。

[2] 张由之：《首届姓氏文化旅游节在四川蓬溪百家姓古镇启幕》，中国社会科学网2020年6月30日。

夏小学的学生和老师共 200 余人，举行隆重的传统祭拜华夏先祖活动。接下来，龙游红木小镇将申报全国家文化建设示范基地。作为龙游县诗画风光带上两江化一龙布局的龙头，红木小镇自今年 9 月开园以来陆续推出亲子体验、国学培训、民俗表演、影视作品等内容丰富的产业项目，开拓旅游合作新领域，全力推动龙游文旅融合发展。[1]

2021—2022 年，中姓传文旅（重庆）集团公司在重庆长寿区改造定慧寺，成立中华百家姓历史文化博物馆。冉义友为馆长。他用的是市场招商模式，鼓励各姓在此设立各姓专馆。

2021 年，江西拟建中国家谱文化博物馆。融合当代人所热衷的声音、视频、表演、互动、参与等模式，但这类博物馆式的展示没有产品化，故在与旅游产业的融合中几乎都是陪衬。为此，中国地名学会成立数字化家谱研究专业委员会，2021 年 5 月决定筹建中国家谱文化博物馆，馆选址为江西省南昌市青山湖区青山湖大道 555 号，由数字化家谱研究专业委员会主管筹资、筹建。[2] 据进一步查询，中国地名学会数字化家谱研究专业委员会是由江西仁义德文化传播有限公司组织于 2019 年创办的，目前与公司实行一套人马两块牌子体制，现任董事长樊华。其主要业务为筹建中国家谱文化博物馆和中国姓氏文化产业园和各省市合作兴建家谱文化纪念馆；编辑出版中国家谱文化系列丛书；拍摄以家谱文化为题材的电影、电视剧和纪录片等。2014 年，中华樊氏家族谱网创建，号称全国唯一姓氏家谱智能化网站。据介绍，"中国家谱文化博物馆"将是一座收藏了大量中华民间姓氏家谱文化及传统艺术、文化记忆的文化艺术博览园。与其他博览园所不同的是，它将以"园林中的博览园"为建设定位，以创建"中华民族家谱文化记忆家园"为目标。[3] 由此可见，家谱文化是主题，实际上是博览园建设。2023 年 11 月，深圳多思盈科技集团拟投资此项目。

此外，蔡允中也正在宁德打造"田中姓氏文化特色小镇"。根据规划，会有家谱博物馆、姓氏文化产业园。因为交通线的制约，小镇的建设速度也受影响。

---

[1] 赵峥琳：《文旅融合再深化　龙游红木小镇打造家文化姓氏文化新篇章》，2020 年 12 月 26 日。
[2] 慕奕：《关于筹建中国家谱文化博物馆的决定》，简书 2021 年 5 月 15 日。
[3] 丰夕：《弘扬国粹精髓，传承族谱文化——江西仁义德文化传播与热风咨询集团成功签约》，热风咨询 2020 年 9 月 8 日。

甚至有中华姓氏申遗准备活动。2019年11月7日，首届中华姓氏申遗大会在福州举行，来自海内外姓氏专家和姓氏组织代表共两百余人与会，共同倡导和保护中华姓氏文化，推动中华姓氏文化申报"世界记忆遗产"。

不过，经过十多年的发展，近几年姓氏文化活动出现疲惫状态。三年疫情打击了姓氏文化的行业。未来的恢复，有一个过程。以上这些文化小镇建设，多少可以扩大姓氏、家谱文化的影响。

第六节　扩大姓氏志的编修

地域姓氏志是方志种类之一，属姓氏文化一种，与家谱编修相关，所以有必要考察一番。通过国家图书馆、上海图书馆、中山图书馆、浙江图书馆及孔夫子旧书网等的检索，获得75种姓氏志作品，如表16-1所示：

表16-1　　　　　　　　　　　姓氏志

顺序	省域	名称	作者	年份	出版社
1	重庆	忠县姓氏志	刘正补	1983	
2	山东	滨县姓氏志		1986	
3	上海	青浦姓氏		1987	
4	福建	宁都姓氏考略	邱常松	1988	
5	天津	武清姓氏		1988	
6	山西	山西人口姓氏大全		1991	
7	陕西	华容县姓氏志	朱容	1992	
8	福建	漳州氏族源流汇编		1992	
9	浙江	兰溪姓氏纪略	胡汝明	1993	
10	江西	石城客家姓氏	朱祖振	1993	
11	福建	安溪宗族姓氏概览	蔡志忠	1994	海潮摄影艺术出版社
12	广东	梅县客家姓氏源流		1995	
13	浙江	萧山姓氏志	洪雅英	1996	
14	浙江	永康姓氏志	应宝容	1997	方志出版社
15	浙江	缙云县姓氏志	金兆法	1999	方志出版社
16	广东	潮阳姓氏丛谈		1999	广东人民出版社
17	浙江	衢县姓氏志	王家寿	2001	

第十六章 家谱文化推广的路径与策略

续表

顺序	省域	名称	作者	年份	出版社
18	福建	政和县姓氏志		2003	
19	福建	连城姓氏志	陈金芬	2003	
20	福建	永安姓氏志	刘启龙	2004	
21	河南	获嘉姓氏志	朱保东	2005	
22	上海	上海姓氏寻根	许洪新	2005	上海科技文献出版社
23	福建	福州姓氏志	张天禄	2005	海潮摄影艺术出版社
24	广东	紫金文史·姓氏篇		2005	
25	江西	南安姓氏志	许永贤	2005	
26	河南	湖南氏族源流	寻霖	2006	岳麓书社
27	山东	临清姓氏志		2006	天马出版有限公司
28	江西	修水县姓氏志	熊金望等	2006	华夏翰林出版社
29	福建	安溪姓氏志	凌文斌	2006	方志出版社
30	福建	罗源县姓氏志	吴顺良	2006	
31	浙江	平阳姓氏志	林顺道	2008	
32	福建	德化县姓氏志	许耀辉	2008	方志出版社
33	浙江	淳安姓氏	刘志华	2008	西泠印社
34	福建	丰泽区姓氏志	许怡菲	2009	方志出版社
35	福建	武平姓氏志	谢细忠	2009	
36	福建	长汀县姓氏志	林旭	2009	
37	台湾	姓氏探源：台湾百大姓源流	林永安	2009	大康出版社
38	福建	筠连姓氏志		2010	
39	福建	三明姓氏考略	黄荣发	2010	海峡文艺出版社
40	福建	尤溪姓氏志	苏新坦	2010	海潮摄影艺术出版社
41	福建	永春县姓氏志	林士农	2010	方志出版社
42	江西	靖安姓氏志	彭峰	2011	江西人民出版社
43	福建	莆田市姓氏志	傅庆定	2012	方志出版社
44	湖南	安化姓氏志稿		2012	
45	浙江	瑞安百家姓	陈正焕	2013	光明日报出版社
46	广东	清远姓氏	邓翠萍	2013	广东人民出版社
47	河南	图说洛阳姓氏	徐金星	2014	中州古籍出版社
48	广东	大埔县姓氏录	黄志环	2014	中国文史出版社

续表

顺序	省域	名称	作者	年份	出版社
49	江西	南昌县姓氏志	邓炳根	2014	方志出版社
50	安徽	阜阳姓氏迁徙志	张殿兵	2015	中国文史出版社
51	江西	静安县姓氏志	彭峰	2015	江西人民出版社
52	陕西	阎良姓氏调查统计汇编		2015	
53	福建	石狮姓氏志	李秉源	2016	武汉大学出版社
54	福建	泉港姓氏志	郭丁法	2016	方志出版社
55	江西	宝峰镇姓氏志		2016	
56	山东	茌平村名与姓氏志上卷	徐莹	2016	
57	浙江	平阳姓氏	陈敏	2017	浙江古籍出版社
58	浙江	象山百家姓	张则火	2017	团结出版社
59		茌平村名与姓氏志下卷	徐莹	2018	
60	浙江	北仑姓氏源流	张立平	2018	宁波出版社
61	福建	福建姓氏志1卷		2019	福建人民出版社
62	福建	政和县姓氏志	熊源泉	2019	福建地图出版社
63	四川	笑问君从何处来：蓬溪姓氏备征	胡传淮	2019	
64	江苏	我从哪里来：扬中百家姓氏探源	朱怀林	2019	广陵书社
65	江西	峡江县姓氏志	胡新明	2019	
66	福建	政和县姓氏志	熊源泉	2019	福建省地图出版社
67	湖北	鄂州市姓氏志上卷		2020	
68	广东	紫金姓氏志	黎业球	2020	
69	江西	南昌市新建区姓氏志	陈圣栋	2020	江西人民出版社
70	湖北	黄梅县姓氏志		2021	
71	浙江	衢州市姓氏志	张水绿	2021	
72	福建	福鼎姓氏志	庄奕贤	2021	海峡书局
73	福建	福建姓氏志2卷		2021	福建人民出版社
74	山东	威海姓氏志	耿祥星	2022	线装书局
75	河南	新乡姓氏志	史继祖	2022	

最早的是1983年《忠县姓氏志》。各省中上海、山西、湖南、台湾启动较早。近年，福建最好。受福建的影响，河南、湖南也带动起来。河南《河南姓

氏志》,河南姓氏文化研究会组织,2020年起启动,各姓编,在陆续启动中。不同地方,组织主体不同。福建是省志办与学会合作,河南与湖南是由学会出面组织编纂。地域姓氏志模式,值得肯定。

《中国姓氏大百科》(ECS),2019年3月立项,2020年启动,预计2025年底前全部完成。由刘运河总主持。致力于打造"最有影响力、最具大众化特色的中华姓氏文化知识体系",以及"最具权威性、专注中华姓氏文化知识门类的专业百科全书"。以"服务炎黄子孙寻根问祖,凝聚全球华人家国情怀"为己任,旨在打造一个涵盖中华姓氏文化领域知识的中文信息收集、共享、应用的开放式平台,强调用户的参与和奉献精神,充分调动互联网用户的力量,汇聚全网用户的头脑智慧,协作共享,持续迭代。以准确权威、开放共享、大众化、知识性为指导思想。坚持辩证唯物主义和历史唯物主义,秉持客观、科学、礼敬的态度,取其精华、去其糟粕,扬弃继承、转化创新,不复古泥古,不简单否定,不断赋予新的时代内涵和现代表达形式,不断补充、拓展、完善,使中华民族最基本的文化基因与当代文化相适应、与现代社会相协调,弘扬社会主义核心价值观。其项目定位:最有影响力、最具大众化特色的中华姓氏文化知识体系,最具权威性、专注中华姓氏文化知识门类的专业百科全书。核心理念:互联网分布式知识协作、传统出版与数字出版结合。总体目标:编撰出版《中国姓氏大百科》丛书共计100卷,涵盖100个姓氏,每个姓氏1卷,每卷1—3册不等,预计每卷平均收录词条约1万条,总计收录词条约100万条;研发推出《中国姓氏大百科》网络版(总数据库)与100个姓氏专版(子数据库),预计每个姓氏专版数据库平均收录词条约2万条,总计收录词条约200万条。体例创新:《中国姓氏大百科》以《中国大百科全书》第三版编写体例为总指导,以家谱、百科两种图书的编写体例为基础,予以融合创新,研究制定《中国姓氏大百科》词条条目著录元数据规范与编写体例,采集、编撰、审核、收录涵盖100个姓氏的"姓氏源流、望族世家、先祖名人、族群聚落、谱牒著述、祖训家规、祠堂陵墓"七种核心词条条目,以及"民俗典故、昭穆字辈、故居胜迹"三种扩展词条条目,共计10大类词条条目。项目实施:《中国姓氏大百科》项目由中国大百科全书出版社批准立项,并负责出版发行,由中国大百科全书出版社百科开源分社、中根源姓氏文化数字化推广中心共同负责项目实施统筹,由湖北中姓文化数字平台有限公司负责项目的技术开发与项目运营,由100家从事姓氏文化研究的具有影响力、具有编纂实力的机构具体参与100个姓氏分卷的编纂工作。[①] 如此这个计划制订十分完备，是家谱百辞辞典。据2022年5月了解到的最新消息，受疫情的影响，又无稳定经费保障，该计划在操作上陷入困难，难以为继。

[①] 中根源：《关于编纂出版〈中国姓氏大百科〉丛书的通知》，中根源文化2020年1月1日。

全国哲社规划办专家组鉴定意见

《当代中国家谱编修理论与技术研究》项目成果，共16章。上册6章，作者对家谱编修的历史进行了较为翔实的回顾，指出编修家谱的意义和作用，同时对当下家谱编修的观念、方法以及相关问题作了细致的总结。中册5章，在成果中，作者列举了大量的家谱编修实践事例，进行思考总结，并对当下家谱编修的状况予以阐述。下册5章，则是作者对当代家谱编修完成以后，可能会产生的问题进行分析与研究。通读课题成果，较好地完成了作者设计的"整理什么，研究什么；为什么要整理，为什么要研究；如何整理，如何研究"的课题研究宗旨。特别是将家谱编修当作一个文化生产行业来观察研究，在理论、技术和产品方面进行思考，提出自己的理论架构，具有创新价值。本课题通过亲身实践，了解当下修谱行业的具体情况和特点，对民间修谱的传统、现实经验进行全面总结，进行比较，提出自己的构想和建议，具有一定的推广和应用价值。本课题重视家谱理论体系的构建；关注家谱编修性质与功能的动态演变、家谱类型的演变、家谱载体的演变、家谱编修参与群体的演变等，这些方面的探讨很具功力，且不乏新意。总而言之，本课题研究成果符合当初设计要求，达到良好水平，同意结项。

征引文献

一 古籍

(明) 程敏政：《篁墩文集》，文渊阁《四库全书》，集部第 1252 册。

(清) 刘凤诰：《存悔斋集》，《清代诗文集汇编》，第 467 册。

(清) 熊文举：《侣鸥阁近集》，《四库禁毁书丛刊》，集部第 120 册。

(清) 钟琦：《皇朝琐屑录》，光绪二十三年（1897）刊本，国家图书馆出版社影印，2011 年。

罗月霞主编：《宋濂全集》第二册《翰苑别集》，浙江古籍出版社 1999 年版。

二 族谱

潮汕市江东独树庄氏族谱编委会编：《江东独树庄庄氏谱》，1998 年。

陈保书：《陈氏族谱》，1963 年。

陈秋强：《薛氏宗谱》，2015 年。

陈仙福等：《马鞍山陈氏家谱》，2008 年。

陈振桂：《丹竹江陈氏族谱》，2020 年。

成继跃主编：《陕西省韩城市西庄镇沟北村德俊堂家谱（影像志）》，2020 年。

狄克勤：《狄氏家谱》，2018 年。

董苗生：《大董董氏宗谱》，2017 年。

董儒涅：《十三洞桥湖泊董氏宗谱》，2020 年。

范宝仁编：《范氏家乘》，清砚谱社，2014 年。

方茂才：《龙山方氏宗谱》，2006 年。

征引文献

高学雨等：《东原高氏族谱》，1948 年。

郭华栋：《郭氏族谱》，1963 年。

郭克泽等：《蓝村郭家庄郭氏族谱》，1962 年。

郭良鹏：《太康郭族谱》，1962 年。

郭心坦：《郭氏族谱》，1963 年。

胡邦城主编：《梅溪胡氏宗谱》，2009 年。

黄显田：《黄氏族谱》，1954 年。

黄中敏等：《雄崖所黄氏族谱》，1963 年。

贾维勤：《贾氏族谱》，1962 年。

匡永寿：《匡氏族谱》，1963 年。

李宜华：《宁波小港李氏族谱》，2015 年。

李祖佩：《李氏族谱：二支·友德》，2014 年。

厉守来：《海曲厉氏家乘》，1962 年。

刘元纲：《刘氏族谱》卷首，1963 年。

马信阳主修，陆金如总纂：《眉山马氏七甲西房谱续修》，2020 年。

聂守涟等：《聂氏族谱》，1960 年。

阮先羽：《绍兴阮氏宗谱》，2013 年。

邵成杰主编：《兰风邵氏宗谱》，2007 年。

申培根《邵阳申氏创修通谱》，1995 年。

圣德堂：《贾氏族谱》，2021 年。

四明章溪朱氏宗谱编修委员会：《四明章溪朱氏宗谱》，2003 年。

《汪氏家谱》，1989 年。

王德荣：《即墨王氏族谱》，1966 年。

王德威：《方前王氏宗谱序》，2013 年。

王高铃：《象冈太原郡王氏宗谱》，1979 年。

王庆康、王砚田主修：《戊戌四续章丘相公庄龙溪王氏族谱》，2018 年修。

王颐庆：《三槐王氏林头支系家谱》，2012 年。

王兆林：《宁海石柱王氏宗谱》，2016 年。

翁大模主修：《翁氏宗谱》，1963 年，油印本。

乌统旬：《宁波乌氏盛乾数亨房支谱》，2016 年。

《象山海墩下贺家族谱》，2010 年。

熊守迪主编：《姚江熊氏宗谱》，2019 年。

徐家官庄徐氏族谱续修委员会：《徐家官庄徐氏族谱》，2012 年。

许教正：《许氏族谱》卷首，1963 年。

《雅林溪童氏三修宗谱序》，2011 年。

余茂大主编：《鄞东冰厂跟余氏宗谱》，宁波图腾印务公司 2021 年版。

张怀仁等：《山西省长治市沁县良楼沟交口张氏家谱》，2011 年。

张立法主编：《宁波马径张氏宗谱》，2013 年。

周安慈：《梅溪周氏宗谱》，2013 年。

朱廷溪等：《青田外路义阳郡朱氏宗谱》，2005 年。

左旭东：《左氏族谱》，2020 年。

三　论著

安如华：《母系型家谱创编指南》，南洋出版社 2018 年版。

本书编委会：《杭州萧山馆藏家谱图录》，国家图书馆出版社 2014 年版。

仓修良：《谱牒学通论》，华东师范大学出版社 2017 年版。

车炼钢主编：《绍兴家谱总目提要》，西泠印社 2015 年版。

陈虹选编：《海南家谱提要》，海南出版社 2008 年版。

陈捷先：《中国的族谱》，行政院文化建设委员会 1989 年。

陈龙贵主编：《国立故宫博物院所藏族谱简目》，故宫博物院 2001 年版。

陈支平：《福建族谱》，福建人民出版社 1995 年版。

程小澜主编：《浙江家谱总目提要》，浙江人民出版社 2005 年版。

杜建海：《鄞邑现存家谱总目提要》，浙江古籍出版社 2014 年版。

冯尔康：《中国宗族制度与谱牒编修》，天津古籍出版社 2011 年版。

傅传松：《家谱编纂概论》，长江文艺出版社 2016 年版。

高宇飞著，肖东发编：《血缘脉系：家族家谱与家庭文化》，现代出版社 2014 年版。

国家图书馆古籍馆编：《2004 地方文献国际学术研讨会论文集》，北京图书馆出版社 2006 年版。

湖南图书馆编：《湖南家谱知见录》，湖南教育出版社 2011 年版。

贾载明：《姓谱新话》，2019 年，自印。

江源主编：《婺州家谱总汇》，中国戏剧出版社 2007 年版。

来新夏、徐建华：《中国的年谱与家谱》，中华书局 1997 年版。

李彩标：《兰溪家谱探秘》，大众文艺出版社 2005 年版。

李清明：《家谱指南》，甘肃人民出版社 2006 年版。

李书琴主编：《谱牒学论丛》第六辑，三晋出版社 2013 年版。

励双杰：《慈溪余姚家谱提要》，漓江出版社 2003 年版。

励双杰：《名人家谱撦谈》，广西师范大学出版社 2016 年版。

励双杰：《中国家谱藏谈》，山西古籍出版社 2008 年版。

梁洪生：《江西公藏家谱目录提要》，江西教育出版社 2002 年版。

廖庆六：《谱牒学》，台北：万卷楼图书有限公司 2013 年版。

廖庆六：《谱牒学研究》，台北：华品文创出版股份有限公司 2013 年版。

廖庆六：《族谱文献学》，台北：南天书局出版社 2003 年版。

林仁川主编：《中华之根——海峡两岸谱牒研讨会文集》，中国文史出版社 2005 年版。

林学勤：《中国家谱的编修》，河北人民出版社 2012 年版。

吕有凯：《家谱理论与编修技术》，中国文史出版社 2014 年版。

罗香林：《中国族谱研究》，香港：中国学社 1971 年版。

骆伟：《岭南姓氏族谱辑录》，广东人民出版社 2012 年。

骆伟：《岭南族谱撷录》，广东人民出版社 2002 年版。

美国家谱学会 Ted A. Telford 等编：《美国家谱学会中国族谱目录》，1984 年。

欧阳宗书：《中国家谱》，新华出版社 1993 年版。

钱杭主编：《中国历史地理评论》第二辑，复旦大学出版社 2018 年版。

钱茂伟：《明代科举家族：以宁波杨氏为中心的考察》，中华书局 2013 年版。

钱茂伟、王东：《史学与传统文化》，北京图书馆出版社 2004 年版。

钱茂伟：《中国公众史学通论》，中国社会科学出版社 2015 年版。

任清剑：《谱牒新编》，大象出版社 2016 年版。

［日］多贺秋五郎：《中国宗谱的研究》，周芳玲译本称《中国宗谱》，中国社会出版社 2008 年版。

沙其敏、钱正民主编：《中国族谱地方志研究》，上海科学技术文献出版社 2003

年版。

上海图书馆编，王鹤鸣主编：《上海图书馆馆藏家谱提要》，上海古籍出版社2000年版。

上海图书馆编：《中国家谱总目》，上海古籍出版社2008年版。

绍兴市家谱协会：《家谱编修指南》，2011年。

盛清沂主编：《国学文献馆现藏中国族谱资料目录初辑》，台北：联合报文化基金会国学文献馆，1982年。

童银舫：《慈溪家谱》，中国文史出版社2013年版。

宛福成：《姓氏文化与实务》，九亲文化，2020年。

王大良：《家谱文化知识与编修技巧》，气象出版社2017年版。

王鹤鸣、陈建华主编：《中国家谱资料选编》，上海古籍出版社2013年版。

王鹤鸣等：《中国少数民族家谱通论》，上海古籍出版社2018年版。

王鹤鸣、王澄：《中国家谱史图志》，安徽科学技术出版社2012年版。

王林等：《民间的一种记忆：今天的中国人如何编修家谱》，重庆出版社2015年版。

王世庆等：《台湾公私藏族谱目录初稿》，《台湾文献》29卷第4期，1978年。

魏怀习主编：《家谱编修实用大全》，中州古籍出版社2015年版。

无锡图书馆：《无锡地区家谱知见目录》，江苏广陵古籍刻印社2015年版。

吴宣德、宗韵：《明人谱牒序跋辑略》，上海古籍出版社2013年版。

肖禹、王昭：《家谱谱系数据模型研究》，国家图书馆出版社2016年版。

谢琳惠：《洛阳地区家谱提要》，北京图书馆出版社2010年版。

谢维扬、钱杭：《传统与转型：江西泰和县农村宗族形态——一项社会人类学的研究》，上海社会科学院出版社1995年版。

邢永川：《中国家族谱纵横谈》，广西教育出版社1993年版。

徐建华：《中国的家谱》，百花洲出版社2002年版。

徐扬杰：《中国家族制度史》，人民出版社1992年版。

阎晋修：《怎样修家谱》，2004年。

杨宗佑主编：《中华家谱学》，济南出版社2009年版。

姚建康：《家谱编修指南》，云南人民出版社2006年版。

姚素莲：《中国族谱——源流、内容与简易编纂方法》，新北：茂昌图书有限公司 1986 年版。

岳晗：《家国情怀：儒家与族谱》，中州古籍出版社 2014 年版。

张桂萍编：《缅晗集：张海瀛谱牒研究文选》，山西人民出版社 2012 年版。

张全海：《世系谱牒与族群认同》，上海世界图书出版公司 2010 年版。

张爽：《姓氏名人故事》，金盾出版社 2016 年版。

赵岳阳等：《诸暨家谱总目》，浙江人民美术出版社 2014 年版。

郑振满、饶伟新主编：《族谱研究》，社会科学文献出版社 2013 年版。

《中国家谱论丛》，上海古籍出版社 2010 年版。

朱炳国：《常州家谱提要》，中国文联出版社 2005 年版。

朱炳国：《修谱指南》，凤凰出版社 2012 年版。

朱炳国、岳祖瑞：《修谱百问》，南京大学出版社 2016 年版。

朱炳国：《中国家谱文化》，凤凰出版社 2012 年版。

朱炳国主编：《家谱与地方文化》，中国文联出版社 2008 年版。

朱振华：《中国家谱综合目录》，中华书局 1997 年版。

邹华享：《湖南家谱解读》，湖南人民出版社 2004 年版。

四　论文

白玉民：《怎样看待当前农村的续修家谱热？》，《探索与争鸣》1996 年第 7 期。

包铮：《寻根问祖话家谱——家谱全文数字化技术及其网站系统》，《数字与微缩影像》2004 年第 2 期。

蔡锦涛：《修村志乎　续宗谱乎——值得方志学界研究的课题》，《中国地方志》1994 年第 3 期。

曹冬生：《论新家谱之新》，《图书馆学刊》2015 年第 3 期。

常建华：《中国族谱学研究的新进展》，《传统中国研究集刊（第五辑）》，上海人民出版社 2008 年版。

常建华：《中国族谱学研究的最新进展》，《河北学刊》2009 年第 6 期。

常建华：《中国族谱资料的整理、研究和数字化建设》，《安徽大学学报》（哲学社会科学版）2014 年第 1 期。

车兴明：《试析谱师在传统宗族出版活动中的角色与权利》，《中国发明与专利》2019 年第 6 期。

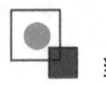

陈海忠：《新世纪、新家谱与新宗族——当代潮阳金瓯〈陈云腾家谱〉的修撰与宗族重构》，《潮学研究》2020年第1期。

陈建华：《中国家谱"书法"初探》，《复旦学报》（社会科学版）2010年第1期。

陈建华：《中国族谱地区存量与成因》，《安徽史学》2009年第1期。

陈可畏：《目前农村续修宗谱问题研究——以浙江中部农村为例》，《中华谱牒研究》，上海科学技术文献出版社2000年版。

陈名实等：《福建谱牒文化调查研究》，《泉州师范学院学报》2009年第1期。

陈名实：《对民间谱牒编修应加强引导和规范管理——推进两个先行区建设百项建言之一》，《福建论坛》（社科教育版）2008年第12期。

陈平福：《农村修谱风扫描》，《中国民政》1996年第9期。

陈述德：《不妨适当编修家谱》，《社会》1999年第3期。

成滨：《网络环境下的图书馆信息整合方法与服务平台建设》，《黑龙江教育学院学报》2008年第5期。

程美宝：《数字时代的历史事实建构——以电子族谱编撰为例》，《史学月刊》2001年第10期。

程美宝：《网上织网：当代亲属关系的建构》，《学术研究》2008年第9期。

戴佳臻：《关于谱牒的思考》，《宜春师专学报》1995年第1期。

邓玲：《海南家谱研究现状探析》，《海南大学学报》（人文社会科学版）2011年第1期。

丁红：《木活字印刷文化在浙江家谱中的传承与发展》，《图书馆杂志》2008年第2期。

丁红：《温州家谱文化的历史与现状》，《图书馆杂志》2005年第8期。

丁红：《浙江家谱版本特征分析》，《图书馆理论与实践》2006年第1期。

丁惠义：《一部平民百姓志——评奉贤区青村镇〈陶宅志人物谱·家谱〉》，《上海地方志》2016年第1期。

范韫：《锲而不舍　终成特色——美国犹他家谱学会利用缩微摄影技术的启示与思考》，《数字与缩微影像》2014年第1期。

冯尔康：《略述清代人"家谱犹国史"说——释放出"民间有史书"的信息》，《南开学报》（哲学社会科学版）2009年第4期。

冯尔康：《宗族不断编修族谱的特点及其原因——以清朝人修谱为例》，《淮阴师范学院学报》（哲学社会科学版）2009 年第 5 期。

高文举：《新修家谱典范之作——浅析〈年庚册·郑州代书胡同李氏家谱〉之特色及价值》，《黑龙江史志》2019 年第 11 期。

郭东松：《使用电子表格软件制作家谱初探》，《湖北经济学院学报》（人文社会科学版）2013 年第 2 期。

郭建府、郭春兴：《家风一脉传千秋：有感于〈郭氏族谱〉的编修》，《文化产业》2020 年第 16 期。

郭旭晔：《简述家谱的另一种形式——影》，《图书馆杂志》2005 年第 2 期。

郭阳：《干部党员不要参与续族谱活动》，《中国监察》1996 年第 4 期。

胡萍：《宁波地区族谱的史料价值》，《上海大学学报》（社会科学版）1998 年第 3 期。

胡秀彬等：《略论民间修谱之风》，《民族论坛》1991 年第 4 期。

胡燕、朱云娟：《走向大众——国外家谱网站建设及对我国的借鉴和启示》，《档案与建设》2014 年第 10 期。

黄超、王善军：《宋代族谱序跋所涉家族的地域分布》，《大连大学学报》2012 年第 1 期。

黄海明：《新时期应重视家谱的收集和利用》，《图书馆论坛》2001 年第 6 期。

黄杰明：《客家族谱合流现象的文化密码解读——以黄氏族谱关于黄峭山的传说为例》，《晋阳学刊》2015 年第 1 期。

黄挺：《潮汕近十年新编族谱》，《饶宗颐潮学研究第辑第二届潮学国际研讨会论文专辑》，汕头大学出版社 1997 年版。

黄显功：《上海图书馆家谱数字化资源服务——古籍保护效果的一个实例》，《图书馆学刊》2008 年第 1 期。

加小双：《国外"寻根问祖"网站兴盛探讨——以 Ancestry.com 为例》，《寻根》2014 年第 1 期。

蒋国河：《赣南闽西农村修谱活动的组织过程探析》，《农业考古》2010 年第 3 期。

蒋均时：《农村续修族谱热刍议》，《邵阳师专学报》1994 年第 6 期。

金必多：《视频家谱有钱途》，《财会月刊》2014 年第 36 期。

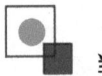

敬尉、李霞：《农村家族记忆与村落秩序——以家谱档案为例》，《吉林画报新视界》2011年第3期。

孔祥龙：《章学诚谱牒入志思想浅析》，《中国地方志》2015年第1期。

雷久相：《文化自信视域下族谱的当代价值研究——以东安〈雷氏通谱〉为例》，《湖北职业技术学院学报》2021年第1期。

钱茂伟：《推动公众史学健康发展》，《人民日报》学术版2022年3月21日。

钱茂伟、董秀娟：《由精英而大众：村民人人入村志村史之路》，《浙江社会科学》2021年第12期。

钱茂伟：《作为活人历史研究的口述史》，《浙江社会科学》2019年第10期，人大复印报刊资料《历史学》2020年第3期转载。

钱茂伟：《历史记录与历史研究：历史文本的初生产与再生产》，《河北学刊》2023年第6期。

钱茂伟：《中国古今人际交往记忆史建构模式研究》，《浙江学刊》2018年第3期。

黎其强：《编修族谱刍议》，《广西地方志》1995年第1期。

李德山：《刹一刹农村修谱风》，《致富之友》1998年第7期。

李会敏：《河北大学图书馆家谱保护实践与探索》，《河北科技图苑》2014年第2期。

李会敏：《浅谈家谱文献价值及其开发策略》，《边疆经济与文化》2015年第6期。

李佳：《粗心"主编"引发首例族谱官司》，《检察风云》2010年第12期。

李琨：《欧美家谱档案研究工作对中国的启示》，《档案与建设》2007年第12期。

李现丽：《对目前农村重修家谱原因的探究》，《黑龙江史志》2010年第19期。

李哲：《作为证据的家谱——以清代坟山买卖及纠纷解决为例》，《证据科学》2016年第2期。

李中元：《略谈山西社科院的家谱特色》，《谱牒学论丛》第六辑，三晋出版社2013年版。

李宗渊：《浅谈家族谱的编写——山西隰县李氏族谱编后》，《沧桑》1994年第3期。

励双杰：《涓涓不壅，终为江河——共和国前三十年家谱纂修概述》，《中国家谱论丛》，上海古籍出版社 2000 年版。

梁洪生：《大陆民间兴起修谱活动——本文作者考察江西三十余县修谱活动的报告》，《传记文学》1995 年第 6 期。

梁洪生：《近观江西民间修谱活动》，《东方》1995 年第 2 期。

梁洪生：《谁在修谱》，《东方》1995 年第 3 期。

林碧英：《浅论公共图书馆运用信息技术收集和整理家谱文献》，《现代情报》2007 年第 9 期。

林允富：《镌刻历史 凸现性格 洞见人生：评庞进〈平民世代〉》，《西安文理学院学报》（社会科学版）2009 年第 5 期。

林之满、艾秀柏：《〈谱牒学概论〉编写大纲》，《社会科学战线》1988 年第 4 期。

刘安平：《农村修姓氏族谱热的兴起令人忧虑》，《乡镇论坛》1991 年第 1 期。

刘荣：《"影"、家谱及其关系探析——以陇东地区为中心》，《民俗研究》2010 年第 3 期。

刘文海：《修优质族谱 走创新之路——新修族谱应该重点把握的几个问题》，《黑龙江史志》2016 年第 10 期。

刘小京：《现代族谱中妇女地位的变化——以浙南 C 县为个案》，《妇女研究论丛》1993 年第 4 期。

刘岳林：《修族谱之风要狠刹一下》，《湖南档案》1996 年第 6 期。

刘云、李志贤：《二战后新加坡华人族谱编修研究》，《闽台文化研究》2015 年第 2 期。

刘知英：《历史认知与日常生活书写》，《创作与评论》2018 年第 3 期。

刘志斌：《谱牒研究，初现端倪》，《武汉文史资料》2003 年第 7 期。

吕定禄：《不能忽视修谱续谱热的危害》，《群言》1991 年第 9 期。

吕定禄：《对当前农村兴起修谱续谱热的思考》，《湖南档案》1991 年第 5 期。

马以林：《浅议新时期续修家谱——以山东长白山马氏第六次续修家谱为例》，《山东图书馆学刊》2020 年第 2 期。

毛建军：《中国家谱数字化的新进展》，《数字与缩微影像》2013 年第 2 期。

毛建军：《中国家谱数字化资源的开发与建设》，《档案与建设》2007 年第 1 期。

鸣世：《河南省中原姓氏历史文化研究会成立》，《河南社会科学》1995年第5期。

《农村基层党组织要坚决刹住续修宗谱风》，《共产党员》（河北）1997年第5期。

钱杭：《20世纪60年代初河南中部农村的宗族与族谱——细读前十条附件中的偃师报告》，《社会科学》2016年第4期。

钱杭：《20世纪60年代浙江新谱的历史地位——由卷册规模论》，《上海师范大学学报》（哲学社会科学版）2015年第2期。

钱杭：《论通谱》，《史林》2000年第1期。

钱杭：《谱籍统计与分析：浙江新谱的区域分布》，《浙江社会科学》2014年第9期。

钱茂伟：《清代以来宁波宗谱编纂活动——以史氏、陆氏为中心的考察》，《宁波大学学报》2017年第6期。

钱茂伟：《新编公众家谱议略》，中国闽台缘博物馆编：《两岸谱牒文化的研究与交流》，九州出版社2019年版。

秦晖：《"大共同体本位"与传统中国社会（下）》，《社会学研究》1999年第4期。

邱勇：《人大代表不能参与修族谱》，《楚天主人》1996年第12期。

任清剑：《城市人修家谱》，见钱茂伟主编《公众史学评论》，石油工业出版社2018年版。

邵凤丽：《新旧家谱凡例的对比研究》，《民俗研究》2008年第4期。

沈新军：《试论家谱的基本特征》，《图书馆研究与工作》2013年第1期。

沈友志：《让家庭大事录取代编修家政族谱》，《湖南档案》1994年第2期。

时代：《论"家谱"的思想内涵与社会文化效应》，《洛阳师专学报》1996年第1期。

束亚弟、鲍步云、李晓春：《新时代徽州家谱治家之道与当代价值研究》，《池州学院学报》2018年第5期。

侣庆谭：《族谱上网对于民族凝聚力影响分析》《濮阳职业技术学院学报》2010年第5期。

孙春玲：《〈零陵孙氏通谱〉简述》，《晋图学刊》2018年第5期。

孙俊涛：《谢钧祥：把根留住》，《中州统战》2003年第11期。

孙侃：《庞云泰：我为家族迁徙编家谱》，《文化交流》2017年第12期。

孙修远：《泛政治化背景下的家族秩序续建——以苏北乐安堂孙氏两次修谱为例》，《安徽农业大学学报》2009年第2期。

谈家胜：《近二十年徽州家谱文献研究的学术审思》，《安徽大学学报》（哲学社会科学版）2009年第6期。

陶然：《参与修谱害处多》，《老年人》1996年第8期。

王敌非：《黑龙江民间满族家谱现状与研究》《黑龙江民族丛刊》2013年第3期。

王根平、谷延朝：《回顾历史变迁传承淳朴民风——南郭村〈村志〉〈家谱〉编纂纪实》，《公民与法治》2019年第5期上。

王鹤鸣：《编修新家谱的几点认识》，《解冻家谱文化》，上海古籍出版社2002年版。

王鹤鸣：《中国家谱研究的现状和应注意的问题》，《中华魂》2016年第7期。

王开队：《徽州族谱数据化相关问题——以人物和地理信息为中心》，《图书馆论坛》2016年第2期。

王烺：《关于我国目前修家谱现象的几点思考》，《中华之根——海峡两岸谱牒研讨会文集》，2005年。

王芹、邱红、余曰昆：《海南家谱收藏保护及开发现状》，《四川图书馆学报》2010年第1期。

王泉根：《中国谱牒学及其八九十年代研究综述》，《文教资料》1999年第5期。

王仁磊：《中原家谱的主要内容及其史料价值管窥——以新乡家谱为中心的考察》，《河南科技学院学报》2015年第1期。

王日根：《族谱与社会史研究》，《寻根》2008年第3期。

王笑天、陆玉：《乡村社会重修族谱现象的思考——兼论宗族意识与农村现代化的关系》，《社会科学研究》1996年第6期。

王新利：《开发家谱资源，服务当今社会》，《河南图书馆学刊》2002年第4期。

王昭：《家谱文献资源整理现状与思考》，《中国科技信息》2013年第5期。

韦加佳：《美、英、澳、加四国家谱档案信息资源开发及启示》，《北京档案》2014年第10期。

吴定安：《漫论族谱的收藏和研究》，《中国文物科学研究》2006年第4期。

吴立梅：《对东阳修谱现状的思考》，《东阳史志》2015年第4期。

吴贤俊：《主姓主导兼收次姓的仙都乡族谱——一部跨宗族的潮州同乡族谱》，《韩山师范学院学报》2010年第2期。

吴羽、姚燕：《"国"与"家"的联接——贵州屯堡人的家谱编撰与身份建构》，《西南民族大学学报》（人文社会科学版）2009年第9期。

吴展明：《在族谱中设大事记篇值得提倡》，《寻根》2016年第4期。

武新立：《中国的家谱及其学术价值》，《历史研究》1988年第6期。

萧放：《明清家族共同体组织民俗论纲》，《湖北民族学院学报》（哲学社会科学版）2005年第6期。

晓涵：《修造家谱——农村社会的恶瘤》，《老区建设》1991年第3期。

肖玲：《广东海南两省家谱文献的收藏、整理及其特点》，《图书馆论坛》2006年第3期。

谢琳惠：《河洛地区家谱特点初探》，《图书馆理论与实践》2008年第1期。

谢琳惠：《全媒体环境下的家谱信息传播》，《河南图书馆学刊》2016年第11期。

徐彬：《论徽州家谱的评价理论》，《安徽师范大学学报》2009年第2期。

徐建华：《当代家谱编修特色分析》，《家谱与中国文化：浙江家谱学术研讨会论文集》，浙江人民出版社2005年版。

徐建华：《家谱的地方性特色及价值》，《福建论坛》（人文社会科学版）2005年第9期。

徐雁：《"百代孝慈高仰止，千年支派永流长"——20世纪五六十年代家谱文献毁损钩沉》，《图书馆论坛》2014年第12期。

许明镇：《论台湾地区编谱、藏谱的现况与未来》，《福建省社会主义学院学报》2010年第3期。

阎晋修：《对旧体家谱的改革与创新》，《中华之根——海峡两岸谱牒研讨会文集》，中国文史出版社2005年版。

姚金祥：《〈陶宅志〉——部别出心裁的村志》，《上海地方志》2015年第3期。

姚硕：《清代徽州家谱编修特色探究——以〈绩溪城西周氏宗谱〉为中心》，《河北工程大学学报》（社会科学版）2014年第6期。

叶建华：《中国家谱首届学术研讨会召开》，《浙江学刊》1988年第5期。

余金养：《谈对族谱的正名》，《广东史志》2007年第1期。

余文武：《族谱与教化：穴塘坎马氏族谱1658~2000解读》，《广西民族大学学报》（哲学社会科学版）2008年第3期。

袁晓莲：《新时期客家族谱修撰的文化意义探讨》，《大众文艺》2011年第2期。

袁逸：《对新修宗谱现象的认识与思考》，《中华谱牒研究》，上海科学技术文献出版社2000年版。

袁逸：《关于新修宗谱的认识与思考》，《中华谱牒研究》，上海科学技术文献出版社2010年版。

袁逸：《关于浙江新谱现象的思考》，《家谱与中国文化：浙江家谱学术研讨会论文集》，浙江人民出版社2005年版。

翟屯建：《徽州私撰家谱与公修族谱的差异》，《安徽史学》2006年第6期。

张安东：《传统的嬗变：当代民间修谱与宗族意识的变迁》，《理论建设》2014年第4期。

张俊峰：《北方宗族的世系创修与合族历程——基于山西阳城白巷李氏的考察》，《南京社会科学》2017年第4期。

张奇：《中国家谱上网现状与思考》，《图书馆杂志》2000年第5期。

张升：《对新修族谱的一点思考》，《华夏文化》2004年第2期。

张昕宇：《家谱数字化工作的现状与思考》，《河南图书馆学刊》2016年第2期。

张昕宇：《家谱数字化建设与服务趋势概述》，《河南图书馆学刊》2017年第6期。

张秀玉：《谈新修家谱的价值及弊端》，《图书馆工作与研究》2011年第9期。

章亚光：《修谱宜注意的若干问题——以"瀛洲新谱"为例》，《合肥学院学报》（社会科学版）2013年第4期。

赵婵娟：《浅析族谱作为证明身份信息的证据认定问题》，《法制与社会》2012年第13期。

赵汀阳：《中国人的信仰为什么是历史而非宗教?》，《哲学研究》2018年第1期。

郑琳、刘如：《当代重修家谱盛行的原因探究》，《科技资讯》2012年第19期。

郑鸣谦：《家谱文化——让血脉亲情落叶归根》，《中华民居》2017年第4期。

中宣部宣传局农村处：《要坚决抵制续家谱》，《中央农村工作通讯》1987年第12期，见《民俗研究》1988年第1期。

钟组研：《坚决刹住农村续修宗谱风》，《党建与人才》1997年第2期。

周大鸣、黄锋：《宗族传承与村落认同——以广东潮州凤凰村为中心的研究》，《文化遗产》2017年第6期。

周伟民：《海南旧谱牒的功能和新谱牒纂修中的民间立场》，《海南大学学报》2001年第4期。

周羽：《农村修家谱风当刹》，《中国老区建设》2002年第3期。

周远成、夏群芳：《汉族姓氏演变源流述略》，《湖南城市学院学报》2005年第1期。

周振成、刘卫宁、周西娟：《十四个姓氏一本家谱》，《河北画报》2020年第6期。

朱皓明：《浅谈民间族谱征集工作》，《建材与装饰》2016年第29期。

朱丽莉：《陕西当代新修族谱的编修及其史料价值》，《青海民族研究》2013年第3期。

五　学位论文

蔡智群：《近三十年潮汕新修族谱编修研究》，硕士学位论文，江西师范大学，2017年。

单桢：《城镇化转型中的宗谱编修——以宁波地区为例》，硕士学位论文，上海师范大学，2016年。

高文豪：《河南新修家谱初探》，硕士学位论文，郑州大学，2020年。

龚菲：《家谱档案管理研究》，硕士学位论文，安徽大学，2014年。

蒋国河：《当代农村宗族谱研究——赣南闽西为中心》，硕士学位论文，福建师范大学，2004年。

柯洲：《数字化家谱的研究与实现》，硕士学位论文，华中师范大学，2011年。

刘晓静：《当代家谱的编纂》，硕士学位论文，山东大学，2018年。

鲁旭：《家族意识与文化空间——对Z村回族杨氏新谱编撰的人类学研究》，硕士学位论文，上海师范大学，2015年。

王建平：《近四十年来中国大陆地区的家谱文献研究及学科理论构建（1978—

2017）》，硕士学位论文，华中师范大学，2018年。

于海燕：《民国时期江苏家谱纂修研究》，博士学位论文，扬州大学，2016年。

赵华鹏：《家族行动——镇原慕氏修谱的田野报告》，硕士学位论文，宁夏大学，2014年。

周钰：《当代宗族修谱现象研究》，硕士学位论文，厦门大学，2008年。

六　报刊文章

艾德利：《中华炎黄姓氏博物馆奠基》，《河南日报农村版》2009年8月20日。

鞍山文明办：《鞍山高氏宗谱：继往事　知来者》，《鞍山日报》2016年9月23日。

鲍贤昌、胡金富：《古稀修谱人　文化守望者》，《鄞州日报》2020年12月2日。

曹红蓓：《重修家谱》，《中国新闻周刊》2005年1月27日。

常会学、吴琼玲：《〈孔子世家谱〉续修13年　总费用1300多万元》，《中国文化报》2010年9月13日。

陈斌国：《史海钩沉慰平生》，《今日象山》2018年8月7日。

陈和李：《七旬老人把家乡姓氏写成书》，《今日象山》2021年11月30日。

陈菁霞：《弘扬姓氏文化　"中华谱牒文化研究基地"成立》，《中华读书报》2019年3月27日。

陈凯璐：《下宅口村的这位百岁老人兴趣很广泛》，《浙江日报》2017年11月24日。

陈丽娟、谢杨、肖咸强：《七旬老人历时18年合谱泉港台湾萧氏族》，《海峡都市报》2013年12月6日。

陈玲、王丽：《中学寒假作业：学生画自家家谱　家长写教育心得》，《武汉晚报》2017年1月23日。

陈忠强：《编纂族谱闹矛盾　竟连惹四场官司》，《法治快报》2005年7月28日。

邓妍：《首座中华姓氏寻根园选址深圳　将吸引海内外华人》，《晶报》2006年5月21日。

段宝生等：《濮阳县中华姓氏文化创意产业园奠基》，《濮阳日报农村版》2015年4月22日。

方亮、王俞楠：《一生守护一生永思——〈萧山方氏宗谱〉第八次续修圆谱》，

《杭州日报》2019年11月24日。

冯圆芳：《这家照相馆，为五万家庭建"影像家谱"》，《新华日报》2018年12月22日。

高琳琳：《续修家谱凝聚族人力量》，《驻马店晚报》2016年11月14日。

高岭：《中国资源，家族家量：关于邵氏〈家族图谱〉》，《当代艺术》2008年1月9日。

谷立辉、张卿雄：《韶关南雄：打造独具特色姓氏文化名都》，《南方日报》2015年10月12日。

顾嘉懿：《人人都可以写"小历史"》，《宁波晚报》2017年9月11日。

贺正文、余洪波：《麻城文化小镇美食风情街开街迎宾》，《黄冈日报》2016年4月29日。

洪光豫：《做套家谱要花数十万元 杭州修订家谱热悄然兴起》，《浙江工人日报》2011年3月24日。

胡格格：《慈溪：乌山胡氏兴修族谱传承文化根脉》，《慈溪日报》2018年7月20日。

胡剑、张亮宗、马科丽：《嵊州石舍村拍了一张500多人全家福 七代人在一起聚了聚》，《都市快报》2017年2月6日。

胡晓新：《这本家谱冒险珍藏了60多年》，《宁波晚报》2006年3月14日。

黄海志：《梧州民间博物馆悄然兴起 遭遇多重成长烦恼》，《梧州日报》2012年9月14日。

黄洪明、芮金川：《中国族谱博物馆——史侯祠》，《溧阳日报》2009年1月21日。

黄克：《成都老人七年修好家谱 还要办家族"武林大会"》，《成都商报》2009年12月25日。

黄晓晴、莫谨榕：《禅城老人退休修庞姓族谱深信思源有福归》，《羊城晚报》2015年2月6日。

黄晓晴、莫谨榕：《老人退休修族谱深信思源有福归》，《羊城晚报》2015年2月6日。

黄月平：《怎样看待民间修谱热》，《北京日报》2011年11月28日。

贾茹：《用视频印刻家庭印记！——〈影像深圳家谱〉首季短视频项目启动》，

《深圳晚报》2018 年 10 月 18 日。

江彬、张志科：《八旬老翁 16 岁时偶遇残缺族谱　奔波 40 载只为续修》，《羊城晚报》2012 年 8 月 29 日。

江跃中：《杜甫后人为争夺宗谱上法庭》，《新民晚报》2008 年 10 月 8 日。

姜义华：《大数据催生史学大变革》，《中国社会科学报》2015 年 4 月 29 日。

蒋全德、缪丽雯：《他用视频替人"写"家谱》，《海峡导报》2012 年 7 月 16 日。

蒋欣然、杨峰：《鞍山：谱牒文化续写家的故事》，《鞍山日报》2016 年 3 月 18 日。

蒋欣如：《家谱数据库十月上线》，《浙江日报》2016 年 7 月 26 日。

焦磊：《600 余年家谱记载 26 代子孙　七旬老人欲寻同族》，《燕赵都市报》2008 年 9 月 3 日。

金伟：《老春晖人凭一己之力修断档家谱》，《浙江日报》2018 年 11 月 21 日。

鞠永平、戴成立、张凌发：《扬中 73 岁老人骑单车两年寻找家谱》，《扬子晚报》2015 年 5 月 21 日。

匡湘鄂：《惠州退休老教师写族谱村史盼后辈接班续写》，《惠州日报》2019 年 4 月 16 日。

兰良增、李荣鑫：《古稀老人　笃志编族谱传扬好家风》，《石狮日报》2020 年 11 月 8 日。

老魏：《魏列祥老人与他的〈金城魏氏家谱〉》，《兰州日报》2013 年 1 月 16 日。

李宝花：《浦东六灶傅氏后人五年重修家谱墓地蹲点三天寻访》，《新闻晨报》2013 年 2 月 22 日。

李伯重：《网络信息技术推动史学研究进入新时代》，《人民日报》2017 年 7 月 31 日。

李竞恒：《家谱土得掉渣？其实自古是贵族专利》，《南方周末》2020 年 5 月 23 日。

李琪：《湖南十大好家谱出炉，洞口黄氏居首》，《三湘都市报》2015 年 9 月 21 日。

李秋祺：《重塑家庭的精神价值》，《中国社会科学报》2022 年 3 月 15 日。

李铁华：《家谱：穿越时空的家族聚会》，《家庭导报》2010年3月23日。

李婷：《网上寻根修家谱文火慢热》，《西部时报》2009年9月15日。

李旭东：《民间修家谱热调查》，《山西晚报》2011年4月22日。

李旭东：《修谱续谱之风盛行　民间修家谱热调查》，《山西晚报》2013年1月23日。

李勇（十年砍柴）：《族谱与乡村》，《书摘》2015年4月1日。

李臻、陈红、谭超华：《学生为全村人修家谱　计划为村里老人写段传记》，《东南商报》2015年5月21日。

梁枢等：《世系学（谱牒学）：打开中国文化的独特性》，《光明日报》2019年3月16日。

林巧芬等：《82岁老人修家谱54年》，《金陵晚报》2013年8月21日。

刘海波：《八米宽大族谱　全族人当校对》，《佛山日报》2012年12月1日。

刘家铭：《看国外如何"玩转"家谱网站》，《光明日报》2016年2月27日。

刘婧《天下初姓哪里来　寻觅到福山区才有"谱"》，《蓝色快报》2012年12月22日

刘立志：《谱牒：一家之史，亦国之史》，《北京日报》2013年4月15日。

刘鹏：《传承孝道文化，完成族人心愿：90后大学生用三年时间编撰族谱》，《陕西法制报》2021年2月1日。

刘苏：《国内摄影名家操刀〈影像深圳家谱〉》，《深圳晚报》2015年12月2日。

刘吟菊：《家·印记影像家谱馆落成》，《启东日报》2018年8月24日。

刘越越等：《阜南：一本家谱引发姓名权纠纷》，《颍州晚报》2016年2月18日。

娄义华：《现代族谱散发迷人的芳香》，《中国新报》2021年10月3日。

陆军：《农民薛志坤一人完成〈松鳞薛氏宗谱〉修编》，《上虞日报·文化周刊》2017年4月27日。

吕洪涛：《40年间，我市新修家谱650余部》，《常州晚报》2018年11月11日。

吕玉廉、梁美云：《古稀老人编著开平楼冈桂芳里吴氏族谱》，《江门日报》2015年10月30日。

罗明、陈玉：《〈影像深圳家谱〉第六季图片展正式开幕》，《深圳晚报》2020年12月29日。

骆晓飞等：《富阳修谱师》，《富阳日报》2020年7月24日。

马芝安：《家庭照定格百年历史》，《中国妇女报》2002年2月1日。

梅薇：《关注家谱的人越来越多 新家谱的脸悄悄在变》，《宁波晚报》2013年3月31日。

牛腾：《拆迁之际，九旬老教师手写村史家谱》，《牡丹晚报》2018年4月26日。

欧阳春艳、王珍珍：《民间修谱热复兴 年轻人大多不重视不参与》，《长江日报》2013年8月1日。

潘凡：《无锡修谱热心人廿年修谱53种（套）96册》，《江南晚报》2021年9月2日。

潘慕英、吴兰：《佛山一老伯用18年手写70米族谱长卷》，《广州日报》2013年3月13日。

彭冰：《民间修谱悄然升温》，《中国青年报》2003年6月12日。

祁胜勇：《家谱唤醒孝思亲情》，《燕赵都市报》2014年7月13日。

钱杭：《关注"新谱"，中国谱学史研究的深化之路》，《光明日报》2014年5月27日。

钱杭：《中国少数民族有家谱传统吗》，《中华读书报》2019年4月17日。

钱茂伟：《我对家谱新修的设想》，《社会科学报》1998年12月17日。

青岛文明办：《杨乃琛：编写推广新家谱 传承中华好家风》，《青岛日报》2017年5月27日。

邱冠瑛：《传承民族文化的爱国慈善家——记中华丘（邱）氏宗亲联谊总会会长邱家儒》，《消费日报》2018年1月10日。

邱一彪、谯继：《宣汉八旬老人，一生醉心于研究家谱文化》，《达州晚报》2017年11月2日。

任刚、陈相明：《八旬老人撰写家谱传承家风》，《颍州晚报》2020年6月22日。

任思蕴、王鹤鸣：《谈谈家谱和寻根》，《文汇报》2019年4月5日。

任晓燕：《下岗工人自费编写40万字宗谱》，《上虞日报》2014年5月5日。

山旭等：《探寻国人家谱寻宗路：20多年前家谱是一种禁忌》，《瞭望东方周刊》2015年5月12日。

邵翠：《有1200年历史的临岐鲁氏，时隔78年再修族谱》，《钱江晚报》2014年2月28日。

深圳晚报：《"影像深圳家谱"演绎城市蝶变史诗》，《深圳晚报》2017 年 2 月 22 日。

沈蒙和：《中学生寒假修家谱竟然意外发现爷爷是武林高手》，《钱江晚报》2013 年 2 月 27 日。

师源文：《老人撰写家谱多年　如今盼寻唐山祖居地》，《燕赵都市报》2016 年 8 月 24 日。

寿勤泽：《这里有世代守护的价值观》，《浙江日报》2016 年 7 月 26 日。

宋晓雨：《重拾"家史"背后的温情与敬意　沂南花甲老人为百余家族编修宗谱》，《联合日报》2019 年 6 月 18 日。

宋一洲：《用新时代的方式继承传统：一个现代都市人的修谱寻根记》，《城报》2017 年 12 月 1 日。

苏峰：《78 岁老人马靖廷：历时 27 年修家谱传好家风》，《宁夏日报》2018 年 5 月 30 日。

苏瑜：《编纂茹氏家谱，传承优秀文化，〈华夏茹氏通谱〉发布》，《郑州晚报》2019 年 4 月 2 日。

孙立波、吴彰义：《民间修谱热生出别样滋味　不能变修谱为"摆谱"》，《今日早报》2005 年 4 月 11 日。

孙胜慧：《七旬老人 30 年写就 300 年家史　五易其稿共 20 万》，《半岛晨报》2008 年 2 月 25 日。

孙先凯：《祖训融血脉家风一谱传》，《大众日报》2017 年 4 月 1 日。

汤建驰：《〈中华王氏大成总谱〉在湖州颁谱　总谱共分为七部 38 册》，《湖州晚报》2016 年 5 月 17 日。

陶晓宇：《91 岁老人叶丛青不畏艰辛走访考证家谱资料编家谱励后人》，《柯桥日报》2015 年 9 月 20 日。

图和声：《民间兴起重修家谱热　专家：经济发展带来文化现象》，《青岛晚报》2005 年 5 月 17 日。

万旭明：《湖北七旬翁"蜗居"18 年修〈中华邹氏族谱〉》，《长江日报》2011 年 8 月 20 日。

汪增讨：《老人写"家谱"　痴心有宏愿》，《上饶晚报》2015 年 10 月 17 日。

王春燕：《长辈们修族谱意在激励后人》，《大连晚报》2006 年 3 月 22 日。

王东方：《詹宣武：痴迷于研究家谱的"85"后小伙》，《浙江日报》2019年11月5日。

王法艳：《岛城人热修"现代"族谱 青岛流亭胡氏族谱首发》，《半岛都市报》2008年12月1日。

王海锋等：《续写家谱评论不当引发名誉权纠纷》，《河南法制报》2012年3月12日。

王鹤鸣：《我与家谱、祠堂研究》，《中华读书报》2013年5月22日。

王洪：《"口述家史"留住城市记忆》，《新闻晚报》2012年9月27日。

王建议：《柔性治理：社会规范家谱编纂指日可待》，《济南日报》2021年8月28日。

王渐、王月焜：《200多口人的长沙路56号：纪录片呈现家族变迁史》，《每日新报》2012年2月7日。

王婕妤：《江苏首届新修家谱评选出炉》，《南京日报》2021年6月16日。

王晶：《无锡马山家谱修撰蔚然成风 十四年间十九部家谱问世》，《江南晚报》2017年1月26日。

王君莉、孙培格、刘政扬：《王家村社区两委及十位老人修家谱、撰村志》，《半岛都市报》2016年8月8日。

王磊：《欲借网络重拾家族记忆》，《文汇报》2009年4月8日。

王斯璇、于晓伟等：《中国家谱的沉浮》，《安徽日报·农村版》2015年5月8日，又见《瞭望东方周刊》2015年6月1日。

王田夫：《胡观文向中国族谱博物馆赠送家谱》，《溧阳时报》2010年8月11日。

王铮：《奔波数百里地 整理续编马氏族谱》，《济南时报》2017年4月13日。

吴晓静：《66岁老人向县图书馆捐赠柏氏族谱》，《今日邹平》2021年3月9日。

吴余：《古稀修谱人 文化守望者——记热心的退休干部马仕存》，《奉化日报》2018年4月24日。

夏厦：《十年修张氏家谱老人手绘十米长卷》，《成都商报》2011年1月19日。

萧致治：《为人民写历史 写人民的历史》，《人民日报》2015年8月3日。

晓影：《中华大族谱世系排列法在邢台问世》，《燕赵都市报》2008年2月29日。

肖丽琼：《民间兴起寻根"修谱热" 巨资修谱构筑关系网》，《楚天金报》2012年3月9日。

谢飞君：《要建"中华大族谱"比较》，《新闻晚报》2005 年 11 月 29 日。

谢庆胜：《莆田秀屿埭头镇英田村八旬老人林金发 续修族谱传承好家风好家训》，《湄洲日报》2018 年 7 月 25 日。

谢书韵：《清明期间我区近 20 部新修家谱颁发》，《武进日报》2015 年 4 月 8 日。

谢云飞：《绍兴市家谱协会成立家谱馆 馆藏家谱达 600 多种》，《柯桥日报》2016 年 7 月 24 日。

徐驰、杨璐：《王桂栋：老翁修家谱家教家训重德行》，《大连晚报》2011 年 1 月 18 日。

徐楚云：《"寻根者"昌庆旭：回到六百年前的山乡和祠堂》，《长江商报》2013 年 9 月 25 日。

徐春霞、贾娟：《关于家谱独创性的司法审查》，《人民法院报》2014 年 12 月 4 日。

徐建平：《江源：圆全球华人寻根梦》，《联谊报》2007 年 11 月 27 日。

徐宪忠：《兰溪夏李村宗谱续修成村史》，《浙江日报》2007 年 7 月 16 日。

徐亦为、吴晓琴：《海盐花甲老人三年修成家谱 "浙北奇村"传承村史》，《嘉兴日报》2015 年 8 月 25 日。

徐兆寿：《从民间修家谱热谈开去》，《光明日报》2017 年 5 月 4 日。

许佳、向凯：《偏僻小村，修谱师来敲门》，《新安晚报》2014 年月 10 月 27 日。

许涛：《执着：海宁老人历时三年修家谱，理出了小镇变迁史》，《海宁日报》2016 年 11 月 25 日。

杨传敏、廖智海：《穿 18 省寻根 14 载 七旬著名微生物学家编写族谱大通考》，《南方都市报》2005 年 8 月 17 日。

杨建波：《民间修谱悄然兴起 十年增三倍》，《十堰晚报》2017 年 4 月 5 日。

杨乃瑞：《新修家谱应该成为政府行为》，见孟琳达等《省十一届人大三次会议闭幕》，《半岛都市报》2010 年 1 月 31 日。

杨平道：《〈家谱〉关注城市外乡人 宁做乞丐不回老家》，《南方人物周刊》2009 年 9 月 30 日。

杨天、汤历《上世纪 50—70 年代全国约有两万种家谱被人为毁掉》，《瞭望东方周刊》2009 年 8 月 24 日。

杨晓江：《南充八旬老人七年编修家谱 300 万字 退休后行医治病》，《南充日报》2017 年 3 月 8 日。

叶国强：《安徽首例族谱纠纷案平和落幕》，《人民法院报》2010 年 6 月 9 日。

叶挺：《家谱，草根历史的见证》，《东阳日报》2010 年 10 月 13 日。

叶晓彦：《清介堂（胡氏）源流：八旬老人修著 45 万字家谱》，《北京晚报》2016 年 6 月 27 日。

佚名：《25 岁青年的修谱事》，《南方都市报》2014 年 6 月 30 日。

佚名：《花甲老人潜心编修陆氏宗谱》，《上虞日报》2014 年 6 月 11 日。

佚名：《太原古稀老人十年修家谱 上溯 18 代》，《山西青年报》2017 年 7 月 7 日。

佚名：《为家族修史，为自己立传》，《靖江日报》2014 年 3 月 29 日。

佚名：《一字之差，好不容易做完的家谱又要重修》，《今日早报》2014 年 4 月 14 日。

殷梦昊：《家谱新修记》，《解放日报》2020 年 4 月 5 日。

尹书月：《鹿泉八旬老人 10 年义务编修"影像家谱"》，《燕赵都市报》2012 年 4 月 12 日。

尤佳：《常州工学院：成立全国高校首家谱牒研究中心》，《常州日报》2015 年 12 月 10 日。

袁维霞：《乡土情深古稀老人写村史飨后人》，《潇湘晨报》2021 年 9 月 10 日。

曾江、赵徐州：《关注家谱研究新动态》，《中国社会科学报》2018 年 3 月 26 日。

曾庆建：《230 万字家谱，历时七年修完》，《潍坊晚报》2013 年 5 月 10 日。

张丛博：《中原兴起"修谱热"中断 83 年 洛阳一家族春节重续家谱》，《大河报》2018 年 2 月 23 日。

张帆：《民间修家谱热催生"修谱生意" 客户以中老年人居多》，《北京青年报》2017 年 5 月 13 日。

张海鹰：《65 岁在川山西籍老人阎晋修：我为徐向前邓小平修家谱》，《三晋都市报》2010 年 4 月 24 日。

张建林、张志科：《八旬老人续修百年族谱数十载》，《信息时报》2012 年 8 月 23 日。

张杰：《数字史学成关注热点》，《中国社会科学报》2016 年 12 月 2 日。

张立美：《让学生写家族名人和贡献：家谱教育别成了"查户口"》，《春城晚报》2018年10月13日。

张敏：《13位古稀老人"组团"修宗谱》，《丹阳日报》2021年3月12日。

张清：《国内唯一花甲老人编写完成135米家谱》，《城市快报》2011年4月12日。

张伟海：《退休教师编著〈象山周氏志稿〉》，《今日象山》2021年9月18日。

张晓帆：《一群老人热衷谱牒 八旬老人"睁一只眼闭一只眼"改稿子》，《大众日报》2017年5月22日。

张旭等：《六位老人历时三载修族谱 传颂精神树家风》，《萧山日报》2017年2月16日。

张云、仲冬兰：《八旬老人续修家谱》，《扬州晚报》2018年6月15日。

赵维新：《河曲鹿固村残疾老人主编村志 十几年艰辛收集整理》，《山西日报》2007年10月26日。

赵维新：《双拐支撑编志书》，《山西日报》2012年5月18日。

郑炜梅：《打造客家姓氏文化园》，《梅州日报》2018年4月30日。

郑自修：《郑氏族系大典》，《寻根》2004年第3期。

中国日报：《美国犹他家谱学会欲建立全球华人家谱数据库》，《中国日报》2004年9月14日。

仲一晴：《客从何处来？——靖江盛氏修编家谱纪实》，《靖江日报》2015年1月24日。

仲毅、朱波：《南京人编撰出14018页世界最长家谱》，《南京日报》2005年6月30日。

舟山日报图书传媒有限公司：《让每位老人都有回忆录，让每个家庭都有家族史》，《舟山日报》2019年7月15日。

周宁、陈艳：《69岁老人 历时六年修家谱》，《靖江日报》2021年4月10日。

周芹等：《十地人合修一部通谱》，《重庆日报》2014年6月17日。

周小平：《王姓朋友，你祖上何处？这套〈中华王氏大成总谱〉告诉你答案》，《重庆晚报·慢新闻》2020年5月26日。

朱琦：《中华家谱学：谱学研编工具书》，《济南日报》2009年8月21日。

朱文、陈曦灏：《老人三年完成家谱修订》，《海宁日报》2012年2月24日。

庄莉红：《从当今民间族谱修纂看女性地位之变迁》，《中国妇女报》2015年8

月4日。

邹影：《焦氏族谱的故事：记录近300年家族史　八旬老人盼望能重修族谱》，《大庆晚报》2017年6月2日。

七　网络文章

艾佳、艾前进：《陕西米脂：新时代的家谱典范——品读米脂太安九甲〈艾氏宗谱〉感悟》，艾氏宗亲网2018年2月11日。

安庆图书馆：《家谱入藏系列报道之〈中华邵氏统谱〉》，安庆图书馆2018年5月11日。

包旭初：《统谱是先统辈后联谱、还是先联谱后统辈？要不要修到户？》，2016年4月29日。

鲍广忠：《续修宗谱有感》，中华鲍氏网2021年9月27日。

北京家谱树文化发展有限公司：《北京家谱传记文化馆隆重推出百年五代简明家谱产品家谱树》，家谱传记文化馆2021年10月12日。

北京寻源网络技术有限公司：《修谱是当代年轻人的使命》，寻源网2020年1月2日。

编辑部：《岳氏精忠堂族谱后记：时十个月，业已设编》，中国家谱网2021年2月5日。

冰冰凉：《家族宗谱是否能申请著作权保护》，信超知识产权2019年3月24日。

蔡允中：《如何修姓氏通谱？》，公众史学2019年7月8日。

曹文敏：《襄汾才人张登荣："家谱"档案"两个文化用品填空白》，临汾新闻网2015年11月4日。

曹咏：《开发家谱软件有多难？》，知乎2021年12月10日。

曹正刚：《论大数据时代编纂"家谱""通谱"的重要意义》，美篇2020年11月2日。

查继礽《收到赠阅的〈中华查氏总谱〉有感》，查继礽的博客2016年1月20日。

昌庆旭：《民间修谱之我见》，公众史学2017年6月8日。

潮州市志办《新时期潮州家谱编修情况调查》，西安市地方志办公室网2017年3月10日。

陈昌勤：《我的家谱故事》，九头鸟 2020 年 3 月 5 日。
陈宏：《陈氏宗谱撰修后记》，强健厚德的博客 2009 年 12 月 13 日。
陈军：《从我国家谱的历代发展史中谈修家谱》，陈军的博客 2021 年 5 月 31 日。
陈黎明：《顺应时代要求，创新修谱方式》，宁波史志网 2018 年 9 月 26 日。
陈年久：《修谱要与时代同步》，中根网 2008 年 7 月 21 日。
成继跃主编：《陕西省韩城市西庄镇沟北村德俊堂家谱（影像志）·前言》，静虚村笔记 2020 年 5 月 10 日。
程芳菲：《华夏姓氏文化园"华夏姓氏文化产业基地"在洛阳揭牌》，洛阳网 2013 年 5 月 24 日。
初嘉斌《〈初氏通谱〉第三版编写的背景和意义》，初嘉斌的博客 2018 年 12 月 11 日。
初由奎：《留住村庄记忆，这位福山人坚持二十年，续修本村初姓族谱》，胶东故事会 2020 年 1 月 12 日。
崔丙书：《"纲举目张"的新式家谱惹人爱》，家谱网 2017 年 9 月 16 日。
崔树湊：《〈宁川崔氏宗谱〉编撰后记》，族谱网 2020 年 12 月 2 日。
大谱师：《编修家谱族谱用什么软件？2019 常见的家谱软件比较与盘点》，大谱师 2019 年 12 月 31 日。
戴煌：《为新时代谱写新家谱——专访安徽省中华传统文化研究会家谱研究中心主任房江传》，中安在线 2021 年 8 月 12 日。
戴庆元：《在〈中华戴氏总族谱〉编纂委员会成立大会上的讲话》，戴氏商帮 2019 年 5 月 7 日。
党赤：《创建宗族博物馆　诠释姓氏文化精髓》，新父母在线 2019 年 12 月 9 日。
丁宁：《读谱·悟谱·说谱》，义乌市人民政府网 2007 年 8 月 9 日。
东海县文明办：《走进桃林马氏扶风堂（上）》，东海县微平台 2017 年 6 月 3 日。
东宜谱人：《关于目前修家谱的几点思考》，东宜谱人的博客 2010 年 3 月 28 日。
窦氏一家亲：《八旬老人独续窦氏族谱》，窦氏一家亲的博客 2008 年 3 月 2 日。
杜次志：《编修〈中华杜氏通谱〉中值得探讨的几个问题》，杜氏辉煌春秋 2020 年 3 月 21 日。
杜开君：《中华杜氏统谱世系纲要前言》，杜氏文化传承研究会 2020 年 12 月

8 日。

杜鑫涛：《关于杜氏全国统谱修纂中世系考证、对接、融合的要求及方法》，2019 年 9 月 17 日。

多风书：《中华多氏修谱记——朴素的修谱人》，安徽润方家谱 2021 年 10 月 17 日。

方为民：《总结经验少走弯路》，中华大族谱协会 2010 年 7 月 30 日。

风清云淡：《重修家谱感言》，大浪淘沙的博客 2012 年 3 月 8 日。

风雨无阻：《个人对家谱的十条建议》，风雨无阻—866 的博客 2018 年 10 月 1 日。

冯兴桂：《父亲写家谱》，中国作家网 2019 年 4 月 5 日。

冯自照：《修家谱不仅仅是怀念过去，更重要的是开创未来、凝聚族人、唤起族众敬祖爱族之心》，中国家谱网 2021 年 3 月 4 日。

傅荣楷：《关于加快〈中华傅氏通谱〉编纂速度的建议》，岩野山人 2013 年 8 月 6 日。

傅喻光：《透视民间修谱》，安徽傅氏总会网 2016 年 6 月 12 日。

傅正浩：《浅谈"通谱"的精气神》，寰球傅氏 2020 年 10 月 29 日。

高路加：《〈中华高姓大通谱〉分谱的说明》，高氏家族 2019 年 6 月 15 日。

高路加：《〈中华高姓大通谱〉：由来和内容》，人人修谱网 2017 年 7 月 29 日。

高路加：《专家评审〈中华高姓大通谱·总谱〉》，天下高氏博客 2014 年 8 月 21 日。

高若敏《中华高姓总谱编辑过程》，伪笑的爱 2018 年 1 月 19 日。

高新：《创研〈现代家谱〉》，暹华时代 2014 的博客 2014 年 10 月 29 日。

高致贤：《续修宗谱之我见——序续修高氏明兴公支系宗谱》，贵州高致贤的博客 2011 年 7 月 7 日。

葛梦杰：《胡维村：用脚步与汗水留住远去的乡愁记忆》，阳光城阳 2020 年 7 月 4 日。

龚良才：《野火烧不尽　春风吹又生——修水家谱现状调查》，汪氏宗亲网 2010 年 10 月 18 日。

古村之友：《弘扬中华好家风，助推家族振兴、善治回归》，爱乡宝 2019 年 10 月 14 日。

关彤：《苏姓从哪来？沈阳七旬老人修家谱追根溯源》，个人图书馆2020年7月22日。

管成学：《苏汝谦宗长对苏姓文化的伟大奉献》，上海苏氏联谊会的博客2010年11月18日。

呙中安：《中安先生在编委会总结会上的讲话》，呙氏淮海堂宗亲网2019年7月8日。

郭孟益：《关于编写或续编族谱的尝试与设想》，中华郭氏网2013年9月8日。

郭占敖：《三十年孜孜不倦撰修河南〈高桥郭氏家谱〉》，中华郭氏网2014年5月22日。

韩其芳：《痴迷于谱牒研究的古稀老人孙发全》，孙老家的博客2013年3月31日。

韩毅、李晓燕：《肥乡乡村教师续写族谱记录600年乡愁》，长城网2016年6月17日。

何道深：《要高度重视中华何氏源流研究工作》，何氏网2013年8月1日。

何洁蕾：《耄耋老人潜心八年修成七部家谱》，新时代文明故事计划2019年6月18日。

何沁学：《中华裴氏宗谱简介》，《〈中华裴氏宗谱〉是如何修成的（下）》，裴氏族谱数据库2018年11月20日。

何石堃：《在中华何氏源流研讨会上的讲话》，何氏网2011年9月25日。

何中兵：《〈中华何氏总谱〉编修问题初探》，何氏网2013年8月1日。

贺先麒：《贺姓第五集：三百多年的愿望实现了》，麻辣2015年1月12日。

胡南山：《胡家钢编撰〈中华胡氏大成谱〉正式发行》，胡氏宗亲网2019年2月27日。

胡信胜《谈淡新修家谱的牵线》，胡氏宗亲网2013年6月25日。

扈炜：《景县七旬老人历时六年奔波28个村庄续修族谱》，长城网2016年5月30日。

华明：《编修〈华氏京一郎裔统谱〉设想》，武陵华氏网2015年10月8日。

华人家谱：《"家谱文化博物馆"呼之欲出 贵州华人家谱公司与中华善德网联手打造》，中国网2019年4月23日。

华人家谱：《一个25岁青年的修家谱事》，华人家谱2018年4月2日。

华夏张氏统谱编委会办公室：《〈华夏张氏统谱·总谱〉框架初步构想及说明》，中国张氏宗亲网2011年5月28日。

姬传东：《关于建立姓氏文化教育体系的思考》，中国家谱网2020年4月15日。

戢绪山：《关于家族统谱的工作思路（一）》，简书2018年3月24日。

戢绪山：《关于家族统谱的思路工作（二）》，美篇2017年11月20日。

家谱国际：《人们真的不再需要家谱了吗？》，家谱国际2018年7月7日。

家谱国际：《余氏小家史〈我的一家人〉一本家书让血脉相连，世代相传》，家谱国际2018年5月21日。

贾载明：《建议国家提倡民间编修家谱》，博客中国2011年10月27日。

贾载明：《谈谈当代编修家谱或族谱的体例》，天涯社区2014年10月12日。

蒹葭：《政府对民间修谱行为应规范管理》，红网2005年2月18日。

江信沐：《再论：什么叫"统谱"》，入围江家2019年3月22日。

蒋毅：《基层村委组织不应组织参与宗族"修谱"》，红网2005年2月15日。

金泉东：《农家老翁修家谱》，天台新闻网2008年4月28日。

金涛：《想要成功编修家谱，需要三种人》，中国家谱网2020年7月1日。

金盈计算机软件：《如何判定一部家谱的质量？》，兰陵萧氏汉二郎家谱网2019年6月23日。

靖安文化局：《关于开展家谱征集、收藏、展览、评比工作的通知》，靖安县图书馆2010年6月11日。

九亲文化：《全国滕姓编撰通谱圆谱》，九亲文化2017年1月19日。

九亲云谱：《怎样编写自己小家庭的家谱》，袁氏文化2017年6月2日。

巨侃：《情系桑梓 往返秦桂 八旬老人修出巨氏老四房家谱》，巨侃博客2015年4月15日。

康茂兰：《泸溪辰州康氏族谱·后记》，康茂兰的博客2021年2月20日。

孔德埔：《慎终追远，千年梦想》，华声在线2018年7月20日。

快乐老头：《侍氏全球统谱的资料收集与编撰的若干问题》，快乐老头的博客2011年2月11日。

老沈：《家族历史篇》，老沈观历史2021年6月18日。

乐策：《追记：〈中国乐氏通谱〉编纂发布》，乐策的博客2016年1月2日。

雷歌：《编修姓氏统谱八大注意事项》，雷歌的博客2017年4月24日。

雷交汇：《中华雷氏文化研究会历程》，雷交汇 2017 年 4 月 18 日。

雷锁甲：《编修姓氏通谱八大注意事项》，雷歌说家事 2018 年 8 月 12 日。

冷伟立：《家谱研究践行思略》，冷伟立博客 2012 年 6 月 10 日。

李刚毅：《谱海股份公司成立庆典暨项目洽谈会在青岛恒星科技学院成功举行》，青岛恒星科技学院 2019 年 12 月 23 日。

李鸿生：《一群乡村老人热衷谱牒文化，只为圆个"寻根梦"》，无锡文明网 2013 年 10 月 15 日。

李温：《咸阳陈良李氏族谱后记篇》，中国家谱网 2021 年 2 月 16 日。

李晓禹：《70 岁退休老人钻研家谱　老族谱就像一盏指路明灯》，东北网 2017 年 4 月 24 日。

李新锁：《山西公开征集民间家谱民众反应强烈超预期》，中国新闻网 2011 年 4 月 19 日。

李艺泓：《如何用 15 天写出一部好家史？》，万村写作计划 2020 年 4 月 25 日。

李益仁：《七旬老人领头修家谱，坦言只有六年级文化水平难当大任！》，腾讯网 2018 年 11 月 7 日。

励双杰：《不一样的家谱：敬祖追远话挂谱》，家谱学社 2022 年 5 月 11 日。

励双杰：《合姓家谱书影赏析（一）》，思绥草堂 2022 年 5 月 3 日。

励双杰：《合姓家谱书影赏析（二）》，思绥草堂 2022 年 5 月 7 日。

励双杰：《合姓家谱与合姓由来浅论》，思绥草堂博客，2008 年 7 月 1 日。

利盛生：《关于通谱编纂工作情况汇报》，利氏宗亲网 2019 年 12 月 27 日。

梁洪生：《写好一族一姓的历史》，公众史学 2017 年 9 月 17 日。

梁明兴：《合江蔡沟梁氏修谱记》，美篇 2020 年 2 月 4 日。

梁盘生、尹巧瑜：《六旬老人耗时两年续修族谱　薪火相传百年村史家风故事》，东莞时间网 2019 年 7 月 4 日。

林家俊：《家谱编修实务序言》，江淮述林博客 2009 年 4 月起连载。

林沛跃：《族谱一本正经，但编修可以有多种方式》，古村之友 2017 年 8 月 16 日。

林伟功：《中华林氏通谱编纂的设想》，林氏源流网 2020 年 12 月 15 日。

林先昌：《记忆传家——生活需要仪式感》，东南网 2017 年 12 月 27 日。

林绪勇：《今日感慨：自己的"家谱"故事》，林绪勇的博客 2012 年 9 月 15 日。

刘爱红：《构建世界联谊桥梁　传承戴氏宗亲文化〈中华戴氏通谱〉第一卷在莆问世》，2014 年 6 月 5 日。

刘成友：《历时十年新增 130 万人　新〈孔子世家谱〉"谱"成》，新华网 2009 年 10 月 9 日。

刘富强：《通谱编修的现状和痛点》，家谱国际研究院 2018 年 10 月 24 日。

刘丽娜：《记忆的大小之观——读〈家国记忆〉后》，新华每日电讯 2015 年 4 月 17 日。

刘鹏：《传承孝道文化，完成族人心愿：90 后大学生用三年时间编撰族谱》，华商连线 2021 年 2 月 1 日。

刘寿祥：《关于加强刘氏家谱管理和宗亲交流的愿景》，开心寿祥_ 新浪博客 2013 年 2 月 13 日。

刘文清、张宏发：《陈建平不甘寂寞勤为文》，中国甘肃网 2015 年 11 月 26 日。

刘翔南：《谈姓氏寻根的回顾与展望》，九亲文化 2017 年 1 月 6 日。

柳栋馨：《知我者，谓我心忧：一位栖霞年轻人修族谱的故事》，胶东故事会 2018 年 11 月 19 日。

柳哲：《中国家谱网落户北京帮助华人网上寻根》，博客中国 2006 年 1 月 1 日。

卢跃祥：《创修南阳卢氏族谱（初稿）手记》，卢延祥的博客 2018 年 7 月 29 日。

泸州中院新闻中心：《一本家谱引发的纠纷》，泸州中院 2018 年 10 月 10 日。

陆军：《农民薛志坤一人完成〈松鳞薛氏宗谱〉修编》，浙江新闻客户端 2017 年 4 月 25 日。

吕洪涛：《2017 凡客电子家谱，这或许是个靠谱的发展方向》，电子家谱 2016 年 5 月 19 日。

吕余钟：《〈中华吕氏通谱〉问世——圆吕氏族人千年奇梦》，清砚谱社的博客 2016 年 7 月 7 日。

栾宝源：《族谱续修状况之探讨》，天泰网 2019 年 4 月 22 日。

罗河胜：《编纂〈中华罗氏通谱〉历程》，罗氏源流 2017 年 7 月 4 日。

罗会清：《编纂〈中华罗氏大成谱〉倡议与探讨》，江苏罗会清博客 2016 年 11 月 24 日。

Maliyana：《桃林马氏三修族谱后记》，Maliyana 的博客 2013 年 7 月 25 日。

孟琳：《湖州七旬老人义务为村民修了 13 本族谱　凝聚乡村和谐风》，浙江新闻

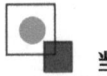

客户端 2018 年 1 月 16 日。

秘书处：《中华喻氏通谱世系衍流图·综述》，中华喻氏网 2010 年 3 月 25 日。

名门修谱：《传统匠人的内心独白，"修谱师"：我太难了》，名门修谱 2020 年 3 月 16 日。

明海英、高莹：《华中师大建成中国家谱族谱数据库》，中国社会科学网 2018 年 6 月 7 日。

木尧：《经世典藏　传世家谱》，北京时代弄潮文化，新浪博客 2012 年 11 月 6 日。

慕奕：《关于筹建中国家谱文化博物馆的决定》，简书 2021 年 5 月 15 日。

倪毓佩：《修谱见闻》（2），公众史学 2020 年 8 月 4 日。

倪毓佩：《修谱见闻》（4），公众史学 2020 年 8 月 11 日。

聂其兵：《关于〈中华聂氏通谱〉编纂问题的探究》，中华聂网 2017 年 9 月 29 日。

聂猷轩：《关于〈中华聂氏通谱〉的若干思考》，长空万里的博客 2011 年 12 月 12 日。

聂振强：《家谱评选推进家庭家风家教建设》，中国家谱网 2019 年 8 月 28 日。

聂钟秀：《河南郑州聂氏族谱后记》，家谱网 2021 年 3 月 9 日。

潘涌燚、王建平：《温州"影像家谱"展览启动　致敬"文明好家风"》，温州网 2016 年 3 月 4 日。

裴知强：《中华裴氏有宗谱了——为〈中华裴氏宗谱〉点赞》，《〈中华裴氏宗谱〉是如何修成的（下）》，裴氏族谱数据库 2018 年 11 月 20 日。

彭开富：《当前我国家谱的研究现状与家谱的续修趋势》，彭开富的博客 2015 年 5 月 6 日。

彭开富、彭铸、彭忠东：《前续修族谱应注意的一些问题》，彭忠东的博客 2019 年 11 月 1 日。

彭思思：《永春七旬老伯痴心族谱三十载　曾成功帮台胞寻根》，闽南网 2013 年 10 月 9 日。

彭堂华、方为民《通谱编修要适应云谱时代：方为民与彭堂华往来讨论》，公众史学 2021 年 12 月 28 日。

蒲文斌：《中华蒲氏通谱编修方式之我见》，天下蒲氏一家亲 2019 年 11 月 14 日。

乔存远：《谈我从事宗亲工作的体会与期盼》，族谱网 2019 年 1 月 3 日。

秦有学：《族谱历险保护记》，美篇 2019 年 8 月 28 日。

清砚谱社：《新修家谱的创意和几点建议》，清砚谱社博客 2011 年 3 月 17 日。

秋歌：《桂兴荣益公广安支系张氏族谱序》，散文网 2021 年 8 月 17 日。

饶有武：《续修家谱之我见》，饶氏社区 2009 年 3 月 18 日。

《如何评判家谱质量》，族谱网 2017 年 8 月 14 日。

桑生贤：《河南·林州桑耳庄桑氏族谱后记》，家谱网 2021 年 10 月 22 日。

陕西府谷辑和都二甲任氏修谱委员会：《我的修谱历史回顾》，寻源网 2020 年 1 月 1 日。

申俊才：《参修〈申氏族谱〉的五点体会》，爱种花的大叔 2020 年 5 月 30 日。

师利国：《家族续谱的思考：断线的风筝会越来越多》，京都闻道阁 2021 年 12 月 6 日。

施晨露：《二轮修志进入攻坚决胜期，莫让修完的志书束之高阁》，上观新闻 2019 年 12 月 23 日。

世界庄氏宗亲会：《辉煌族谱记精神——庄佐京先生传略》，上砂网 2010 年 11 月 8 日。

守灶人：《关于续修家谱的几点想法》，知乎 2020 年 4 月 16 日。

守灶人：《如何编辑一本出彩的公众家谱?》，汉文化传承 2019 年 4 月 22 日。

双学锋：《红岭中学"家谱"制作活动有感》，守望——吴磊工作室的博客 2011 年 4 月 24 日。

说不清楚：《续修家谱重建祠堂意义重大》，博客中国 2018 年 12 月 15 日。

宋昀潇、云宣、肖惠津：《八旬老人用七年写新族谱 白话文体再创作男女平等俱写入》，金羊网 2019 年 4 月 14 日。

苏仲闯：《鞍山市谱牒文化研究会：风雨十三载 大爱谱家史》，鞍山文明网 2014 年 4 月 14 日。

隋翔宇：《拜访莱阳战氏族谱修撰者，前发坊村 81 岁的战世典先生》，胶东故事会 2019 年 11 月 23 日。

孙浩：《哪个村? 通许八旬老人历时 10 年写成 32 万字村史》，通许县电视台 2021 年 6 月 23 日。

孙军贤：《宿豫耄耋老人 25 年坚持修家谱，深受乡邻爱戴》，中国江苏网 2018

年3月21日。

孙丽萍、张建松：《〈中国家谱总目〉：从垃圾堆里抢救出文化化石》，新华网 2007年5月10日。

孙兆丰：《修族谱手记》，中国作家网2020年2月11日。

台湾网：《修谱要与时代同步》，中国台湾网2008年7月21日。

邰邰：《他修了半个世纪的宗谱》，豆瓣2016年11月29日。

唐明伯：《重提家谱热》，建湖文史网2011年10月17日。

田云强：《缘何修谱一·寻根知祖》，田氏网2019年10月4日。

佟文彬：《倔强的修谱人——记〈佟佳氏族谱〉纂修人佟德成先生》，美篇2020年11月22日。

童银舫：《继承与创新：慈溪新修家谱现状调查与分析》，宁波史志网2018年12月7日。

涂金灿：《百年家史》，家谱传记2019年8月27日。

宛福成：《谱务走向》，廖姓家族2019年7月17日。

宛福成：《"总谱"编法》，陈氏源流与文化2021年6月1日。

汪广成：《编纂中华汪氏通宗世谱，应注重分迁宗支的祖脉考证》，汪广成的博客2013年6月27日。

王长军：《一部精神史——读李明性先生〈家谱〉有感》，煤炭资讯网2020年5月14日。

王长青：《家谱故事：王长青修谱感言》，中国家谱网2020年12月30日。

王承栋：《东湾高氏宗族家谱读后记》，大漠孤剑的博客2011年7月15日。

王积建：《编修温州〈王氏新版家谱〉工作纪实》，中国家谱网2021年8月21日。

王清福：《浅谈十七年清谱取得历史性的重大收获及体会》，中国家谱网2018年8月7日。

王瑞：《寻根问祖 遂宁老人夏先锡坚持16年编纂"夏氏"族谱并出书》，遂宁新闻网2018年4月6日。

王涛：《七旬老人跑十余村，城阳傅家埠社区村民傅崇功牵头 14人续修族谱》，青岛新闻2011年4月6日。

王昕兰：《〈中华王氏大成总谱〉简介》，中华王氏网2019年2月8日。

王学领、王子君、刘蕊：《老人写家谱 痴心有宏愿》，洛阳网 2010 年 5 月 20 日。

王玉莹等：《中国家谱族谱数据库正式上线开放》，中国农村网 2018 年 6 月 6 日。

王志俭：《兰州市民编纂家谱 普通人也可"青史留名"》，央广网 2015 年 1 月 23 日。

网络部：《莒县古稀老人历经七年修出传世家谱》，莒世闻名 2018 年 3 月 22 日。

微观峰峰：《留乡愁传家风 77 岁老人历时五年修族谱》，澎湃政务 2021 年 4 月 6 日。

魏怀习：《中华好家谱是怎么评选的?》，陈姓大家族 2019 年 10 月 10 日。

魏氏编委会：《魏氏联谱方案》，魏氏网 2018 年 5 月 9 日。

魏育林：《全国姓氏总谱（通谱统谱）编纂方法和情况介绍》，家谱网 2020 年 12 月 9 日。

魏裕隆、张建平：《把根留住——七旬翁赴江西寻谱记》，丹阳新闻网 2021 年 10 月 31 日。

文家成：《文传浦夫妇呕心沥血续修族谱事迹》，中华文氏宗亲网 2017 年 9 月 26 日。

文明办：《孙汉林：撰写村史村谱 促邻里和谐》，齐鲁网 2018 年 9 月 24 日。

文排章、熊怡杰：《首届乡村振兴·姓氏非遗盛典暨姓氏文化产业示范园区签约仪式举行》，东方姓氏委 2019 年 8 月 21 日。

文清要：《一位古稀老人 30 年义务修谱的心得体会》，中华文氏家谱馆 2021 年 8 月 9 日。

吴方伟：《当家谱遇上"互联网+"，找宗亲、找祖先、修家谱更容易》，中国商务 2017 年 1 月 4 日。

吴朗：《打造经典之作 编修传世之宝——〈安徽吴氏统谱〉编纂工作回顾》，华夏吴氏网 2020 年 1 月 1 日。

吴梦琳：《这个文创项目专注普通人的家谱 帮每个家庭记录回忆》，四川在线 2018 年 5 月 30 日。

吴青、李宏博：《民间力量修家谱 参与者：华侨将其视为镇家之宝》，中国新闻网 2014 年 4 月 19 日。

吴希民：《浩气长存天地间——沉痛悼念吴伟勋宗贤》，中华吴氏网 2019 年 8 月

12 日。

吴先辉：《吴氏的精神家园——纪念华夏吴氏网建网 20 周年》，华夏吴氏网 2017 年 9 月 29 日。

吴之光《编修家谱的现状与希望》，常州家谱 2017 年 8 月 12 日。

夏国初：《在大禹后裔宗亲总会联络处成立暨 2009 大禹文化国际学术研讨会上的发言》，都昌在线 2009 年 10 月 5 日。

夏国初：《中华夏氏从事文史研究等活动大事记略》，夏氏宗亲网 2018 年 12 月 26 日。

夏日阳光：《鄂东之行，行走在宗祠与宗亲之间》，夏日阳光的博客 2013 年 10 月 27 日。

夏阳：《家谱如何编修？鄂州出了本"教科书"》，鄂州政府网 2021 年 11 月 24 日。

向龙祥：《对编撰〈中华向氏谱系〉的认识和建议》，向氏宗亲网 2019 年 6 月 11 日。

萧风：《编修族谱通世系的方法和三级谱的框架设想》，中国家谱网 2017 年 8 月 9 日。

谢春雷、林子杰：《杭州一中学寒假请学生制作自己的家谱：图表呈现，至少五代》，澎湃新闻 2020 年 1 月 16 日。

新闻编辑部：《八旬老人二十年重修族谱之路》，中国家谱网 2014 年 1 月 4 日。

新闻编辑部：《首届中原家谱展评暨互联网家谱研讨会在郑州隆重举行》，中国家谱网 2015 年 10 月 19 日。

新闻编辑部：《第二届中原家谱展评暨姓氏文化产品交流大会召开》，中国家谱网 2016 年 10 月 31 日。

新闻编辑部：《第三届中华家谱展评暨文创产品交流大会在郑州隆重举行》，中国家谱网 2017 年 10 月 15 日。

新闻编辑部：《第四届中华家谱展评暨家谱编修交流大会在郑州隆重举行》，中国家谱网 2018 年 10 月 7 日。

新闻编辑部：《第五届中华家谱展评大会在郑州隆重举行》，中国家谱网 2019 年 10 月 6 日。

新闻编辑部：《第六届中华家谱展评大会在郑州隆重举行》，中国家谱网 2020 年

10月5日。

新闻编辑部：《第七届中华家谱展评大会在郑州隆重举行》，中国家谱网 2021 年 10 月 4 日。

熊朝富：《中华熊氏通谱前言》，族谱网 2013 年 4 月 23 日。

徐承钦：《编修〈中华徐氏通谱〉的几点浅见》，族谱网 2016 年 7 月 1 日。

徐殿文：《江苏召开谱牒与家族文化理论研讨会》，李庭芝研究的博客 2020 年 1 月 20 日。

徐芳田：《在安徽潜山徐氏宗祠落成庆典外地宗亲来宾座谈会上的发言》，皖西南徐氏宗亲联谊网 2013 年 1 月 25 日。

徐欢、仇卓凤：《宁波春晓镇三山村 92 岁老人柯采萍十年修编〈柯氏宗谱〉》，北仑新闻网 2014 年 12 月 3 日。

许健楠等：《金华民间悄然兴起的修谱热》，金华新闻网 2010 年 8 月 27 日。

许武云：《32 年苦修成正果——即将诞生的〈中华许氏通谱〉作者谈编撰经历》，许氏宗亲交流网 2019 年 4 月 22 日。

轩玉民：《许昌八旬轩辕氏老人的修谱梦》，华夏轩辕氏 2016 年 8 月 28 日。

阎红卫：《〈现代家谱〉研发成功》，国茶策划 2015 年 7 月 25 日。

央视：《"家家有谱"创新家谱体例　让家谱故事化传记化》，央视网 2017 年 5 月 28 日。

杨乃琛：《杨乃琛院长在首届青岛杨氏家风家训论坛上的讲话》，杨氏文宣暨墨河涛声 2018 年 8 月 17 日。

杨佩佩：《摄影师耗时两年制作影像家谱呼吁传承家谱文化》，中国新闻网 2019 年 9 月 24 日。

杨晓江：《八旬老人修家谱　传承好家风家规》，四川文明网 2017 年 3 月 9 日。

杨颜英：《周超颖：当修谱遇上"大数据"》，今日泉州网 2018 年 1 月 25 日。

杨宗佑：《关于通谱的编修——在〈华夏张氏统谱〉编修座谈会上的发言》，腾讯网 2019 年 12 月 25 日。

姚邦茂：《续修〈南充姚氏族谱〉浅析》，世界姚氏文化 2016 年 11 月 26 日。

佚名：《传世巨著〈中华岳氏统谱〉电子卷》，岳飞网 2019 年 7 月 3 日。

佚名：《斜氏统谱七个特点》，斜姓的博客 2017 年 12 月 1 日。

佚名：《吉尼斯世界纪录"世界最长家谱"：孔子世家谱》，孔夫子旧书网 2017

年6月21日。

佚名：《精心编写族谱 弘扬姓氏文化——浅谈编写族谱的粗浅感悟》，家谱文化2017年11月19日。

佚名：《刘姓的开派得姓大始祖》，百姓通谱网2014年3月18日。

佚名：《民间兴起修家谱热》，丹阳翼网2011年9月14日。

佚名：《修族谱不能太"离谱"》，人民政协网2012年10月29日。

佚名：《续修家谱的意义》，金鼎古籍2020年9月11日。

佚名：《已着东风一树花——〈锡惠谱牒文化〉迎首发》，惠聚精彩2019年3月5日。

佚名：《中华胡姓通谱（首次）高层论坛纪要》，胡氏宗亲网2007年2月5日。

佚名：《中华孙氏通谱编纂的前后》，天泰网2019年5月17日。

佚名：《訾氏家族续编的族谱后记》，锦秋文谱2021年2月10日。

翼鹏：《自修家谱，你也可以——有感于成继跃先生修家谱》，静虚村笔记2020年5月10日。

殷梦昊：《寻根问祖热潮来袭，上图每年收到300多份新修家谱，都写了啥？》，上观新闻2020年4月5日。

殷陶毅、陈浩：《六旬老人历时五年编修族谱 实为"千年地方志"》，新民网2010年7月16日。

殷蔚然：《关于当前谱牒研究的宏观思考和深度思考》，中国家谱网2019年12月16日。

游子看看：《为什么农村比城市更热衷于修谱？》，2021年2月8日。

于伟伟：《平度花甲老人潜心研究家谱15年 编写八部姓氏续谱》，齐鲁网2016年1月28日。

余芬：《修族谱，他很执着》，北仑新闻网2012年7月16日。

余利归《一枚保护宗谱的红印章》，云林客2019年6月27日。

余氏家族云平台：《余光中为"中华余氏家族云平台"题字"天下余氏一家亲"》，余氏家族网2015年9月14日。

喻刚伦：《简述喻贵祥会长事迹》，中华喻氏网2009年3月8日。

喻贵祥：《中华喻氏通谱的编修理论与实践》，中华喻氏网2019年10月5日。

袁荣程：《盛世修谱理论与数字化房修谱发展优势》，江西省谱牒研究会网2017

年10月9日。

袁若阙：《青岛恒星科技学院姓氏文化研究院、姓氏文化学院成立》，青岛恒星科技学院网2015年12月9日。

袁胜贵：《几百年勿需重修重印的"阁式体例"新家谱》，袁氏家谱网2006年8月6日。

远氏文化研究：《重修家谱的意义》，远氏文化研究的博客2016年5月2日。

岳东：《泸州"书痴"建私人图书馆 耗时十年编纂苏氏族谱》，四川新闻网2015年4月4日。

岳侠：《陕西城固南关饶家营岳家宗谱暨岳飞后裔兴衰家史纪实考》，岳飞网2019年11月2日。

云林客：《一枚保护宗谱的红印章》，云林客2019年6月27日。

云码宗谱：《谯氏全国统谱，为何选用云码宗谱排版管理系统》，云码宗谱2017年8月30日。

曾江、查建国：《钱茂伟：当代中国家谱理论研究进入主流学术界》，中国社会科学网2018年5月5日。

詹长智：《关于尽快完成统宗谱编修工作的几点建议》，詹氏网2016年5月15日。

张定国：《光山十里张岗籍〈张氏族谱〉后记篇》，中国家谱网2021年10月8日。

张怀仁等：《沁县良楼沟村张氏族谱历代续修序言》，中国家谱网2014年11月18日。

张建松：《网络家谱四通八达，不出家门就能寻根》，《新华每日电讯》2010年4月9日。

张溧晏：《蓟县七旬老人修著七万字"电子家谱"》，天津广播网2013年4月1日。

张梁森：《关于编修〈华夏张氏统谱〉的可行性报告》，中华张氏网2015年6月26日。

张舒：《民间为何热心"修家谱"》，科学猫2020年4月15日。

张天亮：《重修张氏家谱缘由及目的：明宗支，正本源》，中国家谱网2021年2月7日。

张祥前：《民间为什么热衷修谱？》，博客中国 2016 年 3 月 9 日。

张修民：《孙瑞和：常武修谱 硕果累累》，龙城博客 2018 年 8 月 1 日。

张旭、李杰、袁园：《六位老人历时三载修族谱 传颂精神树家风》，萧山网 2017 年 2 月 18 日。

张由之：《首届姓氏文化旅游节在四川蓬溪百家姓古镇启幕》，中国社会科学网 2020 年 6 月 30 日。

张志刚：《整理，挖掘，梳理阳屲村历史，汇编张氏家谱已迫在眉睫——简述我编著〈游陇右张氏联谱〉的一些由衷》，甘谷传统文化 2018 年 6 月 18 日。

张祖其：《家谱是家族的生命史》，楼下宅人的博客 2020 年 4 月 19 日。

章国荣：《盐城东台老人历时 16 年修家谱 为传承良好家风》，盐阜大众报报业集团全媒体 2018 年 11 月 22 日。

赵英雄：《如何编修一本家庭"公众家谱"？完整的公众家谱应该包含这 9 大内容！》，赵氏宗亲 2018 年 11 月 13 日。

赵英雄：《为什么要反对修家谱？深挖这类人的四种谬论》，赵氏宗亲 2021 年 7 月 11 日。

赵毓志：《百年家史，波澜壮阔 永年农民潘修德用这部书献礼国庆》，微播永年 2019 年 9 月 2 日。

赵峥琳：《文旅融合再深化 龙游红木小镇打造家文化姓氏文化新篇章》，2020 年 12 月 26 日。

赵竹生、赵军文、沈湘伟：《八旬老人历时五年成功编修赵氏近 900 年家谱，一本家谱传承数百年历史文化》，金山网 2019 年 12 月 31 日。

郑名友：《〈中华郑氏世系总谱〉封稿排版印刷》，搜狐 2020 年 3 月 3 日。

郑鸣谦：《新时代家谱续修的现状及对策散议》，万卷谱局 2020 年 11 月 15 日。

郑生、守灶人：《关于修谱过程细节处理的争论》，汉文化传承 2020 年 7 月 10 日。

郑之新、覃军明：《一个家族修两份族谱引出互告名誉侵权纠纷》，中国法院网 2006 年 7 月 14 日。

郑自修：《桓武后裔群雕世纪杰作〈郑氏族系大典〉》，郑氏族系大典博客 2009 年 11 月 23 日。

智斌、杜梅：《六旬老人编修家谱 薪火相传家风故事》，咸阳视听网 2020 年 5

月 30 日

中根源：《关于编纂出版〈中国姓氏大百科〉丛书的通知》，中根源文化 2020 年 1 月 1 日。

中华安氏宗亲总会重庆分会：《〈中华安氏通谱〉简介》，中华安氏网 2019 年 10 月 9 日。

中华戴氏总商会秘书处：《中华戴氏总族谱编纂委员会在佛山成立》，戴氏网 2018 年 12 月 28 日。

《中华高姓大通谱》编委会：《〈中华高姓大通谱·总谱〉编修出版始末——兼答"中华高姓宗亲总会"2011.11.2〈公告〉》，高氏家族 2011 年 11 月 24 日。

中华族谱：《〈中华郑氏世系总谱〉主编郑耀宗先生莅临中华族谱深圳公司》，集时汇 2019 年 6 月 4 日。

钟蔚清：《编修发行〈中华钟氏总谱〉宣传提纲》，钟律闲谈 2018 年 8 月 1 日。

周俊生：《推进"规则改革"，让家谱修编走向每一个家庭》，澎湃评论 2017 年 5 月 13 日。

周郢：《中华羊氏聚居地通谱序》，周郢读泰山的博客 2017 年 3 月 28 日。

周跃忠：《永康市民间修谱现状与思考》，中华成氏网 2013 年 11 月 4 日。

朱青、汤阳：《家谱师：三千年中国家族生息记录者》，新华网 2013 年 4 月 18 日。

朱文松：《山东中华家谱学学会二届二次会员大会交流发言稿》，朱文松博客 2016 年 10 月 18 日。

朱晓进：《修家谱、建祠堂热暴露出一些问题，建议加强引导》，澎湃新闻 2018 年 3 月 4 日。

竺济法：《储光羲后裔重视编修宗谱》，秀竹临风的博客 2007 年 5 月 2 日。

祝浩新：《谈谈总谱编纂的一些问题》，小天使 2016 年 9 月 17 日。

追朴轩主人：《修谱论》，合阳乡土王氏族谱的博客 2014 年 7 月 13 日。

宗亲联谊会秘书处：《家族情怀——回族单义成老人千里寻根，无私奉献续修家谱》，中华单氏宗亲会 2016 年 3 月 1 日。

邹善元：《编修〈中华邹氏族谱〉的历程》，邹氏文化传媒 2017 年 7 月 7 日。

邹记福：《鞠躬尽瘁，死而后已——〈中华邹氏族谱〉发起人邹木生》，邹氏天下2018年7月25日。

邹盛祥：《为邹氏宗族事业无私奉献——邹克寅》，邹氏春秋2018年9月5日。

最好的时光俱乐部：《〈最好的时光〉用影像家谱记录家风故事》，山东文艺广播2018年4月28日。

后　　记

目前的家谱研究主要有三种类型，一是借用家谱进行姓氏历史研究，二是对宗谱文本史料的多学科再研究，三是家谱生产历史、理论与方法研究。本书属第三种类型。如何写一部《当代中国家谱编修理论与技术研究》，这是值得反思的。现行的家谱研究专家，实际上多是老家谱研究者，他们并不关注当下的新家谱编修活动，只有少量学人关注到了新谱研究。只有实现突破，由传统家谱研究而当代中国家谱研究，尤其关注当下正在进行中的新家谱编纂活动，才能真正提升当代中国家谱编修的理论与技术水平。目前的当代家谱理论研究深度不足，家谱指南编修案例不足，这两大问题制约其发展，本书希望有所突破。

一　结缘家谱研究

熟悉我原来研究方向的人，可能一时反应不过来，你如何研究起家谱来了？其实，这可是师门的传统。初识家谱学，是随浙江大学仓修良先生读研究生开始的。仓师可是谱牒研究大家，有《谱牒学通论》（2017），虽然出版时间晚，但主要论文多阅读过。仓师的史学史观，包含国史、方志、家谱，即传统所谓"三史"。

笔者动手系统梳理家谱，则始于1998年与王东合著《民族精神的华章——史学与传统文化》（1998年成稿，北京图书馆出版社，2004），承担写作了《敬宗睦族的教科书：中国的家谱》一章。以唐五代为界，前面的家谱概括为官谱，宋以后的家谱归纳为私谱，这是比较有新意的一个分期法。1998年11月18—20日，上海图书馆举办全国谱牒开发与利用学术研讨会，笔者当时在上海的华东师范大学读博士,虽无缘与会,但关注到了会议报道及《社会科学报》上一组家谱文章。读后深受启迪,发表了《我对家谱新修的设想》(《社会科学报》1998年12月17日,《文摘报》1998年12月27日),主张改革传统家谱,编新式家谱。基本设想有四:①宗旨:要克服重官重商重学,轻视工农大众倾向;②体例:可由家族大事记、家族系谱图、家族事略、家族列传、家族著述目录与文选五部分组成;③记录方式:新修谱应使用最新技术,如录音、录像,文字、图片、声音三结合,是最理想的家谱;④保存:旧家谱不对外公开,新家谱提倡送公共图书馆收藏。这是较早面向当代思考家谱编修创新的文章,某些观点如视频家谱,在当时是十分超前的。

2010年以后,重在公众史学学科体系的建构。将当代家谱编修纳入公众史学,完成了《走入寻常百姓家的小历史》及《新修公众家谱的意义及体例》,形成"大家谱"与"小家谱"二分概念。《史学通论》(浙江大学出版社,2012)第五章《走入寻常百姓家的小历史》及《新修小家谱的意义及体例》(《浙江方志》2012年第4期),系统梳理了对小家谱建构的设想。在与相关专家交流中,很多人喜欢"小家谱"这个概念。2019年以后,又将"小家谱"改为"公众家谱"。公众家谱是独立的编纂模式。笔者设计的表格体家谱编纂体例,正文由九大块组成。

主编《公众历史书写》(初名《小历史书写》)88辑。2007年以来,一直在大学生中推动"小历史书写"实践工作,通过课堂培训,指导其编修小历史,其成果编辑成《小历史书写》88辑,完成七百万字的公众家谱、自传编修,其中20多辑是公众家谱,共408部。这样的实践活动,历史上不曾有过。这400多部公众家谱,本身就可成为研究的对象。

《明代的科举家族:以明代宁波杨氏为中心的考察》(中华书局,2014),此书主要根据四个版本的《镜川杨氏宗谱》写成,其中一章专门探讨《镜川杨氏宗谱》编修史,是一个家族家谱编修个案史(《谱牒学论丛》第六辑,2013)。通过杨氏家谱,思考了传统大家谱的五大不足。《中国公众史学通论》(中国社会科学出版社,2015)明确提出"公众家族史",作为中国公众史学体系之一。主著《史家码村史》(浙江大学出版社,2017)、《江六村史》(国家图书馆出版社,2017)。核心是用家谱精神改造村史,成为公众社区史。这两部村史的写作,除了口述史,就是依据史、陆两姓宗谱编修而成的。最终,成论文《清代以来宁波史氏陆氏宗谱编修活动考》(《宁波大学学报》2017年第6期)，这是一个家族家谱编修史考察。

通过实践提出村谱概念。《基层政府与家谱编修：当代村谱出现的意义》(《鄞州日报》2018年1月30日)，发现新谱中的村谱创新。在主持两个村史项目编修过程中，正好经历了两个村续修家谱活动。其中一个村在多姓势力角逐中创造出了《史家码村谱》，于是发表《基层政府与家谱编修：当代村谱出现的意义》加以阐述，认为村谱的出现，使家谱由一姓向多姓转型，解决了基层政府与家谱编修关系问题，村委可直接出面领导村级家谱的编修工作。这是一项民心文化工程，值得广泛推广。

在研究中，相关媒体也及时报道，如2016年6月，在天一阁举办公众家谱讲座——《留住家族记忆，从公众家谱开始》(《宁波日报》2016年7月15日，顾玮、吴央央整理)。肖昊《关注当代新家谱编修》(中国社会科学网，2017年8月15日)作了报道，突出了"当代家谱的编修，本质上属于当代公众史编修，这是百姓的历史"。于公众家谱，顾嘉懿《钱茂伟：人人都可以写小历史》(《宁波晚报》2017年9月11日)，王乃昭《"公众家谱"编写：一种适合当今社会的新型修谱方式》(《杭州晨报》2017年9月25日)，分别做了深度报道。

2016年以后，笔者策划了多卷本中国公众史学研究，并得以列入宁波大学高级别培育项目。当年底沈校长与人文社科处斜处长竞标国家社科重大项目成功，这给了我极大的信心。2017年7月24日，国家社科重大招标项目公布，公众史学没有列入，决定走竞标之路。因为有一些相关前期基础，决定申报208号"1950年代以来中国新编谱牒的整理与研究"这个题目。经过两个月的日夜奋斗，终于做出了15万字的申报书。11月7日，接到国家社科规划办打来的电话，208号家谱类题目流标了，只得了3票，建议转为重点课题。虽有遗憾，有比没有好，自然愉快地答应了。次日上午要求报一个缩小版的题目给他，于是我将题目改为《当代中国家谱编修理论与技术研究》。第一次参与重大项目的申报，即获小胜，十分高兴，也刷新了别人对我的看法。题目缩小以后，成为公众史学分支建设，更合我的理想。大团队是不容易组织的，分散在各地，得不断催促别人。现在，只有管好自己小团队即可了。

此后，开始系统研究当代家谱编修理论问题。相关媒体家谱研究成果也做了报道，如曾江、赵徐州《关注家谱研究新动态》(《中国社会科学报》2018年

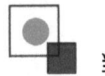

3月26日)，曾江等《钱茂伟：当代中国家谱理论研究进入主流学术界》(中国社会科学网2018年5月5日)。

我的最终目标是重大项目，所以继续奋斗。2018年，我的公众史学选题又落选，决定竞标"编纂《1949年以来中国家谱总目》"。这个题目与在研家谱项目比较近。虽未成功，但让笔者对此话题有了深度的思考，于是有了本书第十五章。2019年，我申报的"当代中国公众历史记录理论与实践研究"终被立为国家社科基金重大项目选题，又顺利地申报下来了，从此安心工作，一边从事重大项目的组织管理，一边从事重点项目的研究。

除了理论思考，也重视政府领导决策参考写作。2018年5月26日，决策参考《乡村文化记忆提炼：浙江文化礼堂建设版本升级的有效途径》，得到浙江省人民政府副省长成岳冲肯定性批示。2022年3月，通过浙江省社科联，上报了决策报告《加强党对家谱编修活动的领导，促进浙江基层文化的共同繁荣》给省党政领导。

又经过三年余的研究，终于按时按质地完成"当代中国家谱编修理论与技术研究"项目。全书最终确定为16章，加导论，共17章，83万字，大大超出了预期的研究目标。2017年重大转重点项目修订时，根据自己对国家重点项目的心理预期，定了70万字。国家规划办允许2019年的年度项目在2022年6月底结题，6月底就完成了定稿工作，提前了两个月，超额13万字。最新的文件是顺延到8月底结题，于是又修订了近一月，8月上旬正式上传平台。

二 问题与方法

理论的对应面是实践。当下的现状是，理论与实践脱节。何以如此？因为当下主流的历史研究方式，就是从文本到文本的再研究，导致它仍在文本中内循环，而不是与社会结合，成为外循环。由文本到生活，复由社会而生活，才会走入外循环之道。笔者近年专注于公众史学，将目光投射到社会大众实践以后，思路完全放开了，才真正体验到了理论与实践结合的必要性。

(一) 问题

当代家谱研究要进入学术研究视野。现代中国史学研究普遍存在两大严重缺陷：一是忽视当代公众史文本编纂，只想通过前人作品研究过往历史，少有人将当代史当历史看，没有人想到，根据当代大脑记忆及相关文献，可用历史

后 记

学体裁编修当代公众史。二是不研究当代史文本，只研究前人作品，没有人来研究当代出版的历史作品，当代人的作品似没到研究的份上。在这种历史观指导下，学者参与修谱的人不多，新家谱多少上不了台面，当代家谱的研究根本没有进入历史学者的视野。查询知网，当代家谱研究论文相当少，表明尚未进入学界研究视野。家谱公司的人不会来研究，图书馆的人只关注家谱收藏与著录，偶尔有人写文章，感觉层次太低，成熟的学人都懒得看。参与当代编纂的人多是外行或业余参与之人，如此家谱编修行业的整体水平不高，也是情理之中的事。社会史学界虽然关注家谱研究多年，屡有创获，但史界总是陷于家谱内容真假的辨析，彼此难以对话。

当代家谱研究是对当代家谱行业人、事、谱的研究。家谱编修行业的主体是家谱文化生产行业，它有自己上下游的产业链，有相关的人、事及家谱作品。所以，家谱研究不仅有家谱史研究，而更应有家谱理论思考。本书的目标是放在独立的家谱编修行业，思考其理论与技术诸问题。当代中国家谱编修行业，涉及修谱人与家谱组织。家谱人与家谱组织，主要是谱师、谱局、谱社、谱会、谱馆，可以称为"五谱"。人是修谱活动主体，掌握思想与过程。他们有实践有经验，体现了实践领域家谱人对家谱的想法。家谱是家谱活动的文本形态，可以逆推其思想与框架设计理念。家谱文本生产中的理论与技术问题，才是前沿问题；至于家谱文本分析问题，那是事后问题。如何将宗族人员历史记录下来，用什么方式记录，如何才更为全面更受人欢迎，这应是家谱编修理论与技术要思考的。

要强化家谱编修行业中存在问题研究意识。所谓问题，既有应用性问题，也有学术性问题；既有新手面临的问题，也有老手面临的问题；既有专家面临的问题，也有普通人层面的问题。所处层次不同，所关注的问题也各不相同。普通人缺乏分析眼光，发现不了家谱的优点或亮点，只能发现一些稍为简单的优缺点。没有问题意识，这是当下家谱理论诸书的共同特征。当代人与作品的研究，往往进不了历史研究者的视野。把当代中国家谱活动问题化，将当代作品问题化，这是本课题要尝试的地方。从实践中发现问题，从历史上寻找解决措施，寻找学理思考材料。有了专题研究，个人研究的群体史、集体史价值就体现出来了。个人、家谱个案的价值，须放在群体视野中加以比较性观察才可获得。只有这样，才能提升其水平。与当下家谱前沿项目、人物合作，追踪前沿，寻找突破，发现问题，总结经验。如此，直接参与家谱行业，积久就有话语权了。

从理论与技术入手对当代中国家谱做系统的研究，这是首次涉及，重在专题的梳理与建构。全书结构体系按专题思考原则设置。导论，是对当代中国家谱整理与研究的总体思考。第一章讨论家谱理论体系建构，第二章谈家谱基本问题，第三章谈民众的家谱观念。第四章至第六章，是当代中国家谱的分时分区分人专题观察。第七章至第九章，主要谈族谱、公众家谱、村谱、通谱，属家谱类型的专题研究。第十章至第十一章谈家谱编修的网络化与数字化问题。第十二章至第十三章，谈家谱编修的长效机制与质量管控体制建设问题。第十四章，谈家谱行业管理组织。第十五章，谈家谱总目编修的长效机制。第十六章，是面向未来的思考。当代中国家谱行业的这些专题，正是笔者尝试梳理的。本书先就这些话题展开讨论，属开拓性作品，目前尚是轮廓性的勾勒，未来希望有人进一步细化。

（二）方法

在当代中国家谱研究方法上，强调出入文本与实践之间，既面向生活世界思考，又面向文本世界思考。具体地说，有以下用途：

据史（家谱史）立论（家谱理论）。近四十年的家谱编修人与事均往矣，现在有必要梳理与建构，再现过往之事。建构消失的家谱界往事，让大家全部了解近四十年发展的过往与现状，近于家谱学史研究。本书除了应有学术性，更有资料性，后人从中获得新的启迪，即温故而知新。将消失的过往重新梳理后建构起来，这是历史学研究的基本任务。通过丰富的引证，让大家了解四十年的家谱研究与实践积累。在几十年的不同时空中，学者的大脑记忆需要不同的案例来填充，从而可以建构起较为完整的近四十年家谱编修图景。在此基础上，进行家谱理论思考，更为到位。

实证与直悟结合。现行的家谱编修理论与技术作品数量不少，停留于程序化的理论思考上，概念化太多，而没有深入的思考，实践经验总结不足。当代中国家谱研究须进入实证研究，才合学术要求。当下中国缺乏的是家谱实证型专家。没有实证，仅有思考是不够的，难于在学界立足。当代中国家谱编修研究，应是家谱编修全程活动的研究，或文本，或活动，且应有大量深度案例作基础。一旦引入具体的家谱名，家谱研究就会实证化。当代中国家谱研究，一

后　记

是根据家谱文本作出判断，二是根据家谱编修活动作出全程判断。同时，作为理论思考，又得有直悟的功夫。既面向生活世界思考，又面向文本世界思考。通过大脑的高度提炼，形成自己独到的思想。本书相当多的思想，正是笔者长期的实践与文本互动后思考的结晶。

　　理论与实践互动。家谱编纂是一项实践活动，理论是为实践服务的，而不是相反。修谱活动是具体的，参与人员是不同的，面临的问题是不同的。抽象的几条原则归纳，解决了高端的思考，但没有解决应用过程中的问题。应用中的问题，才是直接的问题，它是多样化的。本书尽可能地面向实践活动，直接有益于实践活动。从实践中提炼学术问题，这是笔者近年最为关注的事。理论直接来源于修谱实践，同时指导修谱实践，是更为切实的新谱研究。当我们接触实际的修谱行业以后，发现遇到的个性化问题多多，这正是敢面对实际修谱行业的原因所在。如果只处于书斋中，只阅读家谱文献，不接触实际修谱行业，只会纸上谈兵，难以发现问题；相反，如果面对实际家谱生产行业，会不断地发现问题。创新是建立在新谱与老谱研究基础上的。借用别人的材料说明问题，更为保险。自己的原创话语，有时会有些风险。将实务界与实践中的人当作研究对象，不断与他们沟通，了解相关的思想与动态，从而进入家谱生产与研究的前沿。家谱研究成功之道，在深入当下正在进行中的家谱行业项目，加以跟踪报道与研究，如此才能走到前沿。家谱前沿是实践的前沿，是理论的前沿。前沿是别人的前沿，也是研究者的前沿，如此才能成为真正的前沿。以前不少家谱理论类作品尚有欠缺之处，是因为没有建立在充足的实践提炼基础上，没有公众史学理论作指导，没有建立在家谱作品的评论基础上，所以无法写出前沿的家谱理论与技术研究之作。如果家谱理论与技术之作，不与当下的家谱前沿结合，肯定是落后之物，难以指导别人。它应成为此行业前沿的总结提炼之作。研究者既要参与，也要指导，共同探索，提升家谱编修水平既要表彰前贤，反思不足，也要寻找新的研究方向。

　　要与修谱同行对话。当代的家谱研究缺乏对话，这正是传统思维不足之处。如何对话？得就其中内容、形态话题展开。内容方面，涉及家谱历史的梳理。哪些理论与技术方面的突破标志着家谱编修的创新？这是值得思考的，也是引导学生从事家谱研究的起点所在。谱丁资料的搜集，谱系的建构，存在较多的问题。关于家谱的形态研究，要多读一些家谱样本，才能长见识。由于条件限制，多数人没有机会阅读大量的宗谱文本，从而显得孤陋寡闻。家谱编纂组织方式也要加以研究，独撰与群编的方式完全不同，各有各的优势与劣势。尝试对普通人家谱观念作出对话性思考，这是家谱编修实践与推广中必然遇到的真问题。如果不懂百姓普遍的家谱观念，是无法推广家谱编修的。要解决普通人的家谱观念问题，必须靠专家，普通人的知识与思考力无法回答这些观念问题。

文本与口述结合。与文本的间接对话人会有局限性，而与人的直接对话具有无限性。人际对话可以生产无限的思想，具有无限性。家谱编修中有几种人，各有不同的对象。修谱人面对的是修谱家族，印谱人面对的是谱师。家谱收藏者面对的是修谱家族，家谱学会可以将修谱家族、修谱人、印谱人、收谱人、家谱研究者五类人团结起来。家谱的创新在家谱生产一线，原创在民间，金点子多在民间，修谱主编们的实践经验更为前沿；不过，从事修谱实践的人接触到的问题虽多，但他们本人没有时间也往往没有动力来总结，得由学人参与，进行总结与分析。学者做的研究有滞后性，属资料的再整理与思想的再生产。书斋中要有原创，须建立在超越现实的前沿基础上；如果家谱前沿没有弄清楚，自然不可能创新。因为不断调查相关人员，所以本书中引用了不少修谱人的口述论断。这是一种编纂文本初生产与再生产的关系。只有学者参与，才会提升家谱编纂史与家谱理论。

理论与技术结合。向来的历史研究是一种科学研究，它只管生产知识，至于其他无暇涉足。事实上，历史学也有技术层面，大家熟悉的历史编纂学，就是历史学基本技术。只是，历史编纂学目前仅成为中国史学史分支学科之一，而没有成为历史理论分支学科。公众史学是一个学科群，它可以将当下生活中存在的应用性历史写作活动整合成一个学科框架。有了公众史学，可以让人明白，历史学是有实用生产价值的，不完全是学术研究。这将开发出一条历史学商机，让历史学成为应用性极强的学科。公众史学是应用性学科，可以给个人、家族、公司、村镇、城市使用。公众家谱编纂适应当代中国的城市与乡村使用，如此历史学是具备当下实用生产价值的。历史学是知识生产，不完全是科学知识再生产，不完全是前代历史知识生产，它也可以是当代知识初生产。本书重视家谱编纂技术研究，所以书名上多"技术"二字。家谱编纂是一个文化生产行业。既然称为生产行业，就面临技术问题。本书介绍了一些新的修谱技术发明，既包括纸谱技术，也包括网谱技术，借此可了解当代中国家谱理论与技术

后　记

的进步所在。只是限于篇幅，定稿时删除了相关专利技术的摘要。又提供了家谱标准、谱师评比标准、评优标准，这些均属技术层面。各家谱类型，也偏重操作流程与模板的梳理，也是重技术的表现。甚至与相关公司合作，开发了专用的百姓家谱编修平台。

三　研究材料

传统的历史研究是从史料入手的，现在的公众史学研究，如果没有具体的史料，新手是无法进入研究之道的。这也提醒我们，得有资料库建设，否则新手无法入手。当代中国家谱研究的资料主要有三大来源，一是家谱文本，二是网络资料，三是口述调查。只有三方面结合好了，才能做出家谱实证研究。现在谈修谱问题的人多是根据个案立论，有以偏概全之嫌，没有人做过统计分析。民间学人往往只及自己所及的资料、所及的视野，高校学人会搜集更为全面的材料。公共学人不受一姓一地的制约，会从全国范围内来进行抽象思考。

一则是从家谱文本的研讨入手。

新家谱作为当代文献，容易让史界忽视。近而多则贱，这是人之常情。新谱起点高，直接进入图书馆，可以成为学者的研究文献。多而近的新谱为什么要研究？研究什么？这是值得思考的。要直接阅读新出的家谱。在了解新谱著录的基础上，应大量翻阅，了解其特点。家谱数量过多，要从中寻找亮点。国家图书馆与上海图书馆家谱放在库房中，管理比较严，无法进库阅读，只能调阅。调阅的速度是比较慢的，一天读不了几部。最后，笔者选择了开架阅读的浙江图书馆、宁波天一阁博物院、绍兴图书馆收藏的新家谱，加以重点阅读。新家谱数量太大，不可能全部涉猎，只能筛选一部分案例加以研究。只能在广泛的翻阅中，快速地寻找到亮点，进而仔细研究。犹太家谱学会网，为本项目提供了方便。刘宁先生提供了山西社科院家谱中心的家谱目录，这为本项目做统计分析提供了方便。

二则通过网络搜集当代家谱编修文献。

当代是一个文本初生产的时代。与过往时段研究不同，当代研究的文献应该说是较多的。这些事前的修谱规划或事后的经验总结文章，提供了大量的修谱案例，值得学人研究。这种家谱生产过程及经验总结，正是本书关注的重点。由于家谱编修行业多为民间性活动，所以他们的文章多不可能进入正规的刊物，

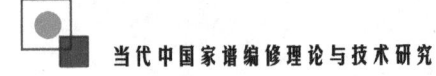

多是通过网络发表的。现代网络时代为民间修谱人员文章的发表提供了方便。

网络也提供了搜索的便利。没有网络，全国各地的家谱编修信息，不可能获得。通过网络可以搜集到大量的家谱类文献。全国之大、信息之多，出乎人的意料。想停下来集中写作，但发现每日可以不断发现新材料，有时一天可以搜集到十万多相关的文献。由此，笔者做成当代中国家谱资料相关文档15个，又通谱文档4个，每个文档30万字左右，积累了五百多万字资料。从空间上，遍布全国；从时间上，延续四十年；从内容上，涉及方方面面的家谱人与事。

网络世界太大了，而且成天在增长，所以也很难穷尽。虽然尚有不少文章未搜集到，但绝大多数信息汇集了，这就是有意识大规模整理的价值与意义所在。如果不做这个课题，是不会来梳理，也不会汇集于一书的。这种当代家谱文献调查工作，前人没有做过。这种资料长编本身就是一种贡献。当代家谱资料是分散的，不易检索。现在，有人将之汇总了，自然方便他人使用，这是一种当代中国家谱信息的积累。从而让后人知道，有哪些家谱材料可用。这些资料也可以建设家谱数据库，方便大家进一步使用。它有网络家谱资料汇总保存功能。网络资料是动态的，流动性强，不一定哪天可能搜寻不到了或删除了。如果当代人不来做这种汇集之事，那后人就更麻烦了。所以，搜集家谱资料，汇编成册，是十分必要的。本书开了一个先例，搜集当代民间材料，用以研究当代公众历史。

有了这本书，就可以让大家对当代中国最新的家谱发展现状有了一个全面的了解，可让人长些见识，从而更到位地思考。通过各类博客网站，得以阅读各地修谱后记之类，了解各地修谱实践，也让笔者掌握了各地相当多的修谱案例。每天关注新话题，搜集相关资料，有新的思考。一堆材料输入大脑以后，成为长编，就会逐步形成自己的全新观点。如此，不用上家谱馆阅读，甚至不用找相关族谱。一旦穷尽当下的家谱资料，就可作出全面的判断。通过文本再生产，这是历史知识生产的基本特征。这些文章发布以后，需要有人来汇总，加以整体的思考，从而产生新的知识价值。没有他们的第一手实践，学人不能提升认知水平。

当代家谱文章多出于网络，所以本书注释格式也多是网络来源，这是习惯前代研究的学人一时接受不了的。引用自媒体文章多少突破了当下某些正规历史类学术杂志引用底线，但作为专著是可以尝试的。当代中国已进入数字网络

后 记

时代，许多文献尤其是民间文献是通过网络方式发表的。如不加引用，当代公众领域的原创文章就没有机会进入研究者视野。进入网络时代，一定要坚持引用公开的纸质文献，这是一种过时的观念。纸质文献并没有天然的优越性，网络文献并没有天然的低位性，仅是载体方式不同而已。要知道，即使纸质文献中也有民间文献、档案之类。譬如田宓《四十年来内蒙古土默特地区蒙汉家族的系谱编修与族际交往》，作为论文就引用了一些内部家谱资料。既然未公开传播的文献资料都可成为研究材料，则公开传播的网络文献，更应成为引用文献。

需要注意的是，网络文献的最早出处引用，反复查询的功夫有时更重要。譬如《现今修谱面临的实际问题》一文，不知作者，最早是从百度个人图书馆发现的，存档时间是 2019 年 12 月 26 日。这是暂存档，自然不能引用。进一步查询，"游子看看" 2022 年 4 月 22 日转载，这个时间点过晚。通过微信检索，发现《家谱周报》2020 年 8 月 5 日刊登过。再进一步查询，发现九亲网 2019 年 6 月 13 日刊登过，这个时间点早于个人图书馆引用日期 3 个月，比较近了。再检索，发现"公众史学" 2018 年 4 月 29 日分享过，原来是池氏网 2017 年 7 月 5 日的原创文章，题目是《当代修谱面临的八大问题及解决办法》。可见，从九亲网转引起，题目就被改了。这正是网络及自媒体频繁转发的特点。如果不加追寻，就找不到原来的出处所在。笔者在搜集家谱类网络文献时，经常面临类似的工作。如果当代学人不来关注，后世更弄不清楚。这提出了一个全新的任务，那就是要增加网络文献考据工作。

三则通过口述调查当代家谱现状。

有别于不同于传统史学研究之处，笔者直接与底层打交道，与实践领域人员打交道。研究当代中国家谱，仅家谱阅读是不够的，或者说是会非常表层化。好的家谱生产过程及经验，可以作为案例加以深度研究，如此才能深化研究。2017 年前，笔者对家谱的了解，主要是古代家谱。当代家谱，自己做过一些实践及思考，但对当代家谱的整体现状了解不多。在一个半月的调查中，对当代家谱行业的现状有了较多的了解，也提出了一些问题。在这个过程中，联系上了浙江省百姓家谱研究会常务副会长周全行，这个学会是 2017 年初成立的。又联系上南开大学的徐建华教授、郑州大学的赵长海教授、河南家谱学会会长魏怀习董事长。2018 年开始，做家谱行业调查研究，认识了常州的朱炳国、绍兴的郭欢裕、金华的饶玉华、郑州的任清剑、贵州的吕有凯、青岛的杨乃琛、北京的涂金灿诸先生。2018年10月，在郑州结识了蔡允中总经理。2019年12月，参加谱海会议，得以进一步了解青岛恒星科技学院姓氏学院事。因网络调查，结识厦门的邱盛樑、九亲公司的陈胜、时光科技的刘雄、河北的安如华、福州的张雄等先生。与有些人交流不错，成为朋友。笔者是真正有兴趣与修谱人员互动的大学教授，主动出击，通过加入多个家谱群，与家谱从业者建立联系，经过与这些修谱人员直接交流，从而了解他们的修谱经历与经验，了解家谱行业的最新进展及出现的新现象，从中发现亮点与盲点，寻找共性的问题，思考如何解决这些问题。修谱人直接与底层社会各种人群打交道，听到的话多，遇到的事多，掌握的信息多，可以知道社会不同人的不同观念。他们能说出更为到位的话。只有与他们交流，才能找到真问题。结合他们的经验，再结合其他文献，才有可能创新。面向家谱一线的思考最为重要，要追踪全国各地的前沿家谱项目，加以总结与思考，才可以超越前人。只有超越了前面学者与一线行家，才有可能创新，这样的专书才受人欢迎。

专题的研究就是要穷尽材料与成果，从而让自己的研究走在学术前沿。

四 主要突破

建构了当代家谱编纂学体系。在前人基础上，彻底将当代家谱编修学从传统谱牒学史中剥离出来，成为独立的当代家谱编纂学。在简单回溯历代谱牒史基础上，从纵横两方面，对当代家谱编纂史及相关理论、技术作了系统梳理。本书是当代中国家谱编修理论与技术的系统思考，全书结构体系按专题思考原则设置：一是家谱性质与功能的动态演变；二是家谱类型的演变；三是家谱载体的演变；四是参与人群体的演变。全书17章结构是全新的，每章的小结构是全新的。通过修谱人的经验与感悟来说明修谱的价值与意义，也有一定的新意。

放在公众史学视野下加以建构。本书对家谱性质与学科定位有独到的看法，它将家谱定位公众史书写，将家谱编修当作公众史学分支来建设。从整体来说，民众有文献，但具体落实到个体，多数是没有文献的。如此就存在一个当代民众历史文献建设问题。关注当代公众史，就是要解决这个问题。家谱与人民史结合是可以尝试的方向。由此可知，要建成以公众为主的家谱理论体系。由此，进一步面向社会大众建构家谱理论体系。

将家谱编修当作一个文化生产行业来观察思考。家谱编修已经行业化，须

后 记

有自己的理论、技术与产品，甚至商品。一旦成为文化生产行业，就可获得健康的发展，不再有过多的非理性的联想。只有获得政府支持的文化生产行业，才有健康发展的空间。它不再是民间私人行为，而是公司行为，有一堆修谱公司，有一批职业修谱人，每年会完成一大批家谱作品。当代中国家谱编修研究如何了，这个问题没有人来回答过。通过四年多的调查与研究，对当代中国家谱编修行业的过往与现状的生态结构有了全方位的粗线条认知。在此基础上，做了一些提升性思考。汇集各家各说，说明某些道理，尽量使之学术化。会关注当下在做家谱的人，对他们的做法进行再评估。也就是说，将他们的想法与做法放在知识脉络中加以历史的考察，明其得失，知其兴衰及其原因。本书研究的领域比较全，某些观念观点比较新，相信多少能代表当代中国最新的家谱学术研究水平。

理论与实践的双向循环思考。通过亲身实践了解修谱行业的特点。本书对当下家谱行业的现状做了深入的研究。通过参与浙江省百姓家谱文化研究会，了解家谱学会的运作特点。通过参与谱海会议，了解谱海大数据建设的实况。通过参与评奖点评活动，体验家谱评奖模式。通过实践进展，制订了家谱评判标准。通过公众家谱、村谱的实践，思考家谱编修创新活动。通过与天下史馆与大谱师的合作，了解家谱平台的运作模式。家谱编修行业是正进行中的文化生产领域，如果不参与其中，不与相关公司、人物、组织联络，不做社会调查，就是隔岸观花，肯定说不到点子上。笔者重视民间修谱经验的系统总结。如用一个修谱流程框架，将各地在各环节中探索出来的成功经验梳理出来，供大家进一步推广应用。通过当代中国过往家谱编修的成功经验与案例的分析，建构家谱理论与技术体系。譬如公众家谱与村谱，似乎是全新的发明。事实上也不新，20世纪80—90年代就在尝试实践了，成功的案例无数。星星之火，可以燎原。本书的贡献是将这些零星的成功案例汇编一起加以说明，让大家知道推广村谱与公众家谱之重要。亲自实践，然后再跳出来思考，才能实现"青出于蓝而胜于蓝"的效果。

开拓了一些全新的研究话题。譬如分时、分区方法研究、家谱观念、网络修谱。希望通过本书得以知道当代中国的家谱编修现状。对高明者来说，家谱观念有高低有对错。但对当事人来说，人人的家谱观念都是正确的。观念是非常个体化的，不影响其生存，不影响社会，但会影响个人的文化发展。只有研究透了这些公众史学观念问题,我们才能更好地服务公众。家谱编修长效机制的建设,是一个全新的概念。通过动力机制、评估机制,作了初步的思考。对家谱编修质量的学理思考,对家谱编修人员培训与评级的学理与标准思考,是全新的。将家谱编修分为强中弱三区,这种分类法是新颖的。重点思考了家谱编修弱区,尤其是城市人如何修谱,提出了全新的想法。在薄弱区与城市,既然没有修谱传统,就可考虑建立全新的修谱传统,即以公众家谱及村谱为主的新修家谱。要求加强党对修谱的领导,使家谱编修平衡发展,也是十分有先见的。从文化共同富有角度来说,村谱是必须推广的新家谱编修活动。

通过家谱类型化(公众家谱、村谱、通谱)对不同类型家谱做不同的专题分析。对通谱编修的充分肯定。多数人的第一反应,"修通谱没有意思"。通过通谱编修的系统梳理与研究,明确肯定通谱编修的价值与意义,是全国性家族文化建设工程。当然,要达到这样高的境界,也是要视野比较宽的人才行。

对当代中国家谱编修往事的有意识打捞。搜齐信息,全面总结,方便后人。譬如填写式家谱产品的梳理,家谱作品的梳理,通谱编修,家谱会的梳理。消失的或分散的信息,经过汇总再现以后,有机会让更多的人了解。譬如上海谱牒学会成立的时间,很长时间弄不清,找不到相关资料。最后才弄清,是成立于1992年。这些学会资料,一时不易找。这次通过梳理,一网打尽,方便了后人的查阅。介绍并表彰了全国各地的修谱人员及修谱公司,肯定了他们的修谱及技术开发成绩。重视技术层面的梳理。分纸谱与网谱两大类型,分别梳理了相关的专利产品。将消失的当代过往信息作历史文本化处理,这是本书的一大努力方向。通过口述调查或资料的搜集,让笔者关注到了一些过往的家谱人物。例如通过赵长海关注到了河南的谢钧祥,通过詹宣武弄清了江源与中国家谱网始末。再现了一批曾经红火的网络公司,譬如中国家谱网、大族谱学会、百姓通谱。某些家谱公司消失了,但其历史不容抹杀,过往成绩有值得肯定之处。这是当代中国家谱史的梳理。面向社会接触并交往了一大批修谱人员,让笔者成为接地气的教授。尊重专业意见,书中收录了不少实际操作中行之有效的经验。

面向公众建构修谱话语。如果仅是学者听得懂,是远远不够的。公众史学理论建设,最大的任务就是建立一套大众听得懂的公众史学理论话语体系,要提供一套通俗的大众听得懂的家谱话语体系。在说理上,一般专家只管往上走,能讲清道理即可；而本书尝试往下走，让公众也能听懂，建立一套公众听得懂的家谱话语体系。譬如修谱如建房，就是通俗表达。建房是国人尤其是农村人最熟悉的话语、观念、价值体系，用建房来比喻修谱，一部家谱就是一栋大楼，家族文化大厦会有不同层次、不同房间、不同功能，会有建设成本。房子可住人，家谱可放人的故事，有长久之用，如此他们就可以理解了。传统与现代结合，使之成为新的家谱话语体系。

在众人思考基础上的再思考。本书是一部有较多注释即实据的家谱专著，这部书希望成为当代中国家谱编修研究的新起点。此前的相关书多为操作指南，多为概述，缺乏问题意识，多是没有注释的普及读物，相关学术资料的积累不强。没有注释，完全是大脑思考的产物，这是思想家状态。而且，目前的新谱思考多是微观的局部的思考。笔者重视原创，特别喜欢原创的家谱类文章。本书通过注释的方式，也可让当代相关的家谱作品名字显示出来，这也是对当代家谱诸人的肯定。学术正是如此积累起来的，这是对家谱知识文本初生产活动的尊重。没有这些当代初生产文本，后人难以再建构出学术化的复杂文本。

五　感恩诸人

因为关注家谱研究，参与了浙江省百姓家谱文化研究会的建设工作，由此得以担任第一届副会长、第二届常务副会长，又成立了公众历史委员会，建立宁波家谱论坛，承办了2019年浙江省百姓家谱研究会的培训班。首届会长周岩龙、第二届会长周明幸、第二届执行会长周全行、第一届副会长兼秘书长周星园等家谱研究会领导给予了全力的支持。2021年，主持了浙江省家谱编修与出版标准的起草。2021年、2022年召开了两次学术研讨会，讨论家谱编修标准文案。因为研究之需，2018年、2021年两次应邀参与中华家谱展评大会的评点活动，得以结识诸多专家及修谱主编。此外，2019年底应邀参与青岛的谱海会议。

在本项目研究过程中，一直想走团队合作模式，寻找合作研究者，分担专题研究责任，但实际调查结果，无法满足这样的过高要求，最后只能指导研究生参与家谱专题研究，与研究生组成团队。研究生张振霞承担了第十一章第一节、第三节的写作。王拂晓参与了第十二章第一节的写作。导论及第十五章，为笔者2017年、2018年两个当代中国家谱类重大招标项目选题写的标书。前后各费了一个半月时间研究写成，内容详尽，观点重要，所以收进了本书。此两

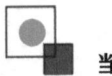

章也可为他人写作类似的重大项目标书提供借鉴。

为了体现时间性，征引文献一律按出版或发表时间顺序排列。虽然费了不少时间编排，却是值得的，可以让人知道家谱研究学术史历程，参考文献本身就是一部家谱文本初生产史。网络家谱文章数量颇大，要不要全部列入，颇为踌躇，最后仍决定列上，因为由它可见当下家谱编修行业的繁荣景象。这些家谱编修者本身就属公众史学从业者，我们得尊重他们的文化思考成果。

本书在自媒体或网络文献引用格式上做了一些小探索。按照目前的相关文献要求，要求标注网络地址。这确实有好处，方便核对。不过，与传统的文献引用格式相冲突，给人不雅的观感。这次，作了一些处理，将网络或微信号名当刊物处理，后面直接加上年月日，如此舒服一些。不足之处，某些文章再次输入百度检索时，不一定能马上跳出来。如此说来，网址法表达格式更为科学。

本课题申报过程中，得到了徐建华、乔治忠、孙卫国、全根先、赵长海、谢冬荣、肖禹诸位先生的全力支持。也要感谢支持立项的国家社科基金诸位评委。

在本课题研究中，笔者经常性与宛福成、任清剑、朱炳国、饶玉华、魏怀习、周江潮、詹宣武、郑鸣谦，浙江家谱论坛的杜建海、邵鹏、倪毓佩、李华章、徐泉华、陈联飞、周开水、康海明、励双杰、竺济法诸多先生讨论，他们的想法给予了我较大的帮助。与他们讨论的不少观点收进了本书，因为是口述，仅标注某人说。某些好的成果，譬如魏怀习的中华家谱评比标准、宁波市志办的家谱评比标准，收进了本书。在此，表示衷心的感谢。

其中《浙江省当代家谱编修与制作标准》，我是起草人，修订过程中汇集了浙江省百姓家谱文化研究会专家与领导的心血，在此尤其感谢。

2020年8月初，曾应邀到江西鹰潭龙虎山，与彭堂华、裴新生畅谈家谱行业，给我留下了难忘的印象。又得认识大谱师网的陈煜总经理。非常感谢山西社科院家谱研究中心的刘宁先生提供了家谱目录，让我得以做家谱编修史的分时分区考察。曾与河北的安如华先生，在电话中热烈讨论。包括其他先生，也多次在电话中采访与讨论。

因为本书篇幅较大，且不少思考是建立在随思札记基础上的，文字修订任务重，所以尝试分章校对模式。在项目定稿时，宁波天一阁博物院的应芳舟研究馆员及在读研究生董秀娟、王拂晓、孙佳梅、浦一枝参与了分章文字校对工

后 记

作。作为课题组成员，应芳舟随我社会调查，查阅家谱，作出了不小的贡献。最后，又借助宁波出版社的黑马软件，对全书进行了"核红"查检。通过机器与人工两大层面的校对，消灭了明显的错别字，提升了本书的文字质量。最后制成 PDF 格式，又校读了一遍，重在文句的修订，使随思性句子表达更为完整。至此，感觉全书比较实证，也有理论思考，得以重新确立信心。立项之初，评审专家特别关照，要重视实证。想来本项目标"理论与技术"，容易陷入空洞的说教。研究过程中，不忘此意。自我感觉，有大量引证的章节，写得比较让人放心。

今日的历史研究大多着眼于学术问题，大家着眼于学术小圈子中的温暖，而少有从国家与人民的整体需求来思考历史学更大的出路。公众史学的建设，正是历史学面向人民需求的尝试。近十多年来，笔者兴趣最大的是建设公众史学，这是最醉心的学术理想。当代家谱理论与技术研究，正是公众史学分支学科建设之一。家谱研究项目的获得，让我从对公众史学的思考，由综合走向分支专门。这是最早完成的公众史学分支学科建设之作，为其他分支的建设提供了实践经验。近一年来，为了集中完成这个重点项目，可以说拼上了老命，比年轻时更拼。然而，毕竟年岁不饶人，一年一度的体检报告出来，身体几项指标亮起了黄灯，这让向来身体健康、自信满满的我多少有点紧张。想想也是，花甲之年本是退居二线、优哉游哉的时候，结果笔者逆向操作，还像年轻人那样拼，自然会受罚。早在 2003 年起，就有朋友劝导笔者，要悠着点。家人也屡屡提醒我，年岁不饶人了，要放慢脚步。笔者是有点学术理想并愿意为之奋斗的人，心又急，根本悠不下来。回顾从业 42 年来，完整休息时间确实较少，一直在往前冲，也可算一棵学术常青树了。虽然没有获得文科最高的"长江学者"之类称号，但能获得国家社科基金重点、重大项目，也算得到国家规划办认可的学人了。学术兴趣是随心的，学术责任多少是有一些强制性的。中国公众史学的进步是靠持续地建设出来的，不是吹吹打打轻轻松松可获得的，这应是我们秉持的基本学术理念。

2022 年 8 月，提交全国哲社规划办结题。9 月，完成专家评审。11 月，正式通过结题。

专家组具体审读意见，综述如下：

一、研究的目标明确。该研究成果谨遵"整理什么，研究什么；为什么要整理，为什么要研究；如何整理，如何研究"的课题研究宗旨，以"当代中国新修家谱编纂史、家谱编纂实践与理论中的问题"为研究目标，以1950年至2021年中国大陆编修的家谱为考察对象，从家谱的文本内容、家谱文本的生产过程等方面，进行研究与阐述；特别就家谱编修的历史、家谱编修的理论以及家谱编修的方法与技术等三大核心问题，进行分析研究，表明作者研究思路清晰，问题意识突出，研究目标明确，体现出作者对本课题具有良好的研究能力和驾驭能力。

二、课题研究框架设计合理。课题成果围绕家谱的文本内容和生产过程这一研究核心，共分为十六章。从分区特色研究、分时研究、类型研究、断代家谱史研究、家谱编修研究等五个方面入手，开展研究。具体而言，前六章内容是作者对家谱编修历史的回溯性研究，从第七章至第九章是作者对家谱编修的成果的梳理与分析，第十章至第十二章是作者对家谱编修的方法与技术所作的分析，第十三章至第十六章是作者对家谱编修完成以后，可能出现的问题以及相对的处理机制作前瞻性分析与探讨。成果研究框架的设计，符合申报拟定的研究目标。

三、课题研究视角新颖。本课题研究者以问题意识为导向，将传统文化与公众史学相结合、家谱文本与编修实践相结合、纵向的学术史思考与横向的理论思考相结合，合理运用这三个视角，对所要解决的家谱文本问题以及家谱文本产生过程的问题，做了具体而详细的梳理与分析，为开展现代编修家谱研究，提供了新的视角。

四、课题研究方法多样。课题组在研究过程中，运用了历史研究法、定向分析法、类型分析法、案例分析法、文献研究法、社会史研究法以及田野调查法等多种史学研究方法。课题研究者不仅仅拘泥于家谱文本的考察，更注重在实践中发现问题，并寻找解决问题的答案，体现出史学研究者实事求是、精益求精的可贵精神。

五、课题研究资料丰富。首先，课题组在研究成果中，展现了他们开阔的历史视野，不仅参阅了大量的家谱文献资料、理论著作和学界研究专著，而且广泛运用了期刊、报纸，以及现代网络资源，其中报刊资料多达百种。其次，课题组注重对新修族谱资料、文献的搜集和整理，就第八章内容而言，他们大量地搜集当代族谱编修的事例，把现实需要、资料搜集和研究有机结合起来，

后 记

体现时代意义和价值。最后，课题组的视野不仅局限于国内文献资料，而且对美国、中国台湾地区的相关文献资料也有关注。这些都体现出课题组开阔的研究视野与强烈的史料占有能力。

前后历经四月，首次尝试前期结题之程序。此前两项国家社科成果均为后期成果，出版社出版就结题，模式不同。感谢参与评审诸位专家的肯定，也感谢规划办诸领导。

项目结题公布后，中国社会科学出版社编辑及时与我联系项目出版事宜，这也正合我的预期。在填写选题申报书时，旁有丛书一项，也正合我意，于是打出"中国公众史学研究丛书"。正在做的 2019 年度国家社科基金重大项目"当代中国公众历史记录理论与实践研究"，到 2024 年将会有八本书同时完成。此前 2015 年曾出版《中国公众史学通论》，可称第一种。如此，本书应是这套丛书的第二种。

因为要出版，于是决定再费力修订。结合专家组意见反复打磨，接受朋友精减的建议，又做了一番努力。譬如将原来附录的家谱专利摘要等项删除了，只剩下基本的名称、时间、发明人三项。

感谢国家档案局原局长杨冬权先生、南开大学徐建华教授、浙江省地方志办公室原主任潘捷军、宁波鄞州区党史办原主任杜建海写了序言，非常感谢四位了。

感谢马明、吴丽平两位编辑的精心编校，大大提升了稿子的文字质量。本书原计划于 2023 年底出版，因为宁大出版资助活动的拖延，而不得已延后出版。最后，感谢学校与学院的资助，使本书得以顺利出版。

钱茂伟

2024 年 10 月于宁波大学